RAYMOND A. MOODY, JR.

MÁS SOBRE
VIDA DESPUÉS
DE LA VIDA

www.edaf.net

MADRID - MÉXICO - BUENOS AIRES - SANTIAGO

2022

Más sobre Vida después de la vida
Título original en inglés: *Life after Life Continued*
© 1995, 2022 Raymond A. Moody.
© 1997, 2022. De esta edición Editorial EDAF, S. L. U., por acuerdo con Sobel Weber Associated, Inc; 146 East 19th Street, 10003-2404 NewYork, U.S.A; representada por Agencia Literaria Carmen Balcells, S.A.; Barcelona, España

© Diseño de la cubierta: Gerardo Domínguez
Traducción: Alejandro Pareja Rodríguez

Editorial Edaf, S.L.U.
Jorge Juan, 68
28009 Madrid, España
Teléf.: (34) 91 435 82 60
www.edaf.net
edaf@edaf.net

Ediciones Algaba, S.A. de C.V.
Calle 21, Poniente 3323 - Entre la 33 sur y la 35 sur
Colonia Belisario Domínguez
Puebla 72180, México
Telf.: 52 22 22 11 13 87
jaime.breton@edaf.com.mx

Edaf del Plata, S.A.
Chile, 2222
1227 Buenos Aires (Argentina)
edaf4@speedy.com.ar

Editorial Edaf Chile, S.A.
Avda. Charles Aranguiz Sandoval, 0367
Ex. Circunvalación, Puente Alto
Santiago - Chile
Telf: +56 2 2707 8100 / +56 9 9999 9855
comercialedafchile@edafchile.cl

Enero de 2022

ISBN: 978-84-414-4133-0
Depósito legal: M-33-2022

PRINTED IN SPAIN   IMPRESO EN ESPAÑA

Cofás

A mi única y fiel Pandora

Índice

Agradecimientos

En último extremo, este libro fue inspirado por tres grandes hombres que intervinieron en momentos críticos de mi vida. Marcus Mallett, catedrático de la Universidad de Virginia, me dio a conocer las maravillas de la antigua Grecia, y fue en su Seminario de Artes Liberales donde leí por primera vez, en 1962, la descripción que hace Heródoto del Oráculo de los Muertos. La relación del doctor George Ritchie de su experiencia próxima a la muerte me incitó a ponerme a estudiar este fenómeno, estudio al que ya he dedicado varias décadas. Como otros incontables miembros de mi generación, debo mucho a Carl Barks, cuyos relatos me proporcionaron horas sin fin de entretenimiento en mi infancia y me dejaron para mi edad adulta un acervo de misterios oscuros que invitan a la reflexión y la exploración. Fueron las páginas de su cuento en el que el pato Donald hace de vidente patoso las primeras que me encendieron la curiosidad hacia el peculiar atractivo de la bola de cristal.

Mantengo, asimismo, una deuda enorme de gratitud hacia mi difunto padre, el doctor Raymond Moody. A pesar de que siempre mantuvimos unas relaciones tensas, y a pesar de que él solía manifestar que mis ideas le desagradaban, ahora está claro que, por medio de nuestras relaciones, me estaba enseñando a no desistir necesariamente de mis investigaciones movido por lo que pudieran decir o pensar los que ostentan puestos de autoridad. También el resto de mi familia me hizo un bien al discutir siempre mis puntos de vista poco convencionales. En mi edad madura me he dado cuenta de que para convertirse en experto sobre lo desconocido es requisito indispensable contar con una familia que no sea capaz de tolerar tales cosas. Su escepticismo y su amor han sido el ancla que me ha impedido flotar a la deriva o perderme hasta naufragar.

En épocas posteriores, una serie de personas me ayudaron a hacer realidad el proyecto del psicomanteo. Quiero expresar aquí a todas ellas mi gratitud de todo corazón. Los doctores William Roll, Mike Arons, Kenneth Ring, Buddy McGee, Bruce Greyson, José Reverte y Francisco López Seivane discutieron conmigo todas estas ideas y me aportaron valiosos comentarios. John Egle y Royce Bemis leyeron mi obra, por separado, en una primera etapa, y me ofrecieron sugerencias útiles.

Franklin Smith y Dannion Brinkley me animaron desde los primeros momentos. Zoe Tempest tuvo la amabilidad de traducirme textos del español.

Sara y Perry Doerr, Robyn Quail, Kirk Moore, Bobby Jones y Tess y Ken Fuqua realizaron una labor imprescindible al proporcionar y decorar las instalaciones físicas necesarias para la investigación. El comandante Bill Hey y su esposa Linda colaboraron en los trabajos necesarios de construcción y de organización. Joey Turner hacía recados, diseñó y arregló el jardín y echó una mano en otras mil cosas. Mike Foege, Mari Spurgeon, Greg Carey, Leigh Norton, John O'Sullivan, Grace McGee, Sarah Swoszowski, Randy Guckenberger, Joann Ward, Kim Turpin, Raymond Turpin y Shawn Skalin escucharon con paciencia y con amabilidad unas ideas que en aquellos momentos debieron de parecerles extravagantes. Melanie Hill pasó a máquina el manuscrito una y otra vez y colaboró en general con el Teatro de la Mente. El coronel John Rajniak, D.M.D., aportó la valiosa información sobre Patton. Robin y Lonnette Brawner han resultado indispensables para el mantenimiento y el funcionamiento del Teatro de la Mente.

Linda Beggs y Sandy Foster mantienen en funcionamiento el Teatro de la Mente cuando mi mujer y yo estamos de viaje, y deseamos expresarles aquí lo mucho que valoramos su amistad.

Agradezco a David Hinshaw que transportase por toda Grecia aquel pesado equipo de televisión, abriéndose camino a mi lado por las ruinas de los oráculos de los muertos y de otras antiguas instituciones de lo paranormal. Le agradezco su compromiso y su experiencia de artista, con la que dio forma a un documental, de próxima aparición, sobre los lugares maravillosos de los que hablamos en este libro.

Mis hijos, Avery y Samuel, me ayudaron con las referencias y con la documentación bibliográfica. Mi esposa, Cheryl, leía el libro y lo comentaba mientras yo lo escribía; organizó nuestro viaje al Oráculo de los Muertos de Éfira, y me brindó su apoyo y su comprensión dulce y constante.

Por si desean mantener el anonimato, no voy a citar los nombres de las muchas personas que intentaron mantener reuniones visionarias en el psicomanteo y que compartieron conmigo sus experiencias. Siempre recordaré nuestros paseos juntos por un camino que ha estado sumido en el olvido durante mucho tiempo.

Quiero agradecer especialmente a Diane Reverand, de la editorial Villard Books, su fe en este proyecto y el apoyo generoso que nos prestó. Nat Sobel se ha comportado como un buen amigo, obligándome, como siempre, a rendir al máximo. Por cierto: hace un año y medio, Diane, Nat y nuestro amigo común Paul Perry conspiraron para vetar, a pesar de mis protestas airadas, mi plan de publicar precipitadamente una primera versión, más rudimentaria, de este libro. Gracias a Dios, su buen sentido se impuso. De modo que *muchas gracias,* amigos: no soy capaz de expresar mi agradecimiento. La obra final se beneficia mucho de vuestra sabiduría.

También quiero reconocer con agradecimiento las opiniones de todos los estudiosos que han propuesto diversas interpretaciones de los mitos y de otras manifestaciones literarias tradicionales de las que tratamos en este libro. Cuento con su tolerancia, confiando en que comprendan que mi objetivo presente no es más que ofrecer una posible reconstrucción de la base psicológica del funcionamiento de los antiguos oráculos de los muertos.

Esta reconstrucción, aunque imaginada, ha tenido un éxito notable en su aplicación práctica.

Por último, mantengo una deuda especial de gratitud hacia las pocas personas (diversos parientes, conocidos, colegas y un par de psiquiatras un poco excéntricos) que reaccionaron negativamente ante esta línea de investigaciones. Sus reacciones me animaron a llevar adelante este trabajo con una reflexión y un cuidado aún mayores.

I

La experiencia de estar al borde de la muerte

Hacer un viaje de ida y vuelta al reino que está más allá de la muerte puede parecer un sueño imposible; pero uno de los elementos extraordinarios de esta época de finales del siglo XX es el hecho de que tal aventura se ha convertido en un tema común de la cultura popular y en una realidad aceptada de nuestra conciencia colectiva, bajo la forma de las experiencias próximas a la muerte, esas visiones inspiradoras e intrigantes que presencian muchas personas mientras penden al borde de la muerte. He entrevistado a más de tres mil personas que cuentan tales experiencias; muchas de ellas fueron reanimadas tras pasar diversos periodos de tiempo en parada cardiaca, y bastantes fueron dadas por muertas, o incluso fueron declaradas muertas por sus médicos.

Los relatos de estas personas tienen una sorprendente semejanza entre sí: tanta, que ya podemos afirmar que sus experiencias siguen una pauta común, una pauta en la que se aprecian diversos elementos independientes. Aunque no todas las personas relatan todos los elementos de la pauta, casi todas ellas relatan algunos de ellos, y son bastantes las que los relatan todos.

Estas personas aseguran que, en el momento en que están a punto de morir, que muchas veces coincide con el que sus corazones dejan de latir, experimentan un cambio espectacular de perspectiva. Les parece que dejan atrás su cuerpo físico y que flotan hacia arriba; característicamente, hasta un punto situado por encima de sus cuerpos, inmediatamente por debajo del techo de la sala de urgencias o del quirófano, o sobre el lugar del accidente. Ven claramente, por debajo de ellos, sus propios cuerpos físicos, sobre una mesa de operaciones o entre los restos de un vehículo, y es frecuente que contemplen, al parecer, el trabajo del personal médico que intenta reanimarlos.

Al cabo de un tiempo, pueden tener la impresión de que entran por un paso estrecho, que suelen describir como un túnel oscuro, y mientras avanzan por él ven una luz brillante al final del mismo. Cuando entran en esa luz, los baña y los consuela una sensación de amor y de paz imposible de describir, un sentimiento de alegría inefable. Es frecuente que se encuentren dentro de esa luz con parientes suyos o con otros seres queridos que ya han muerto, como si los recibieran para darles la bienvenida y para ayudarles a superar esa transición. Las personas que relatan esta experiencia suelen decir que estas personas difuntas parecen llenas de vitalidad. Los seres queridos que murieron años atrás, achacosos y debilitados por las enfermedades o por la vejez, aparecen en esa luz como si hubieran recuperado una juventud vibrante.

Algunas personas advierten algo que consideran una frontera o un límite que separa el mundo de la vida corriente de un reino que está más allá de la vida tal como la conocemos. Cuentan que esta zona de demarcación da la impresión de estar cargada de energía y de ser dinámica, en el sentido de que ellos advierten que si la atraviesan no serán capaces de volver atrás. Aunque estas personas no describen esta zona en el lenguaje de todos los días, algunas la han comparado con una masa de agua, con un lago o con un río.

Cuando estas personas moribundas se adentran en sus experiencias próximas a la muerte, pueden ser conscientes de una presencia amorosa y luminosa, de un ser de amor y de luz, que las acompaña a lo largo de una revisión panorámica y extraordinaria de sus vidas. En esta experiencia se pueden manifestar todos los detalles, simultáneamente y con vivos colores, mientras la presencia amorosa de luz les ayuda a comprender la vida que ahora, al parecer, toca a su fin.

Es frecuente que, llegado este punto, las personas no deseen regresar a sus vidas, pero que el ser de luz o sus seres queridos les hagan saber que no les ha llegado el momento de morir, que deben volver, que les quedan cosas pendientes de realizar. O bien, se les plantea la posibilidad de elegir entre seguir adelante hacia el reino de la luz o regresar a las vidas que estaban viviendo. Estas personas nos cuentan casi indefectiblemente que el motivo por el que decidieron regresar era que tenían hijos pequeños de los que cuidar; si de ellos hubiera dependido, habrían optado por quedarse allí, en la luz.

Las experiencias próximas a la muerte tienen con frecuencia un efecto transformador sobre la persona. Entre los efectos positivos más frecuentes que suelen tener sobre las vidas de las personas que las experimentan, el más frecuente es que estas, a partir de entonces, saben con seguridad, gracias a su propia aventura personal, que la vida continúa tras la muerte; por lo tanto, dejan de tener miedo a la muerte y saben con seguridad que la tarea más importante a que podemos dedicarnos mientras vivimos en este mundo es aprender a amar.

Esta experiencia ha sido estudiada en los últimos decenios por cardiólogos, psiquiatras, pediatras, anestesistas, psicólogos, teólogos, sociólogos y otros muchos especialistas médicos o estudiosos de otras disciplinas. Estos investigadores están de acuerdo en que se presenta una pauta común de experiencias al menos entre una proporción significativa de las personas que se están muriendo, por lo menos en la medida en que podemos juzgarlo a la luz de los relatos de las personas que han sobrevivido tras mantener encuentros próximos con este proceso.

Este fenómeno suscita interés a una escala verdaderamente mundial. La experiencia próxima a la muerte se ha confirmado y estudiado en Noruega, Suecia, Dinamarca, Gran Bretaña, los Países Bajos, la República Checa y Australia. Existe un enorme interés popular en todo el planeta por estos descubrimientos. Este interés se refleja tanto en las cifras enormes y continuadas de ventas en todo el mundo de los libros que tratan del tema (¡eso espero!) como en la fascinación que han inspirado en todos los países las muchas películas que se han estrenado recientemente en las que se explora este asunto.

La publicación, en 1975, de mi libro *Vida después de la vida**, fue uno de los factores más importantes que desencadenaron esta oleada mundial, y yo he participado en la polémica, que ya dura más de dos décadas, sobre la naturaleza de este fenómeno. Cualquier persona que haya seguido el debate compartirá conmigo la impresión de que este se ha estancado y de que se está dando vueltas una y otra vez a los mismos puntos. Incluso se ha establecido un reparto de papeles estereotipados para los programas de debate en radio o televisión: está el médico o el psicólogo comprensivo que ha investigado el fenómeno y que está dispuesto a reconocer que allí hay algo importante y fuera de lo común; el «científico escéptico», que pretende explicarlo todo en términos de neuronas, de falta de oxígeno o de ilusiones, e incluso, en ciertas ocasiones, el severo representante de la derecha religiosa, que habla con firmeza de las asechanzas de los demonios y que nos recuerda la existencia del infierno.

Este punto muerto es consecuencia de dos factores que se influyen mutuamente. En primer lugar, no se ha conseguido reproducir la experiencia próxima a la muerte en condiciones que se aproximen a las del laboratorio; por ello, los investigadores solo pueden basar sus estudios en relatos retrospectivos y circunstanciales. En segundo lugar, el debate se ha llevado a cabo de acuerdo con una serie de reglas básicas a las que se ciñen desde la Antigüedad los estudios de los fenómenos llamados paranormales; estas reglas han pasado a formar parte del problema en sí mismas.

Es necesario superar estos dos factores limitadores si deseamos avanzar verdaderamente en la comprensión de las experiencias próximas a la muerte. En *Más sobre Vida después de la vida* mostraré el modo en que un replanteamiento de la vieja polémica sobre los fenóme-

---

* *Vida después de la vida,* Editorial Edaf, Madrid, 1975 (edición revisada y ampliada 2016, especial 40 aniversario) *(N. del T.)*

nos paranormales nos permite resolver las dificultades que plantea la supuesta irreproducibilidad de las experiencias próximas a la muerte. En concreto, estoy en condiciones de afirmar que actualmente es posible reproducir de manera fiable un elemento importante de la experiencia próxima a la muerte en personas que no están próximas a la muerte. Más aún: existen poderosas razones para esperar que en un futuro próximo se pueda recrear la experiencia próxima a la muerte en su práctica integridad gracias a una ampliación de las técnicas anteriores que se desarrollarán en un proyecto que pronto se pondrá en marcha.

Cuando seamos capaces de reproducir las experiencias próximas a la muerte y aprendamos a provocarlas sin peligro en personas que gozan de buena salud, comprenderemos mucho mejor tales experiencias, y quizás podamos reproducir incluso los efectos posteriores profundamente positivos de tales visiones sublimes. Esta idea resulta atractiva para la imaginación popular: a ello se debe el éxito de la película de Hollywood *Flatliners,* en la que aparecen unos estudiantes de Medicina que realizan experimentos de este tipo. No obstante, ninguna persona en su sano juicio y dotada de sensibilidad aplicaría el sistema que se presenta en la película: los jóvenes aspirantes a médicos se provocaban mutuamente paradas cardiacas con la esperanza de que los que sobrevivieran a la experiencia trajeran consigo las últimas noticias del más allá.

En 1981, el doctor Bruce Greyson me hizo ver que no es necesario concebir la tarea como una repetición completa y simultánea de todos los elementos de la experiencia próxima a la muerte. Se acepta como premisa del método de trabajo racional la posibilidad de estudiar un fenómeno complejo disgregándolo en los elementos que lo componen y analizando cada uno de estos por separado. Las experiencias próximas a la muerte están compuestas por diversos elementos separables: salir flotando del propio cuerpo, pasar por un túnel, entrar en una luz, encontrarse con los parientes y amigos difuntos, ver una panorámica de la propia vida, etcétera. Reproduciendo uno o más de estos componentes sería posible arrojar luz de una manera indirecta sobre la experiencia en su conjunto.

Se conocen casos en los que se han presentado por separado cada uno de los elementos reconocidos de la experiencia próxima a la muerte en personas que no están enfermas ni lesionadas en esos momentos, si bien algunos de estos elementos se presentan con menor frecuencia que los otros. Solo conozco un caso en que una persona pasó por una revisión panorámica completa de su vida sin estar próxima a la muerte: cierta exploradora polar, aislada en solitario en una pequeña cabaña durante varios meses en un invierno en el Ártico, tuvo una visión en la que se le aparecieron a su alrededor los sucesos de su vida. Por otra parte, los encuentros con una luz preternatural de amor están bien atestiguados por muchos personajes históricos notables de vida espiritual que no estaban enfermos durante los episodios, y las experiencias extracorporales y las apariciones de amigos y parientes difuntos son corrientes incluso entre personas sanas y no lesionadas. Parece razonable abordar la tarea de reproducir la experiencia próxima a la muerte considerando en primer lugar una o varias de estas tres experiencias comunes.

Por una serie de circunstancias fortuitas llegué a interesarme por las visiones o apariciones tan familiares de los difuntos, unas experiencias que, según se cuenta, son muy diferentes de los sueños, pues son unos interludios en estado de vigilia en los cuales se ve o se siente la presencia de una persona fallecida, de manera inconfundible al parecer. Estos episodios suelen ser convincentes, e incluso se autoconfirman en el sentido de que las personas que los experimentan quedan libres de dudas de que el encuentro fuera real y, en consecuencia, se quedan convencidas de que existe efectivamente la vida tras la muerte.

Desde una época muy anterior a los primeros datos históricos, esta experiencia humana universal encontró un lugar en las tradiciones culturales de todo el mundo bajo la forma de los cuentos de fantasmas. Las reuniones visionarias con los fallecidos son notablemente comunes incluso hoy día. Diversos estudios realizados por separado y publicados en revistas médicas y en otros medios científicos han establecido que el porcentaje de personas que han perdido a un ser querido y que experimentan estos fenómenos es elevado. Algunos estudios indican que hasta un 66 por 100 de las viudas tienen aparentes visitas de sus esposos fallecidos. Se ha elegido a las viudas como población de estudio de estas investigaciones por el motivo de que, dado que las mujeres tienden a vivir más tiempo que los hombres, el grupo de las viudas es más numeroso que el de otras personas que hayan perdido a seres queridos, y por ello es una población más accesible para la investigación. No obstante, en la experiencia clínica queda de manifiesto que las apariciones de los difuntos también son corrientes entre otros grupos de personas que han perdido a un ser querido: entre los hijos, los padres, los hermanos y los amigos del fallecido.

Cierto día, reflexionando sobre todas estas cosas, se me ocurrió que, dado que las apariciones de los difuntos se producen con tanta frecuencia, debemos concluir que nosotros, los seres humanos, estamos muy predispuestos para experimentarlas; por lo tanto, es razonable suponer que podría descubrirse una manera de aumentar la probabilidad de que contemplase tales apariciones una persona determinada en un momento y en un lugar determinado. O, por lo menos, me pareció que valía la pena plantearme esta posibilidad aunque fuera por un momento e intentar imaginarme cómo podría llevarse a cabo.

Después recordé el relato de Heródoto sobre «el oráculo de los muertos entre los tesprotios, junto al río Aqueronte». Aunque parezca increíble, en la antigua civilización griega existían unas instituciones llamadas psicomanteos a las que viajaban las personas para consultar a los espíritus de los difuntos; no a través de un médium, sino por la producción de unas reuniones que se consideraban de primera mano, cara a cara. Se han conservado relatos de aquellas épocas remotas que dejan claro que las personas, en efecto, veían y mantenían aparentemente una comunicación directa y recíproca con los difuntos. Los estudiosos han despreciado estos relatos desde hace mucho tiempo, suponiendo que los operadores de los psicomanteos recurrían a fraudes, o bien que los relatos no eran más que ficciones literarias.

En los capítulos siguientes voy a presentar la crónica de cómo llegué yo a una conclusión muy diferente, y de cómo, concibiendo una tercera explicación y poniéndola a prueba, pude recrear con éxito una de estas instituciones misteriosas y olvidadas de la Antigüedad.

Me doy cuenta de que lo que voy a contar parecerá difícil de creer al principio. No obstante, en las páginas siguientes quedará de manifiesto que tanto mis descubrimientos actuales como el planteamiento de lo paranormal en que se basan están relacionados inseparablemente con los descubrimientos y el planteamiento de *Vida después de la vida*. En consecuencia, si se demostrara que este libro contiene algún error esencial, mi propia coherencia me obligaría a retractarme también de los principios esenciales del libro anterior. Por consiguiente, *Más sobre Vida después de la vida* debe ser considerado un complemento esencial de *Vida después de la vida*. Estoy seguro de que los lectores que esperan pacientemente seguir la argumentación de *Más sobre Vida después de la vida* hasta llevarlo a su conclusión lógica llegarán al mismo veredicto. Por lo tanto, desde ahora solo me responsabilizaré de lo dicho en el libro anterior en la medida en que se lea y se interprete dentro del contexto más amplio que se establece en esta nueva obra complementaria.

Me doy cuenta, asimismo, de que lo que voy a decir aquí no me va a convertir en un personaje popular. En realidad, es seguro que voy a quedar como un malvado ante los ojos de muchas personas que siguen ciertas teorías desfasadas sobre las experiencias supuestamente paranormales, y sobre todo ante los ojos de ciertos extremistas religiosos.

Pero, como dijo Mark Twain, en el cielo hay mejor temperatura, pero en el infierno hay más ambiente. Y también me consuela el hecho de que mis afirmaciones se pueden poner a prueba plenamente, de que ya han sido corroboradas por varios investigadores independientes y de que esta labor nos permite recuperar una parte importante del legado espiritual humano, que nos ha sido negado durante siglos por las instituciones religiosas autoritarias y por los eruditos poco valientes.

Quiero subrayar desde el principio, como hice en *Vida después de la vida,* que los descubrimientos que voy a presentar, por espectaculares que puedan parecer, no deben ser interpretados como «pruebas científicas de la existencia de la vida después de la muerte». También quiero señalar, desde el principio, que este trabajo no tiene nada que ver con los médiums ni con las sesiones de espiritismo. Los médiums pretenden poseer una cierta capacidad extraordinaria que les permite ponerse en contacto con los espíritus de los muertos en nombre de sus clientes y retransmitir mensajes de un lado para el otro. Es de esperar que el cliente acepte la existencia de tal capacidad y que acepte también que ese médium concreto la posea. Los médiums ofrecen, en el mejor de los casos, un encuentro de segunda mano, pues sirven de intermediarios (como indica el nombre de «médium»). El procedimiento que se expone en este libro ha permitido a las personas participantes tener sus propias reuniones visionarias de primera mano y valorar la realidad de las mismas a la luz de su propia experiencia.

En este libro, pues, no nos proponemos demostrar la realidad de la otra vida sino, más bien, evocarla. Pues lo que no se puede dudar es que existen ciertos fenómenos de la conciencia viva que, según antiguas tradiciones, se consideran propios de la muerte, aunque no se sabe con exactitud en qué sentido lo son. Entre ellos se cuentan las experiencias próximas a la muerte, las reuniones visionarias con los difuntos y los viajes chamánicos por el mundo de los espíritus. Dado que estas experiencias se consideran un estado de transición entre la vida y la muerte, tienen que ver en algún sentido con ambas y, al mismo tiempo, con ninguna de las dos. Constituyen y definen, una especie de Reino Medio, y, aunque no podemos demostrar científicamente la existencia de este reino, sí podemos despertar nuestra conciencia de él, por así decirlo. Entonces, podemos decidir por nosotros mismos si este reino es real y, caso de serlo, en qué sentido lo es. Y también es cierto que una proporción significativa de los seres humanos dotados de buen juicio y de sensibilidad que pasan por estas experiencias se convencen por completo y plenamente de que aquello a lo que llamamos muerte es una transición a otra dimensión de la conciencia, a lo que se ha llamado desde hace muchísimo tiempo una vida después de la muerte.

De modo que voy a recordar lo que se ha convertido para mí en la aventura de toda una vida, a lo largo de la cual he conducido a sujetos voluntarios a través de encuentros visionarios vívidos con sus seres queridos perdidos; he vuelto a descubrir los significados primitivos de ciertas obras clásicas y venerables de la literatura y de la erudición; he visitado oráculos antiguos y misteriosos, unas estructuras tan extrañas que casi son incomprensibles; he visto a mi propia abuela difunta, tan real como cualquier otra persona, y he hablado con ella; y, lo más importante de todo, he contribuido un poco, quizás, a la curación de las demás personas y de mí mismo.

Pero, tal como he indicado, será necesario establecer en primer lugar una manera nueva, a la vez que antigua, de concebir lo paranormal: una manera que, esperamos, se mantendrá fiel al significado humano de aquella dimensión tan curiosa y tan atractiva de la conciencia. Para expresar e ilustrar este nuevo planteamiento, lo distinguiré y lo contrastaré con tres marcos que se utilizan habitualmente para definir los parámetros de la polémica sobre lo paranormal. Empezaré, pues, de una manera que a primera vista parecerá fuera de lo común: estudiaré algunos paralelismos entre lo paranormal y las artes del espectáculo.

II

Lo paranormal como juego en el Teatro de la Mente Memorial Doctor John Dee

Lo paranormal ha preocupado a los seres humanos de manera generalizada y permanente; suscita un vivo contraste de opiniones y atrae a personas de temperamentos muy diversos. Una buena parte de los textos publicados sobre el tema están escritos desde uno de los tres puntos de vista más marcados y caracterizados que existen sobre lo paranormal, como si se tratara de tres escuelas de pensamiento contrastadas.

Los parapsicólogos se consideran científicos. Existe la idea, muy difundida incluso entre los escépticos, de que la actividad o el campo de estudios que investiga los fenómenos, los sucesos o las capacidades supuestamente paranormales es, o por lo menos aspira a ser, una rama de la ciencia. Las personas que se interesan por lo parapsicológico aceptan al parecer que, al menos en principio, la telepatía, la psicoquinesia, el conocimiento de los hechos futuros, la vida tras la muerte y otras cosas semejantes se pueden demostrar aplicando el método científico. Los partidarios de este punto de vista se organizan en diversas asociaciones de parapsicología, algunas de las cuales han solicitado y han conseguido ser aceptadas dentro de otras sociedades científicas más generales.

Por otra parte, existen los que desconfían en grado sumo de los sucesos, de las experiencias o de las capacidades supuestamente paranormales, y consideran que estas se pueden explicar como fraudes, engaños, ilusiones y errores. Se han organizado y han establecido grupos como el Comité para la Investigación Científica de los

Supuestos Fenómenos Paranormales, organismo que publica una revista interesante y de calidad llamada *The Skeptical Inquirer* («El investigador escéptico»).

Y existen, en tercer lugar, los llamados cristianos fundamentalistas, aquellos a los que les gusta sacar a relucir la Biblia para demostrar que todas las experiencias paranormales son obra del demonio. El ser de luz que recibe a muchas personas que sobreviven a una parada cardiaca, por ejemplo, o las apariciones de los seres queridos difuntos a sus familiares, no son más que demonios disfrazados, según estos fundamentalistas.

Cada uno de estos puntos de vista tiene antecedentes en tiempos muy remotos, y todos ellos son elementos fijos de un debate continuado que lleva en marcha al menos dos milenios. ¿Quién puede negar que se ha avanzado poco en este tiempo? En la práctica, toda la polémica hace girar sus ruedas eternamente sobre los ejes definidos por estos puntos de vista, quizás da una impresión de movimiento, pero sin un verdadero avance ni progreso real.

Los partidarios de los tres puntos de vista tienen en común su interés y su fascinación por lo paranormal. No haría falta decirlo en el caso de los parapsicólogos profesionales, que, al fin y al cabo, han hecho de lo paranormal el trabajo de sus vidas, pero a los escépticos organizados también les encanta el tema. Escriben artículos, asisten a reuniones, realizan investigaciones sobre el terreno y reconocen, incluso, que tienen «afición». En cuanto a los que se llaman fundamentalistas cristianos, o simplemente «cristianos»… bueno, es bastante fácil advertir el placer adusto que les produce desenmascarar a un demonio en cada sueño, a Satanás en cada sesión de espiritismo.

Es muy posible, no obstante, apreciar el encanto inherente en lo paranormal disintiendo al mismo tiempo (con razones válidas) de los preceptos de los tres tipos de entusiastas, de toda la compañía, que en su conjunto son, según un viejo consenso, los protagonistas del debate. El punto crucial de muchas polémicas crónicamente irresolubles suele encontrarse en aquello mismo que no se discute: en conceptos, actitudes o tendencias del pensamiento que no se estudian y en las que todas las partes convienen, al menos tácitamente. Esto nos da a entender que debemos abordar la cuestión de manera diferente, reflexionando en primer lugar sobre el interés mismo de lo paranormal y sobre la naturaleza de este interés.

¿En qué se basa su atractivo? ¿Cómo y por qué, los seres humanos, o muchos de nosotros, nos interesamos y nos apasionamos por lo paranormal y nos dejamos arrebatar por su hechizo? ¿Cuál es, con exactitud, la naturaleza del interés humano por lo paranormal? En otras palabras, ¿con qué aspecto general de las aspiraciones humanas está relacionado de manera más natural lo paranormal?

Si reflexionamos sobre ello, podemos advertir que, curiosamente, los espectáculos, el humor, los juegos y lo paranormal están relacionados íntimamente entre sí; todos ellos comparten como rasgo distintivo el hecho de estar definidos en términos de un contraste con lo que se considera realidad ordinaria, aunque de modos diferentes. Cada uno de ellos desafía y expande a su manera nuestros conceptos de la realidad, de los límites de la mente y de la naturaleza de la conciencia. Para la gran mayoría de los que se dedican al estudio de lo paranormal, esta actividad, como los espectáculos y los juegos, es propia del tiempo libre. Son legión los aficionados, de todas las clases sociales y profesiones, que pertenecen a clubes o a otras organizaciones dedicadas a lo paranormal.

Las diversas técnicas para el descubrimiento de los conocimientos ocultos constituyen una rama principal de lo paranormal, y en varias de ellas se utilizan elementos de juegos de sociedad. Entre otros ejemplos podemos citar la ouija, los veladores, el tarot y las runas. En el tarot se emplean naipes, ni más ni menos que en el póquer o en la canasta; en las runas se utilizan pequeñas fichas como las que se usan en juegos como el Monopoly o el Scrabble. Los tableros de ouija se venden en las jugueterías. Buscar agua con una varilla de zahorí tiene aspectos lúdicos, salvo si el que la busca está perdido en el desierto.

Se pueden encontrar consultas de adivinos en los parques de atracciones, en los centros turísticos costeros y en las fiestas de los institutos de segunda enseñanza. Muchos periódicos publican secciones de astrología junto a las historietas, aunque algunos diarios serios como el *New York Times* no publican ninguna de las dos cosas. En ciertas zonas administrativas de los Estados Unidos, los adivinos, los astrólogos y los videntes trabajan con una licencia fiscal que los caracteriza como profesionales del ocio y el espectáculo.

En los parques de atracciones también se encuentra la «casa encantada», y lo paranormal se celebra en una festividad especial, la noche de difuntos, o de Halloween. Las llamadas «ferias parapsicológicas» se están convirtiendo en diversiones corrientes para el fin de semana en los Estados Unidos.

Las regresiones a las vidas pasadas que están de moda ahora nos recuerdan inmediatamente el arte del autor de novelas históricas, y nos hacen preguntarnos qué relaciones podrían descubrirse entre aquellas aventuras paranormales misteriosas y estas obras populares de ficción que sirven de entretenimiento para el tiempo libre. Los actores representan a personas del pasado en el escenario y en las películas. Los viajes interiores a vidas anteriores se parecen mucho a estas representaciones, con la diferencia de que la obra transcurre en la mente, y las funciones del dramaturgo, del productor, del director, del actor, del público y del decorador se reparten de una manera u otra entre el viajero por el tiempo paranormal y el director de su regresión a una vida pasada.

Los cuentos de fantasmas, las relaciones de comunicaciones telepáticas aparentes entre amigos y los relatos de premoniciones forman parte de la materia básica de estudio de la parapsicología, que en este sentido coincide con el estudio del folclore, y uno de los objetivos claros del folclore es divertir y entretener. Los sucesos paranormales se prestan de manera natural a su representación dramática, y se suele observar que los rasgos dramáticos de la personalidad que caracterizan a las buenas actrices también son propios de los buenos videntes.

Dada la posibilidad del fraude, los investigadores de lo paranormal están de acuerdo en que quienes mejor pueden estudiar la realidad de ciertos fenómenos supuestamente paranormales son los ilusionistas profesionales, expertos en la creación de ilusiones y de engaños. Y los ilusionistas son unos profesionales del espectáculo.

Lo paranormal es uno de los temas más comunes en los programas de debate de radio y televisión. Probablemente, este es el foro donde el público ve con mayor frecuencia a los expertos en el tema. En consecuencia, los creyentes y admiradores nos tratan como a expertos eminentes que presentamos lo paranormal a la manera de los famosos, de las figuras del mundo del espectáculo, y no como se trata a los estudiosos de otros campos convencionales de la ciencia y de la cultura. ¡Los admiradores llegan a pedirnos autógrafos! Pero esta misma buena gente recibe a los escépticos destacados como al malo de la película, con abucheos y pateos (en sentido figurado): muchos desenmascaradores profesionales de fraudes pueden dar fe de ello. Pero nosotros, los sabios expertos partidarios de lo paranormal, comprendemos cómo deben sentirse los escépticos, pues las autoridades fundamentalistas en «lo oculto» nos califican de agentes de Satanás y nos asignan el papel de traidores en un melodrama demoniaco de horror que se representan ellos mismos en lo más profundo de sus mentes.

Y si bien podemos ser admitidos como expertos en el tema porque tenemos estudios y títulos universitarios en ciencias como la Medicina y la Psicología, en realidad muchos de nosotros estamos viajando constantemente de una ciudad a otra, de un hotel a otro, ni más ni menos que como los profesionales del espectáculo, y a diferencia de los médicos y de los psicólogos convencionales. Viajamos para pronunciar conferencias y para promocionar nuestros libros: todo ello para mantener nuestros altos ingresos.

¡Es una broma! Pero a mí, personalmente, me tranquilizaría saber, como una confirmación más de mi tesis, que alguien hubiera demostrado estadísticamente que el estudio de lo paranormal prospera y se vende tan bien en los tiempos duros como en los de bienestar económico, del mismo modo que las películas y otros productos de ocio y espectáculos.

Pero la cuestión no me preocupa demasiado, porque históricamente el interés por el tema siempre ha sido elevado, aunque no siempre se haya reconocido abiertamente. No obstante, las modas van y vienen, y lo que se tiene por paranormal en un momento dado depende en parte de lo que se lleva entre los aficionados. En ciertas ocasiones, un fenómeno que se queda pasado de moda como centro de interés de los estudios de lo paranormal puede dejar un último vestigio en el mundo del espectáculo.

En siglos pasados había personas que afirmaban que disfrutaban de una inmunidad paranormal a la muerte y a las que se atribuía una edad muy elevada. Artepio, que nació a principios del siglo XII, escribió un libro célebre sobre el arte de prolongar la vida humana, tema en que se consideraba experto, pues tenía mil veinticinco años de edad. Tuvo muchos admiradores creyentes que mataban el tiempo recopilando pruebas lógicas de que Artepio era tan viejo como decía.

Artepio tenía una memoria excelente y había adquirido un buen dominio de los datos históricos. Aplicaba su rica imaginación a todo aquel fondo de información histórica para tejer un tapiz de recuerdos pintorescos sobre un nutrido elenco de personajes históricos célebres. Tenía un gran talento para dar la impresión de que estaba recordando los detalles exactos del aspecto físico, de los gestos y de la personalidad del personaje en cuestión.

Medio milenio más tarde, el conde de Saint Germain se convirtió en una figura destacada de la corte del rey Luis XV de Francia a base de afirmar que había descubierto un elixir con el que cualquier persona podía vivir varios siglos. Daba a entender a todos que tenía más de dos mil años de edad. Como su predecesor Artepio, había leído muchos libros de Historia y tenía una memoria maravillosa, de modo que siempre sabía contestar cuando le preguntaban acerca de los detalles de las vidas de grandes personajes del pasado. Relataba con tal sinceridad aparente sus conversaciones con personajes históricos muertos hacía mucho tiempo, y daba tal riqueza de detalles (describía el aspecto y el vestido del personaje, e incluso el tiempo atmosférico que hacía por entonces y el mobiliario de la habitación), que muchos que acudían con intención de burlarse de él se marchaban convencidos. Una condesa muy conocida llegó a creer que lo había conocido cincuenta años antes y que no parecía más viejo que entonces.

El conde de Saint Germain se vestía con magnificencia, exhibía joyas de gran valor y de vez en cuando hacía obsequios costosos a miembros de la corte. El rey lo respetaba enormemente; solía conversar con él en privado durante horas enteras y no permitía que nadie hablara mal de él.

Nunca se supo cuál era el nombre verdadero del conde, y circularon teorías increíbles sobre su verdadera identidad. Muchos escépticos aseguraban que era un espía al servicio de Inglaterra, pero nunca salió a relucir ninguna prueba de tal acusación.

Consiguió rodearse de un ambiente dramático de misterio ocultando a todos cuál era su medio de vida y no contradiciendo tajantemente los rumores que le atribuían una edad tan elevada. Entre personas más críticas negaba que tuviera verdaderamente la edad que se le achacaba popularmente, pero lo negaba de tal manera que, como sin quererlo, lo que conseguía era reforzar esa misma impresión. Solía acompañarlo un criado que aseguraba llevar quinientos años a su servicio y que corroboraba los recuerdos del conde.

Los conocimientos y las habilidades a que recurrían Artepio y el conde de Saint Germain para provocar esa impresión entre su público son, en ciertos aspectos importantes, los mismos de los profesionales del espectáculo que destacan en nuestro tiempo por su habilidad para evocar en el escenario, en solitario, la presencia de un personaje histórico célebre. Mark Twain, Harry Truman y Elvis Presley han sido retratados de este modo por diversos actores.

En el siglo xx, la existencia de los registros de nacimientos y las técnicas científicas de identificación por las huellas dactilares y por el ADN harían mucho más difícil que nadie se hiciera pasar falsamente por una persona maravillosamente inmune a la muerte. Con todo, el concepto tiene un indudable atractivo emocional y como relato de ficción, y se conserva todavía como base del argumento de

El hombre que tenía dos mil años, una hilarante obra de arte cómica de Mel Brooks y Carl Reiner.

Existen muchas personas cuyas vidas podrían figurar tanto en una historia de lo paranormal como en otra del mundo del espectáculo. Una de mis favoritas es la de la maravillosa Lulu Hurst, que pasó a la historia con el nombre de *la Mujer Imán de Georgia.* En el verano de 1883, cuando Lulu tenía quince años, empezaron a producirse en casa de su familia unas alteraciones del tipo que se suele llamar casa encantada o *poltergeist.* Empezaron a volar los platos y a romperse, los objetos se caían al suelo sin causa aparente y se oían ruidos extraños. Lulu llamaba a su poder «la Gran Incógnita», y al poco tiempo estaba asombrando al público de Atlanta, de Chicago, e incluso de Nueva York. Al parecer, era capaz de arrastrar sin esfuerzo de un lado a otro del escenario a varias personas fuertes, contra la voluntad de estas, como si estuvieran paralizadas por alguna fuerza mágica. Después de solo un par de años de giras, confesó que todo se hacía por medio de trucos; alegó que la alarmaba la incredulidad supersticiosa de su público y se retiró. Con todo, algunos libros modernos siguen hablando de ella como si hubiera tenido poderes extraños. Su vida es un caso interesante en el que lo que empezó como un aparente fenómeno de *poltergeist* se convirtió rápidamente en un espectáculo para el público.

Existen muchos grandes profesionales del espectáculo que podrían haber hecho pasar sus habilidades por maravillas sobrenaturales (Harry Houdini, por ejemplo), y este hecho hace surgir uno de los enfrentamientos habituales sobre lo supuestamente paranormal. La polémica sobre Uri Geller es un buen ejemplo de nuestra época.

Históricamente, ciertas circunstancias que en un principio se consideran paranormales pasan por una etapa de explotación como espectáculos o diversiones hasta que llegan a comprenderse como enfermedades o como incapacidades físicas o mentales. Un complejo de conductas y de pautas de pensamiento relacionadas con la comida (más concretamente, la persona, que suele ser una mujer adolescente, piensa en la comida y habla de ella obsesivamente; se priva a sí misma de los alimentos, es perfeccionista e hiperactiva) se llamó en cierta época *anorexia mirabilis* (anorexia maravillosa), y se consideraba un fenómeno sobrenatural. En el siglo XIV, Catalina de Siena fue la más célebre entre varias mujeres que se labraron una reputación de santidad incorporando este complejo a sus intereses religiosos. Catalina se privaba de los alimentos durante largos periodos, pero no perdía su gran energía. Más tarde fue canonizada como santa. A finales del siglo XIX, las llamadas Muchachas Ayunadoras de Gran Bretaña y de América comercializaron un complejo semejante o idéntico. Atraían a públicos numerosos matándose de hambre en público. En las casas donde guardaban cama estas muchachas reinaba un ambiente de carnaval. Acudían espectadores desde lugares lejanos; muchos de ellos llevaban regalos. La madre de una de estas jóvenes llegó incluso a ataviar a su hija a la manera de los chamanes, con un vestido adornado con cintas y un tocado de fantasía. Sus hazañas avivaron un encendido debate entre sus partidarios, que creían en un fenómeno parapsicológico, y los anquilosados escépticos «científicos». Los predicadores fundamentalistas advertían de la influencia de los demonios. En nuestros tiempos, a las jóvenes que se privan a sí mismas de los alimentos de una manera muy semejante a aquellas se les diagnostica una anorexia nerviosa, que, como su nombre indica, es una enfermedad nerviosa.

Se ha producido un cambio paralelo en las actitudes con respecto a las anomalías y a las malformaciones congénitas. En el mundo antiguo, cuando nacían hermanos siameses o niños a los que faltaban o sobraban extremidades o que padecían otras alteraciones evidentes, se consideraba que era un mal augurio, una señal sobrenatural de que se avecinaban desgracias. En la época victoriana se desarrollaron los inhumanos «espectáculos de monstruos», en los que se exhibían personas deformes para la diversión de los demás. Hoy día, las anomalías del desarrollo se consideran enfermedades; esperamos que los científicos las expliquen y que los médicos las traten.

En la Edad Media estaba muy generalizada la creencia de que ciertas personas podían transformarse en lobos o que podían volver de entre los muertos para alimentarse de la sangre de sus desventuradas víctimas. La imaginación literaria terminó por transformar estas creencias en un género popular de entretenimiento, y abundan los libros y las películas en los que aparecen los vampiros y los hombres lobo. Actualmente, los psiquiatras consideran que la licantropía, otras alucinaciones zooantrópicas y el vampirismo son unos fenómenos psicopatológicos poco frecuentes, pero indudablemente reales.

No queremos dar a entender con todo esto que exista una progresión ineludible hacia la iluminación científica ni que esta tenga que superar inevitablemente las supersticiones primitivas: el cuadro es más complicado que todo esto. Por ejemplo, algunas personas que padecen anorexia nerviosa relatan que los interesantes estados alterados de la conciencia que se consiguen privándose de los alimentos pasan a formar parte de su motivación para mantener esa conducta; históricamente, el ayuno ha sido un medio popular para alcanzar estados místicos. Pero el desarrollo a lo largo del tiempo del concepto que ha tenido el público de lo que son la anorexia, las aberraciones genéticas o del desarrollo, los hombres lobo y los vampiros, sí indica, no obstante, que el mundo del espectáculo y la diversión puede ser una fase del camino, una forma intermedia con conexiones profundamente arraigadas tanto en lo sobrenatural como en la ciencia.

Las actitudes hacia los fenómenos naturales pueden variar de manera similar. Los primeros seres humanos contemplaban el fuego con profundo temor y veneración; llegaban incluso a adorarlo. En el siglo XIX, algunos embaucadores como Ivan Chabert y la señora Josefina Giardelli («La Mujer Incombustible») se presentaban con toda seriedad como incombustibles. En sus actuaciones en los escenarios hacían números tales como tragar aceite hirviendo o meterse plomo fundido en la boca, y muchos espectadores aceptaban que los artistas tenían poderes preternaturales. Hoy nos resultan familiares los artistas de circo que tragan fuego, y no sentimos ninguna necesidad de suponer que está sucediendo nada paranormal.

En los Estados Unidos, en el siglo XX, la observación de las figuras que forma el fuego es un inocente pasatiempo de la infancia; pero los chamanes de Australia adivinaban antiguamente el futuro percibiendo figuras en las piras funerarias. Pero todavía está entre nosotros el concepto del fuego paranormal en los relatos que hablan de combustiones espontáneas de seres humanos, y la capacidad de caminar sobre el fuego sigue figurando entre las hazañas paranormales que se atribuyen a los hombres santos. Pero ¿en qué nos basamos para considerar a un tragafuego de circo como artista del espectáculo mientras consideramos que la persona que camina sobre carbones encendidos es un taumaturgo? Como se preguntaba un amigo mío, si viésemos a una persona tragar fuego mientras caminaba sobre carbones encendidos, ¿qué debíamos considerarla?, ¿un artista del espectáculo o un profeta? El fuego fusiona lo paranormal y el espectáculo formando un todo indistinto.

En algunas ocasiones, las personas que asisten a ceremonias chamánicas o mediúmnicas han referido que oyeron voces aparentemente incorpóreas y sin que se advirtiera su posible origen. Se ha dicho, por ejemplo, que los chamanes chukchis tenían «voces separadas», y las personas que participaban en sus sesiones oían vocalizaciones de los espíritus que surgían de los rincones de la habitación.

Las autoridades en la materia que creen en los fenómenos paranormales pueden interpretar el habla fantasmal atribuyéndole causas sobrenaturales. Algunos investigadores escépticos, por su parte, han intentado explicar estas observaciones a través de la ventriloquía, a la que también recurrió en su día cierto escéptico científico para explicar cómo hacía funcionar Edison su fonógrafo.

El arte de producir sonidos de tal modo que parecen surgir de una fuente diferente a la del hablante se ha convertido en un espectáculo popular bien conocido. No obstante, las relaciones entre el artista y su muñeco siguen siendo tema de especulaciones sobre lo paranormal, al menos en algunas novelas o películas de fantasía o de terror.

Se ha dicho que cierto ventrílocuo estadounidense muy querido por el público se relacionaba con su muñeco como si el personajillo fuera una persona real. El ventrílocuo comentó en cierta ocasión, con aparente sinceridad, que el muñeco era una de las personas más sabias que él conocía. Este fenómeno se parece a primera vista a la canalización, que, bajo sus diversas formas, lleva mucho tiempo llamándonos poderosamente la atención a los aficionados a lo paranormal.

Se han utilizado juguetes de diversos tipos para producir fenómenos paranormales: ya hemos hablado de los tableros de ouija y de las varillas de zahorí. Casi todos los niños de nuestros tiempos han jugado con una bramadera*; los antiguos chamanes caían en estados alterados de la conciencia escuchando el impresionante sonido que producen estos artefactos, y su empleo estaba rodeado de rituales. Los chamanes aborígenes de Australia utilizaban las bramaderas para ascender hasta el mundo de los espíritus; el conjunto del curandero y el instrumento giratorio componía una especie de helicóptero astral. Así, Lang se pregunta:

> ¿Era aquel objeto en su principio un juguete que adquirió más tarde una naturaleza religiosa y mística? ¿O fue en su principio uno de los instrumentos de trabajo del sacerdote o del curandero, que ha ido perdiendo importancia hasta llegar a convertirse, en nuestra sociedad occidental contemporánea, en un juguete?

En nuestros tiempos, a los niños les encanta ponerse máscaras en las fiestas de disfraces y en ciertas fiestas como la de Halloween; en épocas más antiguas, las máscaras se llevaban en ceremonias relacionadas con los viajes al otro mundo y con otras aventuras chamánicas. Del mismo modo que los chamanes, los niños sacuden

---

* Tabla que se hace girar atada a un cordel y que produce un ruido semejante al del bramido del viento. En España se han encontrado algunas de piedra o hueso de época neolítica. (*N. del T.*)

sonajas y tocan tambores. Pensemos también en los compañeros de juegos imaginarios. Estos compañeros invisibles de los pequeños ¿son un juego, o un fenómeno?, ¿una diversión, o una aparición?, ¿una alegría, o una invocación mágica?

Lo paranormal coincide en algunos aspectos significativos con otra multitud abigarrada de actividades propias del esparcimiento que podemos calificar, colectivamente, de periparanormales. Una de las más importantes es el propio humor; si repasamos los textos científicos y eruditos dedicados al tema, descubrimos que las personas que han investigado la risa y lo cómico han tenido que luchar contra tabúes académicos paralelos a los que han obstaculizado las investigaciones racionales de lo paranormal.

El talento de los humoristas más sublimes puede llegar al borde de lo paranormal. En mi opinión, el estilo inimitable de genio cómico que manifiestan los grandes chamanes de la risa Jonathan Winters y Robin Williams tiene al menos el mismo derecho, si no más, a ser considerado una capacidad verdaderamente paranormal que las dotes de los videntes corrientes. Estos dos humoristas tienen la capacidad demostrada de producir, sin esfuerzo aparente, una corriente interminable de minicomedias hilarantes y desconcertantes y de personajes surrealistas y graciosos. ¿Por qué debemos considerar esta capacidad menos extraña e incomprensible, menos paranormal en suma, que la capacidad de leer el pensamiento?

Charles Addams, Gahan Wilson y Gary Larson son los grandes maestros de un humorismo de estilo extraño que está al borde de lo paranormal por su contenido y por sus efectos. Los objetivos principales de los humoristas de este temple coinciden con los de los investigadores que estudiamos lo paranormal. Los tres caricaturistas poseen un instinto seguro para detectar lo misterioso y para hacérselo ver a los demás con contundencia. Los estudiantes de lo paranormal deben compartir estas virtudes. La serie de Larson se titula precisamente *The Far Side* («El otro lado»), palabras que también describen adecuadamente la gama de fenómenos que se califican de paranormales.

Los enigmas basados en el concepto de la identidad personal tienen un interés de primer orden para el estudio de lo paranormal, pues son fundamentales para valorar las afirmaciones sobre la supervivencia personal tras la muerte corporal, o sobre la reencarnación. Muchas comedias giran alrededor de complicaciones por confusiones de identidad o de los intentos por parte de un personaje de ocultar su verdadera identidad.

Del mismo modo que el humor, lo paranormal se asocia instintivamente, aunque de manera poco adecuada, con las enfermedades mentales en el lenguaje diario. Palabras como locura, desenfreno, disparate, chalado, desatino, loquear y otras palabras y expresiones nos hacen ver que el lenguaje tiene una ambigüedad sistemática, de tal modo que muchas palabras se aplican, de manera informal, tanto a las enfermedades mentales como al humor. De manera análoga, muchas personas asignan rápidamente la etiqueta de enfermos mentales a otras que dicen haber tenido experiencias paranormales; es un error en el que caen todavía algunos profesionales de la sanidad mental.

La historia del estudio de lo paranormal está llena de fraudes, basados en técnicas para el engaño que también se han aplicado para gastar bromas. En algunas ocasiones es imposible distinguir los fraudes de las bromas, y estas pertenecen, evidentemente, al mundo del humor. Y, por desgracia, la costumbre disculpa todavía la risa como reacción ante los relatos de fenómenos paranormales. Es como si existiera una norma social implícita que permitiese a la gente rechazar las afirmaciones sobre lo paranormal con una risa de desprecio.

Los juegos de azar también son una actividad periparanormal. Nos asombra ver que el juego de azar se clasifica como una diversión; en parte, por los efectos negativos que suele tener sobre los que abusan de él, y en parte porque la posibilidad de conseguir algo a cambio de nada choca con nuestras ideas más puritanas. No obstante, no cabe duda de que las personas que practican juegos de azar dan la impresión de estar divirtiéndose. Para jugar, acuden a casinos donde también hay espectáculos y otras diversiones. Algunos arqueólogos dicen que los dados se inventaron como instrumentos para la adivinación, y que su empleo en juegos de azar llegó más tarde. Los dados se emplean también en muchos juegos de sociedad.

Algunos parapsicólogos atribuyen al fenómeno del sincronismo las coincidencias extraordinarias que parecen tener un significado personal; a una persona a la que le suceda una coincidencia de este tipo puede parecerle que acaba de suceder algo inexplicable y mágico. A los jugadores los domina a veces la idea ilógica de que están a punto de ganar; en ciertos casos, esta idea se hace realidad y da la impresión de haber conocido el porvenir mágicamente. Así, la psicología del azar que encanta a los jugadores es semejante a la que estudian los parapsicólogos. Los jugadores habituales son notablemente supersticiosos. La misma acusación se nos suele hacer a los estudiosos de lo paranormal.

El empleo supuestamente recreativo de las drogas también tiene coincidencias con lo paranormal y con las diversiones, y la historia del óxido nitroso (el gas hilarante) es un ejemplo destacado. Actualmente, esta sustancia es de uso común en Medicina como anestésico; pero antes de que se descubriera esta aplicación de la misma esta se empleaba para producir estados místicos de la conciencia, e incluso se puso de moda como diversión pública. William James y otros filósofos, científicos y psicólogos inhalaban óxido nitroso como medio para conseguir percepciones metafísicas o para discernir realidades alternativas. Benjamin Blood llamaba al estado que provocaba la droga «la revelación anestésica», y el poeta Robert Southey dijo: «La atmósfera del más alto de todos los cielos posibles debe de estar compuesta de este gas». A principios del siglo XIX, el gas hilarante se utilizaba en espectáculos públicos. En 1814 el periodista estadounidense Moses Thomas escribió la crónica de su visita a una especie de teatro de la conciencia cuyo empresario servía gas hilarante para educar y divertir a su público.

Hojeando por casualidad la *Gaceta de Filadelfia de Relf*, advertí que estaba anunciada la última conferencia semanal que impartiría el doctor Jones sobre este interesante tema en la presente temporada. Pedí inmediatamente el bastón y el sombrero y salí a adquirir una entrada, y a enterarme de dónde estaba la plaza Harmony, en cuya esquina era donde, al parecer, el sabio doctor exhibía sus experimentos sobrenaturales.

La sala de conferencias es un rectángulo de seis por diez metros, un extremo del cual está separado del aparato físico por un escritorio transversal, tras el cual se elevan una docena de bancos escalonados regularmente; la entrada a los mismos está protegida por unas barras, para evitar que los que inhalan el gas tengan fácil acceso a las señoras, a las que se recomienda, cuando entran, que se sienten en los asientos posteriores, para que queden fuera de peligro. El doctor empieza por perorar por extenso sobre la naturaleza y las propiedades del óxido nitroso, que ilustra con una serie de experimentos poco interesantes, a los que presta muy poca atención su público, que viene a ver más que a oír. Cuando empieza a advertir muestras de impaciencia entre los presentes, sobre todo entre el elemento femenino, ofrece diez o doce billetes, debidamente numerados, a otros tantos jóvenes caballeros que están decididos a inhalar el gas hilarante. Se despeja el escenario para pasar a la acción, y el primer caballero de la lista, que se adelanta animosamente (si es que ha probado ya el gas), recibe una gran vejiga inflada de la dosis adecuada de óxido nitroso.

En la ocasión presente, el primer voluntario fue un buen mozo de quince años, que inhaló el gas con avidez. De pronto, tiró la bolsa con un aire de desdén triunfante y empezó a caminar por el recinto con pasos teatrales, hasta que, acercándose a la primera fila, advirtió que una de las personas allí sentadas tenía levantado un bastón para defenderse de su avance. Esto ofendió su orgullo: cayó instantáneamente en un paroxismo de rabia, diciendo: «¡Tirano! Me has robado el

bastón... ¡Devuélvemelo... ahora... mismo... o... te mato!».
En ese mismo instante saltó por encima del escritorio y se
puso a forcejear con el hombre que tenía el bastón, derribán-
dolo todo a su paso, y tuvieron que unir sus fuerzas cuatro
o cinco hombres para reducirlo hasta que se le pasaron los
efectos del gas, tras lo cual el joven volvió a sentarse entre el
público con aire de buen humor.

Otros varios fueron ocupando sucesivamente el escenario
con diferentes grados de animación o de ferocidad; bailaban,
saltaban, pataleaban, esgrimían, y en algunos casos daban de
puñetazos a cualquiera que se les acercase; hasta que un joven
de veinticinco años se acercó a la mesa, inhaló una fuerte
dosis del delicioso veneno y empezó a manifestar sus efectos
con sus gestos, lanzando manotazos a las velas; adoptó la
actitud más soberbia que pudo, y exclamó con un énfasis aterrador: «¡Voto al cielo... que sería hecho glorioso... usurpar el
tálamo... del sol luminoso!». Este esfuerzo violento agotó la
bocanada que había absorbido. Se volvió como asombrado y
se sentó en silencio en un banco vacío que tenía cerca.

Entre los que siguieron a este, lo más digno de mención
que recuerdo fue que un muchacho ingenioso, después de
divertir al público con sus actos extraños, se volvió repentinamente al médico y le ofreció su mano, diciendo: «Pues bien,
doctor, aquí estoy por fin», como si acabara de volver de viaje
y se alegrara de encontrarse de nuevo con sus amigos. Hubo
también un joven ágil que bailó rápidamente por el escenario, tirando una patada a uno, dando una bofetada a otro y
amenazando con el puño a un tercero, hasta que, por fin,
arrojándose de cabeza entre sus supuestos enemigos, luchó
con ellos un momento; pero después volvió en sí instantáneamente, sin haber pronunciado palabra en toda la pantomima;
pues en este estrecho teatro se observa lo mismo que en la
vida real: que los mayores luchadores son hombres de pocas
palabras y sin pretensiones.

El establecimiento del doctor Jones pertenece a la misma bonita tradición que las instituciones que creó más de un siglo después otro gran estudioso estadounidense de lo periparanormal, Robert Ripley. Ripley pasó varias décadas viajando por todo el mundo y consultando incontables libros en busca de las curiosidades que presentaba en los periódicos en su célebre columna ilustrada titulada «Aunque no lo crean». Recopilaba coincidencias increíbles, anomalías corporales, sucesos extraordinarios, casos de personas que tenían capacidades increíbles, hechos extraños y otras informaciones raras y fuera de lo común, y las presentaba de tal manera que asombraba y divertía a sus lectores. He aquí algunos de sus hallazgos: un hombre al que se presentaba cualquier texto escrito a mano y determinaba infaliblemente el sexo de la persona que lo hubiera escrito, para lo cual usaba una llave colgada de un hilo de seda; dos parejas de gemelas llamadas Lorraine y Loretta Szymanski, que no eran parientes y que coincidieron en la misma clase de la escuela, después de lo cual se supo que sus respectivas familias vivían a pocas manzanas de distancia la una de la otra; y una mujer del estado de Massachusetts que descubrió, pocas semanas después de dar a luz, que le habían aparecido en las rodillas unos retratos perfectos de su hijo recién nacido (este relato estaba corroborado con unas fotos impresionantes). Una buena parte de los materiales y de los datos que recogió fueron reunidos y exhibidos más tarde en sus *Odditoriums**, que después se llamaron *Museos del «Aunque no lo crean» de Ripley.* Los efectos que tiene sobre la conciencia la obra de Ripley se aproximan a los de las supuestas experiencias y fenómenos paranormales.

La especialidad profesional de los periodistas que recogen y difunden lo que ellos llaman «noticias raras» también puede clasificarse entre lo periparanormal. Recogen informaciones fuera de lo común, solo de fuentes legítimas (nunca de la prensa sensacio-

---

* Palabra inventada, que viene a equivaler a «rarotorios», pero que fonéticamente es igual a *auditoriums* («auditorios»). *(N. del T.)*

nalista), la clasifican y la publican. Una de las categorías que aparecen habitualmente en estas recopilaciones es la de las noticias, corroboradas por fuentes periodísticas, aunque no necesariamente por medios científicos o eruditos, que tienen que ver con lo sobrenatural. En una recopilación aparecida recientemente, por ejemplo, se cuenta el caso de una mujer a la que le cayó un rayo cuando leía una novela de Stephen King en cuya portada aparecía un hombre al que le caía un rayo; la caída de un avión fantasma al final de una calle residencial de Pensilvania: los testigos lo vieron, lo oyeron y lo olieron, pero no se encontraron restos; una racha de observaciones de un payaso espectral en Saint Paul (Minnesota, EE.UU.) y una serie de apariciones de la verdadera Virgen María. Los especialistas en noticias raras presentan los datos que recogen procurando asombrar y entretener a sus lectores. Los libros que aparecen como fruto de sus esfuerzos interesan por igual a los aficionados al humor y a los interesados por lo paranormal.

Algunos prodigios del turismo también pueden clasificarse en la familia de los pasatiempos periparanormales. Entre ellos se cuentan no solo los viajes a aquellos lugares que son destino común de los curiosos de lo sobrenatural (las casas encantadas célebres, las antiguas pirámides y todos los demás lugares con fama de paranormales), sino también, y sobre todo, los viajes, los escritos y las biografías de algunos aventureros excéntricos y viajeros cuyos nombres salen a relucir con mucha frecuencia en la historia de lo paranormal. Estos intrépidos que renunciaron a la comodidad y a la tranquilidad de sus hogares para aventurarse por territorios desconocidos quisieron viajar, en muchos casos, por el modo en que los viajes podían alterar la conciencia. Buscaban espectáculos exóticos en tierras lejanas por la misma emoción de la novedad y del descubrimiento. Solían contar sus andanzas en diarios que se publicaban, que estaban llenos de relatos de maravillas sobrenaturales y que, por lo tanto, tienen interés para los estudiosos de lo paranormal.

Los antiguos griegos fueron los pioneros de este tipo de relatos de viajes, algunos de los cuales se siguen publicando. Pausanias, médico del siglo II d. C., escribió un extenso libro en el que contaba sus viajes a extraños oráculos y a otros lugares llenos de maravillas sobrenaturales.

Marco Polo (1254-1324), el orientalista y explorador inglés sir Richard Burton (1821-1890) y el propio Robert Ripley figuran en el cuadro de honor de este club de investigadores vagabundos. Las dificultades con que se encontraban cuando presentaban sus observaciones eran paralelas, en cierto sentido importante, a las que conocemos todos los que investigamos los fenómenos paranormales: los estudiosos que se quedaban en sus casas acusaban a muchos de estos trotamundos, injustamente en muchos casos, de mentir, de engañar, o, como mínimo, de adornar la realidad.

Y, desde luego, en las épocas anteriores a la aparición de las agencias de noticias, parece que la exageración era el sello característico de este tipo de literatura de viajes. El barón Von Munchhausen (1720-1797), aventurero y cuentista alemán, escribió su autobiografía de una manera semifantástica para parodiar este tipo de crónicas, y su nombre ha quedado asociado a un estilo retórico de adorno y ampliación de la realidad que está al borde de la franca mentira. Con todo, los autores de este tipo han realizado muchas aportaciones positivas al conocimiento humano. Fueron los primeros que describieron muchos fenómenos asombrosos que parecían increíbles en su época. Algunos de ellos describieron sus descubrimientos en un lenguaje que, si bien era el mejor posible en aquellas circunstancias, tuvo que modificarse y refinarse a la luz de las observaciones posteriores.

Una cosa que tienen en común las actividades que constituyen lo periparanormal es que se practican por los efectos interesantes que tienen sobre la conciencia: en la práctica, alteran la conciencia de alguna manera que se considera deseable. Es un rasgo que tienen en común con lo paranormal propiamente dicho. En el mejor de los casos, el estudio sistemático de lo paranormal puede suscitar emociones profundas de maravilla y de admiración. Puede despertar la sensación de asombro y picar la curiosidad. Puede ser, incluso, fuente de inspiración.

La humanidad no puede prescindir de lo paranormal, de modo que tenemos que aprender a convivir con ello. Con tal fin, una vez reconocidas todas las relaciones que hemos descrito, podemos emprender la tarea de integrar estos datos en un planteamiento sistemático nuevo, en un paranormalismo reconocidamente lúdico que tiene una serie de Ventajas Principales sobre los tres puntos de vista habituales.

La Primera de estas es que nos permite comprender mejor la naturaleza subyacente de cada una de las tres teorías desfasadas, en sus interacciones perpetuas, improductivas e incluso ritualizadas. La parapsicología, sobre todo en la medida en que está dispuesta favorablemente hacia la idea de una vida después de la muerte, puede concebirse como una especie de comedia, en el sentido de que intenta asegurarnos o confirmarnos que la vida tiene un final feliz. Además, y dado que la tragedia contrasta con la comedia en su final, pues la tragedia termina en muerte, la parapsicología es un desarrollo ulterior del espíritu cómico en el sentido de que intenta establecer que incluso la muerte, la culminación de la tragedia, tiene un desenlace feliz.

Los escépticos rechazan que la parapsicología sea una ciencia, y el paranormalismo lúdico duda, igualmente, de que la ciencia tal como la conocemos pudiera demostrar la vida después de la muerte, la presciencia, etcétera. Al paranormalista lúdico le parece extraña la idea de que pudiera existir una ciencia cuya actividad y meta principal sea demostrar la existencia de los fenómenos mismos que son objeto de estudio de la misma. Los escépticos no han llegado a advertir el significado pleno de esto, pues se arrogan el papel de rivales científicos de los parapsicólogos. Pero estos desenmascaradores desempeñan en realidad un papel distinto en la dinámica de la polémica sobre lo paranormal. Si la parapsicología es un tipo de comedia, el desenmascarador escéptico de lo paranormal se parece, más bien, al que revienta la actuación de un humorista, a un miembro del público que echa a perder la diversión.

Las relaciones que hemos estado presentando nos capacitan en buena medida para comprender por qué aborrecen tanto lo para-

normal los fundamentalistas: las cosas que tienen algo de divertidas no les agradan. Recordemos que se trata del mismo grupo de
personas que a lo largo de la historia de los Estados Unidos se han
manifestado a favor de prohibir otras diversiones: el baile, el cine en
domingo, el rock and roll.

Uno de los principios fundamentales del paranormalismo como
juego es no contar con que la ciencia demuestre o aporte pruebas a
favor de la vida tras la muerte, la telepatía, la presciencia y demás.
No obstante, los paranormalistas lúdicos estamos de acuerdo con los
parapsicólogos en la medida en que consideramos que lo paranormal
es un tema importante, susceptible de un estudio racional e incluso,
dentro de unos límites, de un estudio sistemático.

Si bien podemos exponer desde un principio los puntos de acuerdo y de divergencia entre los parapsicólogos y los practicantes de lo
paranormal como juego, la situación se complica cuando intervienen las demás teorías oficiales sobre lo paranormal, debido en gran
medida al modo en que los partidarios de los dos puntos de vista
citados caen, sin advertirlo, en errores a la hora de interpretarse y
de explicarse a sí mismos. En consecuencia, debemos dejar para un
capítulo muy posterior el análisis final de sus errores y de sus debi-
lidades fundamentales.

De momento, baste decir lo siguiente: la práctica de lo paranormal como juego reconoce con respeto el papel que desempeñan los miembros del Comité para la Investigación Científica de
los Supuestos Fenómenos Paranormales (que se hacen llamar
CSICOPS), que procuran que reine la honradez en la polémica. Pero
su trato personal deja mucho que desear. Lo que más me llama la
atención cuando leo sus publicaciones y cuando aparezco a su lado
en programas de televisión es que lo que ansían estos reventadores
escépticos, ni más ni menos que los reventadores que aparecen a
veces entre el público de los humoristas de las salas de fiestas, es
que les presten más atención. Protestan, se quejan y suspiran mucho
por el poco espacio que se le dedica en la prensa escrita o en los
programas de radio y televisión, en relación con el que ellos creen

merecer. Por eso, los practicantes de lo paranormal como juego los llamamos «los policías de los suspiros»*.

Los fundamentalistas de cualquier pelaje, ya se llamen cristianos, judíos, musulmanes o marxistas, son iguales en el fondo. Adustos y sin sentido del humor, lo que les preocupa es la ideología. Pero, como cabe esperar que jamás será posible una unanimidad ideológica mundial, el fundamentalismo necesita, por su propia naturaleza, un enemigo, un grupo ajeno que contraste con el grupo propio. La ideología debe proporcionar un destino poco deseable para los que no se ciñen a la misma: deben arder en el infierno, o bien terminar en el basurero de la Historia.

La Segunda ventaja principal de los que practicamos lo paranormal como juego sobre las tres teorías anticuadas es que estamos comprometidos a desarrollar modos para responder de manera eficaz y comprensiva a los intereses y a las necesidades de los que quieren saber algo acerca de lo paranormal, ya sea por curiosidad, o porque han tenido experiencias personales de supuesto carácter paranormal, o porque han sufrido la muerte de un ser querido. Los partidarios de los tres planteamientos establecidos parecen incapaces o poco dispuestos a dar respuestas adecuadas y humanas a las personas que manifiestan interés por lo paranormal. Así, mientras muchas personas se interesan por lo paranormal tras la pérdida de un ser querido, la parapsicología se ha vuelto abstracta e intelectualizada y ha perdido su conexión con el alma humana. Por ello, no suele consolar a los que apelan a ella en momentos de dolor.

Tampoco son más provechosos los «policías de los suspiros» en sus tratos con las personas que han tenido experiencias poco comunes y supuestamente paranormales; los escépticos se conforman con indicarles que la experiencia no fue lo que creía la persona que la vivió, sino una simple activación en falso de las neuronas, un desequilibrio químico, una fantasía, o lo que sea.

---

* *Sigh cops* (policías de los suspiros) se pronuncia igual que las iniciales CSICOPS. (*N. del T.*)

A los fundamentalistas fervorosos no les parece que tenga nada de malo decir fría y duramente a la tía Matilde, sola, amable y delicada, que en realidad no fue el espíritu del tío Hamperd el que la visitó la semana pasada para consolarla y para decirle dónde había guardado aquellos papeles tan importantes. No, en realidad se le había aparecido un demonio maligno, disfrazado de tío Hamperd, para engañarla y hacerla caer en el infierno; de modo que a ella más le vale marcharse a su casa y leer la Biblia. Pero no la que tiene en su mesilla de noche, pues esa traducción fue obra de unos estudiosos que estaban sometidos a la influencia de Satanás. Leamos, más bien, esta Biblia del Rey Jacobo, que está escrita tal como la dictó Dios en Inglaterra, en la época culminante de la persecución de las brujas.

Menos mal que los fundamentalistas siempre dicen estas cosas con un espíritu de amor «cristiano», o así lo explican ellos. De lo contrario, sus palabras podrían parecer crueles o injuriosas, o podría parecer, incluso, que su religión no estaba basada en los rincones cálidos del corazón, como lo está según toda la brigada bíblica, sino más bien en los terrenos fríos, lejanos y etéreos del intelecto, como el comunismo.

Los practicantes de lo paranormal como juego estamos comprometidos a ser sensibles a la psicología humana de los sucesos y de las experiencias supuestamente paranormales, y a mantener una actitud de apoyo, e incluso terapéutica, ante las personas afectadas por los mismos. De modo que lo paranormal como juego puede presentar un frente unido junto con los psicoterapeutas valientes que han rechazado la ortodoxia aceptando que las experiencias paranormales y espirituales son una circunstancia importante y significativa de la condición humana. Aunque estos terapeutas evitan caer en el error de meter lo paranormal en el mismo saco de lo anormal, reconocen con razón que las personas que tienen experiencias paranormales o espirituales pueden beneficiarse de los consejos de un experto, tanto para ayudarles a asimilar sus experiencias como para apoyarlos mientras aprenden a sobrellevar el ridículo en que pretenden ponerlos a veces otras personas poco informadas.

La práctica de lo paranormal como juego puede estar de acuerdo con este planteamiento, con la salvedad de que quede claro que la propia psicoterapia es una actividad en el límite de lo periparanormal. No existen datos científicos sólidos que demuestren la eficacia de la psicoterapia, como tampoco existen pruebas científicas de lo paranormal. Ciertos estados de la conciencia extraños y no ordinarios (la disociación, la hipnosis, incluso ciertos tipos de episodios de delirio) interesan a los estudiosos de lo paranormal tanto como a los psicoterapeutas. Lo paranormal y la psicoterapia comparten una historia común que converge en ciertos conceptos antiguos, tal como el de la *mantiké**, que se consideraba una alteración mental, además de una manera de predecir el futuro y de evaluar el carácter de otra persona. Y, del mismo modo que lo paranormal, la psicoterapia puede convertirse en un pasatiempo, sobre todo cuando se lleva practicando veinte años o más.

Una tercera ventaja principal es que el estudio de lo paranormal como juego puede explicar el modo en que ciertos fenómenos producen sus efectos paranormales por semejanza con las técnicas de las artes del espectáculo. Ya hemos ilustrado este principio con análisis de la inmunidad paranormal ante la muerte y de las regresiones a vidas anteriores; pero lo ampliaremos y lo desarrollaremos en capítulos posteriores, y terminaremos por aplicarlo a la comprensión de la experiencia próxima a la muerte.

Otra ramificación de este concepto es el hecho de que abre el camino para una resolución de un dilema esencial que ha comprometido durante mucho tiempo el estudio sistemático de lo paranormal. A los que estudiamos lo paranormal nos consterna mucho el hecho de que los fantasmas, las premoniciones, las experiencias próximas a la muerte y otros episodios semejantes sean característicamente imprevisibles y no se puedan reproducir en unas condi-

---

* *mantiké:* en griego clásico, «don de profecía», «oráculo». *(N. del T.)*

ciones tales que permitan su examen científico; de manera que es preciso recurrir a los relatos que hacen los testigos tras los hechos, unos hechos eminentemente anecdóticos. Por otra parte, si las apariciones de los difuntos y las experiencias próximas a la muerte son lo que parecen, entonces consisten en unas relaciones entre la realidad ordinaria y algún otro nivel, o niveles, o dimensiones de la realidad, mientras que el éxito extraordinario de la ciencia se ha debido en parte a la decisión, firme y digna de elogio, de limitar su campo de estudio a esta realidad ordinaria en la que nos encontramos. En las artes del espectáculo, no obstante, las relaciones entre la realidad ordinaria y otras realidades alternativas y misteriosas son constantes y fiables. De modo que los paranormalistas lúdicos pueden contar con llegar a recrear ciertas experiencias y fenómenos que, cuando se producen espontáneamente, suelen ser calificados de paranormales. Pero cuando nos planteamos la posibilidad de organizar viajes de ida y vuelta al Reino Medio para pasajeros o para ir nosotros mismos, estamos tocando la más poderosa y la más profundamente arraigada de todas las emociones humanas: no debemos emprender estos viajes a la ligera, sino con la máxima devoción y respeto.

El estudio de lo paranormal como juego es una teoría seria, que mantiene que las experiencias supuestamente paranormales deben ser tomadas en serio. No cabe duda de que existirán algunas personas de mentalidad implacablemente seria que no serán capaces de descifrar la paradoja de que se puede hacer equivalente lo paranormal con el humor, la diversión y el juego sin dejar de tomarse en serio lo paranormal. No obstante, solo siendo conscientes de esta relación, aceptándola con respeto y razonando cuidadosamente sus consecuencias sería posible hacer de la paranormalogía una disciplina viable, e incluso, con el tiempo, una disciplina respetada académicamente.

Hasta aquí he empleado los términos «el practicante de lo paranormal como juego» y «el paranormalista lúdico» como si fueran sinónimos; y, por supuesto, espero fervientemente que los practicantes de lo paranormal como juego realizaran su trabajo ahora y siempre con un espíritu humorístico, lúdico y lleno de amor. Pero cabe dentro de lo posible que existiera un practicante de lo paranormal como juego que no fuera a la vez un paranormalista lúdico. Hasta una persona seria y severa podría convertirse en practicante de lo paranormal como juego, en partidaria de las doctrinas de lo paranormal como juego o en estudioso teórico de sus principios; o podría tratarse, incluso, de un escritor serio que, siguiendo hasta cierto punto el modelo del crítico literario, analice y critique a diversos personajes, obras y circunstancias actuales e históricas de lo paranormal a la luz de lo paranormal como juego. Por otra parte, parece muy probable que todos los buenos paranormalistas lúdicos tengan al menos un buen concepto intuitivo de algunas de las verdades en que se basa lo paranormal como juego.

Con nada de lo que he dicho he pretendido despreciar en ningún sentido lo paranormal ni su estudio responsable. Pues, aunque los personajes severos les quitan importancia, el humor, el juego y la diversión figuran entre las empresas humanas más significativas. Pueden ofrecer un consuelo indispensable, y hace mucho tiempo que están asociados profundamente a la vida espiritual. Tampoco quiero dar a entender que los practicantes de lo paranormal como juego podamos arreglárnoslas sin mantener un respeto escrupuloso a la verdad. No: debemos amar la verdad tan profundamente como la aman los científicos, a pesar de que no podemos llevar adelante nuestra búsqueda sistemática de la misma del mismo modo que los científicos. Los profesionales del teatro, por la naturaleza misma de su oficio, pueden aplicar la técnica del «vamos a hacer como si…»; pero los paranormalistas lúdicos debemos ceñirnos a unos patrones más literales. A la larga, como mejor podemos divertir es con la verdad.

Para desarrollar más a fondo estas ideas, yo necesitaba un marco donde pudiera ponerlas a prueba e ilustrarlas con ejemplos. Si hemos de enriquecer el estudio de lo paranormal reconociendo sus relaciones con las artes del espectáculo, entonces debe existir una especie de teatro, un teatro de la mente, donde se pueda llevar a cabo este trabajo. Yo encontré un edificio adecuado y me puse a preparar las instalaciones del Teatro de la Mente Memorial Doctor John Dee.

En esta institución se combinan diversos elementos, entre ellos la pintura, la música, el juego, la relajación, la actividad creadora, el ejercicio físico, la naturaleza, los estados hipnagógicos, las ilusiones de percepción, los estímulos intelectuales y el humor, para crear un ambiente que conduce a los estados alterados de la conciencia. Es al mismo tiempo un teatro, un templo, el gabinete de un adivino, una casa de retiro espiritual, un museo de arte, una escuela, una biblioteca y un centro de esparcimiento. Además, recrea algunas de las instituciones del mundo antiguo que yacían olvidadas desde hace mucho tiempo: los oráculos griegos, los templos de incubación de sueños de Esculapio, y el *museión* (donde acudía la gente a recibir la inspiración de las musas). Los fines genéricos del Teatro de la Mente son la educación, la diversión y el desarrollo espiritual por medio de los estados alterados de la conciencia. Es un lugar donde interesa más evocar lo paranormal que demostrarlo científicamente. Mi estrategia ha consistido en incorporar a este entorno todos los factores posibles de entre los que se sabe que facilitan la transición a los estados alterados de la conciencia, como expondré a continuación.

La belleza natural conmueve profundamente algo muy poderoso que tenemos dentro los seres humanos. El Teatro está situado en un pequeño molino, junto a un arroyo, en una zona rural apartada en el estado de Alabama. En las proximidades viven muchos animales silvestres y hay muchas zonas de bosque. Esta ubicación permite a los participantes dar paseos y disfrutar de la naturaleza durante su estancia, así como estar expuestos directamente a la belleza natural.

Las personas que viven estados alterados de la conciencia suelen contar que durante esos episodios se les altera o se les distorsiona el sentido del tiempo. A las personas que asisten a programas en el Teatro de la Mente se les pide que no lleven reloj. Tampoco hay relojes de pared visibles, y los únicos relojes presentes evocan épocas más antiguas. Por ejemplo, un reloj de sol en el patio recuerda sutilmente a los clientes un método más primitivo de calcular el tiempo.

Toda la decoración es anacrónica. El empleo de muebles antiguos en un edificio que data de 1839 tiene el efecto de trasladarnos a una época más antigua. Una amplia colección de vistas estereoscópicas del siglo xix es una ventana a un tiempo pasado.

Está claro que el arte puede inducir estados alterados de la conciencia. Se llama «síndrome de Stendhal» el de ciertos individuos que sufren episodios psicóticos cuando contemplan grandes obras de arte. También es sabido que no es raro que algunos locos ataquen las grandes obras. La *Guardia de noche,* la *Pietá* y el *David,* entre otras obras, han sufrido en los últimos años las agresiones de personas alteradas. Por último, el concertista de piano Erik Pigani me dijo personalmente que él, y otros intérpretes célebres con los que había hablado, han sufrido experiencias espirituales profundas mientras interpretaban grandes obras maestras de la música.

En el Teatro de la Mente hemos intentado dominar este fenómeno. Por todo el edificio se exhiben obras de arte provocativas y poco comunes. Hay libros con reproducciones de obras de arte en lugares visibles de las áreas de descanso para que los participantes se animen a hojearlos.

Las obras de arte y los elementos de la decoración no solo se han elegido por su belleza, sino también para inspirar sorpresa, asombro o sentimientos de incongruencia. En general, los objetos del Teatro están desparejados, pues los objetos que hacen juego producen sensación de igualdad, de estabilidad y de previsibilidad. Por ejemplo, cada una de las piezas de loza que se utilizan en las comidas es diferente, y cada una es interesante por sí misma. Esto tiene el efecto de mantener la mente del participante ocupada con nuevos estímulos y en un estado constante de asombro.

Históricamente, la búsqueda del conocimiento ha sido un canal importante a través del cual los seres humanos han aspirado a la orientación y a la iluminación espiritual. En el Teatro de la Mente hay una amplia biblioteca sobre los estados alterados de la conciencia y lo paranormal, y se anima a los participantes a que hojeen estos libros. Además, en casi todos nuestros programas se incluyen conferencias y otras presentaciones didácticas sobre estos temas. Los aspectos intelectuales de nuestros programas están integrados plenamente con los otros componentes de los mismos, para fomentar la actitud de que también el estudio serio puede ser divertido.

Es evidente que el humor está relacionado poderosamente con la creatividad. La propia risa bien puede clasificarse de estado alterado de la conciencia; es una sensación deliciosa de efectos casi semejantes a los de una embriaguez. La risa relaja directamente los músculos del cuerpo. Las incongruencias del humor suelen conducir a nuevas ideas y a la autocomprensión.

Algunas de las obras de arte que se exhiben en el Teatro tienen un tono humorístico. Tenemos una colección de historietas y de otros libros de humor, y estamos reuniendo una videoteca de comedias.

Fomentamos y apreciamos la risa como aspecto integral de nuestros programas, pero sin llegar a imponer a los participantes una actitud frívola o de hilaridad. Lo que pretendemos, más bien, es que se desprendan con seguridad y con comodidad de algunas de sus inhibiciones, mejorando así, esperamos, sus posibilidades de entrar en estados alterados de la conciencia.

El juego se asocia principalmente a la infancia, y parece que muchos adultos ya no saben jugar. Este rasgo puede ser propio de una personalidad de estilo rígido en general. Los individuos de este tipo se plantean la vida con una mentalidad muy seria. A estas personas les suele resultar difícil entrar en los estados alterados de la conciencia. En el Teatro de la Mente se recurre con generosidad al juego para minar estas defensas.

Las sesiones iniciales, destinadas a empezar a conocerse, se celebran en una sala del primer piso. Después, los participantes pueden esperar en este mismo lugar a que les llegue el turno para realizar otras actividades. La sala está diseñada con el propósito de evocar asociaciones inconscientes con las salas de juegos de la infancia. Los participantes se sientan en columpios que cuelgan de las vigas vistas del techo, o en cojines en el suelo. Hay abundantes juguetes de los que atraen a los adultos tanto como a los niños, tales como los caleidoscopios, los rompecabezas, los juegos de magia, los libros con ilustraciones vistosas y otras curiosidades variadas. El propósito implícito de esta sala es fomentar lo lúdico y la relajación, para que los participantes dejen a un lado las normas de adultos y se abran a posibilidades distintas a las del mundo de todos los días.

Los grandes dramaturgos han sondeado las profundidades de la psique y el espíritu de la humanidad. Las obras dramáticas sublimes evocan emociones profundas; nos mueven a las lágrimas y a la risa. Las grandes obras dramáticas pueden dar forma, incluso, a nuestras actitudes hacia las personas y hacia los sucesos del mundo ordinario. La importancia en nuestras vidas de las obras dramáticas queda de manifiesto por el hecho de que los actores y actrices excepcionales o destacados se convierten en ídolos; incluso en objeto de veneración, como en los casos de Rodolfo Valentino, James Dean, Marilyn Monroe o Elvis Presley.

Los famosos desempeñan un papel importante en la sociedad contemporánea. Los seres humanos modernos pasan una buena proporción de sus horas de vigilia captando la información y las imágenes que difunden los medios de comunicación. Creo que la reacción de las personas ante los famosos se debe, en parte, a que los famosos constituyen un vínculo entre el mundo que nos aparece a través de los medios de comunicación y el mundo de la realidad diaria. Como son capaces, en principio, de aparecerse «en persona», sirven para asegurarnos, al menos a un nivel inconsciente, de la «realidad» del mundo, producido electrónicamente, en el que pasamos una parte cada vez más importante de nuestras vidas.

He intentado aplicar en el Teatro de la Mente esta cualidad transdimensional de las obras dramáticas y de los actores carismáticos. Entre los años 20 y los 50 solía haber en los cines unos expositores de madera donde se colocaban carteles que anunciaban las películas que se exhibían o que se exhibirían más adelante. Un participante nos regaló uno de estos expositores, dorado y ornamentado, que había rescatado de un antiguo cine que iba a ser derribado. Está en la zona de la sala de juegos y de espera, junto a la puerta que da acceso a otras secciones del Teatro. En puntos escogidos se exhiben efigies y otras representaciones de personajes célebres que se han convertido en símbolos, como Laurel y Hardy o Humphrey Bogart, para aprovechar su fuerza simbólica como seres interdimensionales.

Tanto la música como la relajación forman parte integral de nuestros programas, y ambas ayudan a inducir estados alterados de la conciencia. Esperamos contar próximamente en nuestra plantilla con un experto en la terapia del arte para que ayude a nuestros participantes a que conecten con sus procesos creativos. Otro miembro del personal está construyendo un tanque de aislamiento para que podamos practicar también la técnica del aislamiento sensorial.

Hace poco tiempo, un amigo mío que es constructor de telescopios de profesión y astrónomo apasionado por vocación decía en un artículo publicado en una revista de astronomía que muchos astrónomos tienen experiencias extracorpóreas u otras aventuras interiores profundas mientras se asoman por sus telescopios a los vastos espacios interplanetarios e interestelares. Estamos preparando los planos de una plataforma de observación astronómica dotada de un telescopio que se construirá en la azotea del Teatro para que los participantes puedan aprovechar este efecto. En la sala de juegos de la planta baja instalaremos pronto un microscopio de manejo sencillo para que los asistentes puedan realizar una excursión por lo microscópico que también estimule la mente.

El efecto que esperamos del juego mutuo de todos estos elementos es abrir una puerta videncial interior a otras dimensiones de la mente. Por ello, fue una agradable confirmación oír que uno de los primeros participantes en los programas dijera que su experiencia había sido «como entrar en otro mundo. Te hace sentir que el tiempo es irreal». Otros han repetido más tarde estas mismas palabras: «Entrar en otro mundo».

Muchos fenómenos supuestamente paranormales consisten, en esencia, en que una persona ve, al parecer, algo que aparentemente no es de este mundo: un fantasma, un ángel, o incluso el paisaje de un reino de la otra vida. Por ello nos pareció adecuado inaugurar el Teatro de la Mente Memorial Doctor John Dee explorando algunas de las manifestaciones comunes de las experiencias visionarias que pueden ser provocadas por medios seguros y legales. Se dio la afortunada circunstancia de que este proyecto no solo nos condujo a nuevos ejemplos de las relaciones entre el juego y lo paranormal, sino también a la reconstrucción de un antiguo método que servía para recrear uno de los elementos propios de la experiencia próxima a la muerte, a saber, las reuniones visionarias con los difuntos. Pero el trabajo comenzó de manera muy sencilla, con el estudio de unas visiones que nos resultan familiares a casi todos desde la infancia.

El hecho de ver rostros en las nubes es un ejemplo de las ilusiones visuales llamadas paradolias. Se consideran ilusiones porque son creadas por la mente, que interpreta un estímulo observable objetivamente, aunque ambiguo (las nubes, el humo, las llamas, las sombras mal definidas o cosas semejantes), como imagen significativa.

Muchas ilusiones visuales se disuelven simplemente cuando les prestamos más atención. Casi todos sabemos lo que es llevarnos un susto por creer haber visto a un desconocido acechando de manera amenazadora en una habitación en penumbra, después de lo cual vemos que la figura se convierte en un sombrero y en un abrigo inofensivos colgados de la pared.

Pero las paradolias no son así. Cuando una persona ha detectado en un grupo de nubes el perfil de Elvis y el de su madre Gladys, a partir de ese momento le resulta casi imposible no verlos allí. En realidad, cuanto más detenidamente se mira, más se acentúa el efecto. Es posible, incluso, señalárselo a los demás, que también serán capaces de verlo hasta que la nube se disipe o hasta que se la lleve el viento.

Los niños se divierten contemplando las figuras que aparecen ante sus ojos mientras observan las nubes o las llamas que danzan en la chimenea, y en este mismo proceso de la percepción se basan diversas técnicas de adivinación. Los kahunas de las islas Hawai se formulan preguntas a sí mismos y después observan las nubes esperando que las formas que ven en ellas les revelen la respuesta que buscan.

Varios grupos de indígenas de la América Central practican todavía la capnomancia o adivinación por la observación del humo; en la Europa medieval, solo las vírgenes o las matronas podían practicar este tipo de adivinación. También la lectura de los posos del té depende de que el vidente interprete los fragmentos de hojas de té como imágenes significativas. Y ya hemos dicho que los chamanes de Australia adivinaban el porvenir a partir de las imágenes que veían en las piras funerarias. De modo que las paradolias nos presentan un nuevo ejemplo de diversión infantil que puede llegar a confundirse con los fenómenos paranormales.

Cuando se produce la paradolia en un contexto poco familiar, se manifesta a veces en episodios extraños, aparentemente sobrenaturales, que tienen interés para los estudiosos de lo paranormal. Esta ilusión común de la percepción es la base de un tipo desconcertante de fenómenos visionarios colectivos de los que hablan a veces los medios de comunicación. Cuando el rostro de Jesús se detecta de pronto en las vetas de una puerta de madera en un hospital, o aparece en la pared de un depósito de petróleo en el Medio Oeste de los Estados Unidos, podemos estar seguros de que está funcionando la paradolia. Y estas apariciones pueden ser claramente cómicas, circunstancia que alegra al estudioso de lo paranormal como juego. En los últimos años han aparecido imágenes inconfundibles de Jesús entre los espaguetis que colgaban de un tenedor en el anuncio de una pizzería de la ciudad de Atlanta; entre las hojas y los zarcillos de una enorme hiedra que cubría un árbol en una urbanización de Virginia del Oeste, y en la superficie de una tortilla de maíz que había cocinado un ama de casa de Nuevo México. La Iglesia católica envió a un sacerdote al lugar donde se había producido este último prodigio, y este realizó sus investigaciones aplicando un método experimental admirable. Cocinó montones de tortillas de maíz, y tuvo que reconocer que cuando uno cocina muchas tortillas acaba viendo cosas bastante raras.

En cuanto una o dos personas advierten una imagen poco común en alguna parte y se la muestran a otros, resulta casi imposible convencer a los testigos de que aquellas formas estaban allí desde siempre. Desde el punto de vista de la gente del lugar, es como si la aparición se hubiera materializado de pronto surgiendo de la nada. «Llevo varios años pasando en coche casi todos los días por delante de ese depósito. Si Jesús hubiera estado allí antes, yo lo hubiera visto hace mucho tiempo. ¡*Sé* que acaba de aparecerse!».

Cuando se extiende la noticia de la manifestación, empiezan a acudir al lugar bandadas de peregrinos desde puntos lejanos. Los visitantes, estén convencidos conscientemente o no de la realidad de la manifestación, suelen mantener una clara actitud de respeto cuando contemplan la imagen. Es probable que los escépticos quieran cubrir todas las posibilidades, por si acaso, como también suelen hacer los desenmascaradores de lo paranormal más prudentes. Así, la paradolia colectiva tiende a captar la tendencia de la humanidad a lo trascendente.

La paradolia también nos agrada a los practicantes de lo paranormal como juego por su parentesco con la creatividad, que es una de nuestras facultades favoritas de la mente. Leonardo da Vinci llevaba a sus estudiantes de pintura al campo los días de sol y les hacía tenderse de espaldas en el suelo y contemplar las nubes ondulantes. Sabía que aquel pasatiempo fomentaba su percepción artística y que era una buena fuente de inspiración creadora.

No es menos importante el hecho de que la paradolia nos brinde a los practicantes de lo paranormal como juego otra oportunidad excelente para ilustrar la superioridad de nuestro método de trabajo sobre el de los tres planteamientos anquilosados y obsoletos. Lo mejor de todo es que es otra gran anomalía con la que podemos provocar a los viejos y pomposos fundamentalistas «cristianos».

De modo que ahora preguntamos a los «cristianos» lo siguiente: ¿En qué momento exacto, en la escala que va desde la observación de las nubes y del fuego en la infancia, pasando por la observación de las nubes de los kahunas, hasta la observación de las piras funerarias de los australianos, entra en escena su Enemigo favorito? «Cuando se practican tales actividades para la adivinación», responden. Y bien, ¿y si un niño que observa las nubes o el fuego viera una visión de algo que se hiciera realidad en los días siguientes? ¿Estaría Satanás detrás de todo ello? Y ¿qué decir de la observación de las nubes como sistema pedagógico para los estudiantes de pintura? ¿Se esconde detrás de esto el demonio? De lo contrario, ¿qué sucedería si un estudiante de pintura viera en las nubes una visión lúbrica que le inspirase un cuadro obsceno? ¿Podríamos descartar con seguridad la intervención de Satanás en este caso? Si es así, entonces no hay duda de que ni siquiera estos «cristianos» tan vigilantes tendrían nada que objetar a un profesor de pintura innovador que decidiera adoptar el método de Leonardo para despertar la imaginación artística de los niños enseñando a sus jóvenes alumnos a ver imágenes en las nubes o en bocanadas de humo.

Antiguamente, las paradolias colectivas parecían unos fenómenos aparentemente sobrenaturales que desencadenaban oleadas de histeria colectiva. Antes de que la ciencia comprendiera la naturaleza de los cometas, nuestros antepasados creían ver todo tipo de imágenes amenazadoras en la cola luminosa de estos intrusos espectrales celestes: espadas, monstruos y rostros horrorosos que se interpretaban como anuncios de desgracias. Hoy día, las paradolias colectivas todavía pueden llamar mucho la atención y suscitar la curiosidad sobre la dimensión paranormal de la conciencia. Los devotos que se reúnen en el lugar producen un ambiente parecido al de un festival religioso; un investigador reflexivo puede observar allí, en un marco natural, la fascinación que ejerce sobre el ser humano lo relacionado con el otro mundo. Estos sucesos también pueden aclarar mejor algunas diferencias entre los diversos planteamientos de lo paranormal. Los parapsicólogos desprecian estas escenas porque no se pueden observar en condiciones de laboratorio. Los «policías de los suspiros» se presentan para reventar el espectáculo y para burlarse de los espectadores, demostrándoles lo fácil que es hacer que desaparezca Jesús apagando una farola próxima. Los fundamentalistas hacen acto de presencia para advertir a todos que desconfíen de los demonios. Pero nosotros, los practicantes de lo paranormal como juego, simpatizamos con estos hechos, que nos agradan porque también ellos nos revelan la naturaleza de lo paranormal. Estamos dispuestos, incluso, a aceptar la posibilidad de que Dios, Jesús y la Virgen María tengan sentido del humor y de que las paradolias colectivas puedan poner en juego ciertas tendencias serias y significativas del espíritu humano, incluso una aspiración a la sanación espiritual.

Es fácil reproducir la paradolia colectiva, pero esta no es una manera práctica de producir reuniones visionarias con los difuntos. Característicamente, las apariciones que se manifiestan de este modo son las de figuras religiosas: de Jesús, de la Virgen María y de diversos santos. Apenas se conocen casos en que se haya aparecido a nadie en las nubes o en el fuego un ser querido fallecido, y los tipos más comunes de reuniones visionarias con los difuntos no se pueden achacar, ni por lo más remoto, a casos de paradolia. Afortunadamente, pues, existen otros modos bien conocidos de provocar visiones.

La incubación de sueños, en el sentido de pasar la noche en un lugar especial con la esperanza de recibir una revelación divina a través de un sueño o de una visión nocturna, se presta de manera natural al interés de los practicantes de lo paranormal como juego. La incubación de sueños era popular en el antiguo Egipto, Mesopotamia, Canaán, Israel y Grecia, y en el Japón se practicó hasta bien entrado el siglo xv. El ejemplo más conocido por los lectores occidentales quizás sea el de la visita de Salomón al santuario de la colina de Gibeón, donde Dios se le apareció en un sueño y, satisfecho por la petición que le hacía el incubador de sueños, le otorgó la sabiduría que este le había solicitado.

En aquellos tiempos, las personas que estaban atormentadas por graves problemas podían viajar a un lugar sagrado con la esperanza de que la divinidad asociada a aquel lugar los favoreciera apareciéndoseles en un sueño. El sueño indicaría al consultante la solución de sus problemas.

En Grecia, el rito se practicaba en templos dedicados a Esculapio, rey de Tesalia, héroe y médico respetado. Era un curador tan notable que tras su muerte fue venerado como dios. Era tenido por hijo de Apolo, y era el dios de la curación. El símbolo de Esculapio era el caduceo, bastón alado y rodeado de serpientes que se ha convertido en símbolo de la profesión médica.

Si alguien padecía una enfermedad que ningún médico convencional había sido capaz de curar, o si lo perseguía una dificultad que le resultaba insoportable, podía viajar a uno de los trescientos veinte templos de Esculapio que estaban repartidos por el paisaje de Grecia, para consultar allí, por medio de sueños y de visiones, al médico legendario en persona. El centro de curación más importante de los de este tipo estaba en Epidauro, y contaba con las instalaciones adecuadas para albergar y alimentar a las multitudes que acudían constantemente y que tenían que esperar a que llegase su turno.

Cuando llegaba el momento, y después de cumplir los preparativos rituales, el peregrino entraba en un patio y dormía bajo las estrellas hasta que tenía un sueño concreto: al incubador de sueños se le aparecía Esculapio, vestido con un abrigo de pieles y con el caduceo en la mano, y le invitaba a entrar en el santuario central, llamado *abatón.* El *abatón* era un edificio enorme provisto de una imponente hilera de camas que tenían aproximadamente la misma forma de los divanes que fueron populares durante la época victoriana. Eran unos catres que tenían un extremo levantado en un ángulo aproximado de 45 °, de tal modo que la persona recostada tuviera la cabeza y el tronco más altos que las caderas y las piernas. Estas camas se llamaban *klini,* y de este nombre procede la palabra actual *clínica.*

Se creía que el propio Esculapio entraba por la noche en el *abatón* y que se aparecía en las visiones nocturnas de los incubadores de sueños, recostados en sus catres. Esta entidad sobrenatural les dedicaba su atención y les otorgaba la curación.

Los consultantes agradecidos encargaban a tallistas inscripciones en piedra para dejar constancia de los detalles de sus enfermedades, de sus visiones en el *abatón* y de las curaciones consiguientes en unas relaciones que quedaban grabadas en columnas para que otros pudieran conocer los milagros de Esculapio. Mas de dos milenios más tarde, los casos clínicos conservados son una lectura apasionante. En algunos casos, el curador espectral recetaba un tratamiento; en otros hacía una imposición de manos. Y Esculapio tenía un amable sentido del humor, como se aprecia en esta antigua relación de una curación que produjo en el *abatón:*

> Eufanes, muchacho de Epidauro. Padecía cálculos y dur-mió en el templo. Le pareció que se le aparecía el dios a su lado y que le preguntaba: «¿Qué me darás si te curo?». Él res-pondió: «Diez dados». El dios se rió y le dijo que lo curaría. Al día siguiente se marchó sano.

En Epidauro también había un amplio teatro de excelentes con-diciones acústicas, de modo que podemos suponer que allí también se representaban obras teatrales y otros espectáculos. Más tarde se contruyó un *odeón,* o auditorio, para actuaciones musicales, para poder incorporar la música a las prácticas terapéuticas. El hecho de que tuvieran lugar tantas manifestaciones de humor y de diversión en el mismo lugar donde sucedían aventuras paranormales con-cuerda plenamente con las ideas más ortodoxas de la doctrina de lo paranormal como juego.

Y ahora se oye flotar por las ondas etéreas la voz de mi cola-borador de fama mundial, el doctor Sigmund Freud. Quiere hacer unas declaraciones... Permítanme que sintonice con él para oír lo que dice... ¡Ajá! Exige inflexiblemente que yo les haga ver que la antigua incubación de sueños de los griegos fue uno de los grandes antecedentes históricos de su técnica del psicoanálisis. Freud me asegura que citó expresamente los templos de Esculapio en su gran obra *La interpretación de los sueños.* Dice que consultemos el libro y que lo comprobemos... También me indica que el diván donde se recostaban sus pacientes mientras le recitaban sus historias perso-nales tenía exactamente la misma forma del *klini...*

Ahora Freud va a compartir con nosotros una anécdota sobre el modo en que sus lecturas sobre los centros terapéuticos de Esculapio

lo influyeron a la hora de elegir el diván como instrumento fundamental de su terapia. Freud me cuenta que jamás se dio cuenta de
ello conscientemente durante su vida en la Tierra. Dice que lo había
reprimido porque asociaba inconscientemente las camas con una
experiencia traumática muy personal de su infancia; pero todo esto
salió a relucir en la revisión panorámica de su vida que tuvo dentro
de su experiencia próxima a la muerte, y se rió mucho... Vaya, la
voz de Freud se ha ido perdiendo por el éter y ahora solo oigo un
ruido de fondo...

Pero apuesto a que Freud no sabía lo que voy a contarles. La
incubación de los sueños ya se practicaba en el Japón en los siglos
IV y V d. C. En aquellos tiempos, solo el emperador tenía derecho a
mantener este vínculo con otras dimensiones, y el contacto con lo
divino por incubación de sueños era una de sus responsabilidades
espirituales más importantes. Su palacio contaba siempre con un
salón de incubaciones y una cama llamada *kamudoka* que estaba
destinada a este fin.

Más tarde, el proceso se abrió a la gente corriente en centros
especiales, y se han conservado bastantes relaciones en las que
se detallan los milagros que tenían lugar en aquellos lugares. Del
mismo modo que en Epidauro y que en el santuario de la colina
de Gibeón, en los sueños de los consultantes se presentaban seres
sobrenaturales que realizaban curaciones, que concedían dones o
que proponían soluciones para diversas dificultades personales.

Hasta época reciente, el ritual de la ceremonia de coronación de
los emperadores del Japón exigía que estuviera visible la *shinza,* una
cama de forma idéntica a la de los *klini* del templo de Esculapio. Pero
el emperador ya no utilizaba la cama durante la ceremonia, y su función primitiva para la incubación de sueños había caído en el olvido.

Los testimonios conservados en Epidauro indican repetidas veces
que las visiones de los testigos tuvieron lugar «en el estado entre el
sueño y la vigilia»; es decir, que estaban en una especie de duermevela cuando los visitó Esculapio. Es aceptable suponer que las palabras de los incubadores de sueños se refieren al estado hipnagógico,

una especie de zona intermedia por la que pasamos cuando estamos quedándonos dormidos y en la que se presentan vivas imágenes.

Este dato, y el hecho de que ciertas entidades de un tipo u otro hacían acto de presencia durante la incubación de sueños, son señales favorables de que al estudiar esta antigua práctica nos estamos aproximando a una técnica viable para recrear los encuentros con los difuntos por apariciones de los mismos. Pues muchas visitas de este tipo tienen lugar cuando el testigo está al borde del sueño, poco después de acostarse o al despertarse. Pero las reuniones visionarias también tienen lugar entre personas que están plenamente despiertas, incluso en pleno día y cuando el testigo está completamente alerta, ni siquiera somnoliento.

La incubación de sueños tendría el inconveniente de que obligaría al buscador de apariciones a pasar la noche en el centro en un estado de duermevela mientras un investigador pasaba toda la noche despierto observándolo y controlándolo; esta idea resulta altamente desagradable para el investigador del Teatro de la Mente Memorial Doctor John Dee. Mas aún: según los cánones clásicos de la incubación de sueños, lo correcto era que el consultante tuviera un primer sueño de invitación antes siquiera de presentarse en el centro adecuado para tener allí otra visión. Esta condición complicaría mucho el proceso de selección de los sujetos para una investigación de las apariciones evocadas de los difuntos.

Por todos estos motivos, la incubación de sueños no resultó ser la técnica ideal para producir las reuniones visionarias. De modo que tuve que investigar otro medio más antiguo y enigmático de creación de visiones hasta que di, por fin, con una solución práctica del enigma del Oráculo de los Muertos del río Aqueronte y redescubrí el modo de evocar los espíritus de los que han abandonado esta vida para pasar al Gran Más Allá.

III

Los espejos, las visiones y los espíritus

En el otoño de 1986, en una larga visita que hice a mi amigo, el doctor William Roll, parapsicólogo célebre que es una autoridad en el tema de las casas encantadas y de otras apariciones de los difuntos, me llamó la atención una bola de cristal que tenía expuesta en una mesa del cuarto de estar. Me explicó que le interesaba el hecho de que una proporción notable de la población normal es capaz de ver imágenes sorprendentes en las claras profundidades ópticas del cristal, del espejo, de una superficie de agua clara o de otros objetos o superficies reflectantes o transparentes. Me sorprendió saber que existía un verdadero fenómeno psicológico detrás de unas prácticas y de unos fenómenos que la mayoría de nosotros solo conocemos por las historietas y por otras obras de ficción, y que en general se suponen fraudulentos o fantásticos.

La información que me facilitó el doctor Roll me intrigó, pero no me documenté más sobre el tema hasta cosa de un año más tarde. En el mes de noviembre de 1987 yo visitaba una librería. Me dirigía hacia los libros de arte, al fondo de la tienda, y, en el momento en que yo pasaba, un pequeño volumen decidió caer de su estante al suelo del pasillo, a mis pies. Me agaché a recoger el libro y leí su título: CRYSTAL GAZING («La observación de los cristales»). Me acudieron a la mente imágenes de embaucadores y de supersticiones, pero también oí ecos del comentario del doctor Roll.

Hojeando el libro, que se había publicado en 1905, me di cuenta de que su autor era un erudito serio. Tenía, además, un interesante prólogo de Andrew Lang, de cuya obra como pensador, crítico y escritor destacado ya tenía yo noticia. Leyendo el libro me di cuenta de que tanto los legos como los estudiosos habían entendido mal desde hacía mucho tiempo un aspecto de la conciencia humana que tenía una posible utilidad y que, en todo caso, era delicioso. Yo, que llevaba mucho tiempo estudiando las experiencias próximas a la muerte, comprendía y compartía las palabras de Lang:

> Por el simple hecho de examinar la observación del espejo nos situamos en la frontera del curanderismo, del fraude, de la credulidad ciega, de las esperanzas infundadas y de los temores supersticiosos. No cabe ninguna duda de que, cuando se cruza una vez esta frontera, incluso las mentes formadas en las ciencias físicas suelen dejar de actuar de manera científica o razonable (…). Así podemos explicar la aversión de los hombres de ciencia al estudio de ciertos fenómenos que, en realidad, no tienen por qué ser más discutibles que los sueños nocturnos o diurnos. Son fenómenos de la naturaleza humana, aplicaciones de facultades humanas, y, como tales, nos invitan a que los estudiemos. Titubear a la hora de estudiarlos es ser algo menos que valientes.

Decidí aceptar aquel mismo día el desafío de Lang. Empecé a estudiar la observación del espejo; primero, como medio para interesar a mis alumnos universitarios por los caprichos de la conciencia humana; más tarde, como medio para explorar el proceso de la creatividad; por fin, como medio para experimentar con visiones.

A partir de épocas muy remotas, y de manera independiente en culturas de todo el mundo, nuestros antepasados realizaron un descubrimiento asombroso: ciertas personas ven unas notables visiones cuando miran fijamente un espejo u otro objeto reflectante o transparente como una superficie de metal bruñido, un cristal de cuarzo, un cuenco u otro recipiente lleno de líquido o un estanque de aguas tranquilas y transparentes. Característicamente, el observador que se asoma al espejo ve al principio unas nubes o neblinas, o un humo semejante a la niebla; las visiones propiamente dichas comienzan inmediatamente después. Estas visiones son imágenes eidéticas, es decir, que se proyectan en el campo visual y al observador le parecen estar situadas externamente en el espacio, en las claras profundidades ópticas del espejo mismo.

Las visiones en el espejo tienen una coloración iridiscente y son plenamente tridimensionales, y se mueven de manera natural, como los personajes y las escenas de una película. El tamaño de las imágenes es proporcional al tamaño del espejo que se utiliza: en los espejos pequeños se ven imágenes minúsculas, y en los grandes, imágenes grandes. Su contenido puede pertenecer a varias categorías: personas a las que conoce el observador u otras a las que no reconoce; vistas panorámicas de belleza sobrenatural, tales como lagos, bosques y montañas; minirrepresentaciones en las que intervienen varias personas que realizan alguna actividad en un entorno común; e incidentes olvidados de los primeros años de vida del observador, recuperadas vívidamente. Los observadores del espejo tienen la sensación de que las visiones aparecen y se representan con independencia de la voluntad consciente.

No es de extrañar que en las épocas anteriores a la psicología profunda moderna surgieran diversas creencias y prácticas supersticiosas alrededor de este fenómeno. En un principio, las visiones en el espejo se atribuían a un poder oculto inherente al propio espejo o espéculo. De aquí procede el concepto del espejo mágico, la idea de que en el proceso de la observación del espejo el espéculo hace de proyector. Según este concepto, no serviría cualquier espejo o cualquier cristal o cualquier superficie de agua. Tenía que ser una fuente encantada, o un cristal hechizado, o un espejo mágico preparado por medio de una forma ritualizada. Se han conservado muchas de aquellas recetas antiguas, por ejemplo en el *Hollenzwang,* colección de textos mágicos que se seguía publicando a principios del siglo XVII. El libro se atribuye al infame doctor Fausto, el mago, médico y erudito inmortalizado en la gran obra dramática de Goethe.

George Frederick Kunz, eminente erudito y gemólogo, resumía así algunas de estas recetas:

> Fausto pregunta a su Mefistófeles si se pueden construir tales cristales, y el espíritu le responde: «Sí, en verdad, Fausto mío», e indica a Fausto que vaya un martes a casa de un vidriero y que ordene a este que fabrique un cristal. Era necesario realizar esta labor en la hora de Marte, es decir, en la hora primera, octava, decimoquinta o vigésima segunda del martes. El vidrio completo no debía ser aceptado como regalo, sino que había que comprarlo y pagarlo. Mefistófeles dice que cuando ya se ha conseguido el objeto es preciso enterrarlo en una tumba, donde debe dejarse durante tres semanas; al cabo de este plazo, se desenterraba; si era una mujer la compradora, debía enterrarlo en la tumba de una mujer (…). En la misma obra se indica otra manera de preparar un cristal o un espejo. Después de comprar el cristal, había que sumergirlo en el agua bendita con la que se hubiera bautizado a un primogénito varón, y allí debía pasar tres semanas. Después, el agua se derramaba sobre una tumba y se leía el capítulo sexto del Apocalipsis de San Juan. A continuación, se pronunciaba el conjuro siguiente: «Oh, cristal, tú eres una virgen pura y tierna; tú estás en una de las puertas del cielo para que nada se te oculte; tú estás bajo una nube del cielo para que nada se te oculte, ni en campos ni en prados, ni amo ni criado, ni ama ni criada. Séate dicho esto en nombre de Dios, en súplica de tu ayuda».

Naturalmente, es la magia de la mente y no la del espéculo (ni la de lo que se hace a este como preparación) la responsable de las visiones que se observan en el espejo. Pero tampoco conviene llevar demasiado lejos este principio. Muchas personas me piden consejo antes de comprarse un espejo o, con más frecuencia, una bola de cristal. Durante mucho tiempo, yo les aconsejaba que no se dejaran convencer por los vendedores que les querían hacer comprar una bola de cristal de roca auténtico en lugar de una bola de vidrio como la que usaba yo, mucho más barata. Yo les aseguraba que no había ninguna diferencia. Más tarde, probé con una bola de cristal de cuarzo y descubrí que las visiones eran de una claridad exquisita; y sospecho que intervienen en ello otros factores además de la autosugestión.

Algunos colegas míos también me aclararon las ideas en esta cuestión. El doctor William Roll me hizo ver que si bien el vidrio es en realidad un fluido, en el sentido de que fluye a lo largo de un periodo de tiempo amplio, el cristal de cuarzo es una estructura fija. El doctor Buddy McGee me comentó que si bien una bola de cristal de roca es un objeto de tres dimensiones, el espejo es una superficie bidimensional.

Reconozco, pues, que también tienen importancia las características físicas del espéculo. En algunas tradiciones, los espejos simbolizan la búsqueda de la autocomprensión, en otras simbolizan la vanidad. Por desgracia, la bola de cristal se ha convertido en una de las imágenes estereotipadas que simbolizan la superstición, como la pata de conejo, la escalera apoyada en la pared, el gato negro, etcétera. El agua evoca todo un simbolismo asociado a dicho líquido esencial. Los pozos, los manantiales y las fuentes traen a la mente toda una orquesta de asociaciones: agua, fuente, curación, excavar, aparatos mecánicos, las profundidades subterráneas… Vaya. El segundo autor de este libro, el doctor Sigmund Freud, intenta llamarles la atención a través de mí. Dice algo de los cuencos, las jarras, los pozos y las mujeres, pero no lo capto. Freud me dice que me estoy resistiendo… No entiendo bien dónde quiere ir a parar… Bueno, Freud me asegura que saldrá a relucir más tarde. Dice que estas cosas siempre salen a relucir… Entonces, como iba diciendo, las piedras tienen connotaciones de permanencia, e incluso de espiritualidad: Noé recibió los Diez Mandamientos sobre tablas de piedra. Jesús fundó su Iglesia sobre una roca. En el lugar más santo del Islam se venera una piedra sagrada, que es un meteorito. Todos estos factores y muchos más pueden afectar a las visiones en el espejo de maneras todavía desconocidas. Puede deberse a propiedades ópticas o a la influencia consciente o inconsciente que puede tener sobre la mente del observador el hecho de conocer estas propiedades.

Todos los niños saben que los espejos pueden ser importantes por sí mismos. Uno de los cuentos más conocidos en los que aparece un espejo mágico es el de Blancanieves. Los hermanos Grimm recogieron su célebre versión en la Alemania del siglo XIX. Más tarde, los folcloristas encontraron otras versiones del mismo cuento extendidas por un amplio territorio que iba desde el Asia Menor hasta Irlanda, e incluso en algunas regiones del norte y el oeste de África.

Blancanieves era una niña muy hermosa que era hija de una reina. Pero la reina murió y el rey volvió a casarse al poco tiempo. Su nueva esposa era muy hermosa, pero era tan orgullosa que no soportaba la idea de que ninguna mujer pudiera ser más hermosa que ella. Tenía un espejo mágico; lo miraba y le preguntaba:

> Espejito, espejito de pared:
> la más hermosa del reino
> ¿quieres decirme quién es?

Y el espejo respondía:

> Tú, reina, eres la más hermosa del reino.

Pero Blancanieves iba creciendo y cada vez se hacía más hermosa, hasta que, cuando cumplió siete años, era más hermosa que la reina. Con lo que llegó un día en que, cuando la reina consultó a su espejo mágico, este respondió:

> Tú, reina, linda y hermosa eres;
> Pero más que tú lo es Blancanieves.

La reina se enfadó tanto que mandó a uno de sus criados que se llevara a Blancanieves al bosque y la matara. El criado no tuvo valor para matar a la niña, y la dejó abandonada a su suerte. Blancanieves vagó por el bosque hasta que encontró una cabaña donde vivían siete enanos. Los enanos accedieron a acoger a Blancanieves a cambio de su trabajo en la casa, y la advirtieron que se cuidara de la reina, que intentaría con toda seguridad matarla de nuevo.

La reina supo por el espejo que Blancanieves no había muerto y que vivía con los enanos, e intentó asesinar a la niña bajo diversos disfraces. Los enanos la rescataron en dos ocasiones, pero en un tercer intento la reina dio a comer a Blancanieves una manzana envenenada, y la niña expiró.

Los enanos, llenos de dolor, construyeron una urna de cristal donde guardaron el cuerpo de Blancanieves, y establecieron turnos para que uno de ellos estuviera siempre a su lado velándola. Allí yació Blancanieves durante mucho tiempo, y parecía dormida. Un día, un príncipe pasó por la casa de los enanos y vio por casualidad la urna.

El príncipe quedó tan cautivado que suplicó a los enanos que le entregasen la urna, y por último estos se apiadaron de él. En cuanto levantó la urna para llevarla a su palacio, cayó un trozo de manzana de entre los labios de Blancanieves y esta despertó. Blancanieves consintió en casarse con el príncipe, y se preparó una boda espléndida.

Cuando la antigua enemiga de Blancanieves, la reina, se adornaba para asistir al banquete nupcial, al que había sido invitada, miró su espejo mágico y le hizo su pregunta habitual. El espejo le respondió:

> Tú, señora, eres linda como una rosa;
> Pero la nueva reina es mucho más hermosa.

La reina se puso furiosa, pero tanto pudieron en ella la curiosidad y la envidia que acudió a la fiesta para conocer a la novia. Cuando vio que la nueva reina era Blancanieves, cayó enferma de rabia y murió, y Blancanieves y el príncipe fueron felices para siempre.

Cuando se dispuso de los espejos mágicos, la facultad psicológica poco común de la observación del espejo se utilizó para diversos propósitos mágicos u ocultos. Una de estas primeras aplicaciones fue la cataptromancia o adivinación por la observación del cristal o del espejo. La cataptromancia, como otras formas de adivinación, se utilizaba para cuatro fines: la predicción del porvenir, la visión de sucesos que tenían lugar a gran distancia, encontrar objetos perdidos y la detección criminal (es decir, determinar quién era el culpable de un delito). La adivinación por la observación del espejo se practicaba entre muchos grupos de indios americanos, entre ellos los apaches, los cheroquis y los aztecas. En la Europa medieval, los *specularii* viajaban de pueblo en pueblo prediciendo el porvenir por medio de la observación del espejo. El oráculo principal del Tíbet utilizaba un espejo mágico de cataptromancia para asomarse al futuro, y los ministros del gabinete tenían en cuenta sus visiones a la hora de decidir la política estatal. En la Antigüedad, a los monarcas de vastos imperios les interesaba mucho conocer lo que sucedía en los rincones remotos de sus dominios. Por ello, los magos de la corte utilizaban los espejos mágicos para practicar lo que ahora llamamos visión remota.

En nuestros tiempos nos puede parecer evidente que las visiones del espejo no surgen de un poder propio del espejo, sino de un poder de la mente. No obstante, todavía está tan extendida como antaño la creencia de que la observación del espejo es una capacidad paranormal, o por lo menos una pretensión paranormal. Las convenciones toleran las risas de desprecio ante la adivinación por la observación del cristal más abiertamente que en el caso de cualquier otro fenómeno paranormal. Por eso, la imagen de la gitana asomada a su bola de cristal se ha convertido en figura tópica de las historietas humorísticas.

Es posible que la risa se considere una reacción adecuada ante la observación del cristal porque ambas están relacionadas intuitivamente por un elemento común, la relajación, que es un efecto directo de la risa y un requisito previo para provocar las visiones en el cristal. Y algunas veces, al fin y al cabo, lo paranormal es pura y simplemente gracioso, como se aprecia en la loca saga de los «profetas de la orina». Los practicantes de esta antigua profesión se dedicaban a diagnosticar las enfermedades humanas y a pronosticar su desenlace interpretando las visiones que tenían al observar redomas de vidrio llenas de la orina de sus pacientes. Ejercieron este oficio en Europa durante varios siglos a partir de principios del siglo XIV; durante esta época gozaron del respeto de una multitud de clientes satisfechos. En la cúspide de su popularidad tenían a su servicio a unos ayudantes llamados «mensajeros de la orina», que se encargaban de recoger esta de las casas de los enfermos que guardaban cama y de llevársela al profeta para que la inspeccionara y emitiera su diagnóstico.

Actualmente, el símbolo familiar del mundo médico es el caduceo o bastón alado rodeado de serpientes. Pero durante cierta época de la Edad Media el emblema aceptado de la profesión médica fue la redoma del profeta de la orina. Siempre se representaba medio llena o medio vacía, según como se mirase. Y los médicos la llevaban como signo visible, protegida por su cesta de mimbre. Tiene interés, pues, el hecho de que los dos símbolos tradicionales del arte de la curación, el caduceo de Esculapio y la redoma del uroscopista, están relacionados con la conciencia visionaria: el primero con los sueños incubados, y el segundo con las visiones en el espejo.

Por desgracia, aunque la cataptromancia no es más que una de las muchas maneras que se conocen de utilizar este fenómeno apasionante, muchos estudiosos han rehuido el tema de las visiones en el espejo por sus asociaciones con los adivinos. Pero ninguno de nosotros, los valientes practicantes de lo paranormal como juego, cejaríamos en nuestras investigaciones por un error tan estúpido. Además, algunas de las aplicaciones arcaicas y mágicas de la observación del espejo han quedado obsoletas por la tecnología moderna. Hoy tenemos un espejo mágico en cada hogar: vemos las últimas noticias en la televisión como unos emperadores.

He realizado investigaciones prácticas sobre la observación del espejo desde 1987, y en este tiempo he demostrado la técnica ante muchos públicos. He observado personalmente a centenares de personas mientras practicaban la observación del espejo, y los he entrevistado a continuación sobre sus experiencias. Sobre la base de este trabajo, he llegado a la conclusión de que la observación del espejo puede ser una técnica útil para acceder a nuestras propias posibilidades creadoras, y que puede ser una ayuda para nuestra autocomprensión. Algunos participantes que eran escritores, poetas y pintores me han dicho que después de aprender la técnica la aplicaron como fuente de inspiración creadora para su arte. Determinadas personas me dijeron que les había resultado provechosa para sacar a la luz cuestiones conflictivas e incluso para recordar traumas reprimidos desde la infancia, dentro del proceso de la psicoterapia.

La observación del espejo también es una herramienta excelente para explorar la conciencia, para profundizar en dimensiones fascinantes de la mente que normalmente quedan excluidas de la atención consciente. He ayudado a muchas personas a entrar en estas dimensiones, y yo mismo me he aventurado por ellas. En el transcurso de estas excursiones he vivido personalmente y/o he oído describir a mis sujetos seis fenómenos muy curiosos de la conciencia humana asociados a los espejos. En su conjunto, los seis constituyen lo que yo llamo el complejo de la observación del espejo. Este complejo debe de estar situado en un nivel bastante profundo del preconsciente, por el motivo siguiente: todos somos conscientes de algunas de sus manifestaciones comunes, pero, por otra parte, nadie, al menos que yo sepa, lo ha definido a fondo todavía como entidad psicológica y espiritual.

Cada una de las experiencias que componen el complejo de la observación del espejo sale a relucir, asimismo, en muchos mitos y leyendas, cuentos de hadas y relatos tradicionales. Algunos de los fenómenos que lo constituyen son raros, incluso entre los observadores del espejo veteranos, pero es seguro que llegarán después de nosotros otros investigadores que los documentarán todos si tienen la paciencia suficiente.

El espejo y el yo

Desde hace mucho tiempo se ha considerado al espejo como símbolo natural del yo. Esta misma metáfora se aprecia en el empleo de la palabra «reflexión» tanto para indicar cierto efecto óptico como para designar el proceso interior de autodescubrimiento. Henry David

Thoreau pudo estar describiendo igualmente la observación del espejo cuando escribió: «El lago es el elemento primero y más expresivo de un paisaje. Es el ojo de la tierra, donde el espectador, mirándolo con los suyos, sondea las profundidades de su propia naturaleza».

En el Japón hay un rico acervo de leyendas y tradiciones que hablan de espejos y en las que estos aparecen asociados con el alma. Desde tiempos muy antiguos se decía que el espejo representaba «el corazón humano, que, cuando está perfectamente tranquilo y claro, refleja la imagen misma de la deidad». Un refrán dice: «Así como la espada es el alma del guerrero, el espejo es el alma de la mujer». Según otro: «Cuando el espejo está empañado, el alma está impura». A las jóvenes japonesas se les felicita cuando deciden adquirir un espejo; aparentemente, esta decisión se considera una señal del alborear de la conciencia madura de la propia presencia.

Mucho antes de que el espejo fuera un accesorio familiar en los hogares del Japón, ya tenía un profundo significado religioso en el sintoísmo. Los santuarios sintoístas son notables por su sencillez elegante, y los espejos son un elemento esencial de los mismos. Y entre las creencias japonesas figura desde antiguo la de que el espejo puede servir de poderoso instrumento para el autoexamen para los que siguen un camino espiritual. Esta práctica era propugnada incluso por Izanagi, una importante deidad que en los tiempos antiguos bajó con su esposa Izanami desde el Puente Flotante del cielo a la isla del Japón. Una leyenda antigua dice que Izanagi entregó a sus hijos un disco de plata bruñida y les ordenó que se arrodillaran ante él todas las mañanas y todas las tardes y que examinaran sus reflejos. Les dijo que pensaran en las cosas celestiales, que reprimieran las pasiones y todos los malos pensamientos, para que en el disco se reflejara un alma pura y encantadora.

El concepto del espejo como yo alcanza su evolución folclórica máxima en un cuento vietnamita llamado *La copa de amor*. En este cuento, un cristal extraño asume aspectos significativos de la vida y de la identidad de una persona, a la que sustituye en parte y a la que llega a representar.

Érase una vez un mandarín poderoso que tenía una hija tan atractiva que la hizo encerrar en una torre junto a un río para que no pudiera verla nadie más que los cortesanos de su palacio. Aunque la joven se sentía sola, pasaba los días en su torre leyendo y viendo lo que pasaba por el río, esperando con paciencia el día en que llegara su príncipe.

Cierto día, vio por casualidad a un pescador pobre que tocaba la flauta en su barquilla, que flotaba por el río. Estaba tan lejos que no lo podía ver claramente, aunque ella se lo imaginaba joven y atractivo; pero las melodías que llegaban hasta ella desde la barca la conmovieron profundamente.

Desde entonces, la muchacha se sentía transportada por la música cuando el pescador pasaba por la torre cada día, y empezó a imaginarse que aquel era el hombre de sus sueños y que estaba destinado a ser su esposo. De modo que, en su alegría, arrojaba cada día pétalos de flores al agua para manifestarle su agrado. Cuando el pescador vio que llovían suavemente pétalos de flores a su alrededor, se dio cuenta de que a la joven le gustaban sus melodías. Aunque él no sabía quién era ella, y a pesar de que no era capaz de verle la cara con claridad, se imaginó que debía de ser muy hermosa. Así establecieron unas relaciones felices en las que cada uno tenía el mejor concepto posible del otro.

Un día, el pescador se enteró de que la muchacha de la torre era la hija del mandarín. Se sorprendió y se asustó, pues sabía bien que solo los personajes de la corte podían ver a la muchacha. Decidió no volver nunca a la torre que estaba junto al río.

Cuando él dejó de visitarla, la joven se puso triste y llorosa, y no quería comer ni dormir. En lugar de ello, velaba ante la ventana por la que había escuchado la música de su amado.

Sus padres temieron por su vida, y aunque el mandarín consultó a los mejores médicos, ninguno de ellos fue capaz de diagnosticar el mal que la aquejaba. Pero, al cabo, la doncella de la joven reveló el secreto.

El mandarín hizo venir al pescador y le expuso el problema. El mandarín creía que, a pesar de la humilde clase social del pescador, este quizás estuviera predestinado de alguna manera a ser el esposo de la joven. De manera que, para ver si su hija se conmovía ante el pescador tanto como se había conmovido por su música, ordenó a este que tocara la flauta al pie de la torre.

Cuando la princesa oyó sonar la música al pie de la torre, se volvió loca de alegría y bajó a toda prisa para saludar a su enamorado. Pero cuando lo vio en persona la impresión la dejó muda y, como movida por un reflejo, se apartó de él. Pues el joven pescador era muy feo.

La princesa, entristecida por la experiencia, se retiró a su torre; pero en el breve instante en que el pescador la había visto, este se había enamorado de ella desesperadamente. Como se daba cuenta de que ella no querría casarse con él, perdió todo interés por su oficio. Se consumió y murió con el corazón roto.

Cuando sus parientes lo iban a enterrar, encontraron un cristal maravilloso junto a su cuerpo. Comprendieron intuitivamente que aquel objeto magnífico estaba compuesto de alguna manera del amor no correspondido del joven. Fijaron el cristal en la proa de su barquilla como recuerdo y arrojaron su flauta a las aguas del río.

Un día que el mandarín viajaba por el río, pasó por casualidad junto a la barca y vio aquel objeto maravilloso. Cuando le contaron la historia de su origen, se conmovió mucho y compró el cristal. Encargó a un artesano de palacio que tallara en él una taza de té, y resultó que esta tenía extraños poderes. Cuando se vertía té en la taza, aparecía en ella una imagen del pescador, y cuando se agitaba el té se oía la música de una flauta como si viniera de muy, muy lejos.

El mandarín regaló la taza maravillosa a su hija, suponiendo que el regalo la agradaría. Pero cuando ella vio al pescador en lo hondo del cristal y oyó la música distante de una flauta, la pena la abrumó. Hizo salir a todos, vertió té en la taza y la observó sosteniéndola entre sus manos. Vio al pescador tan claramente como si estuviera de pie ante ella, y oyó su música. Entonces se dio cuenta de que la belleza física no tiene importancia, de que lo que importa es lo que está en el corazón. También se dio cuenta de que el pescador había muerto porque ella no había sido capaz de corresponder a su amor.

Mientras pensaba en todo esto, lloró en silencio. Como derramaba lágrimas de amor, cuando cayeron en la taza de cristal esta desapareció, lo que quería decir que el alma del pescador estaba en paz. Poco tiempo después encontraron el cuerpo de ella sentado junto a la ventana de la torre; pero su alma había volado lejos. Los que la encontraron oyeron por la ventana la música tenue y lejana de una flauta, y todos supieron que la pareja se había reunido felizmente.

En mis investigaciones sobre la observación del espejo he recogido una serie de relaciones de testigos directos estadounidenses de nuestra época, personas sensibles y reflexivas que han aplicado esta técnica dentro de su búsqueda de la autocomprensión personal. He aquí un ejemplo que corresponde a un hombre de edad madura y de formación judeocristiana. Conoció la observación del espejo por un artículo que yo había escrito sobre el tema.

Cuando me enteré del tema, me sentí impaciente por probarlo, como usted. Mi mujer salió a comprarme una bola de cristal; yo la probé y descubrí con asombro que obtenía resultados al primer intento.

Para mí, la cosa funcionaba de la manera siguiente. Las sesiones duraban de 30 a 45 minutos aproximadamente. Tardaba de 10 a 20 minutos en alcanzar el estado adecuado, y después empezaba a ver, en esencia, una sesión de diapositivas. Y venía a ver unas 20 diapositivas en cada sesión. Eran holográficas, tridimensionales, y también se movían, como el cine.

Al principio sentía bastante aprensión y no sabía de dónde venía aquello. De manera que la primera serie de diapositivas que vi en la primera sesión eran todas las mascotas que tuve de niño, todos mis gatos y mis perros. E interpreté que aquello significaba que no debía ser aprensivo.

Realizaba una sesión, me levantaba y paseaba durante 20 o 30 minutos y después realizaba una nueva sesión. Descubrí que podía realizar hasta tres sesiones en una velada, aunque era bastante cansado.

Hasta que una noche, durante una sesión, vi una serie de diapositivas de este tipo que no entendía, que parecían inconexas. Inmediatamente después realicé una segunda sesión en la que vi otra serie de diapositivas que también parecían más o menos inconexas; eran unas imágenes interesantes, pero inconexas. Después vi el último par de imágenes; me parece que ya no las recuerdo.

Por último, comprendí de qué trataba todo aquello. En resumen, cuando yo tenía 10 años me operaron de la baja espalda porque tenía una excrecencia ósea dentro de la columna vertebral. De modo que me abrieron la columna vertebral, me cortaron de mala manera el pedazo de hueso que crecía allí y me volvieron a coser. Cuando me desperté, pasé unos 10 días con dolores insoportables; ahora pienso que probablemente tampoco me dieron la medicación suficiente. Lo que me hicieron entender las imágenes de la bola de cristal era lo que yo había hecho cuando era un niño de 10 años para soportar aquella situación en la que me encontraba. No me esperaba aquella situación. Sabía que me iban a operar, pero no me esperaba despertarme con unos dolores insoportables.

Lo que había hecho era excomulgar mi cadera y mi pierna derechas, de donde procedía todo el dolor. Lo que quiero decir es que había llegado a esta conclusión: «Pues bien, dado que vosotros sois la causa de todo mi dolor, me voy a librar de vosotros». Así que, en cierto modo, fue una especie de semiabandono, aunque me doy cuenta de que no estoy usando esta palabra de una manera completamente correcta.

Tuvo efecto en los dos sentidos. No solo me libré de las sensaciones dolorosas que recibía, además de todas las sensaciones agradables, sino que creo que también afectó a las sensaciones que enviaba hacia las inervaciones de los músculos y al flujo sanguíneo. De modo que terminé por sufrir una atrofia importante. Yo estaba creciendo todavía, de manera que terminé por tener una pierna casi tres centímetros más corta que la otra. Mi pie de ese lado es más pequeño.

De eso me di cuenta: de que me había hecho aquello a mí mismo. Había amputado aquella parte de mi cuerpo del resto del cuerpo en su conjunto. Cuando me di cuenta de aquello, pude aprovechar ese conocimiento para hacer volver aquella parte de mi cuerpo, para devolverla literalmente a la vida, hasta el punto que ahora los músculos son más firmes, más sólidos, unos músculos de atleta. En el último mes he aumentado casi dos centímetros y medio de circunferencia media desde la cadera hasta el tobillo.

Y quiero decir, por cierto, que mi esposa es fisioterapeuta y fue ella quien tomó las medidas. Cuando me midió por primera vez, me dijo que no esperara gran cosa, pero cuando me midió por segunda vez se quedó muy impresionada. Dijo que nunca había visto una mejoría semejante en un periodo de tiempo tan corto.

Me he librado en buena parte de la cojera que he padecido toda mi vida. Por ello, tengo mucha menos tensión en la espalda. Es como haber vuelto a nacer. Diría que estoy renaciendo, pero en un sentido físico, y me he librado de muchos problemas de espalda porque ahora soy capaz de andar con mayor soltura. Ahora puedo soportar el peso, cargar el peso de todo mi cuerpo sobre mi pierna derecha, cosa que nunca pude hacer hasta ahora.

La adquisición maravillosa del espejo

El modo en que se adquiere el espejo o el objeto que sirve de espéculo tiende a cobrar importancia para las personas que se dedican a la observación del espejo, sobre todo si se adquiere en circunstancias que se salen de lo común de alguna manera. Por un proceso de elaboración legendaria, las descripciones de la práctica de la observación del espejo pueden llegar a centrarse en este detalle. En una leyenda japonesa sin igual que habla del espejo, cuando un hombre se apodera del espejo de una mujer es como si se apoderase de la mujer misma.

El famoso escultor Hidari Jingoro regresaba a su taller cuando vio en la calle a una mujer muy atractiva, y se enamoró de ella inmediatamente. Vio que ella dejaba caer un espejo, y él se lo quedó. La belleza de la mujer lo cautivó, y en cuanto llegó al taller se puso a esculpir una estatua de ella. Puso el espejo en los pliegues tallados de las vestiduras de ella. El espejo había reflejado su cara tantas veces que su superficie había asumido el cuerpo y el alma mismos de su propietaria. Por eso, la estatua cobró vida, con gran alegría por parte del escultor y de la mujer.

La importancia de este aspecto de los relatos que hablan de la observación del espejo también se aprecia en el hecho de que cierto escritor pudo recoger hasta cuatro versiones distintas del modo en que el célebre «vidente de Brahan» adquirió su piedra de observación. Y ello a pesar de que escribió su libro, que se publicó en 1909, tres siglos después de la vida de este profeta.

Kenneth Mackenzie, más conocido por Coinneach Odhar, el «vidente de Brahan» nació (según el señor Maclennan) en Baile-na-Cille, en la parroquia de Uig, de la isla de Lews, hacia el principio del siglo XVII. No se recuerda ninguna circunstancia especial de sus primeros años; pero, cuando acababa de entrar en la adolescencia, recibió de la siguiente manera una piedra por medio de la cual fue capaz de revelar el destino futuro de los hombres. Una tarde en que su madre cuidaba el ganado en unos pastos de verano al borde de un risco llamado Cnoceothail, que domina el cementerio de Baile-na-Cille, en Uig, ella vio, hacia la hora tranquila de la medianoche, que se abrían todas las tumbas del cementerio y que salía una gran multitud de gentes de todas las edades, desde niños recién nacidos hasta ancianos de cabellos grises, y que se dispersaban en todas las direcciones posibles. Al cabo de una hora empezaron a regresar, y poco después estaban todos de vuelta en sus tumbas, que se cerraron sobre ellos como antes. Pero al observar más estrechamente el camposanto, la madre de Kenneth advirtió que había cerca del muro una tumba todavía abierta. Como era una mujer valiente, se decidió a conocer la causa de esta circunstancia singular y se acercó rápidamente a la tumba, y poniendo sobre la boca de esta su «cuigeal» o cayado (pues había oído decir que el espíritu no podía volver a entrar en la tumba mientras estuviera sobre la misma dicho instrumento) esperó a ver el resultado. No tuvo que esperar mucho tiempo, pues al cabo de un minuto o dos vio que venía hacia el cementerio una señora hermosa volando por el aire, desde el norte. Cuando llegó la hermosa dama, le dijo así: «Levanta tu cayado de mi tumba y déjame entrar en mi residencia entre los muertos». «Así lo haré —respondió la otra—, cuando me expliques por qué has tardado mucho más que tus vecinos». «Pronto lo oirás —respondió el fantasma—: mi viaje era mucho más largo que el de ellos. Tuve que ir hasta Noruega». Después le explicó: «Soy hija del rey de Noruega. Me ahogué bañándome en aquel país, y encontraron mi cuerpo en la playa que está próxima a este lugar, y me enterraron en esta tumba. En recuerdo mío, y como pequeña recompensa por tu intrepidez y tu valor, te daré a conocer un secreto valioso: ve a aquel lago, donde encontrarás una piedra azul pequeña y redonda. Se la darás a tu hijo, Kenneth, que revelará con ella los hechos futuros». Ella hizo lo que se le había dicho, encontró la piedra y se la dio a su hijo Kenneth. En cuanto este hubo recibido de esta manera el don de la adivinación, su fama se extendió hasta las comarcas más lejanas. Los caballeros de todo lo largo y ancho del país solicitaban su presencia, y ninguna reunión especial de estos se consideraba completa sin la presencia de Coinneach Odhar. Como había nacido en la tierra de los Seaforth, en la isla de Lews, se relacionó más con esta familia que con ninguna otra, y más tarde se trasladó a los alrededores del lago Ussie, en tierras de los Brahan, donde trabajó como peón común en una granja de aquellas partes. Era muy astuto y despejado para ser una persona que ejercía un oficio tan humilde; siempre tenía a punto una respuesta aguda, y si alguien intentaba reírse de él, casi nunca o nunca dejaba de conseguir que quedara burlado el que pretendía burlarse.

Existen otras versiones del modo en que adquirió el don de la adivinación. Según una de ellas, su ama, la esposa del granjero, era notablemente severa con él, y él, a cambio, se burlaba de ella y derrochaba en su contra una buena proporción de su ingenio natural, con gran enfado y rabia por parte de ella. Al fin, su conducta se volvió tan insoportable para ella que decidió librarse de él de tal manera que se ahorrara cualquier molestia en el futuro. En cierta ocasión en que el amo había enviado a Kenneth a cortar turba, que en aquellos tiempos era un combustible común, como lo sigue siendo en comarcas apartadas en nuestros tiempos, era preciso enviarle el almuerzo, pues él estaba demasiado lejos de la casa como para volver a comer, y la mujer del granjero llevó tan lejos sus intenciones de eliminarlo que le envenenó el almuerzo. Este se retrasó algo en llegar, y como el futuro profeta estaba cansado de su honrado trabajo para su amo y por la falta de comida, se tumbó en la turbera y cayó en un sueño profundo. En esta postura lo despertó de pronto algo frío que tenía en el pecho, y que, al examinarlo, resultó ser una piedra blanca pequeña que tenía un orificio en el centro. Miró a través de este y entonces se le apareció una visión que le reveló la traición y las intenciones diabólicas de su ama. Para poner a prueba la verdad de la visión entregó el almuerzo que era para él a su fiel perro *collie* (pastor escocés); el pobre animal se retorció y murió poco después entre grandes sufrimientos.

La versión siguiente nos la ha comunicado el señor Macintyre, maestro, de Arpafeelie: «Aunque las diversas relaciones del modo en que Coinneach Odhar adquirió el don de la segunda vista varían en diversos sentidos, todas concuerdan en general en que la adquirió cuando se ocupaba de la humilde tarea de cortar turba o *divots,* que se utilizaban como combustible en su época en las tierras altas de Escocia, y todavía se utilizan con tal fin en muchos lugares en nuestros tiempos. En la ocasión a que nos referimos, como estaba algo fatigado, se tendió en el suelo apoyando la cabeza en una roca pequeña mientras esperaba la llegada de su esposa con su almuerzo, y se quedó dormido profundamente. Cuando despertó, sintió algo duro bajo la cabeza y, examinando la causa de su incomodidad, descubrió una piedra pequeña y redonda que tenía un agujero en el centro. La tomó y, mirando por el agujero, vio gracias a aquella piedra pequeña que venía hacia él su esposa con un almuerzo de gachas con leche, que se había envenenado, aunque ella no lo sabía, de una manera que callaremos, así como otros detalles relacionados con ello. Pero Coinneach descubrió que aunque aquella piedra era el medio a través del cual se le había otorgado un poder sobrenatural, al utilizarla por primera vez lo había privado de la vista en el ojo por el que había mirado a través de ella, y desde entonces quedó *cam,* es decir, tuerto, de aquel ojo».

Hugh Miller, en sus *Escenas y leyendas del norte de Escocia,* dice: «Cuando trabajaba como peón en casa de un campesino rico que vivía en las proximidades del castillo de Brahan, la esposa del campesino llegó a temerlo tanto por su humor astuto y sarcástico que decidió matarlo con veneno. Con tal fin mezcló con su comida un preparado de hierbas venenosas y, cuando estaba ocupado en cortar turba en una turbera solitaria, se lo llevó en un cubo. Lo encontró dormido en una de aquellas colinas cónicas que abundan en algunas partes de las tierras altas de Escocia, y le faltó valor para despertarlo. En vez de ello, le dejó el cubo a su lado y volvió a su casa. Él se despertó poco después y, viendo la comida, pensó en ponerse a comer; pero entonces sintió que algo duro le presionaba el corazón. Se abrió el chaleco y encontró una hermosa piedra lisa, parecida a una perla, que al parecer había caído en su pecho mientras dormía. La miró con admiración y, observándola, percibió que se le había otorgado milagrosamente una extraña facultad de ver el futuro tan claramente como el presente, y los motivos e intenciones de los hombres tan claramente como sus actos; y bien le valió adquirir tal conocimiento en ese momento, pues el primer secreto que conoció fue el de la traición que le tenía preparada su ama».

He recogido algunos relatos de testigos directos entre los practicantes actuales de la observación del espejo que revelan cómo surgen tales leyendas. He aquí dos ejemplos. Ambos me los relataron espontáneamente unas personas muy inteligentes y competentes que conocían mi interés por esta actividad. El primero parte de una coincidencia feliz, y el segundo deriva de unas buenas relaciones entre madre e hija.

Siempre he sido una persona muy curiosa, y he leído cosas acerca de la observación del cristal y de las bolas de cristal. Entré en una tienda de cristales de roca y pregunté el precio de una, pero costaba cien dólares. Yo deseaba tener una, pero estaba tan arruinado que no podía justificar gastarme cien dólares en una cosa así.

Un día, poco tiempo después, yo volvía a casa del trabajo y me pasé por el colmado para comprar algunas cosas. Una emisora de radio había organizado un concurso por el cual si ponías una pegatina en el coche podías ganar premios en metálico, y yo tomé una pegatina y la pegué en mi coche. Al volver a casa me hizo parar el coche un tipo que venía detrás de mí. Oí en la radio la descripción de mi coche, y el tipo aquel me dijo: «Oiga, acaba de ganar cien dólares».

Recogí el cheque y lo cobré inmediatamente. Fui directamente a la tienda y me compré la bola.

Yo había ido a Colorado y entré en una tienda donde había cristales de roca y unas piedras muy bonitas, y vi aquella bola de cristal. No era muy grande. Tampoco era demasiado cara, y a mí me gustó mucho. Y me dije: «Me encantaría tenerla».

Cuando yo iba a Colorado me quedaba hasta que se me acababa el dinero, y entonces volvía a casa. Y por entonces ya estaba prácticamente sin dinero, de modo que no podía permitirme comprar la bola de cristal. De modo que la dejé allí y pensé: «Está bien; de acuerdo: si tengo que tenerla, la tendré».

Esto era en verano, en el mes de julio, y mi cumpleaños es en septiembre. Mi hija estaba estudiando en Colorado por entonces, y algunas semanas después de que yo volviera a casa me llamó y me dijo:

—Mamá, quiero comprarte una bola de cristal por tu cumpleaños. Ya sé que me dijiste que había una que querías, pero no sé cuál es.

—Bueno —le respondí yo—, te diré lo que tienes que hacer. Ve a la tienda y toma en tus manos cada una de las bolas de cristal. Pruébalas todas, una a una. Cierra los ojos, tócalas, y sabrás cuál es.

—Vaya —dijo ella—, ¿tengo que hacer eso? La gente me tomará por loca.

Pero yo le respondí:

—Es igual. Tú ve y hazlo. De modo que fue, y me volvió a llamar y me dijo:

—¡La he encontrado!

—¿Cómo lo sabes? —dije yo.

—Porque todas las demás estaban frías, pero esta se puso caliente —dijo ella. Y me la envió, y era aquella, la misma.

El espejo como pórtico

En algunas tradiciones se concibe el espejo como puerta de paso de la realidad ordinaria a otras dimensiones paralelas y sobrenaturales. A lo largo de mis investigaciones, algunos sujetos me han relatado la experiencia de atravesar el espejo o de entrar en él, mientras que otros me han descrito el modo en que las visiones que se ven primero en el espejo salen aparentemente del mismo después. Los datos literarios y antropológicos concuerdan con el descubrimiento de que el espejo es un medio de comunicación a través del cual puede pasar el tráfico en los dos sentidos. Un cuento popular judío de la España del siglo XIII relata las aventuras de un joven que entró y salió de una realidad alternativa a través de *El pozo encantado.* Se cuenta que aquel joven vivía en Jerusalén, donde se había distinguido como erudito: no solo había estudiado las Sagradas Escrituras, sino también todas las ciencias y todas las ramas del saber. Pero no había podido profundizar en el estudio de la magia y de los encantamientos, de modo que se unió a una caravana que se dirigía a El Cairo, donde se sabía que vivían los magos más grandes. A lo largo del viaje hizo amistad con un mercader, hombre con experiencia y que había visto mucho mundo. Cuando reveló el mercader el propósito de su viaje, este le comunicó el nombre y la dirección de un hechicero que vivía en El Cairo. Cuando el joven llegó a El Cairo, buscó al hombre del que le había hablado el mercader y lo encontró.

Pero el joven estaba perplejo e inquieto: había supuesto que un hechicero tan poderoso sería rico, mientras que aquel hombre vivía en una casa sencilla de un barrio modesto. El joven sospechaba que el mercader lo había orientado mal. Pero dijo a aquel hombre el propósito de su visita, y su anfitrión confesó que, en efecto, era mago. Añadió que, de hecho, permitiría al joven que se pusiera a su servicio como aprendiz.

El joven seguía dudando y quiso cubrirse. Dijo que, en realidad, él buscaba un maestro que fuera más bien de su edad. El hombre, advirtiendo los escrúpulos del joven estudioso, le respondió que lo comprendía, y pidió al joven que pasara la noche en su casa. Aseguró a su huésped que al día siguiente le presentaría a un mago joven que lo recibiría con mucho gusto como alumno. Después, el viejo puso la mesa para que comiera el joven y le sirvió vino de una botella vieja. El joven probó el vino y le pareció que era el mejor que había bebido en su vida. Mientras el mago estaba preparando la comida para su huésped, llamaron a la puerta y el viejo pidió al joven estudioso que abriera. Cuando el joven se levantó y se acercó a la puerta, vio de pronto un pozo en el centro de la habitación, un pozo que, desde luego, él no había visto antes; pero cuando quiso darse cuenta se encontró hundiéndose en sus profundidades. Aterrorizado, cayó por aquel pozo que le parecía sin fondo, hasta que al fin se hundió en una corriente de agua. Cuando salió nadando a la superficie descubrió que se encontraba en un río caudaloso. Por fin, pudo alcanzar la orilla.

Cuando salió del agua vio con asombro que estaba en un paraíso, con árboles que daban dátiles e higos deliciosos, y mientras exploraba aquel lugar advirtió que los árboles formaban un enorme laberinto. Se perdió en aquel laberinto, pero al fin llegó a un puente y, después de atravesarlo, siguió un camino por el que llegó a una ciudad magnífica. En el centro de la ciudad encontró un mercado donde se vendían ricas mercancías.

Vio que uno de los escribanos públicos que tenían sus puestos en el mercado estaba desocupado; se acercó a él y entabló conversación. Le dio a entender que quería que el escribano le escribiera una carta para su familia, pero lo que pretendía en realidad era enterarse de dónde estaba y de cómo podía volver a su casa. Cuando el escribano le preguntó adónde debía dirigirse la carta y el joven le respondió, el escribano le dijo que nunca había oído hablar de Jerusalén. El joven se sintió enormemente desconcertado, y confesó al escribano que estaba perdido y que, en realidad, él sabía escribir muy bien.

El escribano pidió al joven una muestra de su letra, y se asombró al ver la calidad de aquella caligrafía. Se la mostró a sus colegas, y todos declararon unánimemente que una persona de tan buena letra debía servir al rey en su corte. Poco tiempo después, el joven ostentaba el cargo de escribano jefe, y poco a poco fue ascendiendo en la estimación del monarca, hasta que llegó a ser su consejero principal. Pero el joven estudioso estaba triste, pues soñaba con volver a su casa de Jerusalén.

Al cabo de mucho tiempo, confesó al rey su deseo, pero a este ya se le había hecho imprescindible, y le rogó que se quedase a su servicio un año más, con la esperanza de que cambiara de opinión. El joven accedió a ello; pero cuando pasó el año volvió a presentar al rey su solicitud. El rey respondió ofreciendo a su amigo la mano de su única hija, lo que quería decir que el joven subiría algún día al trono. La oferta le agradó, y se celebró una alegre boda.

El joven tardó poco tiempo en darse cuenta de que amaba a su bella esposa y de que estaba contento de haber llegado a aquel reino. Al cabo de pocos años, la pareja tuvo un hijo que se convirtió en la alegría de su padre, que vivía entre riquezas y felicidad mientras se preparaba para ocupar algún día el trono de su suegro.

Pero entonces sucedió una tragedia. Cierto día en que el joven jugaba con su hijo pequeño en el jardín, el niño se acercó al pozo y se cayó dentro, seguido de su padre, que se tiró al pozo inmediatamente, intentando salvar a su hijo. El joven, dominado por el terror, se sumió en las profundidades, perdió de vista a su hijo y, por fin, cayó al agua. Alcanzó a duras penas la superficie y, cuando salió del pozo, descubrió con asombro que estaba en la casa del hechicero de El Cairo.

El joven lamentó la pérdida de su hijo y quiso relatar todas las aventuras que había tenido en la corte del rey, pero el hechicero le dijo que toda su vida en aquella tierra no había sido más que una ilusión que había tenido en un breve instante, inducida por la droga que le había hecho beber en el vino. Al principio, el joven no se dejaba convencer; buscó el pozo en la habitación, pero no pudo encontrarlo. De modo que llegó a convencerse de que su anfitrión era, en verdad, un hechicero poderoso, y se puso a su servicio como aprendiz durante muchos años, hasta que él mismo llegó a ser un hechicero grande y consumado, cuya fama se extendió hasta tierras lejanas.

Entrar en el espejo y salir del espejo son dos actos que están relacionados inseparablemente entre sí, y existen relatos en los que solo se menciona uno de ellos, pero de tal modo que se supone claramente la posibilidad del otro. En un cuento popular islandés, *El criado y los elfos del agua,* aparecen unos seres extraños que entran en una superficie reflectante, y se da a entender que habían salido de la misma antes.

Un granjero y su familia que vivían en una casa grande padecían una terrible maldición. Cada vez que habían dejado solo a un criado para que cuidara de la casa en la Nochebuena mientras ellos iban a la iglesia, se habían encontrado muerto al criado a su vuelta, y las víctimas siempre tenían rotos todos los huesos. Naturalmente, cuando se divulgó el rumor de esas desgracias, al granjero le resultó muy difícil encontrar a un buen criado que cuidara su casa en aquella noche.

Por último, no obstante, un hombre fuerte que conocía la situación se presentó voluntario para el trabajo, y, a pesar de las dudas y de las advertencias del granjero, se manifestó decidido a quedarse hasta el final. Por lo tanto, en la noche de Nochebuena el granjero y su familia se marcharon dejando solo al criado para que cuidara de la casa. En cuanto el hombre quedó solo, lo dominó una sensación de temor, un sentimiento extraño de que estaba a punto de suceder algo raro. De modo que iluminó la sala principal con velas y, retirando dos tablas del tabique del fondo, se deslizó entre el tabique y la pared de piedra y volvió a poner en su sitio las tablas. Desde aquel escondrijo podía ver claramente lo que pasaba en la sala sin ser visto.

Apenas había terminado de esconderse, cuando entraron en la sala dos hombres de aspecto extraño y feroz. Los hombres encontraron a un perro que dormía bajo una cama, lo agarraron y lo golpearon repetidamente contra el suelo hasta que le rompieron todos los huesos. El criado, que lo veía todo desde su escondite, respiró con alivio pensando que podía haber sido él el que cayera en sus manos.

Inmediatamente después, la sala se llenó de una multitud de personajes que traían consigo mesas, una vajilla de plata, manteles y una cena abundante. Los asistentes organizaron un ruidoso banquete, y cuando terminaron de comer se dispusieron a bailar y a beber durante toda la noche. Los alegres fantasmas habían designado a dos de ellos para que montaran guardia y les avisaran si venía alguien o si salía el sol. Los dos guardias salieron tres veces durante la velada y en cada ocasión volvieron para asegurar a los demás que no habían visto que viniera ningún ser humano ni ninguna señal de que fuera a romper el alba.

Al cabo de mucho tiempo, el criado advirtió que la fiesta estaba terminando, de modo que salió de su escondrijo dando grandes voces, golpeando vigorosamente las dos tablas entre sí y gritando con todas sus fuerzas: «¡La aurora! ¡La aurora! ¡La aurora!». Al oír esto, aquellos seres malévolos se asustaron y, locos de terror, salieron corriendo de la casa sin detenerse siquiera a recoger los ricos tesoros que habían traído consigo. El criado corrió tras ellos pisándoles los talones, golpeando todavía las tablas y gritando: «¡La aurora! ¡La aurora! ¡La aurora!».

El criado persiguió a aquella multitud desaforada hasta que llegaron a un gran lago, al que se arrojaron de cabeza los extraños intrusos y desaparecieron. Así, el criado supo que eran elfos del agua.

A continuación, el criado regresó a la casa y limpió y ordenó todo. Cuando llegó el granjero, el criado le relató toda la aventura, y los dos hombres se repartieron las riquezas que habían dejado los elfos. Y los elfos del agua no volvieron nunca a la casa del granjero.

Todos conocemos el libro de Lewis Carroll *Alicia a través del espejo*. Si comparamos este pasaje del libro con las descripciones de otros observadores del espejo, salta a la vista que el autor conocía personalmente el fenómeno.

—¡Oh, gatita! ¡Qué bonito sería que pudiéramos pasar a la Casa del Espejo! ¡Estoy segura de que tiene unas cosas muy lindas! Vamos a imaginarnos que hay una manera de entrar, de algún modo, gatita. Vamos a imaginarnos que el espejo se ha vuelto suave como la gasa y que podemos atravesarlo. ¡Vaya, si se está convirtiendo en una especie de niebla! Será muy fácil pasar…

Cuando decía esto estaba subida en la repisa de la chimenea, aunque no sabía cómo había llegado hasta allí. Y, desde luego, el espejo empezaba a disolverse, como en una niebla plateada y brillante. Un momento después, Alicia había atravesado el espejo y había bajado de un leve salto a la habitación del Espejo.

Los viajes de este tipo por otros mundos también forman parte de las tradiciones chamánicas. Los practicantes tribales del chamanismo en Siberia llevaban espejos como parte de su atuendo. A través de aquellos espejos hacían viajes visionarios por el mundo de los espíritus. Andrew Lang observó que los *boylyas* o curanderos de los grupos aborígenes del oeste de Australia guardaban unos cristales de roca que formaban parte fundamental de sus materiales de trabajo. El *boylya* «se mete en el cristal» para diversos fines mágicos.

A lo largo de mis experimentos con la observación del espejo, los sujetos me han relatado en repetidas ocasiones que habían pasado por esta aventura poco común. Después de pasar más o menos tiempo observando las diversas visiones que aparecen en el espejo, el observador puede tener la sensación de que *entra* en el espejo o de que lo *atraviesa*. En ese momento, parece que el centro de conciencia del observador atraviesa una zona de contacto entre el mundo ordinario y otra dimensión extraña, y parece que el reino de lo visionario rodea o engolfa al observador. Cuando esto me sucedió por primera vez, me sentí arrastrado al espejo, como si me aspirara. En todo caso, en estas ocasiones se tiene la sensación de que se está entrando en una realidad alternativa fuera de lo normal.

Una mujer, que ahora es de edad madura, me contó que en su juventud se había encontrado atravesando el espejo con frecuencia en una época de crisis personal. Pudo aprovechar estos sucesos inesperados para superar una transición difícil y, en último extremo, para comprenderse a sí misma mejor.

Cuando tenía poco más de veinte años, me estaba divorciando y me sentía verdaderamente desconcertada. Él practicaba la crueldad mental. Por entonces yo no sabía que se llamaba así, pero después comprendí que era aquello lo que me pasaba.

Pero recuerdo que mientras me estaba curando a mí misma y superaba aquella etapa me ponía delante del espejo. Miraba, aunque en realidad no me veía a mí misma en el espejo, sino que me limitaba a entrar en aquel espacio vacío. Me ponía allí delante y mi centro de atención iba más allá del espejo, hasta otro terreno; llegaba a través del espejo a otra cosa.

Y de pronto me venía un conocimiento. Era como recibir un conocimiento, como si algo me dijera lo que debía hacer y qué proceso debía seguir para salir de aquello. No era como si oyera hablar a alguien desde fuera. Era, más bien, como si lo oyera, o como si lo supiera, pero casi traduciéndolo a palabras. Así es como lo explicó.

Se me dijo que volviera a estudiar, que recibiera una educación y que me divorciara. Tenía estos procesos en el espejo. «Cuídate de ti misma». «No es verdad que seas tonta». «Vuelve a estudiar». Todo eso de las afirmaciones. De manera que fui guiada por todas las etapas del camino.

Fue una época bastante interesante. Recuerdo que por entonces pensaba: «Esto es muy raro». Aquello no me dejaba hundida. Era muy agradable.

A diferencia del carácter sobrio de las experiencias de esta mujer, el viaje por el espejo de un joven psicólogo de algo más de veinte años tuvo un tono lúdico. Se encontró de pronto dentro de una escena del antiguo Oeste, como si hubiera sido impulsado hacia atrás en el tiempo.

Al principio estaba sentado en la cabina intentando forzarlo, y me sentía frustrado porque no podía forzar la aparición de imágenes. Por fin, pude relajarme un poco y, mientras miraba hacia arriba el espejo, tuve la experiencia de una inversión repentina: es el único nombre que se me ocurre darle.

Fue dimensional, pues, mientras estaba allí sentado mirando el espejo, sentí una clara impresión de movimiento como si entrara en el espejo. Fue la sensación de trazar un círculo, de hacer un giro de 180°: de pronto, ¡zas!, me hallaba súbitamente en el punto que estaba observando un momento antes, y estaba verdaderamente en el espejo, en el espacio, mirando a través del espacio. Así que se produjo un verdadero salto de posición.

Y fue entonces cuando comenzaron las visiones. Y cuando llegaron las visiones yo vi un prado donde había todo un campo de batalla de… supongo que la mejor manera de describirlos es decir que eran vaqueros e indios. Digo esto porque no eran los típicos personajes que se ven en las películas. Sus ropas eran muy sencillas, rústicas, incluso burdas. Desde luego, yo nunca había visto ropas así en las películas ni en ninguna otra parte. Había un enfrentamiento, y parecía que aquellos vaqueros huían de los indios y que estos los perseguían.

Aquellas gentes estaban a mi alrededor. Yo estaba entre ellos y veía los colores de las pinturas que llevaban en la cara y, por supuesto, los colores de las ropas de los vaqueros. Había todo un movimiento tridimensional que tenía lugar a mi alrededor, ante mis propios ojos, y yo estaba dentro de él.

Una versión conocida del tema de la figura que sale del espejo es el cuento de *Las mil y una noches* titulado *El pescador y el genio*. Un pobre pescador que tiene que mantener a su familia arroja su red al mar cierto día y cuando la saca descubre que ha recogido una botella de cobre amarillo. La boca de la botella está cerrada con un sello de plomo que lleva el símbolo del rey Salomón. El pescador se alegra pensando que podrá vender la botella y ganar algún dinero, y siente curiosidad por conocer su contenido.

Abre la botella y la sacude, y entonces sale del recipiente una enorme columna de humo. El pescador, paralizado por el miedo, ve que el humo adquiere la forma de un genio colosal. El genio sale de la botella alabando a Dios y exaltando a Salomón, pero cuando se hace cargo de su nueva situación amenaza inmediatamente al pescador con matarlo. Le explica que es un espíritu que se había rebelado contra el rey Salomón. A pesar de sus poderes sobrenaturales, había sido cautivado y llevado a la presencia del rey, que había intentado convencer al genio de que abrazara la fe de Salomón y le rindiera obediencia. Cuando el genio se negó, Salomón lo encerró en la botella y ordenó arrojarla al mar. A lo largo de los siglos, el genio se había sentido amargado por su condena. Por fin, se había puesto furioso y había jurado matar al que lo liberara.

El pescador se salva fingiendo no creerse el relato del genio: le dice que es imposible que un espíritu tan grande cupiera en una botella tan pequeña. El genio no puede pasar por alto aquel desafío a su vanidad; cae en la trampa y se disuelve de nuevo en una nube de humo que se introduce en la botella y desaparece. El pescador vuelve a tapar la botella con el sello mágico de Salomón, dejando atrapado de nuevo en su interior al genio.

¡Yo me alegro, verdaderamente, de que esta situación no se haya producido hasta el momento en ninguno de mis experimentos! Pero este cuento concuerda con lo que me han dicho algunos observadores del espejo acerca de sus propias experiencias personales, en el sentido de que parece que sale algo del espéculo. En algunos casos, los observadores describen el modo en que algunas imágenes que se ven en primer lugar como visiones en el espejo parecen salir verdaderamente del espéculo y entrar en el entorno del mundo ordinario que lo rodea. Una mujer que observaba una bola de cristal vio que volaba dentro de ella un pájaro. Para su sorpresa, le pareció que el ave salía volando del cristal, se posaba en la mesa ante sus propios ojos y se ponía a comer unas semillas. Un estudiante de psicología que experimentaba con estados visionarios bajo mi dirección tuvo una vívida visión de un carruaje de caballos que salía de una bola de cristal.

La bola empezó a empañarse como si hubiera niebla o humo dentro de ella. En un punto muy pequeño en el centro de la bola observé un cierto movimiento. No era más que una mota, pero de pronto se volvió mayor y empecé a ver que en realidad era un objeto que se movía. Se hacía mayor y venía hacia mí. Cuando se hizo mayor, pude apreciar el perfil y un poco más de la sustancia de lo que yo veía, y vi que era una diligencia arrastrada por un par de caballos. Se hacían cada vez mayores, hasta que por fin ocuparon toda la bola y salieron, salieron verdaderamente de la bola. Durante una fracción de segundo salieron de la bola, giraron en redondo y se marcharon por donde habían venido. Me quedé asombrado de haber llegado a ver algo así.

Vi el polvo que levantaban los caballos y la diligencia. Dejaba tras de sí una nube de polvo. Había dejado una nube de polvo cuando venía hacia mí, pero dejó otra nube de polvo más clara cuando volvió a la bola, a aquel espacio de… no sé qué nombre darle… cuando volvió por donde había venido. La vi marchar hasta que fue como una mota, o como una estrella que se ve en el cielo hasta que llega una nube y la estrella desaparece tras la nube. Simplemente, desapareció.

La entidad en el espejo

Existen muchas leyendas y cuentos de hadas en los que se asocia un espíritu u otro ser sobrenatural a un espejo u otro objeto o superficie reflectante, o a una fuente, a un manantial o a un pozo. En Armenia, el *hornaiogh* (el que se asoma al pozo) era un observador del espejo que veía imágenes en las aguas de los pozos. Cierta *hornaiogh*, una mujer que vivía en Constantinopla, gozaba de gran fama por su arte, y la solían consultar los armenios y otras personas que residían en aquella ciudad. Parece ser que se especializó en diagnosticar las enfermedades por este medio; más concretamente, las enfermedades que supuestamente estaban causadas por *peris* (espíritus) dañinos. Veía a los *peris* malévolos deslizarse por la superficie del agua del pozo y daba a sus clientes los consejos pertinentes.

En la Edad Media se creía, en general, que las visiones que se veían en el espéculo estaban provocadas por un espíritu que residía en él; por ello, se practicaban ceremonias mediante las cuales era posible «atar» un espíritu a un cristal o a un espejo. Se consideraba necesario pronunciar una fórmula mágica poderosa para obligar al espíritu a que entrase en el espejo o en el cristal. Se han conservado muchas de estas fórmulas; contienen una mezcla exótica de elementos religiosos y mágicos. Según Kunz,

> Vemos una prueba de que este tipo de magia se solía tener por muy compatible con la religión en un pasaje de un manuscrito del siglo XVI, donde leemos que debía ponerse el cristal sobre el altar «del lado del Evangelio. Y que el sacerdote diga misa del mismo lado». Este mismo manuscrito añade que, si el conjuro tenía éxito, «cuando los ángeles se han aparecido una vez, ya no saldrán del espejo o de la piedra hasta que se ponga el sol, a no ser que tú les des licencia».
>
> [Kunz resume las instrucciones que da Mefistófeles a Fausto para construir un espejo mágico, y después sigue diciendo:] No obstante, estos preparativos solo servían para preparar el cristal para su consagración definitiva, pues se consideraba que la mera masa material era inerte y no poseía ninguna virtud hasta que no se convocara a ciertos espíritus para que vivieran dentro de ella. Mefistófeles confiesa que él no tiene suficiente poder por sí solo, y recomienda a Fausto que invoque también a los espíritus llamados Azeruel y Adadiel. Asegura a Fausto que los tres espiritus le mostrarán en el espejo lo que quiera saber. Si han robado algo, se verá al ladrón; si alguien sufre una enfermedad, se revelará el carácter de su enfermedad, etcétera.

Oswald Spengler cita el caso de un hombre que estaba especializado en ayudar a sus clientes a encontrar los objetos perdidos con la ayuda de un ser de este tipo, que residía en el cristal. Cuando el observador utilizaba su cristal, lo primero que se hacía visible era la figura de cierto hombre. El catoptromántico veía en el cristal que aquel ayudante suyo recorría las calles y entraba en las iglesias, en las casas y en otros edificios, buscando al parecer el objeto perdido. Cabe suponer que el hombre del cristal persistía en su búsqueda hasta que encontraba el objeto perdido. Los miembros de cierto grupo aborigen australiano valoraban mucho los cristales de cuarzo del tamaño aproximado de un limón. Creían que en cada cristal residía un espíritu benéfico. El que tenía un cristal lo consultaba solicitándole cualquier saber que necesitara, y el espíritu recogía la información y se la mostraba en el cristal a su propietario.

Una leyenda popular del Japón cuenta las aventuras de Yayoi, hermosa hechicera que era *El alma de un espejo*. Matsumura, sacerdote sintoísta, viajó con su familia a Kioto para pedir al sogún una subvención que le permitiera restaurar un santuario que estaba en ruinas. Una vez en Kioto, se alojó en una casa cuyos vecinos creían que tenía un maleficio: muchos de los que habían residido antes en ella se habían tirado al pozo del jardín. Matsumura no prestó atención a estas habladurías y achacó el miedo de sus vecinos a la superstición.

Aquel verano hubo una gran sequía en Kioto y muchos pozos se secaron; pero el pozo del jardín de Matsumura estaba lleno a rebosar, a pesar de que mucha gente pobre iba a sacar agua de él. Cierto día encontraron en el pozo el cadáver de un criado que había ido a sacar agua; y, aunque en el caso de aquella persona el suicidio quedaba descartado, parecía imposible que hubiera podido caerse al pozo accidentalmente. Cuando Matsumura se enteró de la fatalidad, fue a inspeccionar el pozo, y cuando se asomó a él vio con sorpresa la forma de una joven hermosa en el agua clara. Ella le sonrió con una sonrisa extraña que le hizo sentirse mareado y olvidar todo lo que no fuera el rostro de ella. Sintió un deseo casi irresistible de arrojarse al agua para llegar hasta aquella mujer encantadora y abrazarla. Pero luchó contra aquel impulso y lo superó. Cuando volvió a su casa, mandó que se levantara una cerca alrededor del pozo y que no se permitiera a nadie sacar agua de él.

Poco tiempo después, unas fuertes lluvias que duraron varios días pusieron fin a la sequía. En la tercera noche de tormenta alguien llamó a la puerta de Matsumura dando grandes golpes. Cuando Matsumura abrió, vio a la mujer a la que había visto en el pozo. Se negó a dejarla entrar, preguntándole por qué había matado a tantos inocentes.

La mujer, que dijo llamarse Yayoi, le explicó que un dragón que vivía en el pozo la había obligado en contra de su voluntad a arrastrar a la gente a la muerte. Pero ahora los dioses habían obligado al dragón a vivir en otro lugar, así que ella podía dejar el pozo aquella noche. Dijo al sacerdote que su cuerpo estaba en el pozo y que, si se ocupaba de él, ella se lo pagaría. Dicho esto, desapareció.

Al día siguiente, unos poceros exploraron el pozo y encontraron un viejo espejo de metal. Matsumura limpió el espejo y vio que tenía escrito algo por detrás en letras casi borradas. Consiguió leer el nombre de Yayoi. Se dio cuenta de que había recibido probablemente una visita del Alma del Espejo. Matsumura se hizo cargo del espejo y lo guardó en una habitación reservada de su casa.

Cierto día en que Matsumura estaba sentado en aquella habitación, Yayoi se apareció de nuevo ante él, más hermosa que nunca. Saludó al sacerdote y reconoció que ella era, en efecto, el Alma del Espejo. Le contó que había sido propiedad de una noble familia, pero que, en una época de guerras, la habían arrojado al pozo y la habían olvidado. Pidió a Matsumura que presentase el espejo al sogún, que era descendiente de sus antiguos propietarios, y prometió al sacerdote que tendría buena fortuna si así lo hacía. Antes de partir, recomendó a Matsumura que saliera inmediatamente de su casa, pues estaba a punto de ser arrasada por una tormenta.

Matsumura siguió el consejo de Yayoi, y la profecía de esta se cumplió casi inmediatamente: la casa quedó arrasada. Matsumura presentó el espejo al sogún, que recompensó al sacerdote generosamente y le dio, además, dinero para la restauración del santuario.

Elementos centrales de este cuento (los dragones, los espíritus femeninos y el tema del encierro en un pozo) aparecen en un relato chino que habla de Chang Tao Ling, que nació en el año

35 d. C. y que se convirtió en el Maestro Celestial: fue un erudito y tauma-turgo conocido y recordado como fundador del taoísmo moderno. Se cuenta que llegaron a su poder unos textos mágicos antiguos con los que aprendió a volar, a escuchar lo que decían personas lejanas y a salir de su cuerpo a voluntad. Se le considera comandante en jefe de las huestes taoístas y jefe de los magos. Como Salomón, hizo la guerra a los demonios, y se cree que tenía el poder de encerrar a los espíritus enemigos en un objeto o en una superficie.

Según una de las leyendas que hablan de él, titulada *Los doce espíritus del pozo,* cierto día en que estaba con uno de sus discípulos vio un rayo de luz blanca que apareció en una montaña lejana, y supo en el acto que era una manifestación de los malos espíritus. El sabio se puso en camino con su discípulo para someter a los espíritus.

Cuando llegaron al pie de la montaña se encontraron con doce mujeres y se dieron cuenta enseguida de que estas eran espíritus malignos. Chang Tao Ling preguntó por el rayo de luz y las mujeres le respondieron que era el *yin,* el principio femenino de la naturaleza. También le dijeron que la charca de agua salada ante la que se encontraba era la morada de un dragón malvado. Chang Tao Ling hizo huir al dragón asustándolo con un hechizo, y la charca se secó al instante. El sabio hundió su espada mágica en la tierra en aquel lugar y brotó en el mismo punto un manantial de agua salada.

Cada una de las doce mujeres regaló al mago un anillo de jade y se lo ofreció en matrimonio. Él estrujó con la mano los doce anillos formando un único anillo grande; acto seguido, lo arrojó al pozo y dijo que se casaría con la que se lo devolviera. Las doce se arrojaron al pozo, y Chang Tao Ling cubrió el pozo con una tapadera que ajustó bien y anunció a las mujeres que habían quedado convertidas en espíritus del pozo y que nunca se les permitiría salir.

Después, restauró el equilibrio *yin-yang* aportando a la situación una dosis saludable de *yang.* Convenció a un cazador de la región para que dejara de matar animales y se estableciera como fabricante de sal, y le enseñó a extraer la sal hirviendo el agua del manantial salado. Así, la comunidad dejó de sufrir a los doce espíritus malvados y gozó, además, de un suministro regular de sal.

La observación del espejo también era bien conocida en las antiguas civilizaciones de los mayas, los aztecas y los incas. En una crónica que ha llegado hasta nosotros se cuenta que Yupanqui, que después llegó a ser rey de los incas, tuvo un extraño encuentro con un espíritu del espejo. «Cuando subió a una fuente (…) vio caer en ella un trozo de cristal, en la que vio la figura de un indio (…). Al ver esta figura (…) Yupanqui huyó, pero la aparición lo llamó por su nombre desde dentro de la fuente (…). Después, la aparición se desvaneció, pero quedó el trozo de cristal. El inca lo guardó con cuidado, y se dice que desde entonces veía en él todo lo que quería».

El espíritu asociado a un espejo puede tener categoría de deidad, como en el caso de Espejo Humeante (Tezcatlipoca), dios supremo de los aztecas. En el tiempo de las grandes agitaciones antes de que fueran creados los seres humanos, Tezcatlipoca atrajo a la Tierra, monstruo femenino, hasta la superficie de las aguas engañándola con su pie monstruoso como cebo. El monstruo de la Tierra arrancó el pie a Espejo Humeante.

Se creía que estaba presente en todas partes, y se decía incluso que gobernaba el país de los muertos. Llevaba consigo un espejo de obsidiana pulimentada en el que podía ver lo que sucediera en cualquier lugar y en cualquier momento. Por ello, el pueblo en general lo temía porque tenía el poder de hacer justicia según los pensamientos y las obras de los individuos, tal como él los veía en su espejo.

En algunas esculturas aparece representado con una parte de espejo. En algunos casos, el espejo sustituye al pie que le arrancó el monstruo de la Tierra. Con frecuencia, las esculturas de Espejo Humeante estaban hechas completamente de obsidiana, con espejos en su frente o en lugar del pie que le faltaba.

En Texcoco, ciudad que le estaba dedicada, su símbolo era un espejo de obsidiana que se guardaba envuelto en finas mantas. Los magos utilizaban el espejo, en el que se reflejaba el cielo de la noche, para ver el futuro. Este espejo se consideraba un objeto muy poderoso y temible.

Uno de los templos dedicados a él tenía las paredes completamente recubiertas de espejos. Espejo Humeante era el dios de los magos, de los chamanes oscuros. Se manifestaba bajo muchos aspectos llenos de imaginación. El enemigo mortal de Espejo Humeante era Serpiente Emplumada (Quetzalcoatl). Sus mitos respectivos estaban relacionados inseparablemente entre sí.

Espejo Humeante era también el dios protector de los monarcas aztecas. Los reyes como Moctezuma gobernaban como encarnación de Espejo Humeante. Los aztecas creían desde muy antiguo que algún día Espejo Humeante sería derrocado por Serpiente Emplumada, que reinaría en su lugar. Cuando llegaron los españoles, los aztecas interpretaron su llegada como el regreso de Serpiente Emplumada, y ofrecieron poca resistencia. Entre los despojos de guerra que fueron llevados a España había espejos de obsidiana que los aztecas apreciaban por su relación con Espejo Humeante.

Amaterasu, la radiante diosa del sol del Japón, también es una deidad relacionada con la observación del espejo. Es la deidad más importante del olimpo japonés, y es uno de los personajes principales de la mitología japonesa. Era hija de Izanagi e Izanami, quienes, después de haber hecho las islas, los mares, los ríos y los árboles, decidieron que debían crear a alguien que fuera Señor del Universo. Así, al cabo de un tiempo nació Amaterasu. Tenía una belleza tan grande que sus padres decidieron hacerla subir la Escalera del Cielo y ponerla en lo más alto del cielo para que arrojara su luz gloriosa sobre la Tierra para siempre.

Está muy relacionada con los espejos. Según una de las versiones de su mito, nació de un espejo que tenía en la mano Izanagi. Una vez, Amaterasu se enfadó tanto con su hermano que se marchó de su casa. Bajó de su morada del cielo y se encerró en una cueva, donde vivía recluida. El mundo quedó sumido en la oscuridad, y los dioses se reunieron para decidir cómo podrían convencer a Amaterasu para que regresara al cielo. Construyeron un espejo y la hicieron salir de la cueva presentándoselo. Desde entonces, los dioses tuvieron en gran estima aquel espejo. Con el tiempo,

Amaterasu se lo entregó a su nieto Ninigi, para que se lo hiciera llegar a sus descendientes, la familia imperial del Japón. Amaterasu dijo a Ninigi: «Mira el espejo exactamente como si fuera mi espíritu; venéralo como si me venerases a mí, y gobierna el Japón con un brillo puro, como el que irradia su superficie». El espejo pasó a los descendientes de Amaterasu de la familia imperial, y cuando ella se convirtió en deidad principal del Japón, hacia el año 5 a. C., su espejo sagrado fue guardado en un santuario. Este espejo se conserva todavía en el santuario interior del Lugar Asombroso, un santuario sintoísta donde solo pueden orar el emperador y su familia. Ni siquiera el emperador tiene derecho a entrar en el lugar donde se guarda el espejo. El espejo está guardado en una bolsa de brocado que no se abre nunca; pero cuando esta se cae a pedazos por el paso del tiempo se cubre con otra bolsa, de manera que el envoltorio consta de muchas capas.

Según la tradición tibetana, durante la serie de experiencias que componen el Bardo Sidpa, las personas que mueren se encuentran con el dios Yama Raja, rey o juez de la muerte. Yama Raja tiene en su mano el espejo del karma, y utiliza este instrumento para mostrar a los que acaban de morir todas sus obras pasadas, para examinar así cómo han vivido. Los fenómenos conscientes del proceso de la muerte que se describen en *El libro tibetano de los muertos** se aproximan estrechamente a los que recuerdan las persona que se recuperan después de librarse por poco de la muerte, y la intervención de Yama Raja es una bonita metáfora, basada en la observación del espejo, de la revisión panorámica de la vida.

En la antigua Roma se celebraba una fiesta especial, la Fontinalia, en honor de las ninfas y las divinidades menores que habitaban los pozos o las fuentes. En aquel día se coronaban las fuentes con adornos florales y se arrojaban flores a los pozos. Las relaciones de primera mano de las visiones en el espejo dan a entender que las leyendas en que se asocian los espejos con los espíritus se basan en un fenómeno real de la conciencia. Algunos observadores del espejo cuentan que *un mismo* ser se les aparece en el espéculo en ocasiones diversas. Esta entidad ejerce las funciones de moderador, dirigiendo el resto del espectáculo visionario que se ve en el espéculo.

Cuatro personas con las que he trabajado me comunican que han experimentado este fenómeno. Una de ellas, una profesional muy preparada, utiliza regularmente la bola de cristal para consultar a unas entidades a las que dice conocer desde la infancia. El segundo, un hombre, ve un «ángel alado» casi en todas las ocasiones en que practica la observación del espejo, y lo considera un ayudante.

Nunca he hablado de esto con nadie más que con mi marido, por miedo a que se rieran de mí o a que me tomaran por loca. Me pone nerviosa hablar de ello ahora, pero confío en usted.

Cuando yo era pequeña vivía en el campo, y durante mucho tiempo tuve un par de los que supongo que usted llamaría compañeros de juegos imaginarios. Pero para mí no eran imaginarios, desde luego. En realidad, hasta los veía. Tenían aproximadamente mi misma altura y eran muy amistosos. Tenían las cabezas y los ojos grandes. Pero, naturalmente, yo renuncié a todo aquello cuando cumplí cierta edad, y pasé mucho tiempo sin pensar en ello siquiera.

En la universidad preparé un trabajo sobre las supersticiones y me enteré de lo que era la observación del espejo. Me hice con un espejo y, cuando los pequeños estaban acostados, mi hija mayor y yo jugábamos con él. Lo poníamos en la mesa de la cocina y lo rodeábamos de velas para que la luz fuera suave.

Había leído en alguna parte que la observación del espejo resultaría útil para recordar las cosas y lo intentamos así. Empecé por trabajar con algunos sueños que tenía y que me inquietaban, para ver si podía determinar si procedían de

---

* *El libro tibetano de los muertos,* editorial Edaf, Madrid (1985)

sucesos olvidados de mi infancia. Al principio solo recordaba fragmentos de incidentes, pero al fin pareció que las cosas se soltaban. Cierto día, mis compañeros de juegos imaginarios empezaron a materializarse en la bola. Tenían las mismas caras, las mismas frentes amplias, los mismos ojos grandes. Todo aquello no me hacía sentirme amenazado. Ellos eran amistosos y yo lo sabía. Ahora los veo casi siempre que observo el espejo. Me sirvo de esto para reflexionar sobre mis problemas, haciendo reflejar las cosas en ellos como en viejos amigos.

Durante mucho tiempo he tenido una presencia a la que llamo el Ayudante Interior de mi Yo. Si yo fuera religioso, lo llamaría ángel. Lo visualizaría como una entidad muy ligera. Podríamos llamarle ángel alado, pero solo para dar a entender que es muy ágil, como si pudiera volar. Si me preocupo por un cliente mío, llamo al Ayudante Interior de mi Yo para que me guíe para ayudar al cliente. Recurrí a él durante mucho tiempo para ayudar a mis clientes.

Después de que usted me hablara de la observación del espejo, yo probé con el espejo; y, con frecuencia, cuando lo hago veo al Ayudante Interior de mi Yo, el ángel alado. Parece como si el ángel dirigiera lo que yo veo en el espejo y eligiera lo que él cree que yo debo ver. Todavía recurro al Ayudante para ayudar a mis clientes.

Ya sé que usted me indica que el Ayudante Interior de mi Yo es una parte de mí mismo, y yo lo acepto así hasta cierto punto, pero no del todo. Mis sentimientos sobre la cuestión son contradictorios, pues pensar que es verdadero resulta abrumador. Prefiero pensar que no es verdadero. Pero, al mismo tiempo, creo que es verdadero.

Lo que me da a entender esto es que, de alguna manera, la mente es capaz de comunicarse con otro orden de la existencia que nosotros no podemos comprender del todo. Yo creo que la sabiduría que me llega de mi Ayudante Interior procede de más allá de mí mismo.

Otra mujer suele ver a una joven ataviada con unas exóticas vestiduras medievales propias del Oriente Medio. En cada uno de estos casos, el observador considera que el ser del espejo es una presencia beneficiosa. En cada uno de los casos, el observador se sorprendió bastante cuando apareció por primera vez el ser en cuestión.

Quiero subrayar que estas personas son completamente normales psicológicamente. En concreto, todas ellas son unas personas formadas y creativas. Muchos psicólogos explicarían estas entidades visionarias como aspectos disociados de las personalidades de los observadores del espejo. Pero la naturaleza exacta de este fenómeno no está del todo clara y merece ser estudiada más a fondo.

El miedo y el espejo: supersticiones y fobias

Algunos de estos curiosos fenómenos de la conciencia, o todos ellos, pueden explicar muchas de las supersticiones o temores asociados a los espejos y a los reflejos. Según una vieja creencia popular bávara, si un niño miraba un vaso de agua durante mucho tiempo, se le saldría el alma del cuerpo. En algunas culturas es costumbre cubrir los espejos en las casas donde ha muerto alguien recientemente. El gran mitólogo James George Frazer creía que la costumbre surgía del miedo a que el espíritu de la persona fallecida pudiera apoderarse de las almas de las personas vivas reflejadas en el espejo y llevárselas al más allá. En Lituania era tradicional cubrir los espejos de las casas donde había un muerto, pues se creía que los muertos se levantaban y se dejaban ver en los espejos. En la isla Saddle, en la Melanesia, había una charca «en la que todo el que se mira, muere: el espíritu maligno se adueña de su vida por medio de su reflejo en el agua». Los antiguos griegos consideraban que si un hombre soñaba que se veía a sí mismo reflejado en el agua, el sueño auguraba su muerte.

Temían que los espíritus del agua arrastraran el alma de la persona bajo el agua y que esta muriera.

Estos miedos pueden extenderse como una epidemia. Unos niños de Stockton, en el estado de California, que estaban traumatizados por un horrendo asesinato en masa que se había cometido en el patio de la escuela, desarrollaron una fobia colectiva hacia un espejo que estaba en uno de los cuartos de baño de la escuela. Creían que en el espejo residía un espíritu dañino que podía perseguirlos. Esta misma fobia puede surgir en personas individuales, como en el caso de una pedagoga y psicóloga muy preparada que tiene varios títulos académicos destacados.

> Yo estaba en la escuela primaria por entonces, pues recuerdo que venía a casa desde la escuela. Cuando salía de la escuela me gustaba estar sola, jugando en mi dormitorio, de modo que me iba derecha a mi dormitorio. Tenía un gran espejo en el tocador. Este tocador era grande y tenía un taburete, de manera que yo me sentaba en el taburete. Y miraba en el espejo y sentía que entraba andando en él.
>
> Yo tenía mucho cuidado. Se me ocurrió que si entraba allí y me aventuraba demasiado quizás no fuera capaz de salir. Así que yo jugaba con ello lo justo para poder entrar y salir. Recuerdo que volvía la vista atrás para ver si seguía viendo mi cuarto, y no entraba más que hasta donde podía llegar sin dejar de ver la salida. Siempre había alguien más en el espejo. Allí, en el espejo, estaban también otros niños, y en general una persona mayor, siempre la misma mujer, una adulta. Yo la veía y la saludaba con la mano, y era tan real que a mí me parecía que podía haberme quedado allí con ella. Esto era muy agradable, pero llegó un momento en que yo estaba un poco asustada. Temía que pudiera salir algo del espejo y llevarme hasta allí. Por eso, empecé a cubrir el espejo.
>
> Un día entraron en la habitación algunos de mis hermanos y hermanas cuando yo estaba cubriendo el espejo, y me

preguntaron: «¿Qué haces?». Y yo dije: «Estoy cubriendo el espejo para no verlo».

Las visiones espontáneas en el espejo

Las visiones en el espejo se pueden producir espontáneamente, incluso entre las personas que no son conscientes de que existan técnicas para provocarlas. Cierta mujer me contó que cierto día levantó por casualidad la vista a la araña de cristal que tenía en su casa y vio con gran sorpresa una complicada escena visionaria en uno de los vidrios colgantes. Un estudiante universitario me habló de una visión fascinante que había tenido algunos años antes.

Yo estaba en Atlanta visitando a un amigo mío, y estaba tendido en un sofá. Mi amigo estaba sentado en una silla cerca de mí, sin decir nada. Comentó que le gustaría saber qué hacía su novia en aquel momento. Yo no sabía nada de aquella novia, solo que vivía en California. Inmediatamente después de que él hiciera ese comentario, yo miré por casualidad una gran botella de vidrio verde que estaba en una repisa a cosa de un metro y medio de mí.

Empecé a ver en la botella lo que yo llamaría «impresiones». Enfocando la vista en el cristal podía ver cosas claramente. Era casi como si viera las cosas tal como son, tal como las suelo percibir. Vi un maniquí o una escultura que no tenía cabeza, pero sí tenía manos y brazos. Parecía más una escultura artística que un maniquí, pues tenía un color más oscuro que el de un maniquí. No era como mirar un dibujo, una imagen en un papel plano. Yo veía los hombros, y estos estaban redondeados hacia atrás [produciendo el efecto de tres dimensiones]. Desde luego, yo no intentaba que sucediera aquello. Las imágenes se formaban, simplemente. Y se lo dije a mi amigo. Después le dije que veía una jaula de pájaros que tenía dentro un pequeño pájaro amarillo. Le describí la jaula, diciéndole que era redondeada en su parte superior. Tuve la impresión de que era la habitación de su novia en California, y así se lo dije. Él me dijo que aquello no tenía absolutamente ningún sentido para él, y que nunca había estado en la habitación de ella en California. Y sucedió que, un par de días más tarde, él me llamó y me dijo que se había enterado de que su novia tenía en su habitación un pájaro en una jaula tal como los había descrito yo. Y resultó que en aquel momento [*es decir, cuando él estaba observando la botella*] ella estaba trabajando en una escultura en su cuarto. La escultura tenía el brazo, el pecho y demás, pero no tenía cabeza.

Yo tenía veinticuatro años por entonces. Había oído hablar de la observación del cristal como costumbre tradicional, pero no tuve idea de que las imágenes que veía significaran nada hasta que me llamó mi amigo.

Según una antigua crónica, el emperador Pertinax (del siglo II d. C.) «antes de que lo mataran de una estocada vio durante tres días en uno de sus estanques de peces cierta sombra que empuñaba una espada y que amenazaba con matarlo, lo cual lo inquietó mucho». Del mismo modo, en la noche crucial de las elecciones de 1860, Abraham Lincoln se derrumbó, agotado, en un sofá, y vio con sorpresa en un espejo de pared dos extrañas imágenes de sí mismo: una vibrante y viva y la otra con una palidez mortal. Su esposa Mary, de carácter triste y excéntrico, no dudó en interpretar el significado de la visión: Lincoln sería elegido para un segundo mandato, pero moriría en el cargo.

Anatole France contaba que su tía abuela vio en el espejo una visión del asesinato de Robespierre, a la hora aproximada en que a este le dispararon un tiro en la mandíbula. En la noche del 27 de julio de 1794, ella miró al espejo y gritó: «¡Lo veo! ¡Lo veo! ¡Qué pálido está! Sangra por la boca. Tiene destrozados los dientes y las mandíbulas. ¡Alabado sea Dios! ¡El maldito sediento de sangre ya no beberá más sangre que la suya propia!». Después dio un grito y se desmayó.

Hace más de un siglo, los científicos y otros investigadores que intentaban por entonces formular cánones para la investigación sistemática de los fenómenos supuestamente paranormales observaron que eran numerosos los casos en que se había visto la aparición de una persona fallecida en un espejo o en otra superficie reflectante. He aquí un ejemplo moderno de mi propia colección.

Sucedió casi dos meses después de la muerte de mi marido. Yo había bajado a la playa con unos amigos y compañeros de trabajo míos. Mis amigos tenían una casa en la playa. Yo no dormía nada bien desde la muerte de mi marido; generalmente solo dormía unas pocas horas cada noche. A veces no me dormía hasta las 4 o las 5 de la madrugada, y entonces solo dormía una hora y volvía a estar completamente despierta. Y tampoco comía bien.

Así que aquella era una oportunidad para escaparme de todo: largos días de siestas, de leer, sin presiones: ese tipo de cosas. Me dieron el dormitorio principal, que es una habitación grande y hermosa junto al agua, y todo el costado de la habitación era de cristal, eran puertas de cristal. Y detrás de las puertas de cristal había un pequeño patio y, detrás, el agua. De modo que lo único que se veía desde allí era agua. Recuerdo que me desperté pensando: «¡Caramba!, qué bien he dormido. Es increíble lo bien que he dormido. He conseguido por fin dormir toda la noche de un tirón». Debían de ser las 10 de la mañana, y yo todavía me sentía un poco somnolienta, como perezosa. Y, naturalmente, una de las primeras cosas que pensaba todos los días cuando me despertaba era: «¿Es verdad? ¿Es verdad? ¿Está muerto?».

Y yo tenía entonces aquellos pensamientos, pero estaba despierta. Así que estaba, probablemente, en una especie de estado de duermevela, diría yo. Y abrí los ojos y miré el agua a través del cristal: era una imagen increíblemente hermosa y serena. Recuerdo que miré al exterior y pensé: «Dios mío, qué bonito es esto, qué bonito». Estaba allí acostada sin pensar en nada, simplemente vacía de pensamientos y de sentimientos, porque todos los días, sabe usted, eran muy dolorosos desde que él murió. Siempre me quedaba en la cama todo el tiempo que podía por la mañana, pensando: «¿Cómo voy a enfrentarme a esto?».

Y de pronto vi a lo lejos… que la imagen cambiaba y que se convertía en otra escena hermosa. Era grande. Era tan grande como el espacio a través del cual yo estaba mirando. Pero de pronto era una colina, una colina verde. Era algo parecido a una colina o a una loma, y era muy hermoso, muy verde, con flores. Veía que alguien subía por la colina, con unos pantalones vaqueros, de espaldas a mí.

Era una imagen muy serena, hermosa, muy hermosa, y yo pensé: «¡Caramba! ¿Qué es eso? ¿Quién es ese?» Recuerdo que pensé aquello: «¡Caramba!».

Y entonces, como si alguien hubiera abierto una ventana, me di cuenta de que la persona a la que veía subiendo la colina era mi marido. Lo advertí en un instante, y ahora que recuerdo creo que lo que me hizo darme cuenta de que era él fue que lo olí. Recuerdo que pensé: «¡Oh! ¡Es él!», y que inmediatamente me entristecí mucho, como si tuviera un gran peso en el pecho, y dije: «¡Oh! ¡No te vayas! ¡No te vayas! ¡Vuelve!»; porque él caminaba alejándose de mí en la imagen.

Había tardado un segundo en darme cuenta de que era él, pero cuando lo hice tuve instantáneamente su esencia. Lo olía. Lo sentía, sentía su esencia, su presencia, como quiera llamarlo. Yo no hablaba en voz alta. Solo pensaba para mí: «¡Oh! ¡No te vayas!».

Él se dio la vuelta y sonrió, y saludó con la mano. Y desapareció. Yo estaba tan… Durante varios meses había intentado no dejarme arrastrar por completo hasta el punto de no hacer más que llorar, llorar y llorar. Era difícil guardarme aquello dentro, pero tenía la impresión de que si le daba salida, era una cosa tan grande que yo simplemente desaparecería. Y recuerdo que después de aquello me quedé acostada en la cama, llorando, llorando y llorando. Pero una parte de mí estaba muy aliviada, pues me daba cuenta de que él se estaba despidiendo.

Después de aquello empecé a avanzar en mi dolor. Desde entonces se produjo claramente un cambio en el proceso. Todavía tuve momentos malos en los meses siguientes, e incluso hoy los tengo a veces. Pues, aunque el dolor por la pérdida de un ser querido es un proceso que, poco a poco, vamos dejando atrás, nunca llegamos a superarlo del todo.

Fue sorprendente lo mucho que duró aquella sensación. Hasta mucho tiempo después tuve una sensación muy fuerte de él, una sensación verdaderamente fuerte de su presencia. Casi se llega a esperar que esa parte concreta del proceso del dolor no termine. Uno no quiere que termine.

Esto fue completamente real para mí. Yo diría que me ayudó mucho. Nunca pensé que llegaría a comentarlo con nadie. Fue una cosa muy personal para mí.

En ciertos casos, algunas personas pueden ver simultáneamente en el espejo una visión de una misma persona fallecida. Ernest Bennett conservó en su colección de relaciones de apariciones un relato conmovedor de una reunión visionaria colectiva de este tipo.

3 de diciembre de 1885

El 5 de abril de 1875 murió el capitán Towns, padre de mi esposa, en su residencia de Crankbrook, Rose Bay, cerca de Sidney, Nueva Gales del Sur (Australia). Unas seis semanas después de su muerte, mi esposa tuvo ocasión una noche, hacia las 9, de entrar en uno de los dormitorios de la casa. Iba acompañada por una joven, la señorita Berthon, y cuando entraron en la habitación (la luz de gas estaba encendida) vieron con sorpresa, reflejada por así decirlo sobre la superficie brillante del armario, la imagen del capitán Towns. Era apenas medio cuerpo (solo se veían la cabeza, los hombros y parte de los brazos); de hecho, era como los retratos que se llevan normalmente en los medallones, pero de tamaño natural. El rostro parecía desmejorado y pálido, con el mismo aspecto que había tenido antes de su muerte; y llevaba puesta una especie de chaqueta de franela gris que solía ponerse para dormir. Sorprendidas y algo alarmadas por lo que veían, lo primero que pensaron fue que alguien había colgado un retrato en la habitación y que lo que veían era su reflejo; pero no existía ningún tipo de retrato.

Mientras estaban mirando aquello y preguntándose qué sería, entró en la habitación la señorita Towns, hermana de mi esposa, y antes de que ninguna de las otras dos tuviera tiempo de hablar, exclamó: «¡Cielo santo! ¿No véis a papá?». Pasaba por la escalera en ese momento una de las doncellas; la hicieron entrar y le preguntaron si veía algo; ella respondió: «¡Oh, señorita! ¡El señor!». Después hicieron llamar a Graham (antiguo asistente del capitán Towns), y este también exclamó inmediatamente: «¡Oh, el Señor nos proteja! ¡Señora Lett, es el capitán!». Llamaron al mayordomo, y después a la señorita Crane, niñera al servicio de mi esposa, y ambos dijeron lo que veían. Por último, llamaron a la señora Towns. Cuando esta vio la aparición, avanzó hacia ella con el brazo extendido como si fuera a tocarla, y, cuando pasó la mano sobre el panel del armario, la figura se disipó poco a poco, y no volvió a aparecer nunca, aunque el cuarto estuvo ocupado regularmente durante mucho tiempo desde ese momento.

Estos son los hechos desnudos del caso, y no admiten duda; ninguno de los testigos fue sugestionado; a todos se les hizo la misma pregunta cuando entraron en la habitación y cada uno de ellos respondió sin titubear. Yo no vi la aparición por pura casualidad. Estaba en la casa en aquel momento, pero no oí cuando me llamaron.

C. A. Lett

Las abajo firmantes hemos leído la declaración anterior y certificamos que es estrictamente cierta, pues ambas fuimos testigos de la aparición.

Sarah Lett
Sibbie Smyth (de soltera, Towns)

La señora Lett me asegura que ni su hermana ni ella han sufrido ninguna alucinación de los sentidos en alguna otra ocasión. Afirma sin ningún género de dudas que el reconocimiento de la figura por parte de los últimos testigos fue *independiente* y no se debió a ninguna sugestión por parte de las personas que ya estaban en la habitación.

Hemos visto, pues, que la observación del espejo puede facilitar las visiones, y también que a veces se ven espontáneamente en los espejos apariciones de los difuntos. Esto me hizo pensar que la observación del espejo podía servir de puente natural entre las apariciones espontáneas y las apariciones facilitadas de los mismos. Y, por fin, si dejamos que los niños pequeños nos guíen, cerramos el círculo y volvemos a nuestro tema de lo paranormal como juego. Pues, aunque no he encontrado ninguna documentación erudita del tema, muchos informantes me han asegurado que existe un juego de salón infantil de la conciencia, por así llamarlo, en el que, después de realizar diversos rituales, se puede ver un fantasma en un espejo. Así que, a cierto nivel, hasta los pequeños comprenden que es posible «invocar a los espíritus de las vastas profundidades». Tenemos indicios que señalan que esto también se sabía en épocas históricas.

IV

La evocación de los espíritus en la historia, en la literatura y en la mitología

Los antiguos griegos fueron unos cartógrafos heroicos y consumados del Reino Medio. Heródoto, que fue el primer historiador (h. 490-425 a. C.), registró las aventuras de dos innovadores pioneros en aquel lugar de penumbra. Ambos comprendieron la importancia de la técnica teatral para lo paranormal. Cada uno de ellos, con una técnica propia y brillante, consiguió evocar una aparición póstuma... ¡de sí mismo! Es difícil comprender cómo puede haber olvidado el mundo al sabio Salmoxis.

Yo mismo he oído una versión muy diferente de la vida de Salmoxis. Según los griegos establecidos en el Helesponto y en el mismo Ponto, siendo hijo de mujer y simple hombre, sirvió como esclavo en Samos, pero tuvo la suerte de servir a Pitágoras, el hijo de Mnesarco. Habiendo salido libre de Samos, supo hacer fortuna, con la cual se retiró a su patria, que era Tracia. Allí halló a los tracios pobres e incultos. El prudente Salmoxis, hecho a la civilización de la Jonia y a un modo de pensar más fino que el habitual entre los tracios, y particularmente al trato de Pitágoras, que no era el menor de los sabios, mandó labrarse una sala en donde recibía a sus paisanos de mayor cuenta y, dándoles suntuosos convites, se esforzaba por enseñarles que ni él, ni sus camaradas, ni ninguno de sus descendientes acabarían muriendo, sino que pasarían a cierto paraje donde eternamente vivos tuviesen a satisfacción todas sus comodidades y placeres. En tanto que así platicaba e intentaba difundir esta nueva doctrina, se iba labrando una habitación subterránea; y en cuanto quedó concluida desapareció Salmoxis de la vista de sus paisanos, metiéndose bajo tierra en un sótano donde se mantuvo por espacio de tres años. Los tracios, que lo echaban de menos, llorábanlo ya por muerto, cuando llegado ya el cuarto año se les apareció de nuevo Salmoxis; y así, con las obras, convenció a los tracios de la verdad de la doctrina que les había enseñado de palabra.

Heródoto no fue capaz de determinar si Salmoxis había existido verdaderamente, pero no es totalmente inimaginable que haya podido existir un artista tanato-dramático hibernador capaz de hacer tal cosa. Los griegos, al menos en algunas épocas, sabían cocer un pan que se conservaba durante más de un año. Es posible que Salmoxis construyera su residencia sobre un manantial cantarín y que la llenara de pollos, de antorchas y de grandes cubas de aceitunas, y de una bonita colección de manuscritos venerables, y que encerrándose allí abajo como un oso representara públicamente una atrevida violación de la frontera entre la vida y la muerte. El comentario de Heródoto de que Salmoxis, al reaparecer, «convenció a los tracios de la verdad de la doctrina que les había enseñado de palabra» puede parecer extraño al lector moderno. Pero lo que había comprendido Heródoto era el gran atractivo psicológico y espiritual del drama de Salmoxis. Salmoxis dio muestras de un dominio magistral de la psicología humana de la pérdida de una persona querida. Sus amigos lo echaban de menos y ya lo lloraban «por muerto».

¡Qué manejo tan hábil de la tensión dramática! Sin duda, algunas personas siguieron de cerca los hechos durante mucho tiempo. Podemos imaginarnos las conversaciones que tenían lugar alrededor de la entrada cerrada de su guarida. «¿Seguirá vivo? ¿Cuánto tiempo pasará todavía ahí abajo? ¿Cómo lleva su mujer todo esto?».

Imaginémonos, a continuación, su asombro cuando Salmoxis salió a la luz, como Lázaro, de su encierro subterráneo, ofreciendo un espectáculo único y una demostración pública de la impermanencia, no de la vida, sino de la muerte. Los lógicos pueden protestar, pero la contemplación del hecho fuera de lo común de su reaparición sería, en efecto, una especie de prueba de la inmortalidad para los que habían sufrido colectivamente el trauma de su muerte.

El poeta ambulante griego Aristeas del Proponeso evocó una aparición de sí mismo más de doscientos años después de su muerte. También fue Heródoto quien registró sus aventuras.

Corre otra historia sobre esta región remota en un poema de Aristeas, natural del Proconeso [...] y poeta de profesión: decía que, «por inspiración de Apolo», había ido hasta el país de los isedones, más allá de los cuales, añadía, habitaban los arimaspos, hombres de un solo ojo en la cara; y que más allá de estos están los grifes, que guardan el oro del país; y más lejos que todos habitan hasta las costas del mar los hiperbóreos. (...)

He aquí un relato que oí contar sobre él en el Proconeso y en Cízico. Dicen, pues, que Aristeas, ciudadano en nadie inferior en cuanto a nobleza de sangre, habiendo entrado en el taller de un batanero del Proconeso, cayó allí muerto. El batanero, dejándolo allí encerrado, fue enseguida a dar parte de ello a los parientes más cercanos del difunto. Habiéndose extendido por la ciudad la noticia de que Aristeas acababa de morir, un hombre natural de Cízico, que acababa de llegar de la ciudad de Artacia, empezó a contradecir a los que esparcían aquella nueva, diciendo que él, al venir de Cízico, se había encontrado con Aristeas y le había hablado en el camino. Manteníase el hombre en negar que hubiera muerto. Los parientes del difunto fueron al taller del batanero, llevando consigo lo que hacía al caso para recoger el cadáver; pero al abrir las puertas de la casa no apareció Aristeas ni vivo ni muerto. Pasados ya siete años, se dejó ver en el mismo Proconeso y entonces compuso aquel poema titulado *El cuento de los Arismaspos*, y después de haberlo compuesto desapareció por segunda vez. Yo sé aún de Aristeas otra anécdota que sucedió a los metapontinos de Italia, doscientos cuarenta años después de su segunda desaparición (según mis cálculos). Decían, pues, que habiéndoseles aparecido Aristeas en su tierra, les había mandado erigir un altar a Apolo y levantar al lado de él una estatua con el nombre de Aristeas del Proconeso, dándoles por razón que entre todos los de Italia ellos eran los únicos a los que había visitado Apolo, a quien él, en su venida, había seguido en forma de cuervo. Dicho esto, desapareció. Los metapontinos enviaron una comisión a Delfos para consultar al oráculo sobre lo que significaba la aparición de aquel hombre, y el oráculo les dijo que lo mejor que podían hacer era obedecer lo que les había ordenado. Ellos siguieron este consejo y, en efecto, en el ágora de la ciudad, al lado de la imagen de Apolo, está ahora una estatua que lleva el nombre de Aristeas, y alrededor de ella unos laureles.

A diferencia de Salmoxis, Aristeas no enseñó ninguna doctrina sobre una vida después de la muerte, por lo menos que nosotros sepamos, y consiguió aparecerse en persona por medio de una técnica muy diferente de la del hombre oso de Tracia. Se vio morir a Aristeas, y después se dijo que estaba vivo, y más tarde se descubrió que él (o su cuerpo) había desaparecido. ¿Fue una muerte, o una desaparición misteriosa? ¿O ambas cosas a la vez? Y en vista de que el batanero había cerrado la puerta de su taller al salir, su desaparición también tenía algo de escapatoria mágica a la manera de Houdini.

Con su marcha, Aristeas creó un entramado de perplejidades y de ambigüedades. Después, en una especie de trance o en algún otro estado alterado de la conciencia, emprendió un largo viaje entre los extraños habitantes de las tierras que estaban más allá de los límites del mundo conocido, un nirvana turístico que relató en un poético libro de viajes. Siete años más tarde, cuando reapareció, podría haber recibido el curioso título de *deuteropotmos,* persona de doble destino. Se atribuía esta calificación social a las personas que se habían aventurado tan lejos por el Reino Medio que ya no era posible recibirlas de nuevo en el mundo de los vivos. Por ejemplo, las personas que regresaban a su casa después de que las hubieran creído muertas en el extranjero eran declaradas *deuteropotmos*. A tales personas se les podía prohibir el trato con los demás y se les impedía el acceso a los santuarios.

La actuación de Aristeas estaba maravillosamente concebida, aunque solo lo fuera de manera preconsciente o inconsciente. Aplicó con habilidad diversas técnicas que operan en la frontera nebulosa entre el drama y el histrionismo. Al desaparecer del Proconeso por segunda vez, debió de forjar una leyenda sobre su persona que ayudó a provocar su nueva venida o aparición. En vida, puso en marcha un proceso que, doscientos cuarenta años más tarde, confirmó y fijó su reputación como persona que era capaz de pasar libremente de un lado a otro de la Gran Frontera y de entrar y salir del Reino Medio.

La antigua civilización de Grecia era un afortunado telón de fondo para las hazañas de estos dinámicos navegantes de lo profundo, pues está claro que los griegos comprendían que, si se cumplían determinadas circunstancias, era posible suscitar los espíritus de los difuntos, e incluso relacionarse con ellos. En la *Odisea* de Homero aparece una relación muy gráfica de una ceremonia para convocar a los muertos. Odiseo y sus hombres llevan un año viviendo con la hechicera Circe en la isla de esta cuando deciden que quieren proseguir su viaje rumbo a sus hogares.

> Mas cuando se acabó el año y volvieron a sucederse las estaciones, llamáronme los fieles compañeros y me dijeron:
>
> —¡Ilustre! Acuérdate ya de la patria olvidada, si el destino ha decretado que te salves y llegues a tu casa de alta techumbre y a la tierra patria.
>
> Y entonces yo subí a la magnífica cama de Circe y empecé a suplicar a la deidad, que oyó mi voz. Y le decía:
>
> —¡Oh, Circe! Cúmpleme la promesa que me hiciste de mandarme a mi casa. Ya mi ánimo me incita a partir y también

el de mis compañeros, quienes apuran mi corazón, rodeándome llorosos, cuando tú estás lejos.

Y ella respondió:

—¡Laertíada Odiseo, fecundo en ardides! No os quedéis por más tiempo en esta casa contra vuestra voluntad. Pero ante todo habéis de emprender un viaje a la caliginosa morada de Hades y de la veneranda Perséfone, para consultar al alma del tebano Tiresias, adivino ciego, cuya mente se conserva íntegra. A él tan solo, después de muerto, diole Perséfone inteligencia y saber, pues los demás revolotean como sombras.

Así dijo. Sentí que se me partía el corazón y, sentado en el lecho, lloraba y no quería ver más la luz del sol. Pero cuando me harté de llorar y de dar vueltas en la cama, le contesté con estas palabras:

—¡Oh, Circe! ¿Quién nos guiará en ese viaje, ya que ningún hombre ha llegado jamás al Hades en negro navío?

Respondióme en el acto la divina entre las diosas:

—No te dé cuidado el deseo de tener quién guíe el negro bajel; iza el mástil, despliega las blancas velas y quédate sentado, que el soplo del Bóreas conducirá la nave.

«Cuando hayas atravesado el Océano y llegues adonde hay una playa estrecha y bosques consagrados a Perséfone, y elevados álamos, y estériles sauces, detén la nave en el Océano, de profundos remolinos, y encamínate a la tenebrosa morada de Hades.

»Allí el Piriflegetón ardiente y el Cocito, que es un arroyo del agua de la Estigia, llevan sus aguas al Aqueronte, y hay una roca en el lugar donde confluyen aquellos sonoros ríos. Acércate, pues, a este paraje, ¡oh, héroe!, y cuida de hacer lo que te mando. Abre un hoyo que tenga un codo por cada lado; derrama en torno suyo una libación a todos los muertos, primeramente con leche y miel; después, con dulce vino; y a la tercera vez con agua, y espolvoréalo con blanca harina de cebada. Eleva después muchas súplicas a las inanes cabezas de los muertos y haz voto de que, en llegando a Ítaca, les sacrificarás en tu palacio una vaca no paridera, la mejor que haya, y llenarás la pira de cosas excelentes; y también de que a Tiresias le inmolarás aparte un carnero completamente negro que destaque entre vuestros rebaños. Así que hayas evocado con tus preces al ínclito pueblo de los difuntos, sacrifica un carnero y una oveja negra, volviendo el rostro al Erebo, y apártate un poco hacia la corriente del río; allí acudirán muchas almas de los que murieron.

»Llama enseguida a tus compañeros y mándales que desuellen las reses, tomándolas del suelo donde yacerán degolladas, y que las quemen prestamente, haciendo votos al poderoso Hades y a la veneranda Perséfone; y tú desenvaina la espada, siéntate y no permitas que las inanes cabezas de los muertos se acerquen a la sangre hasta que hayas interrogado a Tiresias. Pronto comparecerá el adivino y te dirá el camino que has de seguir, cuál será su duración y cómo podrás volver a la patria atravesando el mar abundante en peces».

Así dijo, y al momento llegó la Aurora de áureo trono. Circe me vistió un manto y una túnica, y se puso amplia vestidura blanca, fina y hermosa, ciñó el talle con lindo cinturón de oro y cubrió su cabeza con un velo. Yo anduve por la casa y amonesté a mis compañeros, acercándome a ellos y hablándoles con dulces palabras:

—No permanezcáis acostados disfrutando del dulce sueño. Partamos ya, pues la veneranda Circe me lo aconseja.

Su ánimo generoso se dejó persuadir; más no pude llevarme a todos mis compañeros. Un tal Elpénor, el más joven de todos, que no era muy valiente en los combates ni estaba muy en su juicio, cargado de vino había subido a dormir a la azotea por estar más fresco. Al oír el vocerío y estrépito de los camaradas que empezaban a moverse, se levantó de súbito, pero se olvidó de volver atrás para bajar por la escalera; cayó de la azotea, se rompió el cuello y su alma bajó al Hades.

Cuando ya todos se hubieron reunido, les dije estas palabras:

—Creéis sin duda que vamos a nuestra tierra patria; pues bien, Circe nos ha indicado otro camino, a la morada de Hades y de la veneranda Perséfone.

Así les hablé. A todos se les partía el corazón y, sentándose allí mismo, lloraban y se mesaban los cabellos. Más ningún provecho sacaban de sus lamentaciones.

En cuanto nos encaminamos, afligidos, a la velera nave y a la orilla del mar, vertiendo copiosas lágrimas, acudió Circe y ató al oscuro bajel un carnero y una oveja negra. Y al hacerlo logró pasar inadvertida, pues ¿quién podrá ver con sus propios ojos a una deidad que va o viene si a ella no le place ser vista?

En llegando a la nave y al divino mar echamos al agua la negra embarcación, izamos el mástil y desplegamos la vela; cargamos luego las reses y vertiendo copiosas lágrimas embarcamos nosotros. Circe, la de hermosas trenzas, nos favoreció con un viento que henchía las velas, buen compañero para el viaje. Dispuestos los aparejos, nos sentamos en la nave, a la que conducían el viento y el piloto. Durante todo el día navegamos a toda vela, hasta que se puso el sol y las tinieblas ocuparon todos los caminos.

Entonces arribamos a los confines del Océano, de profunda corriente. Allí está el pueblo y la ciudad de los cimerios, entre nieblas y nubes, sin que jamás Helios resplandeciente los ilumine con sus rayos, ni cuando sube al cielo estrellado, ni cuando vuelve del cielo a la Tierra, pues una noche perniciosa se extiende siempre sobre aquellos míseros mortales. En este paraje sacamos nuestro bajel a la playa, y nosotros anduvimos a lo largo de la corriente del Océano hasta llegar al sitio indicado por Circe.

Allí Perímedes y Euríloco sostuvieron las víctimas, y yo desenvainé la espada y abrí un hoyo de un codo por lado (…).

Después de haber rogado con votos y súplicas al pueblo de los difuntos, tomé las reses, las degollé encima del hoyo, y corrió la oscura sangre; y al instante se congregaron, saliendo del Erebo, las almas de los fallecidos: mujeres jóvenes, mancebos, ancianos que habían padecido mucho, tiernas doncellas que apenas conocían el pesar y muchos varones que habían muerto en la guerra, con ensangrentadas armaduras. Agitábanse todas con grandísimo murmullo alrededor del hoyo, unas por un lado y otras por otro, y me dominó el pálido temor.

La primera que vino fue el alma de mi compañero Elpénor, el cual aún no había recibido sepultura en la ancha tierra, pues dejamos su cuerpo en la mansión de Circe sin enterrarlo ni llorarlo (…). Al verlo le compadecí, lloré y le dije estas aladas palabras:

—¡Oh, Elpénor! ¿Cómo viniste a estas tinieblas caliginosas? ¡Has llegado a pie antes que nosotros en la negra nave!

Él me respondió, dando un suspiro:

—Me dañaron la mala voluntad de algún dios y el exceso de vino (…) y mi alma descendió a la mansión de Hades. Ahora te suplico, oh, soberano, (…) que al llegar a la isla Eea te acuerdes de mí, pues sé que pasarás por ella al regresar del Hades (…).

Eso dijo, y yo le respondí:

—Todo lo haré, ¡oh, infeliz!; todo lo cumpliré.

Así sentados nos decíamos estas tristes palabras: yo tenía la espada levantada sobre la sangre, y el fantasma de mi compañero hablaba largamente desde la parte opuesta.

Vino luego el alma de mi difunta madre Anticlea, hija del magnánimo Autólico, a la cual había dejado viva cuando partí para la sagrada Ilión. Lloré al verla, compadeciéndola en mi corazón; mas, con todo, no permití que se acercase a la sangre antes de interrogar a Tiresias.

Vino después el alma de Tiresias, el tebano, que empuñaba un áureo cetro. Me reconoció, y me habló de esta manera:

—¿Por qué, oh, infeliz, has dejado la luz del sol y vienes a ver a los muertos y esta región desapacible? Apártate del hoyo y retira la aguda espada, para que, bebiendo sangre, te revele la verdad de lo que quieras.

Eso dijo. Me aparté y metí en la vaina la espada (...).

—Tiresias, (...) habla y responde sinceramente. Veo el alma de mi difunta madre, que está silenciosa junto a la sangre, sin que se atreva a mirar frente a frente a su hijo ni a dirigirle la voz. Dime, ¡oh, soberano!, cómo podrá reconocerme.

Él me contestó:

—Te lo daré a entender con una regla sencilla. Aquel de los difuntos a quien permitieres que se acerque a la sangre, te dará noticias ciertas; aquel a quien se lo negares, se volverá en seguida.

Dicho esto, el alma del soberano Tiresias volvió a la morada de Hades apenas hubo pronunciado estos oráculos. Pero yo me estuve quieto hasta que vino mi madre y bebió la oscura sangre. Me reconoció de pronto y me dijo entre sollozos estas aladas palabras:

—Hijo mío, ¿cómo has bajado en vida a esta oscuridad tenebrosa? Difícil es que los vivos puedan contemplar estos lugares, separados como están por grandes ríos y por impetuosas corrientes (...). ¿Vienes acaso de Troya, después de vagar mucho tiempo con la nave y con tus compañeros? ¿Aún no has llegado a Ítaca ni has visto a tu mujer en el palacio?

Así dijo, y yo le respondí de esta manera:

—Madre mía, la necesidad me ha traído a la morada de Hades a consultar el alma de Tiresias el tebano, pero aún no me he acercado a la Acaya ni he entrado en mi tierra, pues voy siempre errante y padeciendo desgracias (...). Mas dime y responde sinceramente: ¿Qué hado fue la causa de tu muerte? ¿Fue una larga enfermedad, o te mató con sus suaves tiros la arquera Artemisa? (...).

—Así morí yo, cumpliendo mi destino: ni me hirió con sus suaves tiros en el palacio la arquera de certera vista ni me acometió enfermedad alguna de las que consumen los miembros; fue la añoranza que de ti tenía, y el recuerdo de tu ingenio y de tu ternura, preclaro Odiseo, los que me privaron de la dulce vida.

Así habló. Quise entonces abrazar el alma de mi difunta madre. Tres veces me acerqué al espíritu, tres veces se me fue volando de entre las manos como una sombra o como un sueño. Entonces sentí en mi corazón un agudo dolor y dije a mi madre estas aladas palabras:

—Madre mía, ¿por qué huyes cuando a ti me acerco, ansioso de abrazarte, a fin de que aliviemos nuestros corazones saciándonos de triste llanto? ¿Acaso eres una mera visión que me ha enviado la ilustre Perséfone, para que se acrecienten mis lamentos?

Así le dije, y me contestó mi veneranda madre: —¡Ay de mí, hijo mío, el más desgraciado de los hombres! No te engaña Perséfone, hija de Zeus, sino que esta es la condición de los mortales cuando fallecen: los nervios ya no mantienen unidos la carne y los huesos, pues los consume la viva fuerza de las ardientes llamas, y el alma se va volando como un sueño. Mas procura volver lo antes posible a la luz y no olvides todas estas cosas para que se las refieras después a tu cónyuge (…).

El alma de Aquiles me reconoció y me dijo estas aladas palabras:

—¡Odiseo, fecundo en ardides, temerario! ¿Qué otra empresa mayor que las pasadas revuelves en tu pecho? ¿Cómo te atreves a bajar a la mansión de Hades, donde residen los muertos que están privados de sentidos y son imágenes de los hombres cuyos días de fatigas han terminado?

Así me dijo, y le respondí diciendo:

—¡Oh, Aquiles! Vine por el oráculo de Tiresias, a ver si me daba algún consejo para llegar a la escabrosa Ítaca. Pero tú, Aquiles, eres el más dichoso de todos los hombres que nacieron y han de nacer, puesto que antes, cuando vivías, los argivos te honrábamos como a una deidad, y ahora, estando aquí, imperas en este mundo de los muertos. No ha de entristecerte, pues, tu muerte, Aquiles.

Así le dije, y me contestó enseguida:

—No intentes consolarme de la muerte, Odiseo. Preferiría ser labrador, criado de un campesino pobre, que señor absoluto en el reino de los muertos (...).

Yo me quedé inmóvil por si acaso venía algún héroe de los que murieron en tiempos pasados. Y hubiera visto a los hombres antiguos a los que deseaba conocer (...), pero se congregó, antes de que llegaran, un sinnúmero de difuntos con gritería inmensa, y el pálido terror se apoderó de mí, temiendo que la ilustre Perséfone me enviase del Hades la cabeza de la Gorgona, horrible monstruo. Volví enseguida al bajel y ordené a mis compañeros que se embarcasen y soltasen las amarras.

A primera vista, este pasaje parece incomprensible, incluso francamente absurdo e imposible. No es de extrañar que algunos estudiosos hayan llegado a la conclusión de que Homero se inventó de cabo a rabo todo el episodio. Pero es posible situarlo dentro del contexto de los fenómenos psicológicos de la observación del espejo y de las leyendas y creencias tradicionales que son un reflejo de tales fenómenos.

En la Antigüedad, la medida llamada «codo» era la distancia entre el codo y la punta de los dedos, que oscila entre 45 y 60 centímetros, así que el hoyo que excavó Odiseo tenía hasta un metro y veinte centímetros de lado. Parece ser que el hoyo era poco hondo, quizás de veinte o treinta centímetros de profundidad. La sangre de las víctimas del sacrificio, derramada en el hoyo, habría cubierto el fondo.

La descripción de Homero concuerda con la posibilidad de que Odiseo estuviera viendo visiones especulares de los difuntos en la superficie reflectante de la sangre. Sabemos que en los templos de Babilonia se hacía correr sobre una piedra sagrada la sangre de los animales sacrificados, con fines adivinatorios. Los maoríes de Nueva

Zelanda utilizaban la sangre como espéculo para practicar la observación del espejo. Una ceremonia de cierta tribu india americana nos recuerda lo que describe Homero.

> Parece que los pawnees del oeste de los Estados Unidos tenían una práctica relacionada con la observación del cristal. Cuando mataban un tejón, los más viejos lo guardaban hasta la noche y después lo desollaban. Se vertía la sangre en un cuenco, y los niños tenían que mirar sus propios reflejos en el cuenco a la luz de la luna. Si se veían con cabellos grises, era señal de que tendrían una vida larga; si la imagen era oscura e indistinta, el niño moriría de enfermedad; si no se veía ninguna imagen, el niño viviría, y moriría a manos del enemigo (…). Parece evidente que en esta práctica intervenían visiones especulares y no simples reflejos.

En el mundo antiguo, y entre los pueblos de cultura tradicional, los espejos eran un objeto de lujo poco común, mientras que la sangre de los animales que se sacrificaban para comerlos siempre estaba disponible. La visión de la sangre derramada suscita unas emociones poderosas que podían contribuir a inducir estados alterados de la conciencia. Las antiguas doctrinas fisiológicas afirmaban que la sangre y el hígado eran puntos de unión entre el reino de lo material y el de lo inmaterial. Quizás se creyera, por ello, que el acto del sacrificio abría una puerta de acceso al Reino Medio; y, naturalmente, el hecho de matar producía una verdadera transición de la vida a la muerte.

Puse a prueba mi hipótesis sobre el relato de Homero de la manera siguiente. Utilizando mi brazo como vara de medir, excavé un hoyo de un codo de lado y de quince centímetros de hondo, y revestí el fondo y los lados con varias capas de plástico transparente de cocina. Preparé tres litros de sangre de imitación, a base de jarabe de maíz poco espeso y colorante alimenticio (que tomen nota los defensores de los derechos de los animales), y derramé esta mezcla en el hoyo hasta cubrir el fondo.

El efecto fue espectacular. De pie junto al hoyo, mirando hacia el fondo de este, vi flotar un desfile de visiones especulares que pasaban ante mis ojos como si salieran de lo más hondo del líquido. Me pude imaginar sin dificultad lo que vio Odiseo y lo que debió de sentir, en condiciones semejantes, hace varios milenios.

Mi interpretación aclara un punto acerca del texto de Homero que, de otro modo, parece confuso; a saber, la peculiar bilocación de Odiseo. Homero nos dice en primer lugar que su héroe está junto a un hoyo que ha cavado en el suelo, pero casi a renglón seguido oímos que Tiresias y Anticlea manifiestan su asombro por verlo entre ellos en el Hades. La incongruencia desaparece cuando comprendemos que Odiseo, en realidad, «atravesó el espejo», como incontables generaciones de chamanes, la joven Alicia de Lewis Carroll, bastantes colaboradores míos y yo mismo.

Cabe suponer que en la época de Homero sus lectores conocerían tales prácticas y entenderían inmediatamente lo que hacía Odiseo. El poeta no tendría necesidad de describir el proceso de la observación del espejo, del mismo modo que un novelista del siglo XX tampoco tiene que explicar a sus lectores en qué consiste ver la televisión. Así, cuando la observación del espejo se hizo cada vez menos familiar con el paso de los siglos, la extraña escena de Homero perdió su significado, no solo para los lectores corrientes, sino también para los eruditos.

La hermosa hechicera llama al lugar al que envía a Odiseo «la caliginosa morada de Hades». Este era el Oráculo de los Muertos, el lugar especial donde podía darse el salto entre este mundo y el otro. Homero ubica esta institución fantásticamente preternatural junto al río Aqueronte, cerca de una ciudad «entre nieblas y nubes», la ciudad de los cimerios, pueblo que ya ha desaparecido hace mucho tiempo, pero que debía de ser conocido en tiempos del poeta. Homero nos dice que el sol nunca ilumina a los cimerios, a ninguna hora del día.

El antiguo geógrafo griego Estrabón cita un pasaje de Éforo según el cual los cimerios residían en viviendas subterráneas conectadas entre sí por túneles. Se visitaban los unos a los otros por pasadizos subterráneos y admitían a los extranjeros que venían a visitar el Oráculo de los Muertos, que estaba en un subterráneo muy profundo.

Aquellas gentes semejantes a topos se ganaban la vida con la minería y con lo que cobraban a los que venían a consultar a los difuntos. Según una costumbre ancestral, los que vivían en las proximidades del oráculo no salían nunca a la luz del sol, y solo se aventuraban a salir de sus cavernas de noche. Homero debió de suponer que su modo de vida era triste, pues se compadece de ellos diciendo que «una noche perniciosa se extiende siempre sobre aquellos míseros mortales».

La ciudad de los cimerios se llamaba Éfira, y estaba en la Tesprotia, en el reino de Epiro, en el extremo noroccidental de Grecia. El oráculo de los muertos dominaba una extensión de agua grande y pantanosa, el lago Aqueróntico, que se alimentaba de las aguas del río Aqueronte.

Heródoto escribió acerca de este mismo Oráculo de los Muertos. El historiador relata diversas maldades de Periandro, el terrible tirano de Corinto, y después añade:

> Despojó en un solo día, por causa de su mujer Melisa, ya difunta, a todas las mujeres de Corinto. Sucedió de esta manera: había hecho que unos mensajeros enviados a los tesprotos, cerca del río Aqueronte, consultasen al oráculo de los muertos acerca de ciertos bienes que le había dejado un huésped en depósito y que se habían perdido. Se les apareció la difunta Melisa, y les respondió que no les manifestaría, ni de palabra ni por gestos, el paradero de aquel depósito; que solo les decía que por hallarse desnuda padecía mucho frío, pues de nada le servían los vestidos en que la enterraron, ya que estos no se habían quemado, y que como prueba de que decía la verdad dijeran a Periandro que este había metido el pan en un horno frío. Después de que se comunicó a Periandro tal respuesta, que este tuvo por verdadera por lo del pan y el horno (pues

había tenido relaciones sexuales con ella después de muerta), hizo publicar enseguida un bando en el que mandaba que todas las mujeres de Corinto se reunieran en el templo de Hera. Ellas iban allá como si fueran a celebrar alguna fiesta, con sus mejores adornos y vestidos, pero Periandro, que había apostado algunos guardias con tal fin, iba despojándolas a todas, tanto a las amas como a las criadas; y llevando después todas las galas a un gran hoyo, las entregó a la hoguera, rogando e invocando a su Melisa, cuyo fantasma, aplacado con este sacrificio, declaró el paradero del depósito a los emisarios que por segunda vez le envió Periandro.

De Éfira solo quedan ruinas y recuerdos, pero la región conserva todavía su nombre antiguo, el Epiro. Sotirios Dakaris, arqueólogo griego especializado en la Antigüedad clásica, decidió buscar el lugar donde había estado el Oráculo de los Muertos. Aceptó la teoría que había propuesto ya en el siglo III a. C. el gramático Proteas Zeugmatites, según el cual los cimerios de los que hablaba Homero eran los modernos cimerios, que habitan la región del cabo Cimerión, cerca de la desembocadura del río Aqueronte. Dakaris, basándose en la descripción del paisaje que facilita Homero en la *Odisea* y en las creencias populares de la región, que todavía hablan de una entrada al otro mundo en las proximidades, localizó el lugar en 1958 y emprendió las excavaciones.

El psicomanteo resultó ser un amplio complejo de pasillos, cámaras y pasadizos laberínticos y tortuosos que desembocaban, por fin, en la sala larga y cavernosa donde se veían las apariciones. Dakaris encontró allí los restos de un enorme caldero de bronce alrededor del cual había algunas ruedas dentadas dispersas. El caldero estaba rodeado de una barandilla que servía para que los consultantes del oráculo no se agolparan demasiado cerca. Dakaris llegó a la conclusión de que los sacerdotes que dirigían el oráculo se escondían en el caldero y representaban el papel de los espíritus de las personas que esperaban ver los consultantes.

La costumbre de utilizar calderos, cuencos, palanganas, tazas y otros recipientes llenos de líquido como elementos de observación o espéculos es muy antigua y común a muchas culturas. Cuando el recipiente era de metal, podía bruñirse mucho, y resultaba todavía más eficaz para este fin. Sabemos por el Génesis que José tenía una copa de plata «en la que bebe, y por la cual suele adivinar». Du Halde, viajero que visitó la China a principios del siglo XVIII, relata que los videntes taoístas observaban en un caldero de agua lo que pasaba por todo el imperio. Los zulúes veneraban el «cuenco del jefe», con el que practicaban la adivinación después de llenarlo de agua. Los chamanes del África ecuatorial del norte diagnosticaban las enfermedades observando un recipiente de agua. En un recuerdo algo oscurecido de los antecedentes chamánicos de la magia como espectáculo, algunos ilusionistas modernos todavía sacan como por arte de magia innumerables palomas o pañuelos del fondo de grandes cuencos, jarras u otros recipientes.

No es posible demostrar de manera concluyente que en Éfira se utilizase la observación del espejo, ya fuera en el caldero o por otros medios, para evocar los espíritus de los muertos; pero si podemos probar que los antiguos griegos conocían sus principios, que estarían al alcance de los *psicogogos,* los encargados del Oráculo de los Muertos, que dirigían a los consultantes en su búsqueda de apariciones visionarias. En la primera parte de la *Ilíada,* obra que era una de las piedras angulares de la cultura griega, Homero aplica la idea generalizada de que era posible evocar a los espíritus a base de observar las superficies reflectantes. El poema épico relata las consecuencias de un enfrentamiento entre el rey Agamenón y Aquiles en los días anteriores al asalto definitivo contra Troya. Después de su discusión, de consecuencias nefastas, los hombres del rey toman a Briseís, la doncella que había correspondido a Aquiles, como botín, y se la quitan a este. Aquiles, lleno de dolor y de rabia, se aparta de sus amigos y se sienta solo en la playa. Llorando, observa las profundidades del mar y, extendiendo las manos, ora a su madre Tetis, divinidad marina. Ella lo oye desde su morada en lo profundo del océano e inmediatamente se levanta en forma de niebla que sale del mar gris y se sienta en la playa ante su hijo. Lo acaricia y le pide que le cuente todos sus problemas. Cuando este lo hace así, Tetis se lamenta de que su hijo haya nacido con el destino de morir joven, y se compromete a mediar ante Zeus en nombre de Aquiles en su disputa contra Agamenón. Dicho esto, recomienda a su hijo que se retire de los combates, y se pone en marcha para cumplir su misión.

En su breve descripción de otro célebre oráculo de los muertos, el del cabo Tainarón, Pausanias refiere que se practicaba la observación del espejo en las proximidades de dicho centro, aunque no relacionada directamente con las actividades del oráculo propiamente dicho. El Oráculo de los Muertos del cabo Tainarón era, como el de Epiro, una estructura subterránea, y también estaba situado en un punto geográfico extremo, en este caso en el vértice sur de la Grecia continental. Cuando aquel viajero y médico visitó el lugar ya hacía mucho tiempo que no funcionaba el Oráculo de los Muertos, y los relatos que oyó contar sobre su propósito primitivo lo dejaron perplejo.

> El cabo Tainarón se adentra en el mar (…), y en el cabo propiamente dicho hay un santuario en forma de cueva, con una estatua de Poseidón ante la entrada. Algunos poetas griegos han escrito que fue este el lugar por donde Heracles sacó del Hades los perros, pero en la cueva no hay ningún camino que penetre en las profundidades, ni es de creer que los dioses tengan una casa subterránea donde reúnan a las almas de los muertos. (…) También hay en Tainarón un manantial que no obra milagros en nuestros tiempos, pero que antiguamente (eso cuentan) dejaba ver los puertos y los barcos si se miraba su agua. Esta virtud de mostrar tales cosas se perdió una vez que una mujer lavó allí ropas sucias.

El cabo Tainarón o Matapán es un enorme promontorio rocoso, y en la Antigüedad debía de parecer imponente a los que lo visitaban. Además del Oráculo de los Muertos, había allí también un lugar de refugio para delincuentes, y un centro de contratación de mercenarios. A pesar de las dudas que manifestaban los escépticos ilustrados como Pausanias, la reputación del Oráculo de los Muertos del cabo Tainarón se conservó viva en la fantasía popular durante dos milenios. Del mismo modo que en la Tesprotia, las tradiciones populares de los habitantes locales consideraban todavía en el siglo xix al cabo Tainarón como una de las entradas al mundo de después de la muerte.

En algunos de los llamados «papiros griegos de magia» se encuentran instrucciones concretas para evocar a los espíritus a base de observar cuencos de metal y otros recipientes. Estos documentos son unas colecciones de fórmulas y hechizos mágicos, escritas en lengua griega, que se descubrieron en Egipto, país donde los papiros se conservan muy bien por el clima seco. Los documentos conservados datan de entre el siglo ii a. C. y el siglo v d. C., pero los fanáticos religiosos destruían los manuscritos de este tipo a resmas, por lo cual solo nos ha llegado una proporción minúscula de los que se escribieron. Proceden de una época en que Egipto estaba sometido a la influencia cultural griega, y los eruditos que los han estudiado opinan que nos aportan unos atisbos precisos de las prácticas religiosas populares y mágicas de los griegos. He aquí un ejemplo característico del género.

Cuando quieras informarte de algún asunto, toma un recipiente de bronce: un cuenco o un plato, como quieras. Vierte agua: agua de lluvia, si invocas a los dioses celestiales; agua del mar, si invocas a los dioses de la tierra; agua de río, si invocas a Osiris o a Serapis; agua de manantial, si invocas a los muertos. Sujetando el recipiente sobre tus rodillas, vierte aceite de oliva verde; inclínate sobre el recipiente y pronuncia el conjuro correspondiente. Y dirígete al dios que quieras y pregunta lo que quieras, y te responderá y te hablará de todo. Y cuando haya hablado, despídelo con el conjuro de despedida; y cuando uséis este conjuro, os maravillaréis (…). Por último, cuando invoquéis, aparecerá aquel al que hayáis invocado y os dará una respuesta acerca de cualquier cosa que preguntéis. Y cuando os hayáis enterado de todo a vuestro gusto, despedidlo (…), diciendo: «Marchaos, señor, pues el gran dios… así lo desea y os lo manda».

Si la observación del caldero era una de las técnicas que se aplicaban para evocar los espíritus de los muertos en Éfira, la forma redonda del recipiente permitiría a varias personas disponerse a su alrededor y observar a la vez las claras profundidades del agua. El relato de Heródoto da a entender que en el Oráculo de los Muertos que estaba junto al Aqueronte se producían apariciones colectivas, y nuestra hipótesis nos permite comprender uno de los modos por los cuales se podía haber conseguido tal efecto.

El Oráculo de los Muertos funcionó de manera continuada durante muchos siglos. Es posible que se aplicaran en él varias técnicas simultáneamente, o que fueran variando con el tiempo. Según la reconstrucción que hizo Dakaris del funcionamiento del óraculo, los consultantes pasaban un mes de encierro subterráneo, y se les hacía recorrer gradualmente los pasillos, las cámaras y el laberinto. Dakaris y sus ayudantes llenaron varios sacos de restos de hachís quemado que recogieron del suelo del laberinto. El día vigésimo noveno se hacía entrar a los consultantes en la cámara de las apariciones, un pasillo de unos 16 metros de largo, donde las llamas vacilantes de las lámparas y las antorchas arrojaban sobre las paredes sombras extrañas. Los visitantes, sugestionados por sus guías, suponían que aquellas eran las sombras de los difuntos. Siguiendo con el espectáculo, los conducían a una cámara adjunta donde los sahumaban con azufre, sustancia que se ha utilizado tradicionalmente para purificar a las personas que han tenido contactos con los muertos. Después los hacían salir a la luz del día y los hacían bajar al río para que se dieran un baño ritual.

No obstante, y por desgracia, muchas preguntas han quedado sin respuesta por culpa de las calamidades que azotaron a Éfira. En el año 280 a. C., Pirro, rey del Epiro, se puso en marcha heroicamente con un ejército de 25000 hombres y derrotó al ejército romano en

Heraclea. Un año más tarde volvió a presentar batalla a los romanos y los derrotó de nuevo. En esta última batalla perdió tantos hombres que su ejército quedó casi destruido. «Una victoria más como esta —dijo—, y estamos perdidos». La resistencia del rey Pirro molestó mucho a los romanos, quienes, un siglo más tarde, invadieron el Epiro y lo arrasaron, destruyendo setenta ciudades, entre ellas Éfira y su legendario Oráculo de los Muertos.

Una de las tristes secuelas de la victoria pírrica fue la pérdida de los registros y de la sabiduría acumulada de todo un milenio. Por ello, y por otros factores que comentaremos más adelante, no se ha conservado en Occidente la tradición de la evocación de los difuntos. Algunos datos históricos, literarios y antropológicos dan a entender que la práctica se redescubrió de manera esporádica e independiente en épocas, lugares y culturas dispersas, incluso en los últimos siglos. El relato relacionado con la evocación de los espíritus más conocido por parte de los lectores occidentales es, probablemente, el pasaje de la Biblia en que el rey Saúl consulta a la mujer de Endor.

> Y aconteció que en aquellos días los filisteos juntaron sus fuerzas para pelear contra Israel (…). Samuel había muerto; todo Israel lo había llorado y lo habían sepultado en Rama, en su ciudad. Saúl había expulsado del país a los que evocaban a los espíritus y a los adivinos. Los filisteos se reunieron y vinieron a acampar en Sunam. Reunió también Saúl a todo Israel y acamparon en Gélboe. Cuando Saúl vio el campamento de los filisteos, tuvo miedo y su corazón fue presa del pánico. Consultó Saúl a Jehová, pero Jehová no le respondió ni por los sueños, ni por los urim, ni por los profetas. Entonces dijo Saúl a sus servidores: «Buscadme una mujer que tenga un espíritu familiar para que vaya a consultarla». Le respondieron sus servidores: «En Endor hay una mujer que tiene un espíritu familiar». Saúl se disfrazó poniéndose otros vestidos y partió llevando consigo a otros dos hombres. Llegaron de noche a casa de la mujer y le dijo: «Indícame el futuro por medio de un

espíritu y evócame al que yo te diga». Pero la mujer le respondió: «Tú sabes bien lo que ha hecho Saúl, que ha expulsado del país a los que evocan a los espíritus y a los adivinos. ¿Por qué, pues, tiendes insidias a mi vida para hacerme morir?». Saúl le juró en nombre de Jehová, diciendo: «Voto a Jehová que no incurrirás en pena alguna por esto». Entonces preguntó la mujer: «¿A quién quieres que te evoque?». Él contestó: «Evócame a Samuel». Entonces la mujer vio a Samuel y dio un grito. Y dijo la mujer a Saúl: «¿Por qué me has engañado? Tú eres Saúl». Pero el rey le dijo: «No temas. ¿Qué has visto?». Y respondió la mujer a Saúl: «He visto un espíritu que sube de la tierra». Saúl le preguntó: «¿Qué aspecto tiene?». Ella respondió: «Es un anciano que sube, envuelto en un manto». Comprendió Saúl que era Samuel e, inclinándose rostro en tierra, se prosternó. Samuel dijo a Saúl: «¿Por qué has turbado mi descanso, evocándome?» Saúl respondió: «Estoy en gran aprieto. Los filisteos me hacen la guerra y el Señor se ha retirado de mí y no me responde ni por medio de los profetas ni por los sueños. Por eso te he evocado para saber lo que debo hacer». Respondió Samuel: «¿Por qué me consultas, si Jehová se ha retirado de ti y está en tu prójimo? Jehová ha obrado contigo lo que había anunciado por mediación mía; Jehová ha arrancado el reino de tu mano y se lo ha dado a tu prójimo, a David, por no haber obedecido a Jehová y no haber satisfecho el ardor de su cólera contra Amalec. Por eso ha obrado hoy Jehová de este modo contigo. Y juntamente contigo entregará Jehová a Israel en manos de los filisteos. Mañana tú y tus hijos estaréis conmigo, y el ejército de Israel será entregado también en manos de los filisteos». Saúl cayó repentinamente en tierra todo lo largo que era, pues las palabras de Samuel lo habían llenado de miedo; además le faltaron las fuerzas porque no había comido nada durante todo el día y toda la noche.

La mujer se acercó a Saúl y, viéndolo tan turbado, le dijo: «Tu sierva obedeció tu voz; he expuesto mi vida obedeciendo las órdenes que me has dado. Y ahora, dígnate obedecer también tú a tu sierva: permíteme poner ante ti un poco de pan; come y recupera fuerzas para proseguir tu camino». Pero él lo rehusó, diciendo: «No comeré». Más sus servidores, y también la mujer, le insistieron, y accedió a sus súplicas. Se levantó de la tierra y se sentó sobre el diván. La mujer tenía en casa un ternero gordo. Rápidamente lo sacrificó y, tomando harina, amasó y coció panes ácimos. Lo presentó a Saúl y a sus servidores. Ellos comieron, se levantaron y partieron aquella misma noche.

El nombre «Endor» significa «fuente de Dor», y el pueblo se levanta sobre una montaña que está completamente perforada por las cuevas. Las cuevas y, como veremos enseguida, las fuentes, están asociadas con la evocación de los espíritus. No obstante, la palabra hebrea 'obh, que se traduce aquí como «espíritu familiar», puede tener otros significados. Existen otros pasajes de la Biblia donde denota, al parecer, un objeto que posee el evocador de espíritus, y que utilizaba este para establecer contacto con los difuntos; pero los estudiosos no están seguros, ni mucho menos, de cuál era este objeto. Se ha dicho que era un pozo por el cual podían salir del mundo inferior los muertos. Esto concuerda con la observación del espejo, en el sentido de que el pozo podía estar lleno de agua. Otro estudioso dio un nuevo giro a la cuestión cuando sugirió que el 'obh podía ser un instrumento semejante a la bramadera. En cualquier caso, el pasaje deja claro que en el antiguo Israel se creía en la posibilidad de hacer que los muertos se aparecieran, e incluso que hablaran.

Los antropólogos y otros que han observado las culturas tribales se han encontrado a veces con chamanes a los que se creía capaces de evocar los espíritus de los difuntos. En Siberia, los chamanes tungusos utilizaban espejos de cobre para «guardar a los espíritus». En su lengua, la palabra que designaba al espejo procedía de la palabra que designaba al alma o al espíritu, pues se consideraba que el espejo era un recipiente para los espíritus. Estos chamanes afirmaban que eran capaces de ver los espíritus de los difuntos observando los espejos. En cierta época, los malgaches de Madagascar evocaban los espíritus de los muertos en el transcurso de ciertas ceremonias tribales. Estas gentes comentaban entre ellos como cosa corriente las apariciones que habían tenido de sus seres queridos fallecidos, y las relaciones que mantenían con estos espíritus. Los chamanes daban inicio a estas ceremonias observando espejos para establecer contacto con los difuntos. Otro grupo africano incorporaba la técnica a su ritual de iniciación:

> Entre los nkomis (…) se encierra al iniciando en una cabaña, en un extremo de la cual hay una tosca imagen de madera. Bajo la imagen se ha depositado un paquete que contiene los huesos de alguien que ha muerto hace mucho tiempo, y delante hay un espejo. Se lleva al iniciando a ese espejo y se le pide que describa lo que ve; y mientras responda que no ve nada, su iniciación queda incompleta. Cuando responde que ve la cara de un hombre, se le lleva aparte y, si consigue describir al muerto cuyos huesos están en el paquete, puede pasar a la etapa siguiente (…). En la parte de la ceremonia que consiste en un acto de catoptromancia no hay posibilidad de fraude. El iniciando no ha visto nunca a la persona cuyos huesos están al pie de la estatua, pero su descripción es inconfundible.

Richard Evans Schultes y Albert Hoffman afirman en un libro publicado recientemente que los fieles de la religión bwiti, del África oriental, aseguran que mantienen contactos con los espíritus de sus antepasados. Participan en ritos en los que consumen grandes cantidades de raíz de iboga, una planta que solo crece en aquella región. Cuando han llegado al borde del agotamiento, ven apariciones de los muertos en un espejo que está puesto en la entrada de la capilla.

Estos antiguos misterios chamánicos han pasado a la literatura y a la leyenda en muchas partes del mundo. Según cierta tradición,

Numa fue el segundo rey de Roma. En las creencias de la antigua Roma se asociaba a las ninfas con las fuentes. Bulfinch cuenta así la leyenda:

> Egeria era una de ellas, y todavía se pueden ver su fuente y su gruta. Se decía que esta ninfa accedía a reunirse en secreto con Numa, y que en aquellas reuniones le daba lecciones de sabiduría y de derecho, que él tenía en cuenta al desarrollar las instituciones de su joven nación. Tras la muerte de Numa, la ninfa se consumió de tristeza y se convirtió en fuente.

Cuando leemos el comentario de San Agustín sobre esta leyenda, queda claro que Egeria era un espejo. Escribe en *La ciudad de Dios*: «El propio Numa, que no había sido instruido por ningún profeta de Dios, era aficionado a rebajarse a practicar la hidromancia: hacía que sus dioses (o, más bien, sus demonios) se le aparecieran en el agua y lo instruyeran para desarrollar sus instituciones religiosas».

Un manuscrito celta que se cree data del siglo XII cuenta el modo en que Lludd, antiguo rey de Gran Bretaña, utilizó la observación del espejo para atrapar a un par de dragones molestos.

> El reino de la isla de Gran Bretaña recayó sobre Lludd (…) y Lludd lo gobernó con prosperidad. Restauró las murallas de Londres y las rodeó de torres incontables. (…) Y cuando pasó algún tiempo, cayó sobre la isla de Gran Bretaña una plaga como no se había visto otra semejante en aquellas islas. La plaga era un grito que sonaba en la víspera de cada primero de mayo en todos los hogares de la isla de Gran Bretaña; y este grito atravesaba los corazones de las gentes, y las aterrorizaba tanto que los hombres perdían el color y la fuerza, y las mujeres abortaban, y los muchachos y las muchachas se volvían locos, y todos los animales, y los árboles, y las tierras y las aguas quedaban estériles. Y por ello el rey Lludd estaba muy preocupado e inquieto. Y convocó a todos los nobles

de sus dominios y les pidió consejo, les preguntó qué debían hacer, y por común acuerdo de sus nobles, Lludd fue a ver a su hermano Llefelys, rey de Francia, que era hombre sabio y de buen consejo, para pedirle consejo. (…) Y cuando Lludd dijo a su hermano el motivo de su visita, Llefelys dijo: «La plaga que tienes en tu reino es un dragón; y otro dragón de otra raza extranjera lucha contra él e intenta dominarlo. Y por ese motivo —dijo—, tu dragón profiere un grito terrible. Y he aquí cómo puedes llegar a saber la verdad de ello. Cuando vuelvas a tu casa, haz que midan la isla, tanto a lo largo como a lo ancho; y allí donde veas que está exactamente su centro, manda que caven un pozo; y manda que metan en el pozo un barril lleno del mejor hidromiel que se pueda elaborar, con un paño de brocado que cubra la superficie del barril. Y monta guardia, tú, en persona; y verás luchar a los dragones, en forma de criaturas terribles. Y al final subirán al aire en forma de dragones; y, por último, cuando se hayan cansado del combate feroz y terrible, caerán en el paño en figura de dos cerdos cebados, y harán que el paño se hunda hasta el fondo del barril, y se beberán todo el hidromiel, y después se quedarán dormidos. Entonces los envolverás enseguida con el paño, y los enterrarás en un cofre de piedra y los recubrirás con tierra, en el paraje más seguro que puedas encontrar en tu reino. Y mientras estén en aquel lugar seguro, ninguna otra plaga vendrá a azotar la isla de Gran Bretaña desde ninguna otra parte». (…) Y algún tiempo después, Lludd mandó medir la isla, tanto de ancho como de largo, y descubrió que su centro estaba en Oxford. Y allí mandó excavar la tierra, y en el pozo puso un barril lleno del mejor hidromiel que se pudo elaborar, cubierto de un paño de brocado; y él mismo, en persona, montó guardia aquella noche. Y estando así vio a los dragones que luchaban, y cuando estuvieron cansados y empezaron a agotarse sus fuerzas, se hundieron y cayeron sobre el paño, y lo arrastraron consigo al fondo del barril.

Y cuando terminaron de beberse el hidromiel, se quedaron dormidos, y estando dormidos Lludd los envolvió con el paño y los encerró en un cofre de piedra, en el lugar más seguro que pudo encontrar en Snowdonia. (...) Y así cesó el grito tempestuoso que sufría su reino.

William Shakespeare, el gran exponente de lo paranormal como juego de la época de Isabel I, escribió varias obras de teatro sobre lo paranormal. En su *Macbeth*, Hécate, la Reina de la Oscuridad, ordena a tres brujas que se reúnan con ella «en el pozo de Aqueronte», donde Macbeth «conocerá su destino». En el lugar indicado, las hermanas misteriosas hacen surgir apariciones dando vueltas a un caldero que hierve, mientras cantan:

Dobla, dobla, trabaja con esmero;
quema el fuego y borbotea el caldero.

Ante los ojos de Macbeth aparecen, uno tras otro, tres extraños seres. Uno tras otro, pronuncian sendas profecías y desaparecen: son una cabeza que lleva puesto un casco militar, un niño ensangrentado y un niño que lleva una corona en la cabeza y un árbol en la mano. Macbeth quiere saber más: quiere saber si los descendientes de Banquo llegarán a reinar en Escocia. Las brujas le muestran un desfile de ocho reyes, el último de los cuales lleva en la mano un espejo, un espejo en el que Macbeth ve a muchos miembros más de la estirpe de Banquo.

En las fuentes medievales se encuentran alusiones a rituales que servían para hacer aparecer a los espíritus. Los niños servían de observadores por delegación y veían espíritus. Estas entidades comunicaban unas informaciones que los consultantes no conocían de otro modo. En aquella época, en las colecciones de textos sobre Medicina se incluían algunas veces instrucciones para evocar los espíritus de los difuntos. Es posible, por lo tanto, que las utilizaran los médicos. Podemos preguntarnos si les servían para aliviar el dolor de las personas que habían perdido a seres queridos.

Los alquimistas eran unos protocientíficos que intentaban transmutar los metales bajos en oro y descubrir el *elixir vitae,* una medicina mágica que devolvería la vitalidad a los ancianos y que aportaría la juventud eterna. Al final no consiguieron alcanzar estos objetivos, pero los descubrimientos que realizaron en su labor fueron importantes para el desarrollo de la Química como ciencia. Algunos alquimistas tenían fama de haber hecho aparecer a los espíritus de los muertos, y parece que al menos dos de ellos se especializaron en evocar a los que habían fallecido recientemente. Estas relaciones se solían tener por patrañas, pero ahora es preciso volver a evaluarlas a la luz de las investigaciones actuales.

Cornelio Agripa (1486-1534) nació en Colonia, y cuando tenía veinte años ya poseía una gran reputación como alquimista. Se sabe que practicaba la observación del espejo. Al parecer, ofreció una vez una demostración de la técnica en Alemania al sabio lord Surrey, que vio en el espejo una visión de su amante Geraldine, que lloraba por él tendida en un diván. Lord Surrey anotó el día y la hora exacta en que había tenido esa visión y descubrió que, en efecto, Geraldine estaba haciendo eso mismo en aquel preciso momento.

Según Mackay, Agripa «era capaz de levantar de entre los muertos las formas de los grandes hombres de otras épocas y hacerlas aparecer, "con las ropas que llevaban en vida", ante la mirada de los curiosos que tenían el valor suficiente para soportar su presencia». Se dice que, a petición de Erasmo, de lord Surrey y de otros eruditos, Agripa evocó los espíritus de muchos filósofos antiguos. En una de estas sesiones apareció Cicerón, que volvió a pronunciar uno de sus célebres discursos. El alquimista hizo aparecer los espíritus de los reyes David y Salomón ante el emperador Carlos V.

El notorio conde Cagliostro (1743-1790) produjo sensación a escala internacional dando muestras de muchas capacidades aparente o supuestamente paranormales, entre ellas el poder de evocar los espíritus de los difuntos. En la época culminante de su carrera profesional, tenía en París un estudio con decoración exótica, donde producía una serie de maravillas bien atestiguadas. Está claro que utilizaba la observación del espejo para evocar a los espíritus. Los consultantes se sentaban detrás de biombos y observaban superficies u objetos reflectantes. Según Charles Mackay,

> Cagliostro se jactaba de ser capaz de invocar a los muertos poderosos haciéndolos salir de sus tumbas; convocaba a los ángeles para que le revelasen el futuro, y estos se aparecían y conversaban con él en cristales y bajo campanas de vidrio. En la *Biographie des Contemporains* se dice que «apenas había en París una dama hermosa que no cenara con la sombra de Lucrecio en el apartamento de Cagliostro; ni un oficial del ejército que no hablase del arte de la guerra con César, con Aníbal o con Alejandro Magno; ni un abogado o procurador que no discutiera de leyes con el fantasma de Cicerón». Estas entrevistas con los difuntos eran muy caras; pues, como decía Cagliostro, los muertos no se levantaban de la tumba de balde.

Pero el más sorprendente de los alquimistas que evocaban a los espíritus fue el doctor John Dee, en cuyo honor se ha bautizado el Teatro de la Mente Memorial Doctor John Dee. Fue un pionero de lo paranormal como juego que nació en Inglaterra en 1527. Siendo adolescente hizo voto de dedicar toda su vida a la ciencia, y estudiaba casi todo el día, todos los días, y llegó a ser un erudito y un innovador en muchos terrenos. A los diecinueve años de edad era profesor de griego en la Universidad de Cambridge. En una ocasión en que sus estudiantes representaron una comedia de Aristófanes, Dee construyó una máquina de tramoya, un gran insecto mecánico que volaba aparentemente. Los miembros más supersticiosos del público saltaban de sus asientos gritando «¡Hechicero!» cuando funcionaba la máquina. La acusación de brujería lo persiguió toda su vida, y en cierta ocasión se cansó tanto de la persecución que llegó a pedir que lo juzgaran para zanjar la cuestión.

Cuando tenía poco más de veinte años era ya un erudito de fama internacional, y era una autoridad en las técnicas y en los instrumentos de navegación. Escribió uno de los libros de texto de matemáticas más usados en la época de Isabel I. Se relacionó mucho con la propia reina, que se interesaba por una parte de su trabajo y a la que sirvió, según cierto historiador, en calidad de experto en cuestiones de información, y quizás, incluso, como agente secreto.

Estudiaba también las antigüedades, y llegó a sus manos uno de los espejos de adivinación de obsidiana pulida que habían traído de México los españoles. Descubrió con sorpresa que veía visiones en él, y al parecer empezó a hacer uso de este descubrimiento en su trabajo para la reina Isabel. La reina llegó a visitar a Dee en su casa un día para ver aquel espéculo extraordinario, que él llamaba «piedra de ver».

Al parecer, el doctor Dee tenía varios espéculos para practicar la observación. Aseguraba que había recibido uno de ellos, quizás el que llamaba «la piedra santa», de manera milagrosa. Decía que se lo había entregado un ser angélico al que había visto en la superficie reflectante de una ventana. He aquí cómo cuenta Mackay lo que sucedió al doctor Dee:

> Cierto día del mes de noviembre de 1582, mientras hacía oración con fervor, la ventana de su museo que daba al oeste brilló de pronto con una luz cegadora, en medio de la cual estaba con toda su gloria el ángel Uriel. La admiración y el asombro lo dejaron sin habla; pero el ángel, sonriéndole graciosamente, le entregó un cristal de forma convexa y le dijo que siempre que quisiera conversar con los seres de otra esfera no tenía más que mirarlo fijamente, y estos se le aparecerían en el cristal y le revelarían todos los secretos del futuro. Dicho esto, el ángel desapareció.

Su residencia era museo, biblioteca y centro de investigaciones sobre la conciencia; allí guardaba su colección de curiosidades antiguas y una de las mejores colecciones de libros del país. En cierta ocasión, una turba iracunda atacó esta institución y la quemó mientras él estaba en el extranjero. Una de las crónicas de su vida afirma, incluso, que él había visto aquella calamidad en su espéculo la noche anterior, pero la había aceptado estoicamente, pues no podía hacer nada al respecto.

Parece que no conocía el miedo. Rodeado de acusaciones de hechicería, jamás renunció a sus investigaciones ni las abandonó. Se sabe que tuvo una conducta heroica en un naufragio que sufrió.

Destinó una habitación de su casa al trabajo con las visiones en el espejo, y dejó constancia de estas sesiones en un manuscrito largo y detallado. En este manuscrito, John Dee describió unas observaciones que parecen imposibles de creer por sí solas, de espíritus, seres que aparecían en el espéculo al principio y que en algunos casos salían del mismo y aparecían externamente, como si estuvieran en la habitación. Uno de estos espíritus, una mujer joven a la que llamaban «Madimi», se presentaba con regularidad, y parecía verdaderamente que se paseaba por la habitación. El doctor Dee escribió que aquellos seres también hablaban, y, al parecer, a veces mantenían conversaciones.

Pero los eruditos han despreciado durante mucho tiempo los diarios de Dee, rechazándolos por imposibles. Tras su muerte, en 1608, su detallado manuscrito desapareció durante varios decenios, hasta que fue rescatado por fin de la tienda de un pescadero de Londres cuya esposa estaba usando las hojas para envolver el pescado.

La mirada de Dee fascinaba a la reina; por eso lo llamaba «Ojos». Así, según cierto historiador, el sabio espía firmaba los mensajes secretos que enviaba a la reina dibujando dos círculos, uno junto al otro, que representaban a los ojos, y trazaba sobre los círculos y junto a ellos una señal que se parecía a un siete, quizás porque creyera que el siete es un número de buena suerte. Por ello, podemos preguntarnos si Ian Fleming estaba pensando en Dee cuando creó a James Bond. En cualquier caso, algunos creen que Shakespeare retrató a Dee en el personaje del mago Próspero de *La tempestad*.

Muchas crónicas bien documentadas dan a entender que, en el siglo XIX, una epidemia de visiones especulares de los difuntos, dentro de un contexto de opresión colonial, fue uno de los factores que desencadenaron el suicidio nacional del pueblo xhosa del África del Sur. Los xhosas habían mantenido enfrentamientos con los europeos que usurpaban sus territorios ya desde 1778, y habían tenido media docena de guerras contra los británicos hasta mediados del siglo XIX. En cada uno de los casos, sus esfuerzos por conservar su independencia y su tierra terminaron en derrotas. La última de estas guerras tuvo lugar entre 1850 y 1853, y costó la vida a 16000 xhosas.

Los colonialistas humillaron a sus dirigentes. Cierto gobernador de la colonia obligó a varios jefes xhosas a besarle las botas. Las autoridades coloniales recurrían al engaño en la redacción y en el cumplimiento de los tratados.

Los xhosas eran unos ganaderos excelentes. Amaban su ganado, lo respetaban y lo custodiaban con cuidado, y los animales eran el centro de muchos ritos tribales. Las cabezas de ganado recibían nombres propios, e incluso estaban presentes en los bailes. Eran un tema popular de la poesía xhosa, y los hombres xhosas se identificaban con sus animales favoritos, del mismo modo que muchos estadounidenses se identifican con sus automóviles. Las puertas de entrada de los establos se consagraban como santuarios de los pueblos.

Por un capricho paradójico de la mente humana que los sociólogos conocen bien, los movimientos de masas llamados milenaristas o del «fin del mundo» suelen exigir a sus seguidores que sacrifiquen sus posesiones personales, e incluso sus medios de vida, como acto de fe. En el libro *When Prophecy Fails* («Cuando las profecías se equivocan»), obra clásica de la sociología, se describe un movimiento de este tipo que surgió en los estados del Medio Oeste de los Estados Unidos a principios de los años 50 del siglo XX, cuando una profetisa predijo la destrucción del mundo por terremotos e inundaciones. Sus seguidores serían rescatados, pero se les exigía que renunciasen a sus trabajos y que regalasen sus posesiones terrenales como preparación para la liberación, que debía venir un día determinado que anunció la profetisa. Los sociólogos que se introdujeron en el grupo como observadores vieron con sorpresa que muchos de los sectarios mantuvieron una fe firme aun después de que transcurrió el día anunciado sin que pasara nada. Incluso en nuestros tiempos y en las sociedades más sofisticadas surgen con regularidad movimientos milenaristas que se agotan y que suelen dejar a sus desilusionados seguidores más tristes, pero por desgracia no siempre escarmentados.

De modo que no es demasiado sorprendente que entre los xhosas los movimientos tradicionalistas estuvieran acompañados tradicionalmente del sacrificio del ganado. Ya se habían producido al menos dos de estos movimientos antes de la época en que una joven llamada Nongquase, cuyo tío Mhlakaza era el chamán y profeta más eminente entre los xhosas, empezó a tener visiones.

Una tarde del otoño de 1856, Nongquase había bajado a bañarse a una charca junto al río, pero volvió corriendo asustada y contó a su tío que había visto allí a diez hombres negros extraños. Mhlakaza bajó en persona al río y vio junto a la charca a unos hombres negros extraños. Quedó asombrado cuando vio entre ellos a su propio hermano difunto y cuando oyó decir a los visitantes que eran mensajeros del más allá, del reino de los antepasados fallecidos.

En las semanas siguientes, Mhlakaza enviaba con frecuencia a Nongquase al río, donde ella conversaba con los seres especulares mientras permanecía sumergida hasta la cintura en la charca. El rumor de los milagros se extendió rápidamente, y al cabo de poco tiempo la profetisa y su tía dirigían a los jefes tribales xhosas que querían compartir la experiencia en la charca. Algunos tuvieron visiones.

Finalmente, el propio Kreli, gran rey de los xhosas, se desplazó hasta la charca desde su residencia real para ver qué había de cierto en aquellos rumores. Lo que vivió en la charca encantada lo conmovió profundamente; y si bien nunca se dio a conocer públicamente lo que le había sucedido, se rumoreaba que había visto a su difunto hijo, vuelto a la vida. Fuera como fuese, Kreli se convirtió desde entonces en el defensor más poderoso de las profecías de Mhlakaza, que, según antiguas tradiciones, exigían matar a todo el ganado para que los antepasados se levantasen de entre los muertos.

Muchos dudaban todavía de las profecías, sobre todo en una región remota de Xhosalandia, cuyos habitantes se sentían ofendidos por el hecho de que los antepasados hubieran optado por aparecer en un lugar tan distante de sus pueblos. No sabían por qué no iban a poder tener visiones de sus parientes difuntos en un centro local, por así decirlo.

Así pues, nueve meses después de las primeras apariciones, Nonkosi, hija de once años del chamán y profeta local Kulwana, también empezó a recibir las visitas de diversas entidades en una charca próxima a su pueblo. Dijo que había mantenido encuentros con el espíritu de un profeta xhosa ya fallecido, que en vida había tenido fama y la estimación de su gente. Llegó a oír hablar a las apariciones.

Estas maravillas y otras prepararon el ambiente en que empezó la gran matanza de ganado. El paisaje se llenó pronto de cuerpos de animales muertos, y los xhosas empezaron a morir de hambre. La gran mortandad subsiguiente diezmó aquella antigua cultura.

Los funcionarios coloniales intentaron intervenir y poner fin a la locura deteniendo a los instigadores. Nongquase y Nonkosi fueron conducidos ante administradores que los presionaron para que se retractasen. Nongquase mantuvo sus afirmaciones, y los que hablaban con ella se convencían de que ella misma creía sinceramente en el carácter sobrenatural de las apariciones. Pero Nonkosi confesó que su psicomanteo había sido fraudulento y que había sido una idea de su padre, Kulwana, que al parecer había tenido celos de su rival Mhlakaza. Había falsificado el fenómeno sirviéndose de cómplices que se hacían pasar por espíritus.

Si el arte de evocar a los espíritus de los difuntos se practicaba, en efecto, en épocas antiguas, y teniendo en cuenta el carácter universal del deseo de reunirse con los seres queridos fallecidos, debe sorprendernos que se haya olvidado este arte. Parece ser que una de las causas de este olvido es que los practicantes del arte guardaban un secreto profesional acerca de sus técnicas. Debían de temer que los profanos que experimentasen con ellas sufrieran daños psicológicos o emocionales. El sahumerio y el baño ritual que seguían a la evocación de los espíritus en Éfira dan a entender que los operadores, quienesquiera que fuesen, comprendían la necesidad de unos ritos de «procesado» para suavizar la vuelta de los consultantes a la realidad ordinaria. El gesto conmovedor de la mujer de Endor, que dio de comer a Saúl antes de dejarlo a solas con su destino, muestra que también ella lo comprendía. En la Antigüedad no existían los derechos de autor ni las patentes ni la necesidad de una licencia para ejercer ciertas profesiones; por ello, es probable que los operadores de los psicomanteos no pudieran divulgar su conocimiento por presiones de tipo económico.

Ha existido, además, una larga historia de actos represivos, a veces por parte de las autoridades civiles, pero más característicamente por parte de los estamentos religiosos, tendentes a reprimir la práctica y a evitar que las personas a las que intentaban controlar conocieran siquiera su existencia. A las organizaciones religiosas con ideologías rígidas les interesa evitar que las personas busquen experiencias de primera mano en el plano espiritual, pues lo que encuentran allí puede estar en desacuerdo con la doctrina oficial.

Hacia el final del siglo II d. C., Clemente de Alejandría atacó el legado religioso de la antigua Grecia en un libro polémico en el que incitaba a los griegos a abrazar el cristianismo. En él decía:

> No busquéis, pues, diligentemente los santuarios sin Dios ni las bocas de las cuevas llenas de embelecos, ni el caldero tesprótico (…). Sí, y arrójense a la oscuridad los oráculos toscanos de los muertos. Estas son, en verdad, casas de alucinación, escuelas de sofisterías para los descreídos, tahurerías de pura ilusión.

Se dice que los cristianos que creían que era posible ver a los espíritus en los espejos fueron anatematizados en un sínodo que convocó San Patricio en el siglo v. Los que lo creían quedaban excomulgados hasta que abjuraban de su creencia. En el siglo ix, Hincmaro, arzobispo de Reims, atacó a los hidrománticos, adivinadores que se decían capaces de ver a los espíritus en la superficie del agua y de recibir de ellos comunicaciones audibles. Hincmaro calificó las apariciones de «imágenes o engaños de los demonios». En 1326, una bula del papa Juan XXII afirmaba que «el demonio se puede esconder en una botella de cristal o en un espejo». En 1398, la Facultad de Teología de París condenó a los *specularii* atribuyéndoles un origen satánico. En España se enseñaba la evocación de los difuntos en las profundas cuevas de Salamanca, Sevilla y Toledo; en tiempos de la Inquisición, la reina Isabel las hizo tapiar y sellar.

La intervención del Estado en esta práctica se ha debido, más bien, a su supuesta relación con el fraude o con otras conductas perseguidas oficialmente. Recordemos que Dakaris llegó a la conclusión de que los operadores del psicomanteo de Éfira recurrían al fraude. Periandro consultó aquel mismo oráculo, y está claro que era un granuja, en vista de lo que cuenta Heródoto de él; en cuanto al rey Saúl, también vivió una vida caracterizada por la inquietud. El defecto trágico de Macbeth era su ambición, que lo indujo a cometer una serie de asesinatos brutales. Sorprendentemente, en la Edad Media evocar los espíritus de los difuntos se consideraba una señal de inmadurez, un vicio vergonzoso propio de estudiantes jóvenes, como puede ser considerado en nuestros días el consumo de drogas entre los estudiantes universitarios.

A las personas que lo han intentado en siglos más recientes no les ha ido mucho mejor. Al principio de sus investigaciones de las visiones en el espejo, Dee advirtió que le resultaba imposible observar el espejo y anotar al mismo tiempo sus observaciones, de modo que recurrió a un observador delegado, el infame Edmund Kelly, un estafador que siempre llevaba puesta una gorra para disimular el hecho de que le habían cortado las orejas por falsificador.

Si bien está claro que Kelly tenía, en efecto, la facultad de ver visiones en el espejo, también está claro que manipulaba sin piedad a su patrón. En cierta ocasión llegó a intentar convencer al doctor Dee de que los espíritus le habían indicado que los dos hombres debían compartir a sus respectivas esposas, propuesta esta que inquietó mucho a la mujer del estudioso, dotada por otra parte de paciencia y de tolerancia inagotables. El arreglo no se llevó nunca a cabo, pero estas extravagancias hacían dudar de los descubrimientos verdaderos del estudioso.

Thomas Carlyle, como otros muchos autores, denunció a Cagliostro como impostor y charlatán. Muchos afirman que aquel título era falso y que se llamaba en realidad Giuseppe Balsamo. Fue llevado a juicio acusado de complicidad en una operación de estafa en la que se pretendió sustraer a la reina el valor de un collar de diamantes; un asunto que, según algunos, fue uno de los detonantes de la Revolución Francesa.

Pero es posible ver de otra manera muy diferente toda esta letanía de defectos. La sociedad siempre ha tratado con dureza a los que alteran el consenso. Pocos principios de la vida humana, cognitivos o sociales, son más sacrosantos que el concepto de que existe un abismo infranqueable entre el mundo de los vivos y el reino de los muertos. Por lo tanto, los que violan esta frontera última son sometidos a un escrutinio especialmente minucioso. Pero no parece que la sociedad esté segura de cómo debe calificar la infracción radical que supone aventurarse en el Reino Medio. En diversos periodos y sociedades, el acto de convocar a los espíritus de los difuntos ha sido considerado un delito, una enfermedad mental, una herejía, una adicción, e incluso un acto maligno.

Como todos tienen sus rarezas, y algunos tenemos, incluso, defectos, sería fácil encontrar trapos sucios de casi cualquier persona que se dedicara a hacer aparecer los espíritus. Los defectos del carácter, o incluso las faltas de buen sentido, podrían magnificarse en el ambiente que rodea a un suceso tan extraordinario como la evocación de un espíritu, para utilizarlos después, en un razonamiento circular o petición de principio, para arrojar calumnias sobre la práctica misma.

En algunos casos parece que las biografías de los practicantes de este arte se han redactado con la intención expresa de desacreditarla. Se ha escrito, por ejemplo, que un joven del siglo xiv llamado Benito se hizo famoso por su dominio de esta habilidad, pero que fue atormentado por los demonios que se le aparecieron durante el resto de su vida. Cabe suponer que la moraleja es que recibió lo que se merecía y que ninguno de nosotros debemos intentarlo tampoco.

Así entendidas, algunas de las acusaciones que se han pretendido hacer a los practicantes del arte pueden ser tenidas por ilusorias. Los admiradores de Heródoto sabemos bien que a este le agradaban las anécdotas que hablaban de personajes sospechosos y de situaciones escabrosas. No le habrían llamado la atención los relatos sobre las muchas personas decentes que sin duda visitaban los psicomanteos con intenciones correctas o incluso meritorias.

En cuanto a Cagliostro, una buena parte de las pruebas en su contra proceden de la «confesión» que se le arrancó después de que cayera en las garras de la Inquisición. La acusación principal que formula contra él el historiador Carlyle en su diatriba es la de que recurría a un niño como observador delegado. No está claro que Carlyle fuera consciente de que esta había sido una práctica habitual de los cataptrománticos y de los magos durante muchos siglos. Se nos dice que Cagliostro se hacía pasar por aristócrata. Pero, en realidad, ¿acaso no están representando una farsa todos los aristócratas? Y al final del proceso por el asunto del collar de la reina, el conde quedó absuelto.

Se han dado casos en que los aspirantes a practicar el arte de evocar a los difuntos que no eran capaces de dominar sus secretos han recurrido a simulaciones engañosas, produciendo quizás entre los estudiosos la impresión de que todas estas prácticas son fraudulentas. En la época de crisis de los xhosas, un chamán envidioso estableció un falso psicomanteo, y es probable que esto sucediera también entre los antiguos oráculos de los muertos. A esto apunta un pasaje tomado de las obras de Hipólito, obispo de Roma que condenó en sus escritos diversas «herejías» ocultistas:

> Pero tampoco callaré otra argucia de estos hechiceros, que consiste en la adivinación por medio del caldero. Pues preparan una cámara cerrada y tiñen su techo con cianita para sus fines: introducen ciertos recipientes de cianita y los acercan al techo. Pero el caldero, lleno de agua, se coloca en el centro del suelo y, cayendo sobre él el reflejo de la cianita, ofrece el aspecto del cielo. Pero el suelo también tiene cierta abertura secreta sobre la que se ha colocado el caldero, al que se ha puesto un fondo de cristal, mientras que el resto del mismo es de piedra. Debajo, no obstante, oculto a los espectadores, se encuentra una sala donde se reúnen los cómplices, que aparecen investidos con las figuras de los dioses y demonios que quiere exhibir el mago.

El efecto acumulado de todos estos factores represivos ha sido la práctica extinción de las experiencias de primera mano de observación del espejo en la cultura moderna. Cuando quedó olvidada la observación del espejo, las narraciones que hablaban de esa práctica perdieron su significado aceptado y tuvieron que reinterpretarse como fantasías o como cuentos de hadas. La información que presentamos en este capítulo puede integrarse con la del capítulo anterior de una forma que nos permite detectar algunas relaciones, que antes pasaban desapercibidas, entre diversas narraciones, y recuperar sus significados primitivos. En realidad, todos los fenómenos culturales que hemos repasado, ya sean mitos, leyendas, cuentos de hadas, supersticiones, biografías, prácticas religiosas, métodos adivinatorios, sucesos históricos o, incluso, viajes mágicos personales definen, en la práctica, un género de narraciones que están interrelacionadas por un entramado de elementos comunes.

Existe una sustancia, una superficie o un objeto diáfano o reflectante: el barril de Lludd, el disco de plata de Izanagi, un lago en el campo islandés, los fragmentos de un enorme recipiente de bronce que se encontraron en un antiguo oráculo de los muertos, la superficie bruñida de un armario en la Australia victoriana, un cristal deslumbrante que se encuentra junto al cuerpo de un pescador muerto, el mar de color gris junto al cual Aquiles se lamentaba de la ausencia de Briseida, el hoyo lleno de sangre de Odiseo, la charca de Nongquase, el pozo lleno de espíritus de Chang Tao Ling, el caldero de las hermanas misteriosas de *Macbeth*, la «piedra de ver» de obsidiana del doctor Dee, el espejo que formaba parte del cuerpo de Tezcatlipoca, la superficie del agua del pozo de Matsumura.

Este espéculo puede calificarse de especial, incluso de mágico: una botella de cobre tapada con el sello mágico del propio Salomón, la charca encantada de la niña xhosa, el espejo mágico del profeta, la «piedra santa» del doctor Dee, el espejo sagrado de la diosa del sol, que todavía se conserva con veneración en el Japón, un pozo que aparece de pronto y misteriosamente en la casa de un hechicero de El Cairo, el extraño objeto que sirve a un vietnamita difunto para comunicarse desde el más allá.

El propietario del espéculo puede haberlo adquirido por medios poco comunes, o incluso sobrenaturales. El doctor Dee contaba, cosa increíble (y, al parecer, hablaba en serio) que había recibido una de sus piedras de observación como regalo de un ángel luminoso que se le había aparecido un día en su museo. Matsumura recupera un espejo de metal del fondo de un pozo, después de que se lo indicara una encantadora a la que ve en la superficie reflectante de sus aguas. Un mandarín preocupado da a su hija triste una taza milagrosa. Un pueblo afortunado de la China consigue una útil provisión de sal, y un cazador encuentra una forma de vida más tranquila, gracias a un sabio que blande una espada mágica. Los dioses entregan a Amaterasu su espejo para hacerla salir de su encierro. Conocemos cuatro versiones diferentes del modo en que el vidente de Brahan adquirió su piedra de observación.

Puede ser necesario un acto mágico o ritual para cargar el espéculo, para despertar sus poderes o para prepararlo para un fin determinado. Aquiles extiende los brazos sobre el agua para convocar a Tetis y hacerla salir de sus profundidades. Tradicionalmente, la catoptromántica gitana empieza por agitar la mano por encima de su bola de cristal y alrededor de esta. Algunos manuales modernos de adivinación insisten en que primero hay que «limpiar» el cristal (una expresión muy extendida en la Nueva Era) con vinagre, con agua destilada o con lo que sea. El cristal de uno de los relatos solo manifestó su poder extraordinario cuando tallaron con él una taza. Una canción popular de las islas Nicobar de Malasia habla de un espejo que muestra todas las cosas, pero solo cuando se le abre la llave. Los psicogogos del Oráculo de los Muertos junto al Aqueronte hacían pasar a los buscadores de apariciones todo un mes de preparación y de purificación antes de permitirles visitar a sus muertos. La malvada madrastra de Blancanieves dice la fórmula: «Espejito, espejito de pared...» En *Macbeth,* las brujas cantan: «Dobla, dobla, trabaja con esmero» mientras revuelven su caldero. Las medidas que se toman para apresar a diversos seres en botellas, espejos o pozos, o para liberarlos de los mismos, o para evitar que salgan de ellos, son nuevos ejemplos: Salomón encierra al genio malvado en una botella a la que pone su sello mágico, y el pescador lo libera sin querer cuando retira el sello. Chang Tao Ling cubre con una tapa un pozo en el que encierra a los espíritus maliciosos. Los personajes a los que tiene a raya Odiseo amenazándolos aparentemente con su espada ya estaban muertos, en todo caso, lo que indica claramente que los movimientos de Odiseo son una maniobra mágica destinada a mantenerlos al otro lado de la sangre. Un criado valiente ahuyenta a una cuadrilla de rudos elfos del agua golpeando dos tablas y gritando: «¡La aurora!».

Puede estar asociada al espéculo una entidad preternatural: el genio de la botella, la diosa marina Tetis, la Madimi de Dee, la ninfa Egeria de Numa, el ruidoso dragón que asolaba Inglaterra en tiempos remotos, los espíritus de los xhosas difuntos que regresaban a la charca, Espejo Humeante, un amante al que ve la princesa en una visión en una taza de cristal, la aparición del capitán Towns en la superficie brillante de un armario y la radiante diosa del sol Amaterasu.

Esta entidad puede ser representada surgiendo del espéculo al mundo de todos los días, o volviendo a entrar en el espéculo. Dee contaba que los espíritus salían a veces de la piedra de ver, se paseaban por su habitación y hablaban con él. Tetis surge de entre las nieblas del mar y sale a la playa para visitar a Aquiles. Una docena de espíritus femeninos molestos saltan a un pozo persiguiendo el anillo de Chang Tao Ling. Yayoi se presenta llamando a la puerta de Matsumura después de ser liberada del pozo. Los dragones flotan y luchan entre sí sobre el barril lleno de hidromiel de Lludd. Los antepasados de los xhosas prometen salir de la charca de Nongquase en los días en que profetizan que llegará a su fin la dominación colonial. Egeria sale de su fuente para amar al rey Numa y para enseñarle, y vuelve a ella para llorarlo cuando muere Numa. En una de las versiones del relato de Amaterasu se dice que esta nace de un espejo que tenía Izanagi en la mano. El genio que sale de la botella es tan maligno que es necesario hacerle volver a entrar con un engaño y cerrar de nuevo la botella. Aquellos elfos del agua nórdicos tan groseros se tiran de cabeza a un lago y se les pierde de vista. O bien, un ser humano puede entrar en el plano del espejo a través del espéculo, como Alicia, como Odiseo en su viaje al Hades, como el joven estudioso que cayó en el pozo de la casa del hechicero y como los chamanes que hacen viajes mágicos por el reino de los espíritus.

Parece que la zona de contacto entre el mundo ordinario y el plano que habitan los seres del espejo puede ser una zona peligrosa tanto para los seres humanos como para la gente del espejo, pues está erizada de peligros tales como el de quedar atrapados, o incluso de morir. El genio de la botella sale de su encierro con ansia de matar. Los dragones se emborrachan con el hidromiel del barril y es preciso envolverlos con un paño y enterrarlos para que los súbditos de Lludd puedan dormir tranquilos por fin. La triste suerte de la ninfa amada de Numa es convertirse en la misma fuente-espejo de la que había salido. La aparición del capitán Towns se desvanece cuando su esposa se aproxima con intención de tocarla. La desgraciada Yayoi estaba presa en las aguas de un pozo, obligada por un dragón terrible a atraer a la gente para matarla. Y el hechicero Chang Tao Ling encierra en un pozo para siempre a unos espíritus femeninos malvados.

El propietario-operador del espejo puede ser presentado como un transgresor, y puede ser objeto de graves represiones. San Agustín, con el aire condescendiente que caracterizaba todavía a los escritores de su género, condena al rey Numa (que vivió varios siglos antes de Cristo) por obrar en contra de la doctrina de la Iglesia. Tres maliciosas «brujas secretas, negras y nocturnas» revuelven el caldero en la obra teatral de Shakespeare, y su cliente despiadado se ha convertido en uno de los grandes malvados del teatro occidental. Aunque todavía hay muchas personas que veneran a Chang Tao Ling, algunos partidarios de sectas rivales y otros incrédulos lo han denunciado como impostor y estafador. El pobre doctor Dee sufrió durante toda su vida las acusaciones de hechicería. Aunque el hombre modesto de El Cairo resultó ser un brujo respetable con todos sus papeles en regla, el joven que era su huésped supuso en un primer momento que era un estafador poco honrado. Recordemos también el caso del joven Benito, el del malvado tirano Periandro y el de Cagliostro, al que todavía se considera el prototipo del embaucador.

El relato puede tratar de la separación conyugal, de la falta de armonía doméstica o, en términos más generales, de un trastorno social. Odiseo visitó el Oráculo de los Muertos de Éfira para saber si podría volver a su hogar y al lado de su esposa Penélope. Una princesa poco sensible perdió al amor de su vida porque no fue capaz de ver más allá de su aspecto físico. Un estudioso serio y sensible de Jerusalén pasa aparentemente varios años lejos de su casa y de sus amigos cuando entra en un mundo del espejo a través de un pozo mágico. Es evidente que las relaciones entre Periandro y su esposa Melisa no marchaban demasiado bien a la muerte de ella. El pescador y su familia eran pobres y vivían al día. La madrastra de Blancanieves envidiaba la belleza de la niña e intentaba asesinarla.

La vida hogareña de una familia de granjeros islandeses estaba amenazada por unos intrusos sobrenaturales y homicidas. Chang Tao Ling recurrió a un engaño traicionero con cierto toque doméstico para animar a unos espíritus vagabundos a que se tiren a un pozo. El encuentro de Aquiles con Tetis al borde del mar tuvo lugar inmediatamente después de que le hubieran quitado a su amante, y en un entorno bélico. Amaterasu se enfada tanto por la conducta de su hermano que se retira a un escondrijo subterráneo. La sufrida esposa de John Dee se alteró, comprensiblemente, cuando conoció el desvergonzado proyecto de Edmund Kelly de compartir sus respectivas esposas. Parece que el matrimonio Macbeth tenía sus problemas, y su drama personal se desarrolló en una época de revueltas civiles y de incertidumbre política. El encuentro de Matsumura con Yayoi comenzó en un momento de crisis social, en una terrible sequía. Un dragón mantenía despierta a toda Gran Bretaña con sus gritos hasta que el rey Lludd recurrió al plan del barril. La sociedad de los xhosas ya estaba agitada cuando empezaron a aparecerse los fantasmas en una charca del río.

En la mayoría de estas narraciones tienen gran importancia la muerte, el luto y la pérdida de seres queridos. La madre de Blancanieves había muerto, y la muchacha está a punto de ser asesinada. Odiseo navega hasta Éfira inmediatamente después de la muerte de su camarada Elpénor, y allí descubre que su madre, Anticlea, también había fallecido en su ausencia. Kreli, rey de los xhosas, apoyó las profecías en parte porque había visto en la charca a su hijo difunto. Un pescador pobre, primero, y después la hija de un mandarín perecen antes de reunirse por medio de una taza extraordinaria. Se descubre que una serie de asesinatos navideños en Islandia son obra de unos elfos del agua violentos. Macbeth y su esposa cometen una serie de asesinatos brutales, y ellos mismos mueren también como consecuencia. Yayoy participó en muchas muertes trágicas mientras el dragón la tenía presa en el pozo. Aquiles estaba destinado a morir joven, y sus amigos siempre estaban de luto por él esperando su muerte. Chang Tao Ling pensaba, en parte, en evitar la muerte de muchos animales cuando ayudó a un cazador a establecerse para explotar un pozo de sal. Como le había sucedido en tiempos antiguos a Pertinax, Lincoln vio su propia muerte en una visión en el espejo. Los aztecas creían que Tezcatlipoca gobernaba el reino de los muertos.

Existen otros dos elementos comunes que aparecen con menor frecuencia en los relatos de visiones en el espejo. Puede existir una referencia al humo o a la niebla, que debemos relacionar con el aspecto neblinoso que, según los observadores del espejo, precede inmediatamente a la aparición de las visiones. El genio de la botella apareció como una enorme columna de humo. El dios de los aztecas que todo lo veía se llamaba Espejo Humeante. Y la madre de Aquiles se apareció entre una neblina que cubría el mar grisáceo.

Algunas veces queda un vestigio físico tras el encuentro con un ser del espejo. Es posible que en algunas narraciones se haga hincapié en este detalle como manera de dar fe de la realidad de la experiencia. John Dee custodiaba una piedra de observación que él creía que le había sido regalada por un ángel luminoso que se le había aparecido en su museo saliendo de una ventana de cristal. Un granjero escandinavo y su mujer se beneficiaron económicamente cuando los elfos del agua fugitivos abandonaron una costosa vajilla. Lludd capturó a dos dragones luchadores cuando estos se materializaron sobre un barril lleno de líquido, y después tuvo que enterrar sus cuerpos. Amaterasu puso su espejo sagrado en manos de sus descendientes de la familia imperial del Japón, y este se conserva todavía en un amplio santuario de madera. Cada veinte años, un ejército de artesanos reconstruye todo el complejo siguiendo instrucciones detalladas, y el espejo se traslada a su nuevo lugar de reposo con gran ceremonia.

No todos los relatos sobre la observación del espejo contienen todos estos elementos, por supuesto, pero en cada narración aparecen algunos de ellos. Por tanto, las narraciones se ajustan a una pauta común. Pero es interesante observar que uno de los relatos que he citado contradice aparentemente esta conclusión; pero solo superficialmente.

La leyenda del escultor Hidari Jingoro confirma, en realidad, la pauta general, aunque a primera vista parece que se desvía de ella. Es un ejemplo del género que se ciñe a varias convenciones de este, a pesar de que se opone diametralmente a las demás. Pero por estas mismas oposiciones es una excepción que confirma la regla.

El espejo de la joven era especial, sin duda: estaba impregnado, de algún modo, de su esencia misma, de su cuerpo y su alma. El relato describe el modo en que el escultor adquiere el espejo: lo recoge después de que ella lo deja caer en la calle. El acto que desencadena, aparentemente, los efectos del espejo es el de ponerlo entre los pliegues de la ropa de una estatua que representa a su propietaria. Era la propia joven, de una belleza excepcional, la que estaba relacionada con su espejo como entidad que residía en él. Se produjo una especie de paso por o a través de la superficie del espejo: la esencia vital de la mujer se proyectó sobre la sustancia misma de una estatua, animándola. Y la joven quedó como una copia perfecta de sí misma, testimonio vivo de la realidad de todos estos hechos. Así pues, el relato respeta en la mayoría de sus elementos las convenciones del género.

Pero el relato difiere de las normas en todos los demás sentidos. Presenta unas variaciones alegres sobre los temas desgraciados del género de los relatos de observación del espejo. En la zona de contacto no se ocultaba un peligro, sino una oportunidad, y el resultado fue afortunado para las dos personas que intervenían, procedentes de ambos lados del espejo: la mujer se transmitió a través de la zona de contacto para quedarse bajo la forma de una copia exacta de sí misma. No reciben reproches, sino pura felicidad, la propietaria del espejo (la mujer) y su operador (el escultor). El cuento no parte de un tema de falta de armonía doméstica, sino de amor correspondido y de unión feliz. Y el retrato no trata del fin de la vida, sino de su propagación: el espejo genera una fotocopia holográfica viva, de carne y hueso y llena de amor de la mujer, utilizando una estatua de ella como sustancia.

Personalmente, espero sinceramente que la compañía Toshiba nos ofrezca esta tecnología a todos en un futuro próximo. Pero, hasta entonces, hemos dejado sentado que los relatos de observación del espejo constituyen un género narrativo coherente. Los títulos de los relatos que se ciñen a esta pauta tienden a estar compuestos de diversas palabras que designan a un objeto reflectante o transparente, a la entidad o entidades que lo habitan y a un ser humano asociado con él, como propietario u operador del mismo, por ejemplo: *A través del espejo, El pozo encantado, El pescador y el genio, La taza de amor, El criado y los elfos del agua, El alma de un espejo, Los doce espíritus del pozo,* y así sucesivamente.

Ordeno, por lo tanto, a todos mis fieles practicantes de lo paranormal como juego que de aquí en adelante llamen a esta pauta narrativa «el Mito del Espejo», para dar a entender cómo estas manifestaciones literarias exponen una realidad no ordinaria, una esfera que no pertenece plenamente a la verdad ni tampoco pertenece plenamente a la fantasía. La elucidación y la explicación de este mito nos permite ampliar estos descubrimientos a otras narraciones de las que antes no se sospechaba que estuvieran relacionadas con otras de este género. En concreto, ahora podemos arrojar luz sobre un importante relato antiguo cuyo significado exacto no han podido determinar los estudiosos durante muchos siglos: me refiero al relato de la caja de Pandora.

¡Pero no era una caja! Hoy decimos que era una caja porque seguimos la versión del relato que expuso Erasmo de Rotterdam en el siglo XVI. Según las versiones más antiguas que se conservan, como la del poeta griego Hesíodo, Pandora fue la primera mujer. Mucho antes de su llegada, en tiempos muy remotos, Epimeteo había recibido el encargo de otorgar al hombre y a todos los demás animales de la Tierra las facultades necesarias para su conservación. Epimeteo repartió con demasiada generosidad los recursos de que disponía. Cuando llegó el momento de conceder facultades al hombre, que se suponía había de ser superior a todos los demás animales, no le quedaba nada que darle. Pidió, pues, ayuda a su hermano Prometeo, que subió al cielo hasta llegar al carro del sol, encendió en él su antorcha y bajó al hombre el fuego. Este don hizo al hombre igual o superior a todos los demás animales. Pero Prometeo advirtió a su hermano que desconfiara de los regalos de Zeus.

En aquellos primeros tiempos, antes de la llegada de Pandora, los hombres vivían en tribus felices, libres de problemas y de enfermedades, sin necesidad de trabajar. Zeus, dios de los dioses y de los hombres, entre risas, decidió dar una lección a los hermanos Meteo enviando a Epimeteo un regalo que era un castigo, una maldición disfrazada de bendición. Ordenó, pues, a Hefesto que mezclara tierra con agua y que le diera forma femenina con un rostro hermoso. Y dijo a Atenea que enseñara a la mujer a coser y a tejer. Afrodita debía «derramar sobre su cabeza gracia, y el deseo cruel y los cuidados que cansan los miembros». Y Zeus encargó a Hermes, el guía, que la dotara de una mente desvergonzada y de una naturaleza engañosa.

Eso mandó Zeus, y fue obedecido. Y Zeus la llamó Pandora («regalo de todos»), porque cada uno de los habitantes del Olimpo le había entregado un don. Envió a Hermes para que llevase a Pandora y se la entregase a Epimeteo como regalo. Epimeteo no tuvo en cuenta la advertencia de Prometeo y aceptó el presente.

Entre las posesiones de Epimeteo estaba una tinaja enorme de la que servían para guardar líquidos, y él prohibió a su esposa que la abriera. Pandora le desobedeció y levantó la tapa para ver lo que contenía. Cuando lo hizo, se escaparon de la tinaja todo tipo de entes malignos, que se dispersaron entre los hombres. Solo quedó la Esperanza, que había encontrado un hogar inquebrantable bajo la tapa de la gran tinaja y no salió volando.

En este relato aparecen casi todos los elementos que hemos caracterizado como componentes del Mito del Espejo. La tinaja que desempeña un papel fundamental en el relato es de un tipo concreto, un recipiente grande que se llamaba *pithos* en griego y que servía para diversos fines, como, por ejemplo, guardar vino. Esta tinaja podía servir, pues, como superficie reflectante, como han servido los calderos, las tazas y demás recipientes durante un periodo tan largo de la Historia. Homero cuenta que Zeus guardaba en el umbral de su palacio dos tinajas de este tipo, una de las cuales contenía todos los bienes y la otra todos los males; podemos preguntarnos, pues, si Zeus fue alguna vez, en parte, un dios observador del espejo, como Espejo Humeante, Amaterasu y Yama Raja. El gran recipiente propiedad del marido de Pandora es especial en cierto sentido, aunque es un misterio en qué sentido exacto es especial, aparte del hecho de que a ella se le ha prohibido expresamente tocarlo.

Pandora activa la tinaja al levantarle la tapa: es otro ejemplo de los actos mágicos que pueden ser necesarios para liberar a los entes que residen en un espéculo. Esta interpretación está apoyada por un ejemplo paralelo de otra civilización antigua en el cual también se levantaba una tapa. Festo nos cuenta que en el Palatino de la antigua Roma había un pozo redondo que se llamaba el *mundus*. Su boca solía estar cubierta por una gran tapa, la *lapis manalis*. La tapa se retiraba tres días al año: el 24 de agosto, el 5 de octubre y el 6 de noviembre. Es interesante el hecho de que los ritos asociados a cada una de estas fechas tenían que ver con los espíritus. El historiador romano Varrón dice que «cuando está abierto el *mundus*, está abierta la puerta de los lúgubres dioses del Hades». ¿Era esta práctica una especie de festival psicomántico?

En el relato de Pandora, surgen del recipiente ciertos seres cuando se abre este. En griego se los llama *keres*, pequeños fantasmas o espíritus nocivos y molestos. Su fuga trae problemas al mundo, como los trajo la del genio asesino de la botella.

Pandora sufre el descrédito acostumbrado con que cargan los observadores del espejo, y aparece claramente como el personaje malvado del cuento, aunque, como veremos, quizás no sea, al fin y al cabo, más que una malvada graciosa. Es posible que el tema central del relato sean los enfrentamientos domésticos, provocados por el modo en que Pandora desafía a su marido, y la desobediencia de ella produce el desorden generalizado en toda la sociedad humana, incluidas las enfermedades y los males de todo tipo. Pero la Esperanza queda atrapada dentro del recipiente. De modo que existen semejanzas con el relato del genio del pescador y con el de los dragones de Lludd, así como con la desgracia de la ninfa Egeria, que se convirtió en fuente.

Los antiguos lectores del relato comprenderían sus referencias implícitas a la muerte. Aquellas tinajas eran muy grandes, tan grandes que las solían usar como vivienda los pobres, los que no tenían techo o los excéntricos. El viejo y gruñón filósofo ateniense Diógenes el Cínico tuvo fama, en parte, porque vivía en un *pithos*. En aquellos recipientes cabía un cuerpo humano; por ello, solían utilizarse para enterrar a los pobres. El relato no dice nada de una niebla; pero, por desgracia para nosotros los sufridos varones, el acto de Pandora al liberar los espíritus dejó muchas huellas, entre ellas la necesidad de trabajar, e incluso todos nuestros dolores y molestias físicas.

Así, de una manera muy literal, la evocación de los espíritus por la observación del espejo resulta equivalente (¡cáscaras!) a abrir la caja de Pandora. O, mejor dicho, su tinaja. Pero ¿cuáles son las consecuencias verdaderas de un acto cuyo peligro es proverbial?

El acto de levantar la tapa se ganó mala fama debido, en gran medida, a que el mito de Pandora nos fue transmitido a través de los primeros Padres de la Iglesia, que interpretaban el relato desde la postura de su propia ideología. Utilizaban el mito de una manera curiosamente contradictoria, pues les servía al mismo tiempo para corroborar su doctrina del pecado original con un mito clásico paralelo y para hacer contrastar la verdad cristiana con la fábula pagana. El resultado final es, pues, que sus afirmaciones se anulan las unas a las otras. Pasaban por alto en gran medida el incidente de la tinaja y se centraban, en cambio, en todos aquellos malditos problemas con las mujeres.

El teólogo cristiano del siglo III Orígenes comparó expresamente el relato de la tinaja prohibida con el del fruto prohibido. Pero, a diferencia de algunos de sus serios hermanos, supo apreciar el tono humorístico del relato de Hesíodo: lo encontraba divertido, francamente gracioso. De manera que también Orígenes sabía sintonizar con el aspecto lúdico de lo paranormal.

Pandora libera un rebaño de espíritus de una tinaja quitándole la tapa, mientras que Chao Tao Ling apresa a varios espíritus dentro de un pozo poniéndole una tapa. El estudio de lo paranormal como juego ya ha demostrado cómo la naturaleza del espéculo puede ser un factor importante en la observación del espejo, aunque solo sea un factor simbólico. Las tinajas, los cuencos, los calderos y los pozos proporcionan la profundidad óptica necesaria para practicar la observación del espejo, conteniendo y dando forma a los líquidos que los llenan; y, en el sentido de que son recipientes, también son símbolos naturales de lo femenino... Aquí interviene el doctor Freud desde el otro lado de mi espejo para comentar que esto era, precisamente, lo que intentaba decir antes. No le sorprende en absoluto —sigue diciendo— que estas dos fábulas de enfrentamiento doméstico y de conflicto marcado entre lo masculino y lo femenino giren en torno al acto de abrir y cerrar tinajas o pozos. Aquí se alude claramente a la actividad sexual —me dice—; y añade que las botellas son también símbolos vaginales, como ha señalado él (afirma) en uno de sus libros. Todo esto —comenta Freud— nos hace pensar en Salomón, tan importante en su propia tradición judía, y en las actividades de aquel sabio antiguo, que se dedicaba a encerrar espíritus en botellas. Vaya —dice Freud pensativamente—, es muy interesante el hecho de que en estos relatos sean los hombres los que cierran los recipientes, y es una mujer la que los abre. Y también es interesante —señala Freud— que dos de los símbolos tradicionales del arte de la curación, el caduceo de Esculapio y el frasco del uroscopista, estén relacionados con el sexo: el primero es un símbolo fálico, y el segundo es un símbolo vaginal o uterino. Pero el doctor Freud se empieza a desvanecer y vuelve a desaparecer en mi espejo...

El mito de la tinaja de Pandora se ha interpretado como un ataque al carácter femenino, débil y caprichoso, pero también puede leerse como un comentario sobre la elección, trágica a veces, que todos debemos hacer entre el conocimiento y la felicidad; y esta es, precisamente, la elección que debemos hacer al decidir si damos el que debía ser, claramente, el paso siguiente. Pues los datos históricos y literarios que acabamos de repasar nos indican poderosamente que en el pasado se solía evocar a los espíritus de los difuntos por medio de espejos; pero la posibilidad de hacerlo solo podremos determinarla por medio de experimentos, una propuesta que pondrá inmediatamente los pelos de punta a muchas personas y organizaciones. Así, la cuestión con que nos enfrentamos al exponer este notable fenómeno para su discusión pública es la siguiente: ¿Debemos pasar por alto unas experiencias que, al fin y al cabo, forman parte constituyente del legado cultural colectivo de la humanidad, solo porque inquietan profundamente a algunas personas por algún motivo? ¿O debemos explorar con valor sin tener en cuenta las protestas de aquellos que ya han tomado una decisión? ¡Está claro que yo voto por explorar!

En consecuencia, diseñé un procedimiento por medio del cual yo creía posible evocar apariciones de los muertos entre los vivos. Pero ¿sería seguro llevar a cabo en la práctica tal procedimiento? Consulté al doctor Roll, que me dijo que a lo largo de casi cuarenta años de investigaciones de apariciones espontáneas de los difuntos no había conocido ni un solo caso en que estas experiencias hubieran hecho daño a nadie. Añadió que, en realidad, lo normal es que sean beneficiosas, pues alivian el dolor por la pérdida de un ser querido. Yo razoné que no había ningún motivo para suponer que estas mismas experiencias fueran a ser dañinas aunque se provocaran intencionadamente.

También me di cuenta de que estudiando las vidas de los practicantes históricos, y analizando sus errores, podía mejorar mis posibilidades de alcanzar un éxito perdurable en el proyecto. Si no es posible exonerar por completo a los operadores del Oráculo de los Muertos de Éfira de las acusaciones de fraude, ello se debe en parte al secreto que guardaban acerca de sus procedimientos. Esto debe animarnos a hacer públicos nuestros resultados, exponiendo nuestras actividades sobre la superficie de la Tierra y a la luz del sol. En todo caso, sería inútil intentar reprimir estos conocimientos en un mundo cada vez más saturado de medios electrónicos.

Ciertamente, da la impresión de que Cagliostro era un maníaco del poder. Se hacía llamar «Gran Cofta», y se ponía una imponente bata cubierta de jeroglíficos. Se cuenta que en las sesiones en las que aparecían espíritus él controlaba rígidamente la situación. Solo él tenía derecho a conversar con los espíritus, a hacerles preguntas o a interpretar sus respuestas. Todo ello servía para que los clientes de Cagliostro dirigieran su atención sobre él: debían considerarlo poseedor de un poder o de un don único y misterioso. Su historia recuerda a todos los practicantes modernos que deben procurar que sus clientes se den cuenta de que la capacidad de tener visiones es un poder de ellos mismos. El practicante es, como mucho, un facilitador. Las desgracias de Dee deberían bastar para disuadir a cualquiera de recurrir a observadores del espejo delegados.

La saga trágica de los xhosas es un poderoso motivo para estudiar sistemáticamente la evocación de los difuntos. Las autoridades británicas no comprendían ni remotamente la psicología del fenómeno que desencadenó la locura. Despreciaban todo aquello como superstición de unas gentes primitivas. Nosotros debemos guardarnos mucho de cometer hoy día el mismo error y de imaginarnos que nuestra sociedad es inmune a tales daños. Debemos tenerlo en cuenta especialmente en estos momentos, pues se avecina el fin del milenio, un momento especialmente proclive para tales agitaciones. Pues fue la combinación de unas visiones especulares espontáneas con unas tendencias milenaristas ya existentes lo que tuvo unas consecuencias desastrosas. Aunque los elementos milenaristas del movimiento de masas no tenían nada que ver con las visiones especulares *per se,* la desgracia del pueblo xhosa debe recordarnos firmemente la necesidad de evitar que los experimentos con la evocación de los difuntos desemboquen en una actividad sectaria. Los análisis reflexivos pueden fomentar el conocimiento público del fenómeno y contribuir a su desmitificación; de lo contrario, los líderes sectarios carismáticos podrían apoderarse del mismo para manipular a los demás.

Un repaso a la información histórica relacionada con la evocación de los difuntos nos pone de manifiesto, asimismo, que muchos de estos procedimientos se realizaban en edificios diseñados al efecto y/o en entornos especiales. El psicomanteo de Éfira consistía en todo un complejo de estructuras extrañas. La casa en que trabajaba el doctor Dee era también biblioteca y museo. Carlyle llamaba «teatro» al estudio ricamente decorado del conde Cagliostro. Los nkomis practicaban sus ceremonias de iniciación en una cabaña cuidadosamente planificada y equipada. Hasta el propio barril de Lludd tuvo que instalarse en el suelo en un lugar determinado, en el centro exacto del reino de dicho rey.

Creo que los arquitectos y los operadores de todos estos centros sabían algo que yo también he descubierto. Se daban cuenta de que los encuentros con carga espiritual y emotiva deben tener lugar en un entorno preparado según ciertos principios físicos, psicológicos y estéticos, por dos motivos. En primer lugar, es correcto y adecuado que la persona que pasa por una experiencia espiritual transformadora lo haga en un entorno francamente agradable e inspirador. En segundo lugar, es posible preparar los elementos de un entorno para precipitar estados alterados de la conciencia entre las personas que pasan por dicho entorno.

Los griegos construían sus oráculos en lugares imponentes. En la época clásica se consideraba que los psicomanteos eran lugares donde este mundo se tocaba con el otro. En Éfira, el efecto interdimensional requerido se conseguía a base de armonizar numerosos modos conocidos de alterar la conciencia dentro de un solo espacio unificado. El Oráculo de los Muertos se hallaba en un paraje remoto, de tal manera que la peregrinación que había que realizar hasta llegar allí tendía a fomentar la meditación y la expectación. El centro estaba rodeado de hermosas montañas, y las montañas están relacionadas estrechamente con la espiritualidad. Su ubicación subterránea ya era suficiente, por sí misma, para crear un ambiente misterioso. Los buscadores espirituales siempre han recurrido a las cuevas por sus extraños efectos sobre la psique. Orientarse en un laberinto puede confundir la mente, incluso a plena luz del día. Las personas que consultaban el oráculo eran sometidas al aislamiento sensorial, al aislamiento social y a los efectos de las drogas. Es muy posible que se utilizara la observación del espejo y las paradolias.

La misma idea se refleja en otras tradiciones. La secta bwiti utilizaba la privación de sueño y las drogas; los nkomis, el aislamiento sensorial y social; Cagliostro, la estética y el aislamiento social.

Los tres utilizaban la observación del espejo. Yo decidí utilizar este mismo planteamiento múltiple para crear un psicomanteo moderno. Llegado este punto, resultó que lo que se podía aprender de la Historia coincidía muy bien con los principios más sólidos de lo paranormal como juego, de modo que el Teatro de la Mente Memorial Doctor John Dee resultó ser exactamente el lugar adecuado para evocar a los difuntos. Y ha sido en su entorno donde un número notable de personas han realizado viajes hasta los límites más remotos de la conciencia, e incluso más allá de la frontera que separa a los vivos de los muertos.

V

El proyecto Pandora

CREAMOS un psicomanteo en el Teatro de la Mente destinando una habitación del segundo piso para utilizarla como cámara de apariciones. Instalamos en la pared, en un extremo de la habitación, un espejo de 48 pulgadas (121,9 cm.) de alto por 42 pulgadas (106,7 cm.) de ancho, de tal modo que su borde inferior estaba a 32 pulgadas (81,3 cm.) del suelo. Se preparó un sillón cómodo al que se le quitaron las patas, de manera que el borde superior del respaldo estaba a 34 pulgadas (86,4 cm.) del suelo. El sillón se colocó frente al espejo, a unos tres pies (91 cm.) de este. Como el respaldo del sillón está inclinado ligerísimamente hacia atrás, las personas que se sientan en el sillón y que miran el espejo desde esa posición no pueden ver su propio reflejo.

Se puso una pequeña lámpara de vidrio esmerilado con una bombilla de 15 vatios justo detrás del sillón, para impedir que la bombilla provocase distracciones al reflejarse visiblemente en el espejo. Toda la zona se rodeó de una cortina de terciopelo negro que bajaba del techo al suelo, colgada de un marco de tubos de plástico pintados de negro. La zona de la pared entre el borde superior del espejo y el suelo también se cubrió de terciopelo negro, y esta tela cubría también el techo sobre el sillón y el espejo. Así, el sujeto que ocupa la cámara de apariciones está encerrado, en la práctica, en una crisálida de terciopelo negro.

Cuando se cerraba el paso a la luz exterior con persianas y gruesas cortinas, se apagaban las luces de la habitación y se encendía la lámpara pequeña, esta disposición proporcionaba un entorno adecuado para la observación del espejo. La probaron varias personas que ya habían tenido visiones especulares en seminarios y cursos anteriores, y la consideraron excelente.

Seleccionamos a los posibles sujetos voluntarios entre personas conocidas mías y aplicando los criterios siguientes. Todas eran personas maduras, interesadas por la conciencia humana, y eran emocionalmente estables, tenían curiosidad y sabían expresarse. Algunos eran estudiantes posgraduados de psicología que habían regresado al ambiente académico para proseguir sus estudios después de pasar diversos periodos dedicándose a otras actividades. Otros eran asesores, psicólogos, médicos u otros profesionales.

Excluimos del proyecto a las personas que tenían ideologías de tipo ocultista, para evitarnos un grado añadido de complicación al analizar los resultados. También excluimos a las personas que habían sufrido trastornos mentales o emocionales, para reducir las probabilidades de que el procedimiento provocase reacciones inquietantes.

Expliqué detalladamente el proyecto a todos los voluntarios en potencia. Pedimos a los elegidos para participar que pensaran en un ser querido fallecido con el que quisieran mantener una reunión visionaria. Se pidió a cada sujeto que seleccionara algunos recuerdos, objetos que hubieran pertenecido a la persona fallecida y que el sujeto asociara poderosamente con dicha persona. (Esto se añadió al plan original después de que nos lo propusieran algunos miembros del primer grupo de sujetos en potencia con quienes hablamos.) Cada voluntario eligió una fecha futura en la que vendría al psicomanteo para intentar ver al ser querido y perdido.

Se pidió a cada uno de los voluntarios que se presentase a las diez de la mañana del día acordado, trayendo consigo los recuerdos. A lo largo del día, el sujeto seguía el plan siguiente. Dábamos juntos, él y yo, un paseo tranquilo de cinco o seis kilómetros por el campo, a lo largo del cual comentábamos las motivaciones del sujeto para intentar ver a la persona difunta. Yo le comentaba que no existía ninguna garantía de que se viera una aparición, y le exponía claramente que no estaba sometido a ninguna presión para tener ningún tipo de experiencia.

Después del paseo tomábamos un almuerzo ligero a base de sopa, ensalada, fruta y zumos de fruta, sin tomar cafeína ni otros estimulantes. A lo largo de la tarde, el sujeto y yo hablábamos larga y detalladamente de la persona fallecida y de las relaciones que habían mantenido los dos. Estudiábamos el tipo de persona que había sido el difunto, su aspecto físico, sus costumbres, sus gestos y su personalidad. Juntos, sacábamos a la luz y comentábamos los recuerdos importantes y más conmovedores que tenía el sujeto de las circunstancias y los sucesos de la vida del difunto. El sujeto y yo tocábamos, examinábamos y comentábamos el significado de los recuerdos que había traído el sujeto.

Inmediatamente antes de entrar en la sala de las apariciones, uno de cada diez sujetos, aproximadamente, pasaba 45 minutos echado en un cómodo lecho que ha diseñado un hombre que tuvo una profunda experiencia próxima a la muerte una vez que le cayó un rayo. La cama está provista de varios altavoces dispuestos de tal modo que hacen sonar la música a través del cuerpo por transmisión ósea, y puede inducir un estado profundo de relajación y, a muchas personas, estados alterados de la conciencia.

Hacia la hora del crepúsculo, se acompañaba al sujeto a la cámara de apariciones; se encendía la lámpara interior de esta y se apagaban todas las demás luces. Se pedía al sujeto que se relajase y que observase profundamente el espejo, esperando que se apareciera la persona difunta. El sujeto podía quedarse en la habitación todo el tiempo que quisiera. No se le sugería ningún límite temporal, y los sujetos no llevaban relojes mientras estaban en la sala.

Un ayudante se quedaba en la habitación contigua durante todo este tiempo, dispuesto a ayudar al sujeto en lo que se le ofreciera. Cuando salía el sujeto, manteníamos una larga sesión de evaluación en la que este exponía lo que le había pasado, y se le animaba a airear plenamente sus sentimientos, hasta que llegaba la hora de dar por finalizada la sesión. A continuación, el sujeto abandonaba el psicomanteo.

Antes siquiera de que el primer sujeto hubiera seguido estos pasos, yo tenía confianza en el resultado general. Suponía que un pequeño porcentaje de los sujetos, uno de cada diez quizás, mantendría una reunión visionaria bajo las condiciones del experimento. Suponía que, en el caso de los que tuvieran la experiencia, esta se limitaría a ver en el espejo una visión de la persona difunta a la que habían querido ver y para lo cual se habían preparado. Suponía que toda reunión visionaria precipitada por el procedimiento sería autolimitada y se ceñiría cómodamente al entorno del psicomanteo y al periodo temporal de la sesión. Y suponía también que cualquier sujeto que tuviera una reunión visionaria dudaría de su realidad y no estaría seguro de si había sido real o si era algo que estaba dentro de su mente. Pero, al poco tiempo de empezar a pasar los sujetos voluntarios por el psicomanteo, descubrí que todos estos supuestos eran erróneos. Por el contrario, el cuadro que surgió de este proyecto era espectacularmente diferente del que yo me había imaginado en un principio. Hacia un 70 % de las más de cien personas que siguieron todo el procedimiento, y muchas de las personas que se sometieron a versiones abreviadas de la preparación, tuvieron encuentros aparentemente paranormales con los difuntos. Los sujetos estaban repartidos aproximadamente por igual entre los dos sexos. Sus edades oscilaban entre los 19 y los 74 años, y todos eran inteligentes y sabían expresarse. Entre ellos había asesores, psicólogos, un psiquiatra, un oftalmólogo, un radiólogo, asistentes sociales, hombres y mujeres de negocios, un diseñador de moda y pintor, periodistas, estudiantes de psicología y varios escritores (yo entre ellos).

Cerca de una cuarta parte de los sujetos se encontraron con una persona difunta diferente de aquella para la que se habían preparado. Además, algunos vieron apariciones de varios parientes fallecidos en una sola sesión en la sala de las apariciones.

Las apariciones no se limitaban al espejo, ni mucho menos. En cerca de un 15 % de los casos, unas apariciones que se veían primero en el espejo salían, al parecer, del mismo, y pasaban del espéculo al entorno físico que lo rodeaba, exactamente igual que en los experimentos del doctor Dee. Cerca de un 20 % de los sujetos contaban que habían realizado viajes a través del espejo, por así decirlo, y que se habían encontrado con seres queridos difuntos en una dimensión alternativa.

Lo que es más, cerca de un 10 % de los sujetos que vieron brevemente a sus parientes difuntos durante el procedimiento vivieron visitas todavía más asombrosas de aquellos mismos seres queridos ausentes poco después de dejar el psicomanteo y de regresar a sus propios hogares. Algunos sujetos que no habían visto nada inmediatamente después de su preparación en el psicomanteo mantuvieron reuniones espectaculares con parientes suyos difuntos en otros lugares, hasta dos semanas más tarde.

A poco de comenzar el proyecto, descubrí con asombro que las reuniones visionarias se vivían como sucesos reales, y no como fantasías ni como sueños. Hasta el momento, los sujetos han afirmado unánimemente que no tenían la más mínima duda de que sus encuentros eran completamente reales, de que habían estado verdaderamente ante la presencia viva de los seres queridos que les había arrebatado la muerte.

Los experimentos prácticos no solo contradecían abrumadoramente mis supuestos iniciales sobre la evocación de los difuntos, sino que hacían surgir en el psicomanteo unas posibilidades que yo no había imaginado siquiera. Los sujetos que salían de la sala de las apariciones relataban unos encuentros mucho más vívidos y emotivos de lo que yo había esperado. En concreto, cuando yo los conducía a mi estudio para mantener con ellos la entrevista final, casi todos estaban profundamente conmovidos. Lo más frecuente era que salieran llorando con lágrimas de alegría. Está claro que la evocación de los difuntos libera unos sentimientos poderosos.

Lo que es más: en la fase de planificación de este experimento no se me había ocurrido ni por un momento que los sujetos pudieran comunicarse con las presencias que los visitarían en el psicomanteo. Pero esto fue precisamente lo que sucedió en una mayoría abrumadora de los encuentros aparicionales. En estos casos, los sujetos relataron que habían mantenido unas cuasicomunicaciones complejas con los difuntos. Estas iban desde unas pocas palabras de consuelo y de amor hasta unas comunicaciones largas, complicadas e interactivas, incluso francas conversaciones.

De un modo u otro, casi todos los sujetos dijeron que habían vivido la reunión visionaria como una sanación de las relaciones con el ser querido y perdido. Algunos sujetos que fueron entrevistados hasta dos años después del hecho dan fe de que los efectos posteriores de estas visitas son duraderos, y afirman que lo sucedido los ha cambiado de manera positiva. Algunos cuentan, incluso, que el proceso los abrió de tal manera que siguieron acercándose al ser querido y perdido.

También hay misterios, caprichos extraños e imprevistos del proceso, que yo no estoy seguro de comprender, o que estoy seguro de no comprender. Por ejemplo, cerca de un 10 % de los sujetos no se dieron cuenta en un principio de que la aparición era el ser querido difunto. Era como si tardasen algunos segundos en enfocar, por así decirlo, antes de reconocer a la persona que tenían delante como al ser querido y perdido. ¿Por qué sucede esto?

Otro enigma: una cuarta parte de los sujetos dijeron que habían oído la voz real de la persona difunta, bien alta, de ninguna manera oída del modo en que se perciben los propios pensamientos o los recuerdos de las voces de una persona ausente, sino de manera audible. El resto de los sujetos describen lo que algunos de ellos llegaron incluso a calificar de comunicación telepática, en el sentido de que las apariciones y los sujetos entendían inmediatamente los pensamientos del otro sin necesidad de hablar. ¿Cómo explicar estas voces preternaturales?

Y ¿por qué en algunos casos los espíritus parecían inmateriales, mientras que en otras ocasiones eran bien sólidos? Algunos sujetos que intentaron tocar las apariciones, como en un acto reflejo, fueron incapaces de establecer contacto. Un 15 % dijeron que habían tocado verdaderamente a sus visitantes y que habían sido tocados por ellos. En cierto caso, la aparición de una persona difunta prohibió expresamente al sujeto que la tocara.

Según las creencias populares, los espíritus y los aparecidos son algo que causa miedo. Pero a los participantes en las reuniones visionarias sus visitantes no les parecían tétricos, extraños ni temibles. Mis resultados concuerdan más con las encuestas que dan a entender que las apariciones espontáneas de los difuntos suelen ser consoladoras e inspiradoras.

La visión que acabo de presentar de las reuniones visionarias facilitadas, con las cifras y porcentajes correspondientes, es el resultado de un trabajo gradual, a lo largo del cual los visitantes llegaban al psicomanteo uno tras otro. Yo lo recuerdo casi como un flujo continuado de momentos memorables pasados con personas sensibles y competentes. Algunos me han comentado cuán apasionante les parecía que debía ser ver desarrollarse el proceso. Desde luego, estoy de acuerdo con ellos en que lo era. A lo largo de cuatro años oí a más de cien personas razonables contar relaciones frescas y de primera mano de unos sucesos de naturaleza muy poco corriente y que les habían parecido reales. Y ahora, al repasarlos uno a uno, me vienen vívidamente a la mente, pues son unos relatos inolvidables.

Uno de mis primeros sujetos era un hombre de poco más de setenta años, que había tenido una larga y distinguida carrera profesional como psicólogo y psicoterapeuta. Era un hombre sabio, afectuoso y amable, y era evidente que tenía una comprensión profunda y bien formada de la mente humana. Nos preparamos durante todo el día con la esperanza de que pudiera recibir aquella noche la visita de su padre, que había muerto hacía tres décadas. Contemplamos juntos viejas fotos y repasamos papeles antiguos. Hablamos de los recuerdos que tenía de su padre: de los agradables y de los no tan agradables. Hacia el anochecer, lo acompañé a la cámara de las apariciones. Cuando salió, cerca de una hora y media más tarde, estaba visiblemente conmovido y anonadado, pero parecía muy contento. Yo sentí, literalmente, que se me ponían los pelos de punta cuando me contó su relato de un viaje asombroso que había realizado por el Reino Medio.

Pasé allí algún tiempo antes de que empezara a suceder algo; no sé cuánto tiempo. Al cabo de un rato, pareció que el espejo se oscurecía, cubriéndose de niebla, como si fueran remolinos de polvo fino. Y todo aquello desapareció, y vi unas formas como diseños geométricos que flotaron por allí durante un momento. Sentí una especie de sacudida o de temblor, un vértigo, como si me fuera a marear; pero no me mareé. Me moví hacia delante; no con un salto, sino con un movimiento regular, casi como si flotara. Entré en el espejo; lo atravesé limpiamente.

Al cabo de poco tiempo vi algo entre la oscuridad, a cierta distancia por delante de mí. Bueno, no es que nada estuviera completamente oscuro. Todo estaba iluminado, pero, a lo lejos, un punto concreto era el que más brillaba, de modo que el resto parecía más oscuro por comparación. Yo me desplazaba a través de esta región menos luminosa hacia aquella luz, y, cuando fui acercándome, empecé a ver que casi se trataba de una estructura de algún tipo. No sé decirle lo que era. Lo vi claramente, pero no soy capaz de describírselo con palabras.

Era algo así como una plataforma o un escenario. Me recordó al andén de las estaciones de ferrocarril, con gente que esperaba la llegada de alguien en el tren: era como una plataforma o un escenario, iluminado por aquella luz suave, clara o blanca amarillenta.

Yo seguía desplazándome hacia aquella plataforma, intentando discernir lo que era y preguntándome qué diablos estaba pasando; pero, entonces, vi a dos personas en la plataforma, mirando a lo lejos, como si estuvieran esperando a alguien.

Después, al acercarme, reconocí a mis dos primos, Harry y Ruth, con los que yo había estado tan unido.

De pronto, yo estaba caminando, o sentí que estaba caminando, por aquella plataforma, y, cuando lo hice, ellos se iluminaron y se aproximaron a mí, pero solo llegaron hasta una distancia determinada. No sé cómo expresarlo, pero el caso es que existía durante todo el tiempo una especie de barrera, o de escudo quizás, entre ellos y yo. Yo no vi nada, pero sentía la presencia de un obstáculo allí. Me vino a la cabeza la idea de que yo no debía superarlo (atravesándolo, supongo), ni ellos tampoco.

Ambos me reconocieron al momento. Cuando los vi por primera vez, parecía que estaban esperando a alguien, y me dio la impresión de que me estaban esperando a mí. No me saludaron de palabra, pero desde luego que nos saludamos. Sabían plenamente que yo estaba allí.

Me sentí muy alegre. Parecían mucho más jóvenes que cuando habían muerto; su aspecto era más bien el que habían tenido en nuestros años de juventud, cuando todos éramos buenos amigos. Con todo, existía una diferencia. Parecían algo diferentes: podría decirse que estaban más sanos, o que aparentaban tener mucha energía, mucha vida.

Comprendí que querían decirme que estaban bien, que se alegraban de verme y que volveríamos a estar juntos algún día. Pero no oí ninguna palabra. Todo fue a través de comunicaciones de pensamientos.

Yo me sentía feliz, y sé que ellos también se sentían así. Después, de pronto, fui arrastrado hacia atrás; los vi perdiéndose de lejos de nuevo y me encontré sentado otra vez en el sillón.

Cuando me contaba este relato, era evidente que a él le había parecido que el encuentro era verídico. Cuando lo interrogué al respecto, insistió en que la experiencia no se había parecido en absoluto a un sueño. Le parecía completamente real; más aún: había tenido una impresión indudable de haberse hallado en la presencia de sus primos, e hizo hincapié en el hecho de que los había reconocido enseguida y de que sabía que habían estado allí de verdad. Me comentó al menos en dos ocasiones que cuando los había visto por primera vez le había parecido que lo estaban esperando.

Este hombre era muy reflexivo, una gran persona. Sus muchos años de dedicación al ejercicio de la psicología habían dejado huella en él. Su sabiduría parecía inagotable, y él la repartía entre los demás con amabilidad y con sentido del humor. Mi sesión con él había tenido lugar en el verano de 1991, y dos meses más tarde lo vi brevemente cuando se pasó por una convención a la que yo asistía en otro estado. Me impresionó su aspecto feliz y chispeante. Se dirigía a una casa que tenía como refugio.

Pocos meses más tarde oí decir a una mujer, amiga suya, que había muerto en un accidente. Me entristeció mucho perder a mi nuevo amigo, pero me consolé cuando ella me explicó que él había estado contando a sus amigos que había tenido una experiencia muy interesante e inspiradora en la visita que me había hecho. Y, recogiendo todos estos datos, me pregunté si su visión de sus primos esperándolo con impaciencia había sido, de algún modo, un presagio de su muerte.

Una mujer de veintiséis años, estudiante interesada profundamente por la conciencia, acudió al psicomanteo con el deseo de mantener una reunión con su tía favorita, llamada Betty. La mujer, como otros miembros de su familia, estaba preocupada por la idea de que aquella tía suya, que murió estando sola, pudo sufrir y encontrarse incapaz de pedir ayuda en sus últimas horas. Como el psicólogo, también ella viajó al interior del espejo en su reunión visionaria.

Me sentía nerviosa allí dentro [en la sala de las apariciones] al principio, pero me tranquilicé casi enseguida. En realidad, no esperaba que fuera a dar resultado en mi caso. Ya se sabe: estas cosas solo les pasan a los demás. Pero, sabe usted, en realidad empezó a pasar inmediatamente. Las visiones, si eso es lo que eran, parecían claras como la luz del día. No tenían nada de irreales; aunque esto es difícil de explicar.

Primero vi visiones en el espejo; bueno, al principio eran formas de colores y pequeñas manchas o chispas que relucían. Vi una gran neblina que se levantaba y llenaba todo el espejo, como una gran niebla que entrase por la ventana; y después de la neblina hubo una luz brillante. Vi una luz muy a lo lejos, y escenas, pequeñas escenas breves; pero lo que me atrajo la atención fue un camino, y supe que tenía que seguir ese camino o moverme en ese sentido.

Seguí el camino. No puedo asegurar que entrase en el espejo, pues no advertí haberlo atravesado, pero estoy segura de que estaba en otra dimensión. Estaba rodeada por todas partes de luz y de otras escenas, pero no les presté ninguna atención porque tenía que seguir aquel camino.

Seguí avanzando, y vi a tres personas cerca de mí, a mi izquierda; me aproximé a ellas y, cuando llegué, vi que eran mi abuela, mi tía favorita, Betty, que había muerto, y otra persona a la que no reconocí; pero se trataba claramente de una mujer. Cuando me acerqué, mi tía Betty me dijo, en cierto modo, que esta persona era mi bisabuela Harriet; entonces la reconocí, pues había visto fotos suyas. Pero en realidad no estaba igual que en las fotos. Tenía un aspecto más activo que en las fotos que yo había visto o de lo que yo había imaginado. Parecía muy joven, aunque había muerto muy vieja. Desde que yo era niña, siempre había oído hablar de ella a la familia. Aquella mujer era una presencia verdaderamente fuerte.

Yo me sentía muy feliz, como si tuviera ganas de gritar de alegría. Era magnífico ver a la tía Betty y a mi abuela. Parecía que ambas entendían muchas cosas; no sé si me explico. Que comprendían mucho más que cuando vivían.

Yo no cabía en mí de gozo durante toda esta reunión. Estaba contentísima. No tenía la menor duda de que ellas estaban allí, y de que yo las veía, y era una experiencia tan real como reunirse con cualquier persona. Desde donde yo estaba no alcanzaba a tocarlas.

Me dijeron que todo iba bien, y que ellas también estaban bien. Eso representó un gran alivio para mí. Ahora puedo decir que no estoy preocupada por ella. Parecía verdaderamente relajada y tranquila.

Ojalá pudiera describirle aquella luz. Nunca he visto nada igual. Yo no llegué a entrar del todo en la luz. Veía todo a cierta distancia. No oí ninguna voz; simplemente, sabía lo que querían decirme. Se parecía más a lo que he oído llamar «lectura del pensamiento».

También dediqué cierto tiempo a mi abuela. Yo fui uno de sus primeros nietos, de modo que estábamos unidas por un vínculo especial. Ella también me decía que estaba bien. Aquella fue una reunión feliz en todos los sentidos.

Todas parecían personas normales. Las vi claramente, desde cerca, aunque no estaba completamente a su lado. Sabía que no podría quedarme con ellas para siempre, pero me di cuenta de que seguían vivas y de que volvería a verlas. No les veía los pies; solo desde la rodilla para arriba.

Esto no duró mucho tiempo. Después, me limité a volver al sillón, y las visiones del espejo se difuminaron rápidamente. Usted me ha dado mucho en qué pensar. Nunca habría creído tal cosa.

Pero no cabe ninguna duda de que era real. Estaban allí, delante de mí, y eran ellas.

Cuando hablé con esta joven catorce meses después de su visita al psicomanteo, me dijo que en este periodo había mantenido otros dos breves encuentros con su tía Betty. Ninguno había sido tan complejo como el que había tenido en el psicomanteo, pero en ambos casos había sentido la presencia de su tía. Dice que su visita al psicomanteo y sus consecuencias han cambiado su manera de pensar acerca de lo paranormal, y que ahora está completamente convencida de que existe otra vida más allá de la muerte.

Otro sujeto, un destacado oftalmólogo de unos cincuenta y cinco años de edad, hombre muy amable, tuvo una reunión visionaria emocional con su madre, que había muerto años atrás, cuando ella no había cumplido siquiera los cincuenta. Su experiencia ejemplifica lo compleja que puede llegar a ser la comunicación entre el sujeto y la aparición en estas sesiones.

Entré en la cabina con cierta aprensión, sin estar demasiado seguro de que aquello fuera a dar resultado en mi caso. Pasé mucho rato allí sentado intentando alcanzar un estado hipnagógico, y durante cierto tiempo parecía que las cosas no funcionaban. Tardé mucho tiempo.

Después, empecé casi a dormitar; levanté la vista y el espejo se cubrió de una especie de película de humo, nada claro en realidad. Yo me quedé sentado contemplándola, y luego, entre esta niebla se formó una figura. Al principio yo solo veía la silueta de una forma, y no apreciaba ningún detalle. Después, al cabo de otro rato, empezaron a apreciarse otros detalles en la forma. Y no aparecieron todos a un tiempo. Se parecía, más bien, algo así como… como las imágenes creadas por ordenador que vemos por televisión, algo así. Enseguida, la cara se rellenó empezando por arriba.

La figura estaba sentada en una especie de sofá, o quizás en un cojín o en algo parecido. No sé lo que era. Todo esto estaba en color, con una especie de tono sepia.

Al cabo de un rato me dije: «Es mi madre». Ella estaba allí sentada, sonriente. Parecía más joven. Parecía que tenía unos dieciocho años.

—¿Cómo estás? —le pregunté.

Entonces (…) no hubo ningún movimiento propiamente dicho, pero recibí una comunicación mental en la que ella me decía: «Estoy bien, y te quiero».

Y era… era muy emotivo. Yo estaba allí sentado, observando, y era mi madre.

Cada vez que yo verbalizaba una pregunta, antes de terminar de expresar la pregunta me volvía la respuesta en forma mental; me llegaba mentalmente, en vez de físicamente en forma de sonido.

Al principio parecía una imagen, pero después, tras un par de preguntas, yo sentí que ella estaba allí. Era tridimensional, más que una simple imagen. Era como si ella estuviera allí, y no una simple imagen plana.

Una de mis preguntas fue acerca de la mujer con la que yo pensaba casarme. Me preguntaba qué habría opinado ella de esto. Me dijo: «Sí, será una elección muy buena. Debes seguir esforzándote por tus relaciones». Y me sonrió, y me dijo que debía ser más comprensivo que en mi matrimonio anterior.

Le pregunté dónde estaba ella, y me dijo:

—Estoy evaluando mi existencia pasada y me estoy preparando para volver a cobrar forma viva otra vez.

Seguimos así mientras yo le hacía cosa de diez preguntas: dónde estaba, si era feliz, si había pasado momentos de dolor en su marcha, si tenía algún consejo para mí y si volvería a verla.

Me dijo que no había sufrido dolores y que su transición había sido fácil; que estaba muy feliz y en paz; y me dijo también que, en efecto, volvería a verla.

Después, todo esto se difuminó; yo intenté hacerlo volver, pero no pude. Intenté recuperarlo, pero se difuminó. Supongo que estaba tan emocionado que perdí la concentración.

Mi madre estaba muerta desde 1968. Yo no había soñado nunca con ella y jamás había tenido la sensación de su presencia hasta este momento. No pensaba en ella con demasiada frecuencia. Algunas veces pensaba: «Ojalá estuviera todavía mamá».

(Dos años después de la sesión de observación del espejo.)

Después de aquello, he sentido que ella estaba más cerca. Yo no tenía malas relaciones con ella, de manera que no creo que necesitase una sanación como tal, pues no teníamos problemas de comunicación ni problemas para manifestarnos nuestro afecto ni para saber que nos queríamos el uno al otro.

Un hombre de negocios que llevaba muchas décadas interesado por el estudio de la mente oyó hablar de mi trabajo a través de unos conocidos comunes. Estaba deseoso de intentar mantener una reunión visionaria. Se calificaba a sí mismo de «escéptico interesado» en lo que respectaba a las visiones de la otra vida. Había estudiado el tema durante varios años, y había intentado diversas técnicas para inducir estados alterados de la conciencia. Pero casi siempre había quedado decepcionado, y me expuso su consternación por no haber mantenido nunca ninguna experiencia personal que indicara la existencia de una vida tras la presente.

Dijo que lo que más lo motivaba para participar era la curiosidad, pero también tenía la esperanza de ver a su padre, que había muerto cuando él solo tenía doce años. Recordaba que había admirado a su padre, y decía que solo en los últimos veinte años había sido capaz de superar la sensación de abandono que le había provocado su muerte. Había llegado por fin a un punto en que era capaz de aceptarlo, o eso le parecía, pero siempre había deseado ver de nuevo a su padre, aunque fuera brevemente.

Pasamos una larga jornada de trabajo preparándolo para la reunión, repasando retratos de familia y fotos de muebles que había construido su padre. Hablamos de recuerdos queridos de visitas al parque y de excursiones a la casa de una abuela en el campo. Y aquella noche, cuando salió de la sala de las apariciones, relató una experiencia sorprendente.

Pasé un rato sentado en la cabina antes de acostumbrarme. Es tal como me dijo usted: si uno intenta provocarlo, o si se queda allí sentado esperando que pase algo, no pasa nada. Llegó un momento en que estuve a punto de levantarme y de volver aquí, pero pensé: «Bueno, me quedaré un rato más»; y me puse cómodo. Creo que todo empezó por haberme puesto así de cómodo; en el mismo momento en que ya no me estaba preocupando por si sucedía algo o no fue cuando empezó todo.

Vi allí una niebla y, a decir verdad, creí por un momento que usted iba a tener que llamar a los bomberos, porque a mí me dio la impresión de que era humo. Vi por último que estaba en el espejo, pero por un instante creí que era humo. Después, vi colores por todo el espejo, manchas de color, y empecé a ver escenas. Algunas eran de mi infancia. Eran muy realistas. Yo estaba completamente rodeado de escenas en tres dimensiones. Reconocí algunas de ellas como cosas de mi vida pasada, pero otras no las reconocí. Una era de mi padre, hace mucho tiempo, sentado en los escalones del porche. Recuerdo aquella escena en la realidad, de modo que aquello no era más que un recuerdo, pero un recuerdo nítido, que estaba delante de mí. Casi podía tocarlo. O a mí me daba esa impresión, por lo menos. Pero yo no sentía que él estuviera allí; esto no era más que un recuerdo en el espejo.

También había escenas de lugares que nunca he visitado ni visto. Unos lugares muy hermosos. No sé dónde estaban ni qué era aquello, pero me puse a pensar que las escenas me rodeaban por todas partes, de modo que yo debía de estar dentro del espejo.

Ahora que hablo de entrar en el espejo, no puedo decir que entrara en él ni que me desplazara hacia él. Creo que entré en una nueva zona de mi mente. No sé si estaba en el espejo o fuera del espejo.

Entonces me pareció, en efecto, que me desplazaba hacia el interior del espejo, pero, por otra parte, me parece que era como si fuera una nueva persona. Me sentía refrescado. Me sentía más vivo, en realidad. Sabía que había alguien conmigo, pero no tenía idea de quién. Luego vi una forma, como de una persona que se formaba en el espejo. La veía formarse poco a poco. Me parecía que estaba saliendo a la luz.

Y bien: lo que voy a decir puede parecer raro; el caso es que yo pensé que yo era el que estaba en el espejo y que él era el que salía de la cabina [es decir, de la sala de las apariciones].

Decididamente, el hombre que se estaba haciendo visible estaba en la sala de las apariciones. Por un momento, creí que yo estaba en el espejo, pero después volví también a la sala de las apariciones, y aquel hombre, poco más o menos de mi estatura, estaba allí conmigo. Se movió con un movimiento ininterrumpido. Se fue hacia la luz y salió directamente del espejo a la sala de las apariciones con un movimiento regular. Saltó directamente fuera. Durante unos momentos era yo el que me movía hacia delante y hacia atrás, entrando y saliendo del espejo, hasta que me quedé definitivamente en la sala, sentado de nuevo en mi sillón.

Debí de dar un salto, porque cuando fui capaz de ver quién era, resultó que era mi antiguo socio en el negocio. Era unos dos años más joven que yo, y habíamos trabajado juntos durante quince años. Hasta que, un día, su mujer llegó a casa y se lo encontró en la ducha, muerto de un ataque al corazón.

Era un hombre joven, de treinta y ocho años, y tenían cuatro hijos. Bueno, aquello me había entristecido. Él y yo trabajábamos juntos todos los días. Hablábamos de todas nuestras cosas. Es curioso: durante el tiempo en que trabajábamos juntos yo no lo consideré un buen amigo mío. Si trabajábamos juntos era porque éramos socios en el negocio. Pero cuando murió, yo me vine abajo. Mi mujer me dijo, más adelante, que habían tenido miedo de tener que internarme en el hospital.

Yo lo echaba de menos, pero no me había dado cuenta de lo buen amigo que había sido cuando trabajábamos juntos. Llegué a tal punto que, cuando yo tenía que tomar cualquier decisión, me preguntaba lo que habría opinado él. Aquello también me hizo preocuparme por mi salud. Es normal: él era dos años más joven que yo.

Cuando se presentó en la cabina de las apariciones, lo vi claramente. Estaba a unos sesenta o noventa centímetros de mí, supongo.

Yo estaba tan sorprendido que no sabía qué hacer. Era él, y estaba allí mismo. Tenía mi misma estatura, y yo lo veía de cintura para arriba desde donde yo estaba. Tenía formas sólidas, y no era transparente. No: era completamente real. Se movía y, cuando lo hacía, yo veía moverse su cabeza y sus brazos, todo ello en tres dimensiones.

Tenía el mismo aspecto que en la época de su muerte, aunque quizás estaba un poco más joven. Daba la impresión de que se le habían quitado todos los defectos. Estaba muy animado.

Estaba contento de verme. Yo estaba asombrado, pero él no parecía asombrado. Él sabía lo que estaba pasando, o eso me parecía a mí. Quería tranquilizarme. Me decía que no me preocupase, que él estaba bien. Sé que él pensaba que volveríamos a estar juntos. Su mujer también ha muerto ya, y él me estaba transmitiendo el mensaje de que ella estaba con él; pero, por algún motivo, yo no debía verla en aquel momento. Ella también era amiga mía, y le ayudé a superar la muerte de mi socio.

No oí ningún tipo de palabras ni de sonidos. Todo esto eran pensamientos que se transmitían entre los dos; las palabras eran innecesarias. Le hice algunas preguntas. Quise saber algunas cosas que siempre me habían preocupado acerca de su hija. Yo me había mantenido en contacto con tres de sus hijos, y les había echado una mano. Pero con su hija segunda había tenido ciertas tensiones. Yo quería acercarme a ella, pero ella me echaba en cierto modo la culpa de la muerte de su padre. Cuando se hizo mayor, me dijo que habíamos trabajado demasiado. De modo que le pregunté a él lo que debía hacer, y él me tranquilizó por completo con respecto a lo que yo quería saber, y aquello me aclaró ciertas cosas.

Comentamos otras cosas personales sobre su familia. Cuando terminó todo, se desvaneció rápidamente y yo me levanté del sillón. Temblaba un poco al salir, porque estaba emocionado. Sentía que era él. Era exactamente como si él hubiera estado allí, por lo que a mí respecta.

No tuve ninguna sensación de que mi padre estuviera allí, pero, desde luego, mi socio sí que estuvo. Yo no sabía qué hacer ni cómo comportarme. ¿Cómo se comporta uno cuando se encuentra con un fantasma? ¡Ja! Pero sí siento que he hecho las paces con mi socio.

Unos seis meses más tarde, este hombre me dijo que la experiencia que había tenido en el psicomanteo seguía teniendo un gran impacto sobre él. Me reiteró su afirmación de que le había permitido «hacer las paces» con su socio, y me dijo que se habían «aliviado» sus antiguas preocupaciones sobre la familia del socio. Decía que solía pensar en su visita al psicomanteo, y que tenía plena confianza en que aquel día había estado verdaderamente en presencia de su amigo.

La experiencia que describió, en la que vio que una figura surgía aparentemente del espejo y entraba en la sala de las apariciones, es bastante corriente en la práctica de este procedimiento. Una mujer de algo menos de cincuenta años y que había querido ver a su difunto padre describió un encuentro muy característico de los de este tipo.

Cuando entré allí, estaba un poco asustada. No sé por qué, pues llevaba más de un mes esperando este día; quizás se tratase de la sensación de que había llegado por fin el momento. Sabe usted, antes, cuando estábamos allí [en el estudio del autor] hace un rato, repasando todo aquello [los recuerdos de su padre], yo había sentido que me dominaba una especie de certidumbre: ya entonces sabía que lo vería. Fue como si hubiera sabido todo el rato que estaría allí. Fue cuando le estaba mostrando a usted el joyero que mi padre me hizo para mi cumpleaños. Después de aquello, sentí que era cosa segura.

Pero el hecho de entrar en la sala, y sobre todo cuando usted hizo bajar aquella cortina, me asustó un poco. Al fin y al cabo, doctor Moody, esto que estaba haciendo era una cosa rara. Mis compañeros de la oficina jamás me creerían capaz de hacer una cosa así. Pero cuando asistí a su conferencia en enero pasado [hacía unos tres meses] supe que no lo iba a dejar marchar de allí sin que hablara conmigo, y que iba a hacer todo lo que estuviera en mi mano para convencerlo de que me dejara pasar la experiencia. Pues, como le dije aquella noche, tenía muchos temas pendientes que aclarar con papá, y he tenido todo aquello en la cabeza casi constantemente desde que murió.

Desde el momento en que entré en la sala, creo que no pasó mucho rato antes de que empezara a ver cosas. Al principio había colores, sobre todo, y nubes muy bonitas, y de vez en cuando veía una ráfaga de una escena pasajera. Recuerdo que vi un pueblo pequeño, que parecía como si fuera de Inglaterra, o quizás de Francia, pero antiguo; era un lugar muy antiguo. Me daba la impresión de estar asomándome a una época pasada. Nunca he estado en Europa, solo en Asia y en América del Sur, pero sé que no he visto jamás un pueblo como aquel. Las gentes que andaban por allí llevaban ropas antiguas. Yo diría que medievales, o más antiguas todavía. Vi pasar a mi lado un hombre, ante mis propios ojos, que iba guiando un hato de vacas. Tenía una expresión de preocupación en el rostro. No tengo idea de dónde me venía todo esto. Yo no soy una mujer de campo.

Pues bien, todas estas pequeñas escenas pasaron deprisa; pero cuando apareció mi padre en el espejo, todo fue diferente. No era una ráfaga como lo demás. Simplemente, apareció de pronto, y yo me encontré mirándolo a la cara. Me habló: sí, me habló; y estaba de broma, como siempre lo había estado. Me preguntó: «¿Por qué demonios quieres hablar conmigo, muchacha?», o algo así. No digo que yo oyera una voz como la oigo cuando usted me habla, pero era algo más fuerte que los simples pensamientos. No digo tampoco que necesitásemos palabras: simplemente, yo sabía lo que él quería decirme.

Él siempre daba la impresión de estar enfurruñado, pero con humor. Siempre estaba gastando bromas, o siempre tenía algún comentario gracioso. De modo que estaba como siempre.

Cuando lo vi, tenía una gran sonrisa en el rostro. Parece raro decirlo, pero estaba allí mismo, en aquella habitación, conmigo. Sé que estaba. Cuando lo vi por primera vez, me parecía que estaba a unos noventa centímetros de distancia, poco más o menos, pero después se aproximó. Yo no lo veía en el espejo: lo estaba viendo a mi lado.

Allí conversamos sobre cosas muy personales, doctor Moody; sobre todo acerca de mi madre; pero también hablamos de otras cosas de familia. Me parecía la cosa más natural del mundo, como las conversaciones que teníamos en el cuarto de estar cuando yo era adolescente o incluso después de casarme yo. Solo que ¡ahora él está muerto! [exclama de manera risueña] Y ¿sabe usted?, supongo que desde ahora no me importará demasiado que una persona esté muerta o no, pues ¡sé que todavía es posible hablar con ella!

No veía más que su cabeza, su pecho y la parte superior de su abdomen. No era todo su cuerpo, pero lo que veía lo veía tan claramente como lo estoy viendo a usted ahora. Yo seguía sintiendo que existía algo entre los dos, una energía o algo así. Lo digo porque tenía miedo de que si yo extendía la mano para tocarlo, él se marcharía.

Me limité a quedarme allí mucho tiempo sentada, conversando con él. Él parecía estar divertido por algo, no sé, como si pensara que yo era un poco impaciente por haber querido hablar con él ahora en lugar de esperar a morirme yo misma y pasar a su lado. Esto era un cambio de papeles, porque antes yo siempre había sido la más paciente, y él siempre era el que quería que las cosas sucedieran enseguida y el que andaba siempre con prisas. Ahora que lo pienso, me parece que quizás se estuviera burlando de mí por ser impaciente, como me había burlado yo de él en vida por serlo él.

Me parece que esta parte duró, no sé, unos treinta minutos que pasé hablando con él. O quizás no fuera tanto tiempo. Si he pasado una hora allí dentro, yo diría que quizás fuera un poco menos de treinta minutos el tiempo que pasé hablando con él. Pero el tiempo pasó muy deprisa. Lo último que me dijo fue: «Ahora, sigue adelante y disfruta de tu vida». Me sentí muy bien cuando él dijo aquello. Me sentí invadida por una oleada de alivio y de sentimientos agradables. No creo haberme sentido nunca tan bien desde que él murió.

Cuando dijo aquello, fue como si se cerrara algo, y todo acabó. Solo quedó el espejo. Pero yo pensé, bueno, que si tengo que hablar con él o con cualquier persona que haya muerto, ahora sé que puedo hacerlo. Desde luego que ha hecho usted [el doctor Moody] un descubrimiento importante. Deseo que siga adelante y que publique todo esto enseguida en los libros de psicología, porque le diré que yo no voy a hablar de ello con mis amigos, de momento. No creo que mis amigos lo entendieran, al menos en estos tiempos. Pero sé que algún día todo esto se aceptará, porque yo he visto a mi padre. Y he hablado con él.

En ciertos aspectos, el encuentro de esta mujer tiene grandes paralelismos con otra aparición facilitada, descrita por una mujer de unos cincuenta y cinco años.

[Antes de haber intentado siquiera la observación del espejo] tuve una visión de mi madre, que se suicidó en 1975. Mi abuelo, su padre, había sido pastor protestante, así que a mí me inculcaron la idea de que el suicidio era el más imperdonable de todos los pecados. De modo que, cuando ella murió, yo me quedé muy afectada por haberla perdido, pero más todavía por pensar que la había perdido para siempre. Cuando llegué a la capilla donde se celebraba el funeral, estaba verdaderamente dominada por el dolor que me producía todo ello. Pero oí una vocecita (yo digo que es una vocecita de Dios) que me hablaba; miré a mi derecha y vi arriba, cerca del techo, una visión de mi madre con Cristo; ambos caminaban juntos asidos de la mano, alejándose de mí. La imagen tenía todos sus colores naturales y era tan natural como la vida misma, pero mayor que el tamaño natural. Ambos volvieron la vista atrás por encima del hombro, me sonrieron y desaparecieron.

Aquello fue lo que me hizo emprender mi búsqueda espiritual. En aquel preciso instante supe que muchas de las cosas que me habían contado eran verdaderas.

Algo menos de un año más tarde, mi esposo, Bill, se mató. Llevábamos diez años casados. Yo llamo a aquella época «el año de mi noche oscura del alma». Desde entonces sigo un camino espiritual y he leído mucho. Sigo diciendo que he dejado la religión y he abrazado la espiritualidad.

He dedicado largos ratos a la meditación, y he intentado alcanzar un nivel profundo de meditación para comunicarme con mi esposo. En la época en que tuvo el accidente bebía demasiado, y muchos pensaron que podía haberse tratado de un suicidio. Aquello me inquietaba, y yo quería conectarme con él para tranquilizarme al respecto. La observación del espejo fue muy diferente [del incidente en la capilla]. Lo que vi y el modo en que ella me habló fueron muy diferentes. Me senté, pues, ante el espejo y me puse a mirarlo. Allí sentada, me empezaron a llorar los ojos y por eso me desenfoqué, en cierto modo. Tenía los ojos algo desenfocados, y no sé con seguridad cuánto tiempo pasé allí, quizás diez o quince minutos, quizás menos, y parecía que el espejo… perdí de vista el espejo, por así decirlo. En realidad, me faltan las palabras para describir ciertos aspectos de esto.

En realidad, perdí la sensación o la visión del espejo mismo y vi a mi madre. Al principio estaba muy lejos, y no era más que su cara, pero después empezó a acercarse, y cuando estuvo más cerca era más… no es que fuera fantasmal, en el sentido de que produjera miedo, pero no parecía tan sólida, ni sus colores eran tan vivos como antes.

Cuando llegó estaba rodeada de una especie de humo. Me sonrió y me llamó Birdie (Pajarito). Así me llamaba cuando yo era jovencita. Me dijo: «Birdie, he venido a verte porque Bill no puede venir. Yo estoy algo más avanzada que él, y él todavía tiene mucho que aprender. Está estudiando. Pero está a gusto, te quiere mucho y está bien».

En aquellos momentos yo estaba prestando más atención a lo que decía ella, y ella salió del espejo de algún modo. Era como si estuviera allí mismo, y nos dijimos un par de cosas más. Pero lo más importante era el aspecto de su rostro. Estaba radiante.

Yo empecé a sentir mucho calor, y no sabía si se debía a lo emocionada que estaba, o si era quizás la energía que la rodeaba a ella. Su voz sonaba… no sé… diferente de una conversación normal entre usted y yo. Para intentar describirla, le diré que yo he trabajado varios años como operadora en la compañía telefónica, y que en cierta época me ocupaba de las conferencias internacionales. Cuando conectábamos por líneas directas nuestra voz suena de una manera, pero cuando conectábamos vía satélite la voz tenía un timbre distinto.

Es la mejor manera que se me ocurre de describirle el sonido de la voz de mi madre. Era su voz. Era reconocible, pero no tenía un eco, sino esta diferencia que le digo.

No fue una cosa imaginada: era tan real como la realidad misma, y estuvo cargado de reverencia. Yo supe en mi corazón que si he de ver a mi marido él vendrá cuando tenga que venir. Sé que está vivo.

Lo curioso fue que mi madre estaba tan cerca de mí que yo podía haberla tocado. No sé qué habría sucedido si lo hubiera intentado. Sencillamente, yo estaba tan subyugada y me estaba concentrando tanto en lo que me decía y en mantener el contacto ocular con ella que no se me ocurrió extender la mano. Ojalá lo hubiera intentado, pues me pregunto qué habría sucedido si la hubiera tocado.

Creo que cuando le respondí no hablé en voz alta. Creo que simplemente le decía las cosas con la mente, pero no puedo estar segura de ello. Me parece que no hablé en voz alta. Tengo la impresión de que se trataba, más bien, de pensamientos. Pues ella me respondía inmediatamente, y en realidad yo no le hice muchas preguntas. En realidad, yo no me había esperado aquella oportunidad. Fue, sobre todo, una conversación en un solo sentido, de ella hacia mí. Era como si yo estuviera en una especie de limbo, más asombrada que otra cosa, y observándolo todo. En aquellos momentos yo lo estaba estudiando todo, la voz y el aspecto de ella. Parecía más joven y más delgada. Cuando murió, había ganado peso, aunque no estaba extremadamente gorda, y había pasado una temporada de mala salud. Murió a los cincuenta y dos años, pero yo la vi con el aspecto que tenía cuando yo tenía ocho o nueve años. Vi claramente sus labios y estudié la voz.

Fue maravilloso. Con toda seguridad, no son imaginaciones. Es algo que llega mucho más allá. Todo duró tal vez unos treinta o cuarenta minutos.

Al fin, ella se apartó un poco de mí. No volvió a entrar en el espejo. Toda la imagen se convirtió en una neblina tenue y después se disipó.

Más de un año después de la experiencia, y comentando sus efectos ulteriores, esta mujer dijo:

Ahora me ha sucedido periódicamente en dos o tres ocasiones que veo a mi madre cuando me encuentro en un estado de meditación profunda. Suele ser en momentos en que me enfrento con problemas difíciles, y ella no suele decirme más que: «Todo va bien» o «saldrás adelante».

Ya no temo la muerte; pero la verdad es que no la había temido desde que tuve la visión de Cristo con ella. Esta experiencia ha marcado una gran diferencia en mi vida, y creo que las personas que me rodean también se han beneficiado. Creo que todo esto se ha transmitido a otras personas. Si no hubiera estado tan bien asentada espiritual y psicológicamente cuando me sucedió aquello, podría haberme creído que me había vuelto loca.

Un hombre joven, de veintiséis años, que se encontró rodeado de apariciones de parientes suyos fallecidos, sí intentó tocarlos. Había acudido al psicomanteo con la esperanza de ver a una hermana suya que había muerto.

Yo estaba allí sentado, y de pronto pareció que tres personas aparecían en la habitación, a mi alrededor. Parecía que habían salido del espejo, pero yo pensé que una cosa así era imposible, de modo que me impresioné. No sabía qué estaba pasando.

Pensé por un momento que usted me pretendía gastar una broma. De modo que extendí la mano rápidamente intentando tocarlos; y, al hacerlo, mi mano apartó la cortina.

Seguía viéndolos. Observé bien a los tres. Allí estaba mi hermana Jill, pero también estaban otros dos: mi amigo Tod y mi abuelo. Parecía que todos ellos estaban vivos y me miraban. No oí ninguna voz; y verdaderamente no me llegué a comunicar con ellos. Todo fue muy rápido, y yo estaba bastante impresionado. No dijeron nada, pero tenían buen aspecto, y yo sentí que querían transmitirme el mensaje de que estaban bien.

La luz que los rodeaba era distinta; no era como la luz normal. Estaban iluminados. Parecían muy felices. Todo ello era completamente real. Sí, también sentí su presencia. Era exactamente como si estuvieran allí, en la sala, conmigo. Yo sentía que todos estaban allí de verdad.

Este joven bien puede comprender la frustración que sintió Odiseo cuando intentó abrazar a su madre. Pero cierta mujer joven que trabaja con niños discapacitados tuvo una experiencia muy diferente en el psicomanteo. Había estado muy unida a su abuelo, y su muerte la había dejado destrozada. Después de aquello, decía, había perdido su norte y su rumbo en la vida y había empezado a sentir que la vida no tenía sentido.

Mientras estaba en la sala de las apariciones, acudió a ella su abuelo. Ella no le oyó hablar, pero fue vivamente consciente de su presencia.

> Yo estaba deshecha en lágrimas, y sabía que era él. Entonces, cuando menos lo esperaba, él me estaba abrazando y limpiándome las lágrimas. Sentía su contacto exactamente igual que cuando estaba vivo.
>
> Nunca olvidaré mientras viva este día que he pasado en el Teatro de la Mente. Gracias por haber creado un lugar donde puede venir la gente a sanarse.

Otra mujer, de cuarenta y cuatro años, asesora, acudió al psicomanteo y se preparó para ver a su marido, que había muerto hacía unos dos años. Nos preparamos durante todo el día comentando las relaciones de ambos, y al anochecer ella entró en la sala de las apariciones.

> Cuando estaba allí dentro, no dejaba de pensar que veía algo en el espejo, hacia la derecha. Cuando miré al espejo e intenté enfocar la vista, la imagen desapareció. Después, me puse a observar el espejo y vi algo que parecía estar junto a mi hombro derecho, pero cuando me volví para mirar mi hombro, desapareció. Sí, parecía una persona, pero no podría decirle quién era. Vi una forma y supe que era un hombre, pero no tuve la menor idea de quién era. En realidad, pensé al principio que era usted. Pensé que quizás yo había pasado

allí tanto tiempo que usted había entrado para ver cómo me encontraba.

Aquel hombre estaba dentro y fuera del espejo a la vez. Salió, y por eso me volví y miré a mi derecha, y me pareció que en aquel momento estaba más bien fuera del espejo. En todo caso, no parecía un reflejo: era una forma real que salió del espejo; pero cuando me volví a mirarla había desaparecido.

Yo me estaba acalorando mucho porque la cosa no marchaba bien. [NOTA: Era verano, y todavía no teníamos aire acondicionado por entonces.] De modo que bajé al salón, y me sentí muy desilusionada, porque pensaba que no había dado resultado. Pensaba que la experiencia había sido interesante hasta cierto punto. Más tarde, me marché a mi casa, y aquella primera noche empecé a tener una clara sensación de que había alguien por allí. Me dormía, y era como si sintiera que había alguien en el dormitorio; me despertaba sintiendo todavía que había estado alguien conmigo, pero yo no sabía de quién se trataba.

A la segunda noche me desperté con la poderosa sensación de la presencia de mi padre en la habitación. Yo sabía que él intentaba hablarme, pero no sabía lo que me decía. Después de despertarme aquella vez no pude volver a dormirme.

Pues bien, a la noche siguiente me dormí y volvió a suceder. Era la tercera noche seguida que sucedía aquello, que yo me dormía y me despertaba sintiendo una presencia en la habitación. Cuando me desperté, olí en la habitación la loción que usaba mi padre después de afeitarse. Siempre usaba la misma. Yo estaba completamente despierta, y aquello no era un sueño. Era muy concreto, muy «aquí y ahora». Yo tengo sueños muy vívidos, de modo que conozco la diferencia.

Levanté la vista y vi que mi padre estaba de pie ante la puerta de mi dormitorio. Yo estaba acostada en la cama, pero me puse de pie y me acerqué a él. Me acerqué a cuatro pasos de él. Tenía el mismo aspecto de mi padre, pero no tenía el aspecto de enfermo que había tenido antes de morir. Lo veía de cuerpo entero, pero parecía más entrado en carnes que cuando murió. Cuando mi padre murió tenía setenta y seis años y parecía muy enfermo, pero cuando lo vi ante mí tenía mejor aspecto, más sano, como si todo fuera maravilloso.

No oí su voz, pero comprendí lo que me decía. No quería que me preocupara. Tuve la clara impresión de que me decía que todo iba bien. A mí me había hecho sufrir mucho la circunstancia de que mi padre hubiera muerto solo. No había estado nadie a su lado, y, cuando murió, surgieron muchos problemas, entre ellos la duda de si le habían dejado oxígeno suficiente para pasar la noche. Eso me había hecho sufrir demasiado, porque yo soy hija única y mi padre y mi madre estaban separados.

Pero, al verlo aquella noche, tuve la clara impresión de que estaba bien y de que me decía que no me debía preocupar por él, que todo estaba bien. Sencillamente, yo conocía sus pensamientos y él conocía los míos.

Y, después, simplemente desapareció. Yo me quedé despierta mucho rato. Me había encontrado verdaderamente en su presencia, y no quería perder aquella sensación.

Dos años más tarde, reflexionando sobre los efectos ulteriores de aquella experiencia, esta mujer dijo:

Desde aquella ocasión, siento mucha paz con respecto a mi padre. Cuando pienso en él ahora, no tengo la angustia que solía tener. Creo, decididamente, que la experiencia fue beneficiosa. Aun ahora, cuando la recuerdo, tengo una sensación buena, cálida, una verdadera paz, un sentimiento muy limpio.

He pensado mucho en ello, y creo que cuando entré aquella noche en la sala del espejo quizás fuera mi padre el que intentaba comunicarse conmigo. Podía haber sido mi padre, que estaba intentando comunicarse conmigo en esos momentos.

Ahora que he pensado en ello, creo que lo que intentaba hacer aquella noche era como si me hubiera puesto una gran sartén delante de la cara y hubiera abierto en ella un agujerito, diciendo: «Quiero ver a mi esposo», en lugar de quitarme la sartén de delante y estar abierta a quienquiera que viniera a mí. Me había forjado unas expectativas sobre lo que quería que sucediera. Así, cuando me forjé aquellas expectativas, no podía hacer nada. Me había limitado mucho.

Creo que si hubiera estado más abierta a quien hubiera querido venir, si hubiera dicho que quería ver a quien viniera, lo hubiera visto aquella noche. Lo creo de verdad. Con todo el calor que hacía, creo que hubiera tenido la experiencia con mi padre aquella noche, en lugar de tenerla tres noches más tarde.

Este tipo de experiencia, que recuerda a la incubación de sueños, ha resultado ser una pauta recurrente entre los visitantes del psicomanteo. La persona no vive ninguna experiencia en el psicomanteo, o vive una experiencia mínima, pero tiene una aparición espectacular al volver a su casa. Por ejemplo, una conocida periodista de poco más de sesenta años, acudió al Teatro de la Mente con la esperanza de ver a su hijo, que se había suicidado hacía cerca de un año.

Tuve la aparición de mi hijo varias horas después de haber estado en la cámara oscura, y hasta la fecha sigo viéndola con tanta claridad como veo esa cafetera que tengo delante ahora mismo. Veo esa cara. Si yo fuera dibujante, la podría dibujar.

Cuando volví al hotel donde me alojaba [después de pasar el día en el psicomanteo], me metí en mi habitación, y era muy consciente de que estaba sola en una ciudad extraña. Mi habitación estaba en la planta baja, y yo tuve cuidado de cerrar la puerta con llave y de echar el cerrojo. Después, hice varias llamadas telefónicas, porque estaba muy emocionada por la jornada que había pasado en el Teatro de la Mente y quería ponerme en contacto con mi casa. A continuación, me metí en la cama y me quedé profundamente dormida. No sé exactamente qué hora era cuando me desperté, pero cuando lo hice sentí en la habitación una presencia, y había un joven de pie en la habitación. Estaba de pie entre el televisor y el tocador.

En un primer momento estaba bastante inexpresivo, y me miraba. Yo tenía tanto miedo que mi corazón latía a cien por hora. Me alegro de haber estado en una cama grande, porque creo que de otro modo me hubiera caído al suelo, de miedo que tenía.

La idea que me pasaba por la cabeza era: «¡Dios mío, la habitación debe de tener otra entrada!». Tan real parecía, allí de pie. Y aquello no era un sueño. Yo estaba completamente despierta. Lo vi con claridad, todo su cuerpo; pero no le vi los pies. Lo miré y me miró. No sé cuánto duró aquello, pero duró lo suficiente como para que yo me asustara; y, por cierto, yo no soy persona que me asuste fácilmente.

Pero entonces me di cuenta de que estaba teniendo una aparición, de que aquél era mi hijo. No se le parecía en un principio; pero, después, atando cabos, me di cuenta de que era él. De hecho, tenía exactamente el aspecto que había tenido hacía unos diez años.

Yo me quedé muy sosegada después de aquello. Me tranquilicé mucho con respecto a mi hijo, sabiendo que está bien y que me quiere. Creo que aquel viaje para pasar por todo esto fue un giro radical para mí. Fue una experiencia maravillosa.

[Un año y medio después] Sigo manteniendo muchos contactos con él. Como hice aquel viaje de manera abierta, creo sinceramente que aquel viaje abrió algo para mí. Ahora suelo estar en contacto con él con bastante frecuencia, y es muy interesante, porque conozco la diferencia entre la imaginación y lo que me está pasando. Esto es *muy* diferente.

Un hombre de algo más de cincuenta y cinco años que había perdido a su hija cinco años antes en circunstancias muy trágicas acudió a mi centro porque se había sentido incapaz de resolver su dolor desde la muerte de ella. No la vio en la sala de las apariciones. Pero dos días más tarde recibí una llamada telefónica suya en la que me describió un encuentro fascinante que había tenido en la noche anterior.

Me acosté hacia las once y media, después de ver las noticias de la noche en la televisión, y me quedé dormido casi en cuanto toqué la almohada con la cabeza. De pronto, me desperté y me incorporé hasta quedarme sentado en la cama. Supe que mi hija estaba en la habitación. Eran las dos y treinta y siete de la madrugada. Lo sé porque vi la hora en el reloj digital luminoso que está en el tocador, a los pies de mi cama.

Jane estaba allí, junto a la cama. Yo tenía la misma sensación que solía tener cuando ella llegaba a casa de la universidad; llegaba tarde a casa y entraba en nuestro dormitorio. Era como si hubiera llegado de la universidad y hubiera entrado para saludarme y para que yo viera que ya estaba en casa.

Tenía un aspecto maravilloso. Brillaba: estaba iluminada, preciosa. Estaba feliz y chispeante. No dejaba de decirme algo. (Yo no oía su voz, ni un solo sonido, pero ella me enviaba o me dirigía aquellos pensamientos. Los pensamientos eran tan fuertes que era casi como oírlos, rozando el umbral de la audición. Me decía: «Tienes que tranquilizarte. Tranquilízate un momento». Sonreía, y yo le veía la cara claramente.

Entraba la luz de la calle por las persianas y yo podía verla bien. Ahora bien, debo decirle que yo estuve completamente despierto todo el tiempo, sin duda alguna. Y ya sabe usted que yo no soy persona dada a imaginarme cosas.

Era mi hija. Me decía que todo marchaba bien, que ella estaba bien. Yo sentí, o ella me dijo, que la muerte no era ni mucho menos como yo me imaginaba. Estaba contenta, y sonreía. No dejaba de decirme: «Tranquilízate; relájate.

No puedo quedarme mucho tiempo, pero no tienes de qué preocuparte. Estoy bien». Y eso fue todo. Después dijo: «Adiós, de momento», y desapareció.

Esta experiencia duró unos cuatro minutos, según el reloj. Yo la vi claramente todo el tiempo, y había una sensación completa de su presencia. Sí: sentí su presencia en la habitación, como se siente la de cualquier otra persona. Parecía que estaba muy bien. Parecía muy contenta, como si se estuviera divirtiendo y pasándolo bien.

Aquello no fue un sueño. Era una simple experiencia como la que se puede tener con cualquier ser humano. Aquello me dejó completamente tranquilizado con respecto a ella. No me cabe duda de que está viva y de que volveré a verla algún día.

Yo estaba a unos noventa centímetros de ella. Ella estaba de pie junto a la cama. Yo estaba sentado en la cama y no sabía si acercarme a ella o no. No sabía si debía intentar tocarla o no, y la impresión que tengo es que ella me decía o me daba a entender que no debía intentar tocarla en ese momento, que tenía que tranquilizarme y relajarme.

Cuando se marchó, fue instantáneo, como cuando se apaga una luz con un interruptor. Dijo o pensó: «Adiós, de momento», y desapareció. Quise llamarlo a usted enseguida, pero después reflexioné que no estaba bien llamarlo en plena noche para contarle todo esto.

Como consecuencia de este tipo de experiencias, he adoptado la política de informar a los visitantes del psicomanteo de que es posible que tengan apariciones después de que vuelvan a sus casas. En concreto, con cada nuevo visitante que acude al Teatro de la Mente aprendo algo más sobre la evocación de los difuntos, y sigo revisando el procedimiento en consecuencia. También he empezado a explicar a los consultantes de apariciones que su aparición puede tener lugar principalmente de forma auditiva más que visual, como en los tres casos que expongo a continuación.

Una psiquiatra de algo menos de cuarenta años vino al psicomanteo con la esperanza de ver a su padre, que en sus últimos años
de vida, enfermo físicamente, había dirigido a algunos miembros
de su familia insultos y acusaciones. La psiquiatra habia traído una
muestra de las obras de artesanía de su madre, una repisa de madera hábilmente construida que ella todavía guardaba con cariño, así
como algunas fotos de familia. El padre había muerto tres años antes,
y en sus últimos años las relaciones entre ambos habían sido muy
tensas y conflictivas, y su padre la había tratado de manera muy
desagradable. Después de su sesión en la sala de las apariciones,
contó lo siguiente:

> Pasé bastante rato allí sentada sin que sucediera nada. Vi
> en el espejo diversas imágenes, formas y colores; sobre todo,
> formas geométricas. Después, al cabo de cierto tiempo, oí de
> pronto, con sorpresa, que me hablaba mi abuela. Oí clara-
> mente su voz, que no había oído desde que ella murió hace
> varios años. Me habló, y era exactamente su voz, y me llamó
> con un nombre familiar mío.
>
> —¿Eres tú, abuela? —dije.
>
> —Sí, soy yo —dijo ella.
>
> Después añadió:
>
> —Estoy aquí con Howard y Kathleen —la hermana y el
> hermano de mi padre, que habían muerto antes que ella—,
> y tu padre está aquí.
>
> —¿Puede venir a hablar conmigo —pregunté yo.
>
> —No —dijo ella—; dice que le da vergüenza hablar.
>
> Yo estoy segura de que mi padre estaba avergonza-
> do por la frialdad con que había tratado a sus hijos en los
> ocho últimos años de su vida. También creo que tenía ciertas
> ideas paranoicas y erróneas sobre sus seres queridos: pensa-
> ba que queríamos quitarle sus cosas. Evidentemente, ahora
> sabe que nosotros no éramos así, y se avergüenza de algunas
> cosas que dijo, que eran terribles.

Cuando estuve allí en la sala del espejo, sentí la presencia de mi abuela. Era como si ella estuviera próxima. Desde luego, no era como hablar con ella por teléfono. El carácter de la voz era como un recuerdo auditivo directo o como una representación interna real de la voz de mi abuela. Sonaba exactamente como su voz. *Era* su voz. Y no es una cosa como las que uno se imagina cada día. Sucedió de verdad. No sonaba en absoluto como un teléfono o como una voz que viene por un alambre.

Naturalmente, he tenido muchos pacientes esquizofrénicos que dicen que oyen voces, pero suelen describir voces que les dan órdenes o que los critican, o bien simples murmullos o zumbidos. Pero la voz de mi abuela era una voz de amor, una voz familiar. En realidad no sé qué era esto: no lo comprendo. Pero sentí, en efecto, su presencia allí en la sala del espejo, y no la esperaba en absoluto.

Otro visitante de mi oráculo de los muertos que oyó una voz preternatural era un hombre de unos veinticinco años. Esto fue lo que contó:

Al cabo de un rato, creo que no pasó de cinco minutos, empecé a oír la voz de una amiga mía que murió hace dos años en un naufragio. Era ni más ni menos como si me estuviera hablando. Era maravilloso. No estoy hablando de pensamientos, ni de sueños ni de imaginaciones. Nunca había oído nada semejante.

Simplemente, me habló, y me dijo que estaba maravillosamente allí donde estaba. Yo oía cada palabra clara y distintamente. Tenía un timbre especial; creo que como un eco, o como un eco lejano, como si me estuviera hablando por un tubo de hojalata. Pero era su voz, sin duda.

Su muerte me había entristecido mucho. A todos nuestros amigos también. Yo no había conocido hasta entonces ninguna muerte entre mis amigos o en mi familia.

Era la primera vez que me sucedía algo así. Y, naturalmente, deseaba haber podido despedirme de ella, o haberle dicho que pensaba en ella.

De modo que esta fue una experiencia maravillosa. Fue una presencia absolutamente tranquilizadora, como si hubiera estado con ella. Y fue así. Estuve con ella. No la vi, pero fue exactamente como si ella estuviera allí, aunque no tuve ninguna visión. No la vi, pero desde luego que la oí.

No lo entiendo; no soy capaz de explicarlo, pero sé que ella estaba conmigo y que me habló. Pasó de alguna manera, pero no sé cómo pasó. Sé que ella está viva en alguna parte y que me habló con su voz.

Otro hombre, un médico, que vino al psicomanteo, describió también este mismo fenómeno.

En realidad, yo no había pensado reunirme con mi sobrino en la sala de las apariciones. Pasé allí sentado un rato que me pareció muy largo. Allí sentado, intentaba forzar muchas cosas, muchas cuestiones que he estado meditando, y no salía nada que tuviera algún significado para mí. Mientras intentaba forzar todas estas cosas, de pronto intenté dejar de hacerlo y procuré sentarme cómodamente y relajarme. Pensaba: «Bueno, no voy a ser capaz de ver nada».

De pronto, tuve una sensación muy fuerte de la presencia de mi sobrino, que se había suicidado. Yo estaba muy unido a este sobrino mío, que llevaba mi nombre de pila y el de mi padre.

Tuve una sensación muy fuerte de su presencia, y oí su voz con mucha claridad. Me hablaba. Me saludó y me transmitió un mensaje muy sencillo. Me dijo: «Di a mi madre que estoy bien y que la quiero mucho».

Esta experiencia fue muy profunda. Sé que él estaba allí conmigo. Yo no vi nada, pero tuve una sensación muy fuerte de él y de su presencia. Esta voz que oí era muy diferente de un simple pensamiento, y tampoco fue exactamente como la experiencia normal de oír una voz. Es como si le hablaran a uno mentalmente. No soy capaz de decir exactamente lo que es, pero sí soy capaz de decir lo que no es. Es una forma de comunicación. Estoy seguro de que entré en comunicación con mi sobrino.

La experiencia de este médico también ejemplifica algunos de los difíciles dilemas que pueden provocar estas reuniones transdimensionales en cuanto a las relaciones personales. El médico se sentía completamente seguro de haber estado verdaderamente en la presencia de su sobrino fallecido. También se sentía obligado a hacer lo que había acordado, es decir, a transmitir el mensaje de su sobrino. Pero cuando el médico se marchó del psicomanteo no estaba seguro de cómo reaccionaría su hermana ante la noticia: si creería que se había vuelto loco. Me dijo que había pensado, de momento, abordar el tema exponiendo su vivencia como si se hubiera tratado de un sueño muy vívido y realista, aunque le parecía que este enfoque indirecto era engañoso, y no creía que aquello fuera ser sincero del todo.

Pero cuando volví a hablar con él ocho meses más tarde todo se había arreglado. Resultó que su familia era muy comprensiva acerca de estas cosas y que todo marchaba bien.

La experiencia de escuchar las relaciones de estos fenómenos ha sido uno de los puntos culminantes de mi vida; pero, además, mi participación en el proyecto del psicomanteo me hizo mantener un encuentro personal que cambió significativamente mi visión de la vida. Desde el principio de esta investigación, yo no tenía claro si debía participar yo mismo en ella como sujeto del experimento. Por una parte, si lo hacía y tenía un encuentro en forma de aparición, quizás perdiera cierto grado de objetividad. Limitando mi participación al papel de investigador —razonaba—, podría evaluar las relaciones de los sujetos desde una postura más neutral. Por otra parte, el deseo de probar personalmente el procedimiento era muy grande, pues desde mi infancia me ha fascinado la conciencia y quería conocer de primera mano lo que es ver una aparición.

Al cabo de un tiempo, caí en la tentación y me dispuse a hacer un viaje por el Reino Medio. No obstante, en aquella época yo estaba convencido sinceramente de que podía hacerlo sin poner en peligro mi objetividad. Pues, francamente, lo que más me inquietaba de los relatos que oía contar a los sujetos que salían de la sala de las apariciones era que estaban convencidos de que sus reuniones visionarias eran reales y de que no eran fantasías. Esto resultaba especialmente incomprensible teniendo en cuenta que yo había seleccionado intencionadamente a personas muy asentadas y razonables como sujetos del experimento. Al principio supuse que cualesquiera de ellos que tuviera un encuentro de este tipo llegaría a la conclusión de que no era posible determinar si era real o no. Cuando emprendí mi aventura personal, estaba convencido de que si veía una aparición, yo sería diferente. «¡Si *yo* tengo una experiencia así, no me voy a dejar engañar!», pensaba. «Me daré perfecta cuenta de que no hay manera de saber con seguridad si tales encuentros son unos contactos verdaderos con los difuntos». Así pensaba yo; pero la realidad fue distinta.

Fue muy natural que yo eligiera a mi abuela materna como persona a la que intentaría ver. Yo nací durante la Segunda Guerra Mundial, y mi padre tuvo que partir para el frente el mismo día en que nací yo. No regresó hasta dieciocho meses más tarde. Mi madre era uno de los dieciséis hijos de una familia muy unida, y en tales circunstancias la madre de mi madre se hizo cargo de muchas de las tareas propias de los padres. Yo siempre vi a mis abuelos maternos como a unos segundos padres.

En aquellos años estuve muy unido a mi abuela materna, y siempre me pareció que su casa era mi verdadero hogar. Era una persona muy amable, sabia y comprensiva que había desempeñado un papel importante en mi vida.

Dediqué muchas horas de un día a prepararme para mantener una reunión visionaria con ella. Pasé revista mentalmente a docenas de recuerdos e intenté evocar un sentimiento profundo de su amabilidad y de su ternura. Pero todo esto no sirvió de nada, y cuando me senté en la cámara de las apariciones solo vi unas imágenes pasajeras en las profundidades del espejo y no sentí ni la menor vibración de su presencia. Pasado un tiempo sin que hubiera sucedido nada espectacular, supuse que yo estaba inmunizado por algún motivo contra las reuniones visionarias.

Pero cosa de dos semanas más tarde tuve un encuentro que considero como uno de los dos o tres sucesos que más han marcado mi vida entre todos los que he vivido, y que ha alterado casi por completo mis conceptos básicos de la realidad. En muchos sentidos, ni siquiera siento que soy la misma persona desde aquel evento; y estoy seguro de que muchas personas que han presenciado apariciones deben de compartir este sentimiento. También quiero describir mi propia reunión visionaria para exponer algo que todos los demás sujetos también han destacado. Estas experiencias son, en el fondo, inefables: es muy difícil o incluso imposible explicarlas con palabras. Pero ahora que ha pasado más de un año de aquel suceso todavía me siento totalmente incapaz de albergar la más mínima duda de que me encontré en presencia de una persona fallecida y de que mantuve una larga conversación con ella.

Yo estaba sentado en una habitación cuando, sencillamente, entró una mujer. En cuanto la vi, tuve una cierta sensación de que me resultaba familiar, pero todo había sucedido tan deprisa que tardé algunos momentos en recobrar la compostura y en saludarla con educación. Al cabo de un tiempo, probablemente menos de un minuto, me di cuenta de que esta persona era mi abuela paterna, que había muerto hacía algunos años. Recuerdo que me llevé las manos a la cara y exclamé: «¡Abuela!».

En aquel momento yo la estaba mirando directamente a los ojos, asombrado, como mínimo; y ella me confirmó su identidad de una manera muy amable y llena de amor, y me llamó con un mote cariñoso que, afortunadamente, solo ella me había aplicado cuando yo era niño. En cuanto me di cuenta de quién era esta mujer, un río de recuerdos me inundó la mente; aunque debo reconocer que muchos de ellos eran francamente desagradables. Pues si bien mis recuerdos de mi abuela materna son positivos en su inmensa mayoría, mis tratos con la madre de mi padre habían sido otra cuestión muy diferente. Uno de los recuerdos principales que tengo de ella es que pasé más de veinte años oyéndola decir: «¡Estas son mis últimas Navidades!», en las festividades correspondientes de cada año. Cuando yo era muy pequeño me advertía constantemente de que iría al infierno si transgredía alguno de los muchos mandamientos de Dios, y en cierta ocasión, cuando yo tenía cuatro años, me lavó la boca con jabón por haber pronunciado una palabra que a ella no le parecía correcta. Otra vez, cuando yo era niño, me dijo con toda la seriedad del mundo que volar en avión era pecado. Solía ser cascarrabias y negativa.

Pero, cuando la miré a los ojos, advertí enseguida que la mujer que se encontraba ante mí se había transformado de una manera muy positiva. Sentí que recibía de ella calor y amor mientras ella estaba delante de mí, y una empatía y una compasión que yo no era capaz de comprender. Y lo mejor de todo era que tenía un aspecto de confianza y de humor y estaba rodeada de un aire de alegría tranquila y callada.

Tardé poco en darme cuenta de que si no la había reconocido en un primer momento era sencillamente porque parecía más joven que cuando había muerto; de hecho, parecía más joven todavía que cuando yo nací. No recuerdo haber visto nunca ninguna foto suya tomada cuando tenía la edad que aparentaba en este encuentro, pero, en todo caso, esto no tiene importancia, pues, en realidad, si la reconocí no fue en absoluto por su aspecto físico. Supe quién era, más bien, por su presencia inconfundible y por los muchos recuerdos que repasamos y que comentamos sobre los tiempos que pasamos juntos. En una palabra: esta mujer era mi difunta abuela, ni más ni menos. La habría reconocido en cualquier parte, como suele decirse.

Lo primero que quiero destacar es la completa naturalidad que tuvo este encuentro. Yo no lo calificaría de ningún modo de «fantasmagórico» ni de raro, y, a diferencia de lo que sucede en las películas, desde luego que no sonó ninguna música de fondo misteriosa durante el encuentro. En realidad, yo diría que aquella fue la conversación más normal, cuerda y satisfactoria que he tenido nunca con ella, viva o muerta. Suelo decir que parece que la muerte le ha sentado muy bien. En nuestra reunión hablamos exclusivamente de las relaciones entre los dos. Yo no dejaba de estar maravillado de encontrarme ante una persona que ya había fallecido, pero esto no fue obstáculo para nuestras comunicaciones. Ella estaba allí, delante de mí, no cabe duda de ello, y, aunque era una cosa sorprendente, yo me limitaba a aceptarlo y seguía hablando con ella.

Hablamos de los viejos tiempos, de incidentes concretos de mi infancia, y ella me recordó detalles concretos de varios sucesos que a mí se me habían olvidado. También me reveló un asunto muy personal sobre la situación de mi familia cuando yo era niño, lo cual fue una gran sorpresa para mí; pero, ahora que he dado vueltas a la cuestión, me parece muy lógico y me permite comprender muchas cosas. Como ha pasado mucho tiempo y es una cuestión que afecta a personas que ahora son mayores, he optado por no dar más detalles al respecto; pero el caso es que su información ha sido muy importante para mi vida y que me siento mucho mejor por haberla oído de sus labios.

Digo «oído de sus labios» casi en el sentido literal de la palabra, pues oí claramente su voz inconfundible; la única diferencia era que tenía ciertos matices nítidos y eléctricos. Parecía algo más clara y un poco más fuerte que la voz que había tenido antes de morir, y tenía un timbre que no soy capaz de describir exactamente con palabras. Muchas personas que ven apariciones afirman que mantuvieron comunicaciones telepáticas o «mente a mente» con la presencia, y ahora entiendo bien lo que quieren decir. Pues si bien la mayor parte de mi conversación con mi abuela tuvo lugar por medio de la palabra hablada, algunas veces yo me daba cuenta inmediatamente de lo que pensaba ella, y advertía que a ella le sucedía lo mismo con lo que pensaba yo.

Ella no tuvo el más mínimo aspecto insustancial, es decir, «fantasmagórico» o transparente, durante nuestra reunión. Parecía completamente sólida en todos los sentidos. Pero, por algún motivo, no me permitió tocarla. Dos o tres veces me acerqué espontáneamente a ella con la intención de abrazarla, y en cada una de las ocasiones puso las manos ante ella y me hizo señas, firme pero calladamente, de que retrocediera. No tengo la menor idea de por qué, si ella recurrió con tanta insistencia a la comunicación verbal durante todo el encuentro (tal como había hecho en vida), no hizo lo mismo en aquellas pocas ocasiones en que intenté tocarla.

No parecía distinta de ninguna otra persona, con una excepción. Si bien no existen palabras para expresar esta diferencia, he encontrado un modo relativamente aproximado de exponerla. Intento explicar a la gente que cuando miraba directamente a mi abuela, con su cabeza y tronco en mi campo de visión, veía que se producía hasta una distancia de tres a cinco centímetros de su cuerpo un fenómeno que podría describir de dos maneras diferentes. Podría llamarlo una luz intensa, o bien podría decir que era un nicho en el espacio, como si ella estuviera distanciada o retraída de alguna manera del resto del entorno físico. Comprendo que esto parecerá imposible a muchos lectores. ¿Cómo puede un mismo fenómeno describirse como una luz o como un nicho en el espacio? —se preguntarán—. Sé que no tiene sentido en su expresión literal, pero confío en que muchas personas que han visto apariciones de los difuntos comprenderán con exactitud lo que intento describir.

No tengo idea de cuánto tiempo de reloj duró esta reunión. Me pareció mucho tiempo, desde luego, pero yo estaba tan absorto en la experiencia que no se me ocurrió pensar en ello. En cuanto a pensamientos y sentimientos que intercambiamos los dos, serían unas dos horas; pero tengo la impresión de que probablemente duró menos en términos del tiempo que llamamos «real».

Y ¿cómo terminó nuestra reunión? Pues bien, yo me sentía tan abrumado y asombrado por todo que decidí que ya había visto lo suficiente del Reino Medio para una temporada y que necesitaba algún tiempo para asimilarlo. De modo que me limité a despedirme de ella y ambos quedamos en que volveríamos a vernos; después, sencillamente, salí de la habitación. Cuando volví a entrar, ella no estaba visible en ninguna parte, tal como yo suponía.

Puedo decir con alegría que lo que tuvo lugar aquel día entre mi difunta abuela y yo sirvió para sanar por completo nuestras relaciones, además de dejarme la certeza perdurable de que aquello que llamamos muerte no es el final de la vida. Las asperezas que había entre ambos han quedado completamente limadas, y, por primera vez en mi vida, aprecio su sentido del humor y comprendo en parte cuánto tuvo que luchar ella durante su vida. Ahora la quiero de una manera completamente nueva, y espero el momento de volver a verla cuando llegue mi propia transición.

Todos los que hemos tenido un encuentro de este tipo debemos comprender que los que no los han tenido no pueden menos de suponer que somos víctimas de alucinaciones. Por mi parte, lo único que puedo decir es que he conocido personalmente muchos estados alterados de la conciencia. Tengo bastante experiencia con los estados hipnagógicos, el trance hipnótico y los sueños lúcidos; he pasado por estados de delirio por episodios de hipotiroidismo, y una vez tuve alucinaciones después de sufrir una operación. Pero lo que viví con mi abuela, fuera lo que fuese, no estaba relacionado con estos otros estados alterados de la conciencia. Mi reunión visionaria era completamente coherente con la realidad ordinaria en estado de vigilia que he conocido toda mi vida. Si tuviera que tachar este encuentro de alucinatorio, tendría que tachar también de alucinatorio el resto de mi vida.

Naturalmente, no pretendo con todo esto convencer a nadie de la realidad de mi reunión con mi abuela. Más aún: el suceso me ha convencido de que no tiene el menor sentido intentar convencer de tales cosas a ninguna otra persona. Si otra persona tiene personalmente una reunión visionaria, no necesita que la convenzan. Pero si la persona no ha tenido una experiencia de este tipo, las palabras no bastan en absoluto para transmitirle una noción de lo que es el episodio. Lo único que pretendo al describir mi experiencia es, más bien, ilustrar lo absolutamente reales y convincentes que son estas experiencias para los que las viven.

Pero mi encuentro me ha ayudado a comprender con mayor claridad por qué los consultantes de apariciones no ven necesariamente a la misma persona a la que se proponen ver. A la luz de mi experiencia, sospecho que los sujetos que siguen este procedimiento tienden a ver a las personas a las que *necesitan* ver, más que a las que *quieren* ver. En mi caso, mis relaciones con mi abuela materna ya eran buenas de por sí, mientras que en mis relaciones con mi abuela paterna existían asperezas. Era más probable que me beneficiara más una reunión con una persona con la que todavía tenía dificultades. Naturalmente, muchos sujetos desean ver precisamente a la persona a la que necesitan ver. Si la necesidad coincide con el deseo, la reunión se produce según los planes; en caso contrario, puede imponerse la necesidad.

Por otra parte, cierto detalle de mi experiencia me mueve a presentar públicamente mis disculpas a mi vieja amiga, la doctora Elisabeth Kubler-Ross. En 1977, Elisabeth me relató su propio encuentro con una conocida suya fallecida. Si no recuerdo mal su relato, Elisabeth caminaba cierto día por un pasillo hacia su oficina y se encontró con una mujer que estaba de pie en el pasillo. Las dos mujeres entablaron conversación, y Elisabeth invitó a la otra mujer a entrar en su oficina. Al cabo de un rato, Elisabeth se inclinó hacia la mujer y, con notable asombro, le dijo: «¡La conozco!». Había reconocido a la mujer, una tal «señora Schwartz», una paciente suya con la que había intimado y que había muerto algunos meses atrás. La señora Schwartz confirmó su identidad, y las dos siguieron hablando durante cierto rato.

Recuerdo que cuando Elisabeth me contó este relato yo protesté vigorosamente. «Elisabeth, ¡aclárate! (dije). Si era una persona a la que conocías tan bien, ¿cómo es que no la reconociste desde el primer momento?». Pero ahora, dieciséis años después, puedo decir con sinceridad: «Elisabeth, ¡ahora lo comprendo! ¡Las personas que vuelven de entre los muertos no tienen exactamente el mismo aspecto que tenían en vida, pero se reconoce en ellas a quienes eran, en todo caso!».

Los experimentos del psicomanteo fueron inspirados, en parte, por ciertas anomalías y curiosidades de la literatura; y los resultados del proyecto pueden servir, a su vez, para aclarar ciertos detalles enigmáticos de aquellos mismos relatos. Por ejemplo, tanto en la escena del Hades de la *Odisea* como en el mito de la tinaja de Pandora se habla de una multitud o turba no deseada e incontrolada de espíritus que salen del espejo. Lo mismo ha pasado algunas veces en mi nuevo psicomanteo. Y como no sucedió en una tinaja, pero sí en una cámara de las apariciones semejante a una caja, parece apropiado llamarla «la experiencia de la caja de Pandora».

Una médica que vino con la esperanza de recibir una visita de su madre fallecida, la vio, en efecto, e incluso oyó que su madre le hablaba. Pero poco después apareció en el espejo toda una turbamulta de otros espíritus, a ninguno de los cuales reconoció la observadora, intentando llamarle la atención y hacerse escuchar. Llegado este punto, la doctora decidió que ya tenía suficiente de momento, y, espantando a la multitud con gestos de la mano, se puso de pie y abandonó el psicomanteo, con la intención de aclarar sus ideas y de replantearse su estrategia durante un rato. Otros dos visitantes del psicomanteo tuvieron una experiencia idéntica, y alguno comparó la situación con la de una fila de personas que hicieran cola ante una cabina telefónica, todas ellas impacientes y deseosas de hacer sus llamadas.

Odiseo dijo que cuando se reunió «un sinnúmero de difuntos con gritería inmensa», lo dominó «el pálido terror» y se apresuró a marcharse del Oráculo de los Muertos y a embarcar en su nave. Y todos concuerdan en que lo que se liberó cuando Pandora levantó la tapa de la tinaja de su marido era una colección de horrores sin nombre. Pero, si hemos de dar fe a mis descubrimientos, las reacciones que se atribuyen a Odiseo y a Pandora pueden ser meras licencias poéticas. Pues, hasta el momento, todos los sujetos que han presenciado el agolpamiento de una multitud de espíritus en un psicomanteo moderno han reaccionado de manera positiva: aquello despertó su curiosidad y no les produjo el más mínimo temor. Todos los que me han descrito tal experiencia lo han hecho con sonrisas de incomprensión en el rostro.

No obstante, aunque todos estos episodios no han provocado más que perplejidad, o incluso franca diversión, entre los consultantes, supongo que sí pueden llegar a enojar mínimamente en el caso de que algunos espíritus molestos y pertinaces se aparezcan en un psicomanteo y se pongan pesados. ¿Qué sucedería, por ejemplo, si un vendedor espectral de productos para el hogar se presentara en la sala de observación de una persona y quisiera quedarse toda una larga noche para hacer una presentación? O, peor todavía, ¿y si se materializa el fantasma de un fundamentalista, todavía rígidamente irreductible, con una fantasmal Biblia del rey Jacobo en la mano, y pretende pronunciar un sermón de esos que hablan del fuego del infierno? Algo igualmente inquietante fue lo que sucedió verdaderamente a Sarah Skelhorn, observadora británica del siglo XVI, en su psicomanteo doméstico. Dijo que los espíritus que se le aparecían en el espejo solían seguirla por toda la casa, de habitación en habitación, hasta que al fin ella se cansó de que anduvieran siempre por la casa.

Aunque debo reconocer que mi primera motivación para emprender este proyecto fue la curiosidad, pronto me di cuenta de que jamás debemos perder de vista la importancia que tienen en estas investigaciones el dolor y el sufrimiento por la pérdida de seres queridos. Cuando concebí por primera vez esta empresa, intenté evitar que mis experimentos se contaminaran con la introducción de elementos emotivos perturbadores. Así pues, cuando expuse el proyecto ante el primer grupo de voluntarios en potencia, les concreté que debían elegir a una persona fallecida con la que no tuvieran cuestiones pendientes de resolver. Varios hicieron gestos de desaliento y repusieron que ellos *deseaban* ver a ciertas personas con las que tenían asuntos pendientes. Algunos indicaron que, al fin y al cabo, las relaciones entre dos personas, vivas o muertas, nunca están completamente equilibradas. En la práctica, yo he llegado a advertir en el transcurso de estas investigaciones que es imposible llevar adelante el trabajo de un psicomanteo sin permanecer sintonizados con la profunda relevancia para la vida humana del dolor por la pérdida de seres queridos.

Pero, en lo que se refiere a los horizontes, ¿por qué líneas se podrá conducir esta investigación en el futuro? Y ¿qué aplicaciones podrán tener estos descubrimientos?

El hecho de comprender la mente humana tiene un valor intrínseco. Experimentar apariciones de los difuntos es una facultad de la mente, una facultad que ha dejado su huella en la historia, en la literatura y en la religión, y que sigue influyendo sobre la cultura contemporánea. Llevar el funcionamiento de esta facultad hasta la esfera de las decisiones deliberadas es iluminador por sí mismo, y puede llevar a una comprensión más rica de las capacidades y de las limitaciones de la mente. Estos encuentros, por su existencia misma, dan fe de lo maravillosa e insondable que es la conciencia.

Paradójicamente, un planteamiento que comenzó negando la posibilidad de confirmar o de refutar científicamente ciertos hechos supuestamente paranormales nos ha llevado a desarrollar ciertos medios por los cuales un fenómeno que ha sido considerado paranormal por muchas personas desde hace mucho tiempo ya se puede observar en circunstancias controladas. Ahora será posible realizar estudios electroencefalográficos (es decir, de observación de las ondas cerebrales) mientras el sujeto tiene una visión de un difunto. Si las investigaciones futuras demuestran su pertinencia, una técnica llamada tomografía de emisión de positrones permitirá, incluso, trazar mapas precisos de la emisión metabólica en el cerebro durante estos encuentros.

Una de las objeciones clásicas que se formulan a la posibilidad de estudiar científicamente las apariciones está relacionada con el hecho de que siempre existe un intervalo de tiempo significativo entre el suceso en sí y su descripción a un investigador. Como las apariciones de los difuntos siempre se relatan después de los hechos, a veces mucho después, son susceptibles de distorsiones y ampliaciones inconscientes por la memoria. La técnica presente salva esta limitación permitiendo a los investigadores entrevistar a los sujetos inmediatamente después del suceso, o puede que, incluso, durante el suceso mismo.

Una ampliación del método actual debería posibilitar la facilitación de apariciones colectivas ante varios sujetos a la vez, todos los cuales hayan conocido a una misma persona difunta. Se han documentado apariciones especulares colectivas de los difuntos, y algunas relaciones antiguas tales como las de Heródoto dan a entender que estas apariciones tenían lugar en los psicomanteos. Esto me hace confiar en que esta línea de investigaciones dará frutos con el tiempo. El caso es que me manejo mejor en el trato con una sola persona, y en grupo me siento incómodo y torpe; por ello, no voy a dedicarme activamente a estas investigaciones. Espero que mis colegas, que dominan mejor el arte de dirigir actividades en grupo, lleven a cabo el proyecto. Bien puede suceder que el éxito de esta misión nos enseñe algo acerca de la dinámica de los fenómenos visionarios colectivos, unos sucesos que han desempeñado un interesante papel en la Historia.

Algunos estudiosos mantienen que la creencia, extendida por todo el mundo, en la supervivencia tras la muerte corporal surgió de los sueños en que se ve a los difuntos y de las apariciones de los mismos en estado de vigilia. Las investigaciones que yo describo permiten poner a prueba esta pretensión, pues hasta ahora todos los sujetos han quedado plenamente convencidos de la realidad de las apariciones que han presenciado. A base de entrevistas periódicas a los sujetos que han participado en estudios de este tipo durante un periodo de tiempo largo, podemos observar y medir el desarrollo continuado de las creencias sobre lo paranormal entre personas normales.

El estudio de las apariciones facilitadas también puede arrojar luz sobre la psicología de la pérdida de los seres queridos. Es bien sabido que las personas que están sufriendo por la pérdida de un ser querido suelen obsesionarse por las imágenes del difunto. Es posible, por ejemplo, que lleven consigo fotografías del ser querido perdido y que las observen detenidamente. Si concebimos las apariciones de los difuntos como un aspecto de la capacidad de la mente para formar imágenes, este trabajo puede ayudarnos a comprender mejor el proceso del dolor por la pérdida de un ser querido.

Las personas que presencian apariciones espontáneas de los seres queridos fallecidos suelen contar que los episodios les sirvieron para aliviar su dolor, o para resolverlo. Esto concuerda bien con los resultados que describieron los sujetos que se encontraron con los difuntos en el psicomanteo, y que vivieron los sucesos principalmente como sanaciones de las relaciones con sus seres queridos perdidos. Es concebible, pues, que en el futuro puedan desarrollarse actividades terapéuticas a partir de investigaciones como esta.

Espero que la publicación de este libro anime a otros exploradores a aventurarse por este territorio tan intrigante y tan misterioso. Quiero presentar algunas advertencias a los que opten por hacerlo.

En primer lugar, deben evitarse los intentos de reproducir este fenómeno en solitario. Aunque ningún participante ha sufrido ninguna reacción adversa en el transcurso de este ejercicio, es evidente que estos encuentros suscitan unos sentimientos poderosos. El sentido común nos recomienda abordar esta aventura teniendo a nuestra disposición a una persona de apoyo o a un guía competente y bien asentado, así como dejar transcurrir un periodo adecuado a continuación para comentar y valorar los resultados.

Quiero volver a subrayar, asimismo, que, a mi juicio, el entorno en que se realiza este trabajo es un factor determinante principal de su éxito general, por motivos que ya he indicado. Es preciso preparar cada entorno con cuidado, incluso diría que con amor. Sería contraproducente diseñar cada centro como una réplica exacta del Teatro de la Mente: sospecho que los simples imitadores no tendrían tanto éxito. Cada operador de un psicomanteo debe aplicar el arte creador para conseguir el efecto de una intersección entre las dimensiones, así como un ambiente de calor y de serenidad.

Me gustaría advertir, a cualquiera que desee profundizar en este terreno, que deberá estar preparado para encontrarse con reacciones airadas, incluso hostiles, tanto por parte de sus colegas profesionales como de los profanos. A mí esto me cogió completamente desprevenido. Aunque la gente suele alabarme por el valor que suponen que tuve que tener para estudiar las experiencias próximas a la muerte, y algunos me manifiestan su apoyo ante el desprecio que se imaginan que sufrí por parte de los científicos y de los médicos escépticos, estas creencias son exageradas. Por mucho que me guste el papel de mártir, debo confesar que no fui objeto de demasiadas persecuciones a raíz de mis primeras investigaciones.

Pero las cosas han sido diferentes en el caso de mi labor actual. Cuando comenté a cierto psicólogo mi idea de llevar a cabo este estudio, exclamó: «¡Está tirando a la basura su carrera profesional!». Una amiga íntima me dijo que el proyecto era «estúpido y raro», e incluso me prohibió que hablase del tema en su presencia. Otra mujer, profesional de la sanidad, rechazó abiertamente mis nuevos planes de investigación, diciendo: «A mí todo eso me recuerda a las pitonisas». Algunos psiquiatras tuvieron una reacción todavía más inquietante: interpretaron mi labor como una prueba de que yo estaba mentalmente enfermo, y me privaron temporalmente de mi libertad. En 1985 me diagnosticaron un hipotiroidismo agudo, y entonces me recetaron una dosis fija de tirosina sintética. Me dijeron en aquella época que seguiría tomando esa dosis de medicación durante el resto de mi vida.

En diciembre de 1991, en una estancia de dos semanas en Checoslovaquia, donde yo pronunciaba al menos una conferencia cada día y a veces dos o tres, empecé a comprender cada vez con mayor claridad que los síntomas que venía sufriendo desde hacía varias semanas (nerviosismo, incapacidad para concentrarme, irritabilidad, sudores, temblores) estaban relacionados con el hipertiroidismo. Razoné que, por algún motivo, estaba recibiendo demasiada tirosina. En las circunstancias de mi viaje me resultaba imposible medirme el nivel de tirosina en sangre, de modo que me guié por mis síntomas. Descubrí que, si tomaba la medicación dos días seguidos, los síntomas empeoraban, en vista de lo cual intenté corregir la situación reduciendo la dosis. Cuando llegué a mi lugar de residencia después de otra semana agotadora de conferencias diarias en otros países de la Europa Oriental y de un largo vuelo de vuelta a los Estados Unidos, estaba delirando, pues mi nivel de tirosina estaba demasiado bajo, como se supo más tarde. Cuando ingresé en el hospital e intenté explicar lo que me sucedía, un psiquiatra me dijo que dudaba de que fuera verdad lo que yo le contaba de que había viajado por Checoslovaquia.

Cerca de un mes antes, un instituto educativo internacional me había pedido que diera una conferencia sobre mi trabajo en un simposio que se estaba preparando. Cuando ingresé en el hospital, llevaba encima un resumen de la conferencia que yo había escrito. Tenía que hacer una copia para que mi hijo pudiera enviarla por fax a la universidad, que debía incluirla a su vez en el folleto impreso que anunciaría el acto.

Después de haberme entrevistado durante algunos minutos, otro psiquiatra se brindó a hacerme la fotocopia. Cuando volvió de la fotocopiadora, me dijo: «Me he tomado la libertad de hacer otra copia para mí. Parece que usted está atascado en ese periodo de su vida». (Se refería a la época en que yo investigaba las experiencias próximas a la muerte y otros fenómenos semejantes). Me dijo que mi labor actual era prueba patente de que «había perdido los estribos». (Todas estas son palabras suyas literales). ¡A pesar de mi historia clínica conocida de hipotiroidismo, me declaró maniaco-depresivo y me recetó litio!

Me negué a tomar el litio. Al cabo de pocos días, los síntomas remitieron al normalizarse mi nivel de tirosina. El doctor no consintió durante varios días que mis amigos, indignados, vinieran al hospital para hablar con él; pero, por fin, recibió a un grupo de cinco compañeros profesionales y amigos míos, y todos coincidieron en que yo no estaba manifestando ninguna anormalidad más que la normal en mi personalidad. Si yo hubiera tomado el litio, habrían terminado por diagnosticarme un trastorno maniaco-depresivo cuando los síntomas remitieron, pues la mejoría se habría atribuido al litio.

Como consecuencia de aquella hospitalización, se descubrió que, por algún motivo todavía desconocido, mis necesidades corporales habían cambiado, y al darme el alta me recetaron una dosis de medicación notablemente menor que la antigua. Por lo que respecta al resumen de la conferencia, se imprimió tal como yo lo había escrito, y algunos meses más tarde pronuncié la conferencia, que fue muy bien recibida. Llegué, pues, a la conclusión de que si antiguamente las personas acudían a unos centros donde podían ver a sus parientes muertos, en nuestros tiempos es posible que a uno lo encierren en un centro de otro tipo por verlos.

Una buena parte de la diferencia de acogida inicial que recibieron mis investigaciones anteriores y las actuales puede deberse también a la localidad. En la época de mis primeros trabajos con experiencias próximas a la muerte yo vivía en ciudades bastante grandes y cosmopolitas en las que vivían muchos escritores que publicaban obras en las que estudiaban temas interesantes. Pero cuando preparaba algunas de las ideas para mi proyecto de investigación actual, yo vivía en una pequeña ciudad provinciana.

Volviendo la vista atrás, no obstante, me doy cuenta claramente de que este es un aspecto esencial del proceso de evocación de los espíritus, de que las personas que se dedican a llamar a los espíritus son siempre blanco de represiones. Lo que es más: mis experiencias personales me permitieron llenar una laguna importante. Dado que muchas relaciones están escritas desde el punto de vista de las personas que condenan la práctica, nos quedan pocas indicaciones de cómo reaccionaron los criticados a lo que se les decía y hacía. Puedo decir que estas críticas me deprimían, comprensiblemente, cuando procedían de compañeros próximos. También me confundían en algunos casos, sobre todo cuando procedían de personas que claramente no sabían de qué estaban hablando. Pero me alegro de poder decir que esto se supera rápidamente y que el trabajo es tan fascinante que la emoción de los descubrimientos compensa con creces todo lo demás. He recordado con frecuencia los sabios consejos del mitólogo Joseph Campbell: «Haz lo que te haga feliz».

Sé, por larga experiencia, que esta labor despertará la cólera de los fundamentalistas religiosos, que vociferarán su viejo lema: «¡Esto es obra de Satanás!». Alegarán que la Biblia prohíbe evocar fantasmas o mantener tratos con los espíritus de los muertos.

Uno de los pasajes que aducirán para demostrarlo es la historia de Saúl, donde se dice, en efecto, que la práctica había quedado prohibida entre los judíos. Pero había sido el propio Saúl el que la había prohibido, probablemente instigado por los sacerdotes, que temían la competencia de los adivinadores no judíos. A mí me parece más lógico leer en este pasaje la desesperación de Saúl y su hipocresía, más que una condena de la evocación de los espíritus. Es interesante que los fundamentalistas consideren que la mala del incidente es la mujer de Endor, la misma que trata a Saúl con amabilidad y se preocupa de darle de comer antes de que él se ponga en marcha para enfrentarse a su destino, a pesar de que él había puesto en peligro la vida de ella y su medio de vida. Existen, no obstante, otros pasajes bíblicos en los que se condena sin rodeos la evocación de los difuntos; en algunos de ellos, las palabras se ponen en boca del propio Dios.

No recurras a fantasmas ni a espíritus, ni te hagas impuro invocándolos. Yo el Señor tu Dios. (Levítico 19, 31)

(Dice el Señor) Yo volveré mi rostro contra el hombre que recurre imprudentemente a los fantasmas y a los espíritus, y expulsaré a esa persona de su pueblo. (Levítico 20, 6)

Todo hombre o mujer de entre vosotros que invoque a fantasmas o a espíritus será condenado a muerte. El pueblo los lapidará; su sangre caerá sobre sus propias cabezas. (Levítico 20, 7)

¡Duras palabras! Pero creo que debemos estudiar sin falta su contexto, pues cabe suponer que si esta prohibición nos obliga, deberemos guardar todas las demás que aparecen en los dos mismos capítulos. El Señor promulga otros principios interesantes en este pasaje:

El Señor habló a Moisés y le dijo: (…) No permitirás que se unan dos animales de especies distintas. No sembrarás en tu campo dos especies distintas. No te pondrás vestiduras tejidas con dos tipo de hilo distintos. (…) No te afeitarás la cabeza de lado a lado, y no te recortarás el borde de la barba.

(…) No te harás tatuajes. Yo soy el señor. (…) No recurras a fantasmas ni a espíritus, ni te hagas impuro invocándolos. Yo el Señor tu Dios. (…) No pervertirás la justicia en las medidas de longitud, de peso ni de cantidad. Tendrás balanzas justas, pesas justas, medidas justas de áridos y de líquidos. (…) Yo volveré mi rostro contra el hombre que recurra imprudentemente a fantasmas y a espíritus, y expulsaré a esa persona de su pueblo. (…) Si un hombre comete adulterio con la mujer de su prójimo, tanto el adúltero como la adúltera serán condenados a muerte… etcétera.

Puede parecer sorprendente, pero unos pocos creyentes convencidos en lo paranormal también han manifestado escrúpulos sobre mis estudios. Es posible que crean, aunque solo sea a un nivel preconsciente, que unas investigaciones que prometen confirmar empíricamente lo que se afirma acerca de las apariciones también amenazan, por la misma regla, con refutar empíricamente esas mismas afirmaciones. Pero su actitud no es justa, y nosotros los aficionados a lo paranormal debemos aceptar la posibilidad de que nuestras doctrinas ocultistas más queridas puedan ser sometidas a duras pruebas si se llega alguna vez a estudiar las apariciones de los difuntos en condiciones adecuadas de laboratorio.

Los investigadores del Reino Medio también deben ser conscientes de algunas dificultades conceptuales interesantes. Por ejemplo, yo no recomendaría a nadie que intentase realizar investigaciones sobre este fenómeno apasionante con el fin de recoger pruebas de la existencia de la vida tras la muerte. Algunos han supuesto que sería posible encargar a los sujetos que interrogasen a las apariciones para obtener de ellas conocimientos ocultos que se pudieran comprobar objetivamente: «El abuelo dijo que si cavas diez pasos al norte del viejo roble del jardín encontrarás una vieja caja de lata a un metro y medio de profundidad», por ejemplo. Pero aunque fuera posible recoger tal información y corroborarla, cabrían otras explicaciones alternativas: «Quizás, cuando el sujeto tenía seis meses, estaba en una cuna ante una ventana abierta mientras, justo debajo de él, el abuelo cavaba un hoyo y hablaba entre dientes», etcétera.

Además, el centro de interés que se refleja en tal propuesta no es fiel al impacto emotivo y espiritual que tienen las visiones de los difuntos sobre las personas que las presencian. En el transcurso de estas apariciones no solían surgir intereses cognitivos o teóricos, ni siquiera entre los sujetos cuyo enfoque general de la vida estaba altamente intelectualizado. Lo que sale a relucir en estos episodios son las relaciones entre el sujeto y la persona fallecida. Esto complicaría los intentos de utilizar este procedimiento con fines puramente abstractos y teóricos.

Bien pueden aparecer personas que reciban estos estudios felicitándome por haber descubierto de nuevo la hipnosis y la sugestión. Aunque este libro no es lugar para discutir largamente ninguno de los dos conceptos, diré que ambos términos son demasiado vagos o están demasiado mal definidos para ser útiles en este contexto. Parece que la «hipnosis» no es un único estado alterado de la conciencia, sino varios distintos. De momento, yo he sido el único sujeto que tenía una experiencia extensa en el campo de la hipnosis: además de haber utilizado la hipnosis con fines terapéuticos con muchos de mis clientes, también soy un excelente sujeto hipnótico. Tengo experiencia de primera mano con estados de trance muy profundos y con muchos fenómenos hipnóticos poco comunes, entre ellos la sugestión poshipnótica y las alucinaciones negativas. Puedo dar fe de que la aparición que tuve de mi abuela era radicalmente diferente a cualquier otra cosa que yo pueda haber vivido en mis veinte años de trato familiar con la hipnosis. En lo que se refiere a la «sugestión», el hecho de que algunos de los sujetos vieran a personas diferentes de las que pretendían ver ilustra lo difícil que resulta explicar estos hechos solo por ese concepto.

En cualquier caso, las cuestiones teóricas que más me interesan no están relacionadas con las causas de estos fenómenos *per se.* Las alegaciones de que las experiencias extrañas, supuestamente paranormales, son fruto de la hipnosis o de la sugestión se presentan, por lo general, para oponerse a las hipótesis de que las experiencias son verdaderamente paranormales; de que prueban, verdaderamente, la vida tras la muerte, por ejemplo. Pero, de momento, estas hipótesis no son susceptibles de ser demostradas ni de ser refutadas racionalmente. Las preguntas que son mucho más interesantes por el hecho mismo de poder recibir respuesta están relacionadas con la cuestion de si las apariciones facilitadas pueden utilizarse como modelo experimental de las que se producen de forma espontánea. Si es así, entonces esta labor puede hacer avanzar el conocimiento. Podría hacer comentarios similares sobre los intentos de explicar estas apariciones como fenómenos hipnagógicos. Cuando emprendí mis investigaciones con la observación del espejo, supuse que las imágenes eran hipnagógicas. Pero si se quisiera acomodar los resultados en el marco de lo hipnagógico, sería preciso ampliar y redefinir notablemente este concepto.

Algunos podrían alegar que quizás fuera posible hacer aparecer a los vivos, o hadas, dinosaurios, al dios Thor, a la huerfanita Annie, o incluso al propio Santa Claus. Pero todo esto es ajeno a la cuestión de que por medio de este método pueda recrearse una forma común, importante y poco comprendida de la experiencia humana, las apariciones de los difuntos, en un entorno dentro del cual se pueden someter a un estudio y a un análisis concienzudos.

A pesar de que este estudio puede tener consecuencias más inmediatas y más tangibles, es concebible que tales proyectos puedan ejercer a largo plazo, una influencia positiva sobre el estado espiritual colectivo de la humanidad. Vaclav Havel, en un discurso profundamente conmovedor que pronunció ante el Congreso de los Estados Unidos, expresó su opinión de que en estos tiempos solo podemos salvarnos de la autodestrucción por medio de una revolución mundial de la conciencia, de una especie de espiritualidad visionaria, jeffersoniana. Parece que nos convertimos cada vez más en una nación de visionarios reconocidos. Si prosigue esta tendencia, se realizarán otras muchas excursiones de exploración por el Reino Medio. Podemos esperar que, algún día, estas misiones nos permitan alcanzar los bienes del amor, la vida, la libertad y la búsqueda de la felicidad para todas las gentes de todo el mundo.

VI

Profundizando en el espejo

Estos experimentos de evocación de los difuntos fueron inspirados, en gran medida, por la regularidad de las narraciones que constituyen el Mito del Espejo. Yo propongo que, a su vez, los fenómenos que se han demostrado (los fundamentalistas dirían que «demostrado» viene de «demonio») en el transcurso del Proyecto Pandora explican los orígenes de esta pauta narrativa, su ubicuidad transcultural y su conservación a lo largo de tanto tiempo.

Estos descubrimientos son notablemente sorprendentes y se salen de lo común, y nos invitan a revisar también algunas de las otras aplicaciones históricas de la observación del espejo para determinar si también estas guardan claves para la resolución de antiguos misterios. Lo que es más, los resultados anunciados abren el camino, o así lo creo yo, a un método nuevo y útil en potencia para comprender, de manera directa e intuitiva, ciertos sucesos, instituciones y personajes históricos misteriosos, así como ciertas curiosidades de la literatura, que de otro modo seguirían siendo incomprensibles.

La exploración de estos otros caminos secundarios de la observación del espejo nos brindará una oportunidad para ampliar la teoría de lo paranormal como juego. Al hacerlo, podremos exponer las carencias esenciales del fundamentalismo «cristiano» y del escepticismo de un modo tal que nos permita refutar, finalmente, estas dos doctrinas de cabeza hueca y de corazón duro.

Puede parecer, a primera vista, que al seguir estas nuevas líneas de investigación nos estamos desviando mucho del tema de los espíritus y del Reino Medio. Pero este desvío acabará por conducirnos de nuevo hasta estos mismos intereses, además de abrirnos el camino a unos viajes interiores todavía más extraordinarios más allá de la muerte.

El espejo de los deseos de aladino

El deseo de reunirse con un ser querido al que se ha llevado la muerte es uno de los anhelos humanos más penetrantes e insistentes. Nos acosa y nos entristece con una letanía de «y si» y de «ojalá» y de tristes súplicas de solo cinco minutos más. Así, quizás no deba sorprendernos demasiado que este deseo se cumpla de vez en cuando en forma de una visión del difunto.

¿No surgen todas estas apariciones, en realidad, de los simples deseos de mantener reuniones, de la añoranza dolorida de aquellos a los que la muerte ha arrebatado a un ser querido? En esta pregunta se expresa el concepto generalizado de que las apariciones espontáneas de los difuntos, y, por extensión, las apariciones facilitadas de los mismos, deben proceder de las ilusiones provocadas por deseos, que son un mecanismo de defensa. Es una posibilidad que se toman muy en serio tanto los profanos como los parapsicólogos y los escépticos. Pero lo más frecuente es que la objeción se formule de un modo tal que no se distinga la idea de que los encuentros visionarios son manifestaciones ilusorias del deseo de la idea de que forman parte de los procesos psicológicos del luto, el duelo y el dolor por la pérdida de seres queridos. La diferencia puede ser importante. Si a una persona que asiste a un psicomanteo del siglo XX se le aparece Benjamin Franklin o Napoleón, podría alegarse que es un efecto de la ilusión provocada por un deseo, pero ¿también del dolor por la pérdida de un ser querido? Y, por otra parte, en el psicomanteo se han producido encuentros en los que no parece que hayan intervenido como factores ni el deseo ni el dolor por la pérdida de una persona. Yo no estaba tan unido a mi abuela paterna como para que su pérdida me provocara un gran dolor, y desde luego no tenía el deseo de verla. En mi caso, como en otros, parece que lo que intervino fue, más bien, un conflicto intrapsíquico no resuelto que necesitaba de una homeostasis.

Pero el buen practicante de lo paranormal como juego no debe rehuir la obligación de explorar la psicología humana del deseo, para descubrir lo que se puede aprender acerca de lo paranormal; y se da la circunstancia de que la observación del espejo es un excelente punto de partida para esta misma empresa. Pues las leyendas que hablan de los espejos se entrecruzan con la literatura de los deseos en el cuento de las *Mil y una noches* que habla de un muchacho y una lámpara maravillosa. La historia de Aladino, como la nuestra, se basa en el empleo de objetos reflectantes para evocar a unos espíritus; pero en este caso no se trata de las sombras de los difuntos, sino de otro tipo de espíritus: genios, seres mágicos que otorgan deseos.

En un lugar muy apartado en el interior de Marruecos, un hechicero malvado que había pasado cuarenta años estudiando la magia y la adivinación oye hablar de una lámpara maravillosa que puede hacer al que la posea más poderoso y más rico que ningún monarca del mundo. La lámpara está en una ciudad remota de la China, y el hechicero se entera de que está escondida en una cueva subterránea llena de tesoros, que solo puede abrir un muchacho llamado Aladino, hijo de padres pobres. El hechicero emprende el camino hacia la China para buscar al muchacho y la lámpara.

Aladino ha sido un perezoso y un travieso incorregible desde su primera infancia. Cuando el niño tenía diez años, su padre había intentado enseñarle su oficio de sastre, pero Aladino no quería quedarse nunca en el taller y se escapaba para jugar en el parque con sus amigos revoltosos. Las costumbres de Aladino habían entristecido tanto a su padre que este había caído enfermo y había muerto.

Un día, cuando Aladino tiene quince años, mientras juega en la calle con sus amigos, pasa por allí el hechicero malvado y lo ve. El hechicero intima con Aladino y con su madre haciéndose pasar por el hermano del padre de Aladino, ausente desde hacía mucho tiempo, y entregándoles dinero. Después de ganarse la confianza del muchacho, el hechicero lo conduce a la cueva del tesoro, le entrega un anillo mágico que lo protegerá de todo mal y le explica cómo ha de encontrar la lámpara, que es la única pieza que ha de tomar de todo el tesoro.

Aladino abre una puerta mágica y desciende a la cueva del tesoro; pero, cuando se dirige a tomar la lámpara, sucumbe a la tentación de tomar otros tesoros, de manera que, cuando regresa a la entrada, las joyas que tiene escondidas bajo su túnica le pesan tanto que es incapaz de salir por sí solo. El hechicero le dice que le entregue la lámpara antes de nada, pero Aladino se niega, y el hechicero se enfurece de tal manera que deja al muchacho encerrado en el subterráneo. El hechicero vuelve a emprender el camino de Marruecos, dando por muerto a Aladino.

Aladino se da cuenta de que el hechicero le ha engañado y de que no era su tío. Se deja llevar por la desesperación. Retorciéndose las manos, hace girar sin darse cuenta el anillo del hechicero que lleva en el dedo y entonces se aparece el genio del anillo, que saca a Aladino de la cueva, y este vuelve a casa de su madre.

Aladino y su madre, sin conocer el valor de la lámpara de bronce que había traído el joven, deciden venderla para atender sus necesidades; para ello, la madre la limpia y la bruñe con arena, con lo cual sale de la lámpara el genio y se presta a otorgarles cualquier deseo. Aladino y su madre se sirven del genio como de un criado personal que les proporciona comida, pero la madre manifiesta graves escrúpulos al respecto. Reconoce que es verdad que los genios se aparecen a los seres humanos, pero ruega a Aladino que tire la lámpara y el anillo. «Me aterrorizan, y no soportaría ver de nuevo a esos espíritus. Además, no es lícito que tengamos tratos con ellos. El mismo Profeta (la paz y la bendición de Alá sean con él) nos previno contra ellos».

Aladino no comparte las dudas de su madre, y aprovecha las joyas que ha adquirido en su viaje subterráneo para impresionar al sultán, que ofrece al joven la mano de su hija Bradalbudur. Interviene entonces el intrigante visir del sultán, que convence a este de que incumpla la promesa que había hecho a Aladino. Se organiza apresuradamente, en cambio, la boda de Bradalbudur con el hijo del visir.

Cuando Aladino se entera de la intriga, convoca al genio de la lámpara y le manda que secuestre a la pareja, con cama y todo, en el momento mismo en que están a punto de consumar su matrimonio, y que se los traiga. El genio hace lo que le mandan y transporta a la pareja mágicamente por los aires, tan deprisa que son incapaces de verlo. El genio inmoviliza al novio haciéndolo caer en un trance cataléptico y lo encierra toda la noche en el retrete de Aladino. Mientras tanto, Aladino explica a Bradalbudur que se la habían prometido como esposa. Después de poner su espada entre ambos en la cama y de prometerle que no la tocará en toda la noche, se acuesta a su lado.

A la mañana siguiente, el genio vuelve a llevar a la pareja aterrorizada y asombrada al palacio del sultán. Al principio, Bradalbudur está muda, pero cuando es capaz de contar su historia a sus padres, estos llegan a la conclusión de que se ha vuelto loca.

Por fin, Aladino se sale con la suya y se casa con Bradalbudur. La pareja vive en un magnífico palacio, proporcionado por el genio de la lámpara, y Aladino se convierte en un alto funcionario muy querido por todos.

En el lejano Marruecos, el malvado hechicero se entera por medio de la adivinación de que Aladino sigue vivo, y regresa para robar a Aladino, con engaños, la lámpara, y le roba también el palacio y la esposa. Aladino persigue al hechicero, y con la ayuda de Bradalbudur consigue capturarlo y matarlo. Aladino y su mujer recuperan su lámpara y su palacio y viven felices para siempre.

Está claro que cuando la madre de Aladino bruñe la lámpara de metal produce una superficie reflectante en la que primero se ve al genio como visión especular y después parece que este abandona la superficie reflectante, sale al entorno físico y conversa de manera audible con los presentes, exactamente igual que en las prácticas que yo he descrito. Yo tengo una antigua lámpara de bronce procedente de la India, hecha para quemar aceite de ballena, y cuando se le saca brillo resulta un buen espéculo para la observación del espejo.

Antiguamente se utilizaban también las lámparas de metal para la adivinación, una práctica que se llamaba lampadomancia.

El relato se ajusta al Mito del Espejo tal como lo hemos presentado anteriormente. Existe un objeto reflectante, una lámpara de bronce pulida que se tiene por especial, por mágica, y que se adquiere por medios poco comunes: Aladino se apodera del instrumento en el transcurso de un viaje peligroso por una cámara subterránea llena de tesoros. La lámpara debe ser preparada para su función, para lo cual se frota. En la lámpara habita un genio que otorga deseos, y que sale de ella para hacer lo que le mande su amo. El propietario de la lámpara aparece representado de manera desfavorable: Aladino es incapaz de resistirse a sus impulsos, y es la viva imagen de la pereza. Existe un elemento de perturbación doméstica: el mago malvado perturba la vida familiar del muchacho haciéndose pasar por el hermano desaparecido del padre del joven travieso. La sombra de la muerte se cierne sobre toda la situación: el padre de Aladino ha fallecido, muerto de desesperación por la maldad incorregible de su hijo. Y el detalle, que falta con tanta frecuencia en los cuentos que hablan del espejo, de un residuo físico de la visión, cobra en este caso una importancia monumental. El genio proporciona a Aladino banquetes suntuosos, joyas preciosas, el título de príncipe, un ejército de criados, un magnífico palacio y una bella esposa.

El autor o autores de este cuento tomaron su tema de una tradición ya existente, de una práctica mágica real. En el transcurso de sus investigaciones sobre la observación del espejo, Northcotte Thomas encontró unas instrucciones para preparar un espejo que otorgaba los deseos.

Otro autor árabe dice que pueden aparecer en un espejo ángeles y arcángeles capaces de otorgarnos todo lo que deseemos. En un lado del espejo deben estar escritos los nombres de Gabriel, Miguel, Azrael y Asrafel, además de unas palabras del Corán que, traducidas, dicen así: «Su palabra es verdad, y Suyo es el poder». Se quema incienso y se ayuna durante siete días; después, otra persona sostiene el espejo, o lo puede sostener el mismo observador. El ángel aparece después de recitarse ciertas oraciones.

Otro estudioso, Idries Shah, descubrió un libro persa de fórmulas mágicas en el que aparecía un método para aprisionar a un espíritu dentro de una botella. Hecho esto, el mago puede tener al genio a su disposición para que le conceda sus deseos.

Toma la cola de un gato y ponla con varias gotas de tinte de añil en una pequeña botella de metal, que no esté hecha más que de bronce. Si está hecha de bronce, se evitan los peligros. Quita la cola de gato, pero deja el añil en la botella.

Cuando hayas repetido treinta y tres veces las palabras: «En nombre de Salomón, hijo de David, príncipe de los magos, ordeno al Espíritu de Poder (decir el nombre del espíritu) que entre en esta botella», se aparecerá y te suplicará que le dejes marcharse en paz a su casa. Le dirás: «La paz sea contigo; y sabe, Espíritu, que tu casa es ahora esta botella, y que yo soy tu amo, y que procurarás y te esmerarás en ayudarme en todo lo que yo diga o haga». El espíritu entrará entonces en la botella, bajo la forma de una nubecilla blanca.

Deberás procurar tener un tapón para esta botella, que ajuste bien, y que esté hecho de plomo y nada más que de plomo. Pondrás entonces este tapón en la boca de la botella dejando un espacio. En este espacio derramarás pez hirviente, mezclada con la savia del cedro.

Cuando quieras hablar con el espíritu, llámalo y trátalo como a un amigo. Lo verás a través del lado de la botella, y él tendrá un rostro pequeño, como el de un ser humano, pero redondo.

Había que hablar con el espíritu una vez al día, y debía «permitírsele que hiciera favores pequeños, como a un esclavo, pues así es como se hace feliz a un esclavo: le gusta saber que es útil a su señor». Cuando el espíritu vea que a su señor le amenaza algún daño, lo llamará («y sonará ante ti como un grito pequeño»), dándole el nombre de Salomón, hijo de David. Si al mago le es posible, debe permitirle que regrese a su casa una vez cada doce años. Siempre volverá al mago si este le quita la pequeña tabla de turquesa en la que tiene escrito su nombre y sus funciones, «la tabla que entregó Salomón a todos los genios, y sin la cual no son libres...».

Si el mago quiere aprenderse de memoria el texto completo de un libro, le ordenará al genio que lo proyecte sobre la mente del mago, y este lo aprenderá mientras duerme. Existe un catálogo completo de fórmulas, hechizos y otros procesos que se pueden conseguir; parece ser que se pueden realizar con la ayuda de cualquier genio, a no ser que se opongan a la naturaleza de este. La «naturaleza» de este significa que a algunos se les ha asignado el dominio del fuego, a otros el del aire, y así sucesivamente.

Como cabría esperar en una sociedad en la que tales actividades eran comunes, otros hechiceros pueden intentar hacer daño al mago. Esto lo evitará el espíritu, que avisará a su amo cuando alguien esté urdiendo un hechizo en su contra. También le dirá el modo de defenderse de esta magia: moldeando una pequeña imagen de arcilla o de cera que se pone en una barquilla en un estanque pequeño, artificial; se hunde el bote, y se recitan ciertas imprecaciones sobre el lugar del naufragio.

El autor observa que «en cuestiones del corazón debe aplicarse una gran discreción; pues hay cosas que son posibles pero que son reprensibles; y la ejecución de estas tareas herirá el sentido del honor del genio, que puede intentar escaparse en lugar de obedecer unas órdenes que no son lícitas para él». Se nos dice que nos traerá tesoros ocultos hasta de las partes más lejanas de la Tierra, pero «seguramente no los querrás, y verás que desearás hacer muchas otras cosas por medio de este genio para el bien de la humanidad, y que te sorprenderán aunque ya fueras un hombre de costumbres ejemplares y deseoso de hacer el bien».

A pesar de esto, las diversiones de un mago persa son deliciosas. «Para volar: pronuncia tres veces el nombre del espíritu, diciendo: "Quiero ir al Yemen", y estarás allí en pocos momentos. Si no llevas encima la botella, no serás capaz de regresar».

Parece ser que a los magos les agradaba pasear por hermosos jardines, y en varios pasajes extensos se describe la técnica que se ha de seguir para ser transportados allí. Se pueden visitar los jardines de la India, los de Mongolia y los de los espíritus de los jardines, desconocidos para el mundo en general, pero que existen para que los disfruten los pocos que saben llegar a ellos.

Se pueden levantar tormentas, pedir dinero a los ricos, ayudar a los pobres viajeros a llegar a los oasis, hacer bellos a los feos, y viceversa: todos los sueños de la vida se pueden hacer realidad en cuanto se tiene un espíritu en una botella.

El espejo de los deseos también es un tema recurrente en las narraciones tradicionales. Hay un cuento árabe cuyo protagonista es el pobre Hasán, que vive en Jeda, donde se gana a duras penas la vida haciendo hervir agua de mar en unos recipientes de poco fondo y recogiendo la sal que queda. Un día, trabajando bajo el sol abrasador, levanta la vista y ve que llega a la costa el barco del virrey de Jeda. Hasán contempla, admirado, el desembarco del funcionario y de su séquito, que componen un magnífico desfile. En ese momento, el agua de uno de sus recipientes termina de evaporarse y se descubre entre la sal un objeto cuadrado de metal descolorido. Hasán lo toma y advierte que tiene grabados unos símbolos misteriosos, letras de un alfabeto antiguo y olvidado. Distraídamente, se pone a frotar con los dedos el extraño objeto, y mientras tanto dice para sí: «¡Ojalá fuera yo rico y poderoso! Me gustaría ser el virrey, aunque solo fuera por un día».

Cuando Hasán acaba de decir estas palabras, ve con sorpresa que el cielo se vuelve negro y se siente arrastrado hacia muy alto. Una voz le dice al oído: «El objeto que tienes en la mano es un talismán de gran poder mágico, y mientras lo tengas te otorgará todos tus deseos. Así pues, sé ahora virrey, tal como lo deseas».

Inmediatamente después, Hasán se encuentra en el palacio del virrey rodeado de cortesanos. Al poco tiempo, empiezan a llegar los pleiteantes del día, cada uno de los cuales pide justicia al virrey. La sesión dura muchas horas, y después es preciso levantar acta por escrito de cada pleito. Hasán empieza a sentir el peso de su cargo, pues él es el que debe dictar sentencia en todos los casos. Todo ese trabajo le parece cansado y agobiante.

Vuelve a frotar el talismán de metal entre los dedos, preguntándose si debe formular otro deseo. Se le ocurre que la suerte del califa debe ser, sin duda, mejor. «¡Deseo ser el califa!», exclama.

Vuelve a sonar el aullido del viento, y la voz que había oído antes le dice: «¡Tu deseo se te otorga, oh mortal! Sé el califa».

En un abrir y cerrar de ojos, Hasán se encuentra en el gran salón del califa, sentado en el trono, rodeado de riquezas y esclavos en abundancia y acompañado por centenares de embajadores de todas las naciones. Advierte que lleva puestas unas vestiduras ricas y soberbias.

En ese mismo instante se oye un tumulto ante las puertas del gran salón y entra corriendo el general en jefe del ejército del califa, que se postra ante el trono. Anuncia que los ejércitos de Gengis Kan se aproximan a las puertas de la ciudad y pide instrucciones al califa. Todos los que rodean a Hasán, cortesanos, esclavos y embajadores, lo miran esperando que los proteja y los dirija. Él intenta parecer tranquilo mientras se pregunta si sus súbditos lo ven temblar de miedo, pues se da cuenta de que si presenta batalla a Gengis Kan lo más probable es que lo maten.

Vuelve a frotar el antiguo talismán mientras murmura: «Quiero volver a ser un hombre sencillo, recogiendo sal en las orillas del Mar Rojo, junto a Jeda».

De nuevo le llega a los oídos el bramido del viento y se siente proyectado a grandes distancias; cuando abre los ojos se encuentra una vez más en su entorno familiar. Da gracias a Dios y decide en ese momento enfrentarse a sus propios problemas. Y pasa el resto de su vida satisfecho con su suerte.

Los pozos también son lugares donde se formulan deseos, y a veces es necesario dejar caer en ellos monedas u otras ofrendas para activarlos. En su recopilación titulada *Popular Antiquities* («Antigüedades populares»), Brand ha conservado una descripción encantadora de estas estructuras venerables.

En la historia de la capilla de Walingham, en Norfolk, que se conserva en los *Monastic Remains* («Restos monásticos») de Moore, se habla de dos pozos de los deseos que todavía se conservan; se dice que son dos pozos circulares de piedra llenos de agua y rodeados de un muro cuadrado, junto al cual solían arrodillarse los peregrinos, que tiraban dentro una moneda de oro mientras rezaban pidiendo que se cumplieran sus deseos.

No cabe duda de que los pozos de los deseos proceden de las prácticas de la observación del espejo. El espíritu del pozo debía de ser un otorgador de deseos, y el suplicante debía de ser un visionario, más que un ritualista. Probablemente era necesario que el suplicante visualizara al espíritu del pozo en las profundidades de sus aguas, y las ofrendas debían de considerarse como un pago por sus servicios. Otra de las antigüedades de Brand lo confirma.

En un pozo consagrado en la isla de Santa Kilda, los suplicantes afligidos debían invocar con oraciones al genio del lugar. Nadie se presentaba ante él con las manos vacías; pero las ofrendas que se dejaban eran alfileres, cuentas y, rara vez, monedas de cobre de poco valor.

En la literatura popular también aparecen seres que habitan en los pozos y que poseen poderes semejantes a los de los genios que otorgan deseos y que viven en las lámparas y en las botellas. Es el caso de *Las tres cabezas del pozo,* cuento popular inglés. Hace mucho, mucho tiempo, reinaba en el este de Inglaterra un rey que tenía su corte en Colchester. Su esposa, la reina, murió y le dejó a su hija de quince años, que era dulce y amable en extremo.

Al poco tiempo, el rey oyó hablar de una mujer que también tenía una hija única, y, a pesar de que aquella mujer era fea, vieja y jorobada, decidió casarse con ella por sus riquezas. La mujer y su hija, que eran rencorosas y malvadas, fueron a vivir a la corte, y con sus maquinaciones no tardaron en indisponer al rey contra su propia hija. La princesa, que había perdido el amor de su padre, se cansó de la corte, y un día que se encontró con su padre en el jardín le suplicó que le permitiese marcharse a buscar fortuna.

El rey se lo consintió, y la princesa se despidió de su madrastra, que le entregó un saco de lienzo con un pan moreno y un queso duro, y una botella de cerveza. La princesa tomó aquellas exiguas provisiones dándole las gracias y se puso en marcha. Recorrió arboledas, bosques y valles hasta que, por fin, se encontró con un viejo que estaba sentado en una piedra en la entrada de una cueva, y que le dijo:

—Buenos días tengas, hermosa doncella. ¿Dónde vas con tanta prisa?

—Anciano padre, voy a buscar fortuna —respondió ella.

—Y ¿qué llevas en el saco y en la botella? —preguntó el viejo.

—En el saco llevo pan y queso, y en la botella llevo buena cerveza. ¿Gustáis de ello?

—Sí —dijo él—, de todo corazón.

Entonces la princesa sacó sus provisiones y las compartió con él. Él se lo agradeció, y le dijo:

—Encontrarás ante ti un seto espeso y espinoso que no podrás atravesar; pero toma en tu mano esta varita, golpéalo tres veces y di: «Seto, te lo ruego, déjame pasar», y se abrirá enseguida; después, un poco más adelante, encontrarás un pozo; siéntate en el brocal y saldrán del pozo tres cabezas de oro que te hablarán. Lo que te digan, hazlo.

Ella prometió al viejo que así lo haría y se despidió de él. Cuando llegó al seto, usó la varita y consiguió así que se abriera y le dejara pasar. Llegó al pozo, y, en cuanto se sentó en el brocal, salió una cabeza de oro de sus aguas, cantando:

> Lávame y péiname,
> y tiéndeme suavemente.
> Y tiéndeme en una ladera para secarme,
> para que me vean hermosa
> todos los que pasen.

La princesa tomó entonces la cabeza en su regazo, la peinó con un peine de plata y la puso sobre una ladera llena de prímulas. Después apareció una segunda cabeza que dijo lo mismo que la primera, y después una tercera. La princesa hizo lo mismo con cada una de ellas, y después se sentó a cenar.

Las cabezas se dijeron entre sí:

—¿Qué don otorgaremos a esta doncella que tan bien nos ha tratado?

—Yo le otorgaré que sea tan hermosa que encante al príncipe más poderoso del mundo —dijo la primera.

—Yo le otorgaré una voz tan dulce que supere con creces la del ruiseñor —afirmó la segunda.

—Mi don no será el menor —recalcó la tercera—, pues es hija de un rey. Yo le otorgaré que tenga tal fortuna que sea reina, casada con el mayor de los reyes.

Ella volvió a depositar las cabezas en el pozo y siguió su camino. No había andado mucho cuando se encontró con un rey que cazaba con sus nobles. El rey la vio, se acercó a ella y se enamoró perdidamente de ella. No tardó en convencerla de que se casara con él.

Cuando el rey se enteró de que su esposa era hija del rey de Colchester, mandó que preparasen sus carrozas para ir a visitar a su suegro. La carroza en que viajaba la pareja estaba ricamente adornada de oro y joyas. Cuando llegaron a su destino, el rey de Colchester quedó asombrado de la buena suerte de su hija, y todos los miembros de la corte se alegraron; con la única excepción, por supuesto, de la reina y de su hija, que estaban a punto de reventar de envidia. Al cabo de cierto tiempo, la princesa y su nuevo esposo volvieron a su casa con la dote que les había entregado el padre de ella.

La hermanastra envidiosa, viendo que la princesa había tenido mucha suerte cuando había salido a buscar fortuna, quiso hacer lo mismo, y la prepararon a conciencia para ello. Su madre le entregó ricos vestidos, gran cantidad de azúcar, almendras y dulces, y una botella grande de buen vino. Siguió el mismo camino que había tomado su hermanastra; y cuando llegó cerca de la cueva, el viejo le dijo:

—¿Dónde vas con tanta prisa, doncella?

—¿Qué te importa? —respondió ella.

—Y ¿qué llevas en el saco y en la botella? —dijo él.

—Cosas buenas —respondió ella—, que tú no has de catar.

—¿No me darás ni un bocado? —preguntó él.

—Solo si supiera que te ibas a ahogar con él.

El viejo frunció el ceño y dijo:

—¡Mala ventura hayas!

Ella siguió su camino y llegó al seto. Vio una abertura e intentó pasar por ella, pero el seto se cerró y las espinas le desgarraron la carne, y solo pudo pasar con grandes dificultades. Estaba llena de sangre y, buscando agua para lavarse, vio el pozo. Se sentó en el brocal, y salió una de las cabezas y le dijo, como antes: «Lávame y péiname, y tiéndeme suavemente»; pero ella le dio un botellazo en la cabeza, y le dijo:

—¡Toma, lávate con esto!

Salió la segunda cabeza, y después la tercera, y ella las trató del mismo modo. En vista de lo cual, las tres cabezas discutieron entre ellas el castigo que le impondrían por haberlas tratado así.

—Que tenga lepra en la cara —dijo la primera.

—Que su voz sea tan áspera como la de un rey de codornices —añadió la segunda.

—Que tenga por marido a un pobre zapatero remendón de aldea —sentenció la tercera.

Ella siguió su camino hasta que llegó a una ciudad, y la gente, que veía su rostro tan feo y que oía su voz tan áspera, huía de ella, con la excepción de un pobre zapatero remendón de aldea. Poco tiempo atrás, el zapatero había remendado los zapatos de un viejo ermitaño que no tenía dinero y que le había pagado entregándole un bote de ungüento para curar la lepra y un frasco de esencias para curar la aspereza de la voz. El zapatero, pues, queriendo hacer una obra de caridad, se acercó a ella y le preguntó quién era.

—Soy la hijastra del rey de Colchester —respondió ella.

El zapatero le preguntó:

—Si te devuelvo tu tez natural y te curo la voz, ¿me tomarás por marido, en pago?

—Sí, amigo —dijo ella—, de todo corazón.

Entonces el zapatero le aplicó las medicinas, que la curaron en pocas semanas. Después, se casaron y marcharon a la corte de Colchester. Cuando la reina supo que su hija se había casado con un pobre zapatero remendón, tuvo tal ataque de furia que se ahorcó. El rey de Colchester se alegró de librarse de ella, y entregó dinero al zapatero para que se llevase a su hijastra a un rincón remoto del reino, lejos de la corte, donde el zapatero vivió muchos años remendando zapatos, y su mujer le hilaba el hilo.

En una versión sueca de este cuento se aprecia que los actos de entrar o de salir de una superficie reflectante son esencialmente intercambiables entre sí en los mitos relacionados con el espejo. En el cuento de *Los dos cofres,* un rey tenía una hija hermosa y amable, que era hija suya, y tenía una segunda esposa cuya hija no era tan hermosa ni tan amable. Naturalmente, la segunda esposa del rey tenía envidia de su hijastra y decidió quitarla de en medio. Mandó a las dos muchachas que se sentaran a hilar en el brocal de un pozo, y les advirtió que echaría al pozo a la primera a la que se le rompiera el hilo. Pero el desafío no era justo, pues la madre había dado a su hija buena lana para hilar, pero la lana que había dado a su hijastra era peor. A la muchacha buena se le rompió el hilo enseguida, y su madre la empujó alegremente al pozo.

La princesa se hundió cada vez más hasta que, al llegar al fondo, entró en otra dimensión. Cuando llegó allí, se dio un largo paseo a lo largo del cual se encontró con diversos seres mágicos que le propusieron varias pruebas. En todas dio muestras de sabiduría y de bondad. Por fin, después de pasar algún tiempo de trabajo en el mundo subterráneo, le entregaron un cofrecillo y la enviaron a su casa.

Cuando regresó de aquel lugar donde había estado, su madrastra y su hermanastra se enfurecieron al ver que seguía viva. Pero, cuando abrió el cofrecillo, resultó que contenía un tesoro de joyas y de otros objetos preciosos.

La madrastra quiso que su hija recibiera también aquellos dones, de manera que arrojó al pozo a la segunda muchacha. Pero a la hijastra del rey no le fue tan bien en el mundo subterráneo. Se encontró con todos los seres con que se había encontrado antes su hermanastra, pero les respondió a todos con egoísmo y con mala intención. Después, volvieron a enviarla al mundo superior luego de entregarle otro cofre. Cuando lo abrió, descubrió que solo contenía bichos feos y repugnantes.

Otro cuento árabe titulado *El hijo del buhonero y el genio del pozo* habla de un buhonero ambulante llamado Wali que, en un largo viaje que había emprendido para vender sus mercancías, se perdió en el desierto y optó por dejar que su camello buscase el camino por aquellas áridas llanuras. Cuando ya se hacía de noche, el camello, seguido a corta distancia por Wali, llegó trotando a un oasis pequeño y hermoso, donde Wali vio enseguida un pozo entre las palmeras. Mientras sacaba agua y daba de beber al camello en el cubo, Wali se preguntó en voz alta:

—¿Cómo se llama este hermoso lugar?

En cuanto terminó de hablar el buhonero, apareció en lo más hondo del pozo una cabeza terrible, y una voz tronó:

—Soy el genio del pozo. ¿Cómo te atreves a invadir mi oasis y a contaminar mi pozo? Ahora mismo morirás por esta afrenta.

Wali se disculpó y suplicó clemencia, brindándose a entregar al genio lo que este quisiera. El genio se avino a ello, diciendo:

—Entonces, debes darme lo primero que te entregue tu mujer cuando llegues a tu casa.

Wali accedió con mucho gusto, pero indicó al genio que no tenía modo de llevarle el regalo, pues no sabía si sería capaz de volver a encontrar aquel pequeño oasis en el desierto sin caminos.

—Así lo quiero yo —respondió el genio—. Salomón, hijo de David y rey de los espíritus, me ha otorgado el poder de materializarme en lugares lejanos. Podré aparecerme en tu casa, y, cuando lo haga, deberás cumplir tu parte de nuestro trato.

Dicho esto, el genio desapareció entre las aguas profundas del pozo. Wali se quedó dormido, y cuando se despertó al día siguiente no vio al genio en ninguna parte. El buhonero llegó a la conclusión de que todo aquel encuentro había sido un sueño y se apresuró a volver a su casa a través de los arenales.

Wali y su esposa habían pedido en sus oraciones poder tener un hijo, y, cuando él llegó a su casa, su mujer lo sorprendió poniendo en sus brazos un niño recién nacido. Wali se estremeció de temor, pues recordó las palabras del genio y se dio cuenta de que lo que le había pasado en el oasis no había sido un sueño. Contó su aventura a su mujer, y esta recomendó a Wali que colgara del cuello del niño un amuleto que lo protegiera. Los esposos consultaron a un viejo sabio que preparó un talismán para el niño, al que habían llamado Ramadán, y la mujer de Wali se lo colgó del cuello. El viejo advirtió que Ramadán debía llevar siempre el talismán, pues de lo contrario el genio podría arrebatarlo.

Cuando Ramadán tenía diez años, el genio se apareció de pronto en la calle ante él mientras jugaba con sus amigos. Los otros niños huyeron, asustados, mientras el genio intentaba convencer a Ramadán de que volviese con él al oasis, pero el niño se negó. El genio, que vio el talismán mágico, fue incapaz de robar al niño y desapareció con un gesto de rabia.

Ramadán procuró llevar siempre el talismán, y cuando se hizo mayor la familia fue olvidándose del genio. Cuando Ramadán tenía diecisiete años se alistó en el ejército y marchó a la guerra. Una noche, el campamento donde dormía Ramadán fue atacado, y entre la confusión Ramadán fue reducido por dos soldados enemigos. Cuando estaban a punto de matarlo, apareció el genio y se llevó a Ramadán del campo de batalla. Mientras los soldados enemigos huían, aterrorizados por la visión de aquel espíritu tan enorme, el genio explicó a Ramadán que Wali le había prometido entregárselo y que él no hacía más que defender lo que era suyo. Cuando Ramadán le expresó su agradecimiento, el genio pidió al joven que se quitara el talismán y que marchase con él al oasis.

En aquel momento se apareció Salomón, rey de los espíritus, entre rayos y llamas, y mandó al genio que dejara libre al muchacho. Salomón reveló que el genio había sido un espíritu maligno y que lo había encerrado en el pozo por sus malas obras, pero que ahora, por haber salvado la vida a Ramadán, quedaba liberado y pasaba a las filas del ejército de espíritus buenos de Salomón. Después de decir a Ramadán que marchase en paz, Salomón y el genio del pozo desaparecieron entre una luz gloriosa. Y Ramadán volvió a su casa y fue feliz para siempre.

Todas estas narraciones que hablan de espejos, genios y deseos tienen menos de manifestaciones de las ilusiones provocadas por los deseos que de intentos de recoger algunas desviaciones del deseo y sus consecuencias, sus caprichos y sus tropiezos, e incluso de moralizar al respecto. El cuento de *Aladino y la lámpara maravillosa* da a entender que aunque existieran en realidad los espejos que concedieran deseos, solo serían verdaderamente útiles para las personas maduras.

El relato tiene un tono y un contenido humorístico, y tiene también un final feliz, confirmando nuevamente la relación entre lo paranormal y el juego. En realidad, lo único que quiere hacer Aladino es jugar. Él es un inútil, pero la abundancia se derrama mágicamente a su alrededor, incluso sobre los demás. Sus deseos ponen en marcha una reacción en cadena de sueños que se hacen realidad, una epidemia de esperanzas cumplidas. Aladino reparte bienes materiales entre sus conocidos del mismo modo que las repartía Elvis entre los suyos. Su buena suerte beneficia a una comunidad cada vez más numerosa, de tal manera que se hace realidad la teoría económica según la cual los pobres se benefician de la mejora general de la economía. Por fin, Aladino llega a convertirse en un estadista popular y respetado.

Pero, al principio, Aladino saca poco partido de su don. Aun cuando su madre y él descubren que su genio les otorga sus deseos, no son capaces de desear cosas grandes. No se acostumbran a dejar de vivir al día, y solo piden la comida suficiente para sustentarse algunos días más…

¡Un momento! El doctor Sigmund Freud me está hablando dentro de mi cabeza y quiere que retransmita algunos datos que nos envía desde el más allá. Helos aquí.

Dice algo de que Aladino atraviesa tres etapas de desarrollo. La primera, dice, es la etapa oral: es cuando Aladino solo pide la comida suficiente para que su madre y él puedan alimentarse cada día.

Freud me dice que les diga a ustedes que Aladino pasa, a continuación, por la etapa anal: entonces le interesan principalmente el dinero, las joyas y las cosas de ese tipo, y eso es lo que pide al genio.

A continuación —dice Freud—, entra en la etapa fálica: entonces es cuando se enamora de Bradalbudur. «Dígales que la espada en la cama es un símbolo fálico», sigue diciendo Freud. Ahora dice que la cueva puede ser un símbolo de… pero pierdo la comunicación…

En todo caso, como iba diciendo cuando me interrumpió el doctor Freud, Aladino se desarrolla y madura a través de estos sucesos. Por último, Aladino y su esposa alcanzan la felicidad verdadera gracias a que Aladino colabora con Bradalbudur para recuperar la lámpara: y este es el verdadero mensaje del cuento.

El cuento de *El pobre Hasán y el talismán mágico* enseña una lección diferente y más crítica sobre los deseos: nos advierte que tengamos cuidado con lo que deseamos. Podemos acabar descubriendo que lo que necesitamos de verdad es lo que hemos tenido siempre. La sabiduría puede consistir en crecer allí donde hemos echado raíces.

En las verdaderas ilusiones provocadas por un deseo, como mecanismo psicológico de defensa, el ego no cambia. En realidad, el propósito mismo de la defensa es que el ego no tenga que soportar el dolor provocado por el desarrollo y por el cambio. Lo que parecen dar a entender las tradiciones sobre los espejos y sobre los deseos es que, en último extremo, las ilusiones provocadas por deseos resultan inadecuadas, y que se impone desarrollarse, aunque sea con sufrimientos y con luchas. Esto nos sugiere un criterio que puede ayudarnos a no perder el rumbo en un mar de deseos como el caprichoso Aladino. El desafío de los practicantes de lo paranormal como juego consiste en procurar que las reuniones visionarias facilitadas favorezcan el desarrollo positivo: la educación, el autodescubrimiento y el desarrollo espiritual.

Por lo que se refiere a los pozos de los deseos, podemos decir que quizás no sea muy buena idea, al fin y al cabo, hacer depender el propio bienestar de un ser del pozo*, pues ya hemos visto que hay muchos tipos de espíritus y de genios y que a veces son unas criaturas francamente antipáticas. En la práctica, existe toda una gradación de espíritus. El genio de la lámpara de Aladino no tiene ninguna lealtad personal a este; obedece automáticamente al poseedor de la lámpara, y en ciertos sentidos se comporta como un autómata. Tiene muy poca personalidad, y nunca se queja de su encierro en la lámpara.

El ser que está asociado al talismán mágico de Hasán es invisible, pero se manifiesta en forma de voz y por su poder mágico que le permite transformar la situación vital de Hasán. Pero el relato nos permite suponer que este genio intenta enseñar a Hasán una lección, y en ese sentido se parece un poco a las tres cabezas del pozo, que

---

* Se trata de un juego de palabras intraducible. En inglés, «well being» significa igualmente «ser del pozo» y «bienestar». *(N. del T.)*

utilizan claramente su poder para hacer justicia, en vez de limitarse a otorgar deseos. El genio-cabeza que Wali se encuentra en el pozo es temible y violento, y nos recuerda al genio amenazador y traicionero de la botella de cobre del pescador.

Al parecer, los pozos de los deseos también están relacionados estrechamente con los pozos y las fuentes curativas. El pozo curativo es un caso especial del pozo de los deseos, pues el deseo de curarse es un tipo especial de deseo. También en este caso podemos citar a Brand, que describe un pozo al que acudían los peregrinos para curarse de sus males.

> El pozo-piscina de Whiteford tenía forma rectangular y medía doce metros de largo y cinco de ancho; tenía unos escalones para que pudieran bajar las bañistas del bello sexo o los inválidos. Cerca de los escalones, sesenta centímetros por debajo de la superficie del agua, había una piedra grande llamada «de los deseos», que recibía muchos besos de los fieles, quienes, según se decía, nunca dejaban de conseguir lo que deseaban, siempre que lo pidieran con devoción y confianza plenas. Cerca del camino, aparte de la piscina grande, había un pequeño manantial que en su época tuvo fama por su virtud de curar la vista cansada. El paciente ofrecía a la ninfa del manantial un alfiler doblado y pronunciaba al mismo tiempo cierta jaculatoria, a modo de fórmula mágica; pero la jaculatoria ha caído en el olvido y se ha perdido la eficacia de las aguas.

El deseo de curarse está muy relacionado con el deseo de conocer el pronóstico de la enfermedad que se padece. Así, la antigua práctica que describe Pausanias al tratar del santuario de Deméter no está muy alejada de los pozos y de las fuentes curativas.

> Delante hay una fuente con una pared seca de piedra del lado del templo y un camino que permite bajar hasta la fuente

por el lado exterior. Allí hay un oráculo infalible; no para todo tipo de consultas, sino para los enfermos. Cuelgan un espejo de un cordel delgado y lo suspenden sin llegar a sumergirlo en el agua, sino de tal modo que la superficie del espejo roce ligeramente el agua. Después, rezan a la diosa, queman incienso y miran el espejo, y este les muestra al enfermo, vivo o muerto. Así de verdadera es el agua.

Otro tipo especial de deseo es el deseo de un compañero o compañera, y también se ha utilizado la observación del espejo con la esperanza de satisfacer este deseo tan común. En su libro sobre la observación del cristal, Besterman describe muchas prácticas de este tipo, entre ellas una costumbre estadounidense propia del día de los difuntos: en este día, una joven que baje caminando hacia atrás por la escalera del sótano, mirando al mismo tiempo un espejo, podrá ver el rostro de su futuro esposo en sus profundidades. O bien, el día primero de mayo, una persona soltera podía sujetar un espejo sobre un pozo, y vería en él el aspecto de su futuro cónyuge. O bien, «en la última noche de octubre pon un espejo y un reloj en una habitación que no se haya usado durante cierto tiempo, y a las doce menos cuarto toma una vela encendida y una manzana, y termina de comer la manzana al mismo tiempo que el reloj dé las doce; mira entonces el espejo y verás a tu futuro marido».

También casi todo el mundo intenta alguna vez conseguir dinero a base de desearlo, por lo cual no debe extrañarnos demasiado que los antiguos expertos en los espejos de los deseos diseñasen técnicas pensadas especialmente para la búsqueda de tesoros, una actividad que estaba prohibida antiguamente por miedo a ofender a los demonios que se creía guardaban celosamente las riquezas enterradas. El *Hollenzwang* del doctor Fausto describe, incluso, el modo de preparar un espejo con ese fin. Según Thomas,

el célebre Erdspiegel, o Bergspiegel, era un espejo que debía enseñar todos los tesoros ocultos de la Tierra. Las instrucciones para prepararlo son las siguientes. Cómprate un espejo nuevo, un viernes, y paga todo su precio sin regatear con el vendedor, para que ningún espíritu malo lo pueda dañar. Entiérralo en la tumba de un hombre, en un cementerio, a medianoche, exactamente sobre el rostro del muerto, y deja que repose allí durante nueve viernes. El noveno viernes vuelve y desentiérralo. Ve a la encrucijada y ponlo en el centro, invocando el nombre de tres espíritus, a los que elegirás según la naturaleza del servicio que desees; así, para los tesoros enterrados en la tierra debes invocar a Ariel y a Marbuel, pues son unos mensajeros veloces. Invoca después a Aciel, que te enseñará el tesoro, apartará a todos los espíritus que lo guarden, y, lo que es más, te mostrará el modo de tomar el tesoro, y cuán grande es, y en qué consiste.

Así, el camino que pasa por el espejo de los deseos tiene un doble sentido. Cuando se trata de ciertos deseos casi universales (de amor, salud o riqueza), solemos buscar el conocimiento como medio para hacer realidad el deseo: la revelación de la identidad de nuestra futura persona amada; el diagnóstico o una receta para tratar nuestra enfermedad; la situación de un tesoro enterrado. De esta forma, en este tipo de consultas el espejo de los deseos no se distingue del espejo adivinatorio. También hemos conocido a los genios que otorgan deseos, a los que hacen justicia y a los amenazadores, hasta llegar a aquellos personajes que tanto agradan a los fundamentalistas: a saber, los espíritus malignos. Ha llegado, pues, el momento de revisar el tema de la catoptromancia, después de lo cual hablaremos de los demonios.

Una nueva visita a la catoptromancia

En la imaginación popular, la observación del espejo (al menos bajo su manifestación de la observación de la bola de cristal) se identifica con la catoptromancia. Pero es importante distinguir la catoptromancia propiamente dicha de la observación del espejo en general, por varios motivos, entre los cuales podemos citar el hecho de que el catoptromántico no tiene por qué ser siquiera un observador del espejo: la esencia de la catoptromancia es la interpretación de las imágenes. Históricamente, era común emplear a niños como observadores delegados, y el papel del catoptromántico era adivinar el significado de sus visiones.

La imagen tan reproducida en los chistes gráficos de la catoptromántica gitana pone en tela de juicio todo el tema de las visiones del espejo, y llega a atemorizar a los estudiosos tímidos o mal informados. Esa imagen caricaturesca y misógina ha llegado a utilizarse casi indiscriminadamente como símbolo de la superstición y del embaucador. Pero la catoptromancia solo pudo ser una consecuencia secundaria de la observación del espejo. Por así decirlo, primero tuvieron que descubrirse las visiones especulares, antes de que alguien decidiera (por la causa que fuera) que estas daban a conocer el futuro. La práctica de la catoptromancia surgió, probablemente, del hecho de que las visiones que tenían algunas personas que observaban el espejo como diversión, disfrutando de su propio sentimiento de asombro, coincidían a veces con los sucesos que tenían lugar más tarde, o que se sabía después que estaban teniendo lugar en otra parte en aquel mismo instante. Aunque estas coincidencias fueran el reflejo de una buena extrapolación subconsciente o se debieran al azar, habrían hecho creer en la intervención de poderes paranormales.

El error de identificar la observación del espejo con la catoptromancia ha obstaculizado la investigación seria de la observación del espejo en todas las demás aplicaciones pintorescas que se le han dado, y ha suscitado la impresión general de que esta capacidad de la mente no existía. Una de las consecuencias ha sido que el tema ha pasado a ser monopolizado casi exclusivamente por los parapsicólogos; por ello, los pocos estudios serios que se han publicado sobre el tema están coloreados por el interés por «demostrar» la realidad de los poderes paranormales. A lo largo de todo el extenso volumen que dedica Theodore Besterman al tema, este autor pasa siempre por alto la diferencia entre observación del espejo y catoptromancia, y al final del libro llega a definir esta última como si las capacidades paranormales fueran una realidad establecida.

> La catoptromancia es un método para llevar a la conciencia del catoptromántico, por medio de un espéculo, y a través de uno o más de sus sentidos, el contenido de su subconsciente; para hacerlo más susceptible a la recepción de conceptos transmitidos telepáticamente, y de hacer funcionar una facultad latente y desconocida de percepción.

En un libro anterior dedicado al tema, yo propuse una definición multidimensional. La catoptromancia está organizada, o por lo menos concebida, como profesión. Depende de la inducción intencionada y (lo que es más importante) de la interpretación de las visiones especulares; supone unas relaciones entre el catoptromántico y su cliente; su práctica está llena de ritos y de ceremonias (es decir, de farsas); se practica con fines de adivinación; su efecto esperado sobre el cliente es el alivio de su angustia; y está asociada con lo femenino en el sentido de que la imagen más extendida es la de la mujer catoptromántica.

Pero yo escribí este libro anterior antes de que se me revelaran las verdades divinas de lo paranormal como juego, por lo cual ahora resulta necesario volver atrás y reelaborar la teoría anterior para incorporar en ella la idea de que la diversión es una función importante de la adivinación. Las narraciones que tienen relación con la catoptromancia siguen las pautas que ya hemos establecido para las tradiciones sobre la observación del espejo; podemos definirlas como un subconjunto de esa pauta, con la característica añadida de que se supone que las visiones especulares inducidas intencionadamente corresponden al futuro o revelan otros conocimientos inaccesibles.

Un cuento popular de Togo puede servir de ejemplo. Un hombre anciano tenía tres hijos, todos ellos jóvenes. Como era incapaz de cubrir sus propias necesidades, los hizo salir al mundo para que le llevaran comida y ropa. Ellos se pusieron en marcha para cumplir su misión. Cuando llegaron a la orilla de un río, decidieron separarse, y acordaron reunirse en aquel mismo lugar un año más tarde. Después, atravesaron el río.

Los tres volvieron a encontrarse el día en que se cumplió el año. El hijo menor había conseguido un espejo maravilloso en el que se podía ver cualquier cosa que pasara en todo el país, por lejos que fuera. El mediano había obtenido un par de sandalias mágicas que permitían al que las llevaba llegar a cualquier lugar del país de un solo salto. El mayor traía una pequeña calabaza llena de una medicina.

A instancias del mayor, los tres hermanos observaron el espejo para ver cómo estaba su padre. Vieron con horror que estaba muerto y que ya había concluido su funeral. Se pusieron juntos las sandalias y volvieron a su casa al instante. A continuación, el hijo mayor sacó la medicina de su bolsa y la derramó sobre la tumba, tras lo cual su padre se levantó como si no tuviera mal alguno. ¿Cuál de los tres hijos obró mejor?

La pregunta con que concluye este cuento tradicional pone de relieve uno de los temas recurrentes en los relatos sobre la observación del espejo: la perturbación doméstica, que en este caso adquiere la forma de la rivalidad entre hermanos. También aparecen otros elementos familiares. Existe un objeto reflectante, un espejo, que tiene el poder especial de mostrar los sucesos que acaecen a gran distancia, y que llega a manos de un hijo que cumple una misión que le ha encomendado su pobre padre. También interviene en el relato la muerte y la pérdida de un ser querido, aunque la muerte del anciano se contrarresta por medios mágicos. Así, incluso en este relato breve podemos encontrar cinco de los elementos comunes en el Mito del Espejo.

En el caso de los relatos relacionados concretamente con la catoptromancia, la perturbación doméstica que caracteriza a la literatura de las visiones especulares suele adquirir la forma de un adulterio. La detección del mismo era una de las aplicaciones más importantes de esta práctica adivinatoria. Antiguamente, los berberiscos conservaban con gran aprecio un espejo mágico que tenía gran virtud en este sentido. Los maridos que sospechaban de sus esposas consultaban el espejo, que les mostraba en forma de visión la identidad del cómplice del adulterio. Cuando los berberiscos se convirtieron al cristianismo, uno de ellos, de fe especialmente firme, se ordenó como diácono. Otro hombre que consultó el espejo en la iglesia donde se guardaba vio en sus profundidades la cara del diácono, y acusó al diácono ante el emperador. Según la costumbre, el emperador hizo cortar las narices al diácono, que después fue expuesto a la vergüenza pública. La falta de armonía de un hogar se multiplicó en poco tiempo hasta degenerar en un trastorno social: una multitud iracunda de partidarios del diácono rompió el espejo, y el emperador envió enseguida a los soldados, que mataron a todos los alborotadores.

Aunque la mitología presenta a catoptrománticas femeninas, la historia y la antropología indican un predominio de los varones. Pero nos faltan buenas biografías documentadas de los especialistas de la profesión, debido quizás a las prohibiciones formuladas por las autoridades civiles y religiosas. Paradójicamente, no existen pruebas concluyentes de que uno de los supuestos catoptrománticos más estimados llegara a practicar siquiera la catoptromancia.

La idea tan generalizada de que Nostradamus (1503-1566) era catoptromántico se basa en unas pruebas de muy poco peso. Según cierta leyenda, mostró los reyes futuros de Francia a Catalina de Médicis en un espejo, en el castillo de Chaumont; pero corren muchas versiones diferentes de esta leyenda, y en la más antigua que he encontrado el profeta en cuestión no es Nostradamus. En todo caso, parece que este relato es un tópico dentro de las narraciones sobre la catoptromancia: recordemos que las brujas hacen aparecer y muestran a Macbeth un desfile de reyes futuros, el octavo de los cuales lleva en la mano un espejo mágico en el que Macbeth ve todavía a más descendientes de Banquo.

Así pues, existen muy pocas pruebas de que Nostradamus fuera catoptromántico; pero no podemos pasar por alto el hecho de que ha pasado como tal a la leyenda. La creencia es tan persistente que todavía en 1988 sirvió de base a una novela de misterio, *Magic Mirror* («El espejo mágico»), de Mickey Friedman. En ella, el espejo de Nostradamus es robado de un museo, y después de una ardua persecución la protagonista decide librarse del problemático instrumento y lo arroja al Sena.

En vista de que la fuerza de la leyenda no nos deja más opción que aceptar que Nostradamus era catoptromántico, no debe sorprendernos que la historia de su vida concuerde en muchos detalles con la pauta habitual de las tradiciones sobre la observación del espejo. La muerte figura como tema destacado en su vida, pues Nostradamus empezó a cobrar fama, en primer lugar, como médico en las epidemias de peste bubónica. También hay una tragedia doméstica: su primera esposa y los hijos de ambos murieron. Conoció las persecuciones, y en ocasiones estuvo amenazado por la Inquisición.

Dejando aparte todas las cuestiones relacionadas con los espejos y con las visiones, la leyenda de Nostradamus es un bonito ejemplo que nos permite estudiar algunos matices sutiles del análisis de lo paranormal como juego. También le interesaba la diversión, al menos en cierto sentido, pues su primer libro fue una colección de recetas de sabrosos platos y de productos de belleza: es, en efecto un libro de cocina, aunque sorprendentemente no contiene la receta de las galletitas de la suerte.

Fueran cuales fuesen los medios que utilizase Nostradamus para alcanzar sus visiones, si es que tenía tales visiones, lo que nos ha quedado como obra profética suya es una colección de estrofas de cuatro versos que no tienen ninguna relación aparente con la catoptromancia. Con el tiempo, han sido estos versos los que le han merecido la fama de haber realizado unas predicciones prodigiosas. Desde que somos niños se nos enseña a buscar significados en los versos, de modo que muchos lectores están ya de parte del vidente, predispuestos a interpretar las palabras partiendo de la premisa de que aluden a importantes sucesos mundiales que predijo Nostradamus. Pero estos versos levantan una espesa niebla de ambigüedades, y se pueden interpretar y reinterpretar indefinidamente. Las palabras hacen hábiles equilibrios al borde de lo comprensible; son seductoras porque dan la impresión de que siempre estamos a punto de desentrañar su significado. Lo que dejó Nostradamus es un pasatiempo, un legado perdurable de admiradores que se entretienen con una afición, la de leer y releer los célebres versos como si buscaran la única solución verdadera de un acertijo perdurable: un teorema último de Fermat del futuro.

Los demonios

La observación del espejo aparece relacionada notoriamente con lo demoniaco en muchas versiones de la historia del infame doctor Fausto, que, al parecer, según los datos históricos, obtuvo el grado de bachiller en Heidelberg en 1509. Parece ser que en cierta época ejerció una curiosa profesión antigua que era un curioso revoltijo de adivinación, astronomía, magia, astrología, alquimia y filosofía; era el mismo oficio que practicaron otros personajes célebres, como John Dee, Copérnico, Kepler, Giordano Bruno y Galileo. Ya he dicho que se le atribuye la autoría del *Hollenzwang,* y cuatro capítulos de este libro son un verdadero manual para visionarios en el espejo: en ellos se expone una gran riqueza de procedimientos para conseguir diversos fines, como encontrar tesoros enterrados e identificar a los autores de los delitos. En este tratado se encuentra la prueba de que también en Europa se conocía la práctica de encerrar en objetos reflectantes o transparentes a espíritus que otorgan deseos, pues Fausto da las instrucciones siguientes:

> Este método debe aplicarse en un lugar solitario, donde no se oiga el canto del gallo ni el repicar de las campanas de la iglesia. Un viernes, con luna menguante, ponte ropa limpia,

toma un frasco de cristal limpio y llénalo de agua. Cúbrelo con un paño de lino, ponlo sobre una losa de mármol y pronuncia sobre él una oración o hechizo, invocando a un espíritu para que entre en él. En cuanto ha entrado, cierra herméticamente el frasco con cera y enciérralo allí. Los nombres mágicos de este hechizo son: Zoyma, Zoplay, Pastorem, Coronem, Primonem; y si el hechizo no tiene efecto, sigue pronunciándolo durante una hora entera, y por fin se aparecerá un hombre o una mujer hermosa. Te traerá lo que quieras, hasta seres humanos, y te llevará por tierra y por mar, y te volverá a traer sin daño de tu cuerpo ni de tu alma.

El libro que se convertiría en fuente principal de información sobre su vida no se publicó hasta 1587, y, por otra parte, es anónimo. Para entonces, Fausto se había convertido en un personaje semifabuloso; en los relatos sobre él se entremezclaban los datos reales con las leyendas fantásticas, creadas en buena medida, al parecer, con el fin expreso de injuriar, en su figura, a todos los demás estudiosos de su época que empezaban a buscar la verdad fuera de los dogmas religiosos.

Las tradiciones acusaban, concretamente, al doctor Fausto de haber hecho un pacto con el demonio para que le otorgase conocimientos. En cada versión de los hechos se describen de diferente manera las condiciones de este contrato, y también varía el desenlace final y la moraleja; en todo caso, en la literatura de la época era corriente presentar al demonio en figura de estudioso. Con el tiempo, Fausto llegó incluso a servir de símbolo del Renacimiento, de la elección fatal entre el conocimiento y la felicidad; su historia llegaba a tener coincidencias, en ese sentido, con el mito de Pandora. En algunas obras que tratan del doctor Fausto, la observación del espejo representa el conocimiento prohibido. En el *Fausto* de Goethe, Mefistófeles lleva a Fausto a una cueva de brujas donde se le muestra, en un espejo, una visión de Gretchen, una joven a la que seduciría más tarde.

Las dos versiones más famosas de la saga del doctor Fausto son la obra teatral de Christopher Marlowe (1564-1593) y el drama de Goethe, que este autor empezó a escribir en 1769, en su juventud, y que concluyó en 1832, poco antes de su muerte. La leyenda era tan poderosa y tan polémica que, tras el estreno de la obra de Marlowe, el Parlamento inglés, alarmado, prohibió la representación de nuevas obras dramáticas de ese tipo.

La verdad sobre el doctor Fausto ha quedado tan oscurecida por la leyenda de que los fundamentalistas «cristianos» no pueden tomar su vida como ejemplo que confirme su postura de que la observación del espejo tiene un carácter demoniaco. En realidad, Goethe llega a proponer un concepto de Satanás en el que se reconcilia, aparentemente, la omnipotencia de Dios y Su amor infinito con el hecho de que permita al demonio que tiente y engañe a los seres humanos: al final, Fausto se salva porque Satanás es un poder que siempre desea el mal, pero que acaba por provocar el bien; Dios lo ha dispuesto todo de tal manera que la consecuencia final e inevitable de que una persona caiga en los lazos de Satanás, aunque haya caído libremente, es que por ello mismo la persona acabe acercándose más a Dios.

Los textos que tratan del doctor Fausto, considerados como corpus literario, contienen todos los motivos habituales de la literatura de la observación del espejo. En la escena de las brujas de *Fausto* aparece un espejo con propiedades mágicas, y el *Hollenzwang* contiene gran riqueza de consejos poco comunes sobre el modo de adquirir espejos mágicos, además de instrucciones y rituales sobre la manera de activarlos. En el *Hollenzwang* se habla también de espíritus vinculados a espejos o a cristales. En algunos pasajes del *Hollenzwang* se hace alusión a diversos peligros que es preciso evitar en el proceso, y el propio doctor Fausto, tan relacionado con la observación del espejo, tuvo antiguamente una pésima reputación. Existen bastantes conflictos familiares: en la crónica de la vida del doctor Fausto que se publicó en 1587 se afirma que su padre era incapaz de hacerse cargo de él, por lo cual un tío suyo adinerado corrió con los gastos de su educación; el estudiante, con sus excesos y con su falta de aplicación a las cosas serias, llevó a su benefactor al borde de la locura. Está presente el tema de la muerte: se decía que el doctor Fausto había hecho aparecer los espíritus de personas difuntas, entre ellos el de Elena de Troya. Marlowe hace morir al estudioso al final de su obra, y los demonios lo arrastran al infierno. Goethe ve en la muerte de Fausto una liberación definitiva, pues el estudioso vuelve a Dios.

Aunque el caso del doctor Fausto no sea propicio para los fundamentalistas, sí es excelente para el estudio de lo paranormal como juego, pues en su vida se dan cita la observación del espejo y los demonios, el humor y lo preternatural. Parece que las personas que forjaron la leyenda de Fausto tenían ciertas vagas nociones de las relaciones entre lo paranormal y el juego, pues dos de los datos históricos más fiables sobre su persona están relacionados con su sentido del humor; más concretamente, son anécdotas sobre bromas suyas.

Se ha dicho que la fama que tenía el doctor Fausto de mantener tratos con el demonio arranca de un mal chiste. Llamaba a su cuñado, en broma, «demonio de pezuña hendida», y aquel dicho se difundió, se adornó y se generalizó. Así, el doctor Fausto fue cocreador de su propia leyenda, lo cual parece ser un *modus operandi* bastante corriente entre los que quieren labrarse fraudulentamente la reputación de estar dotados de poderes paranormales.

En otra ocasión, estando preso en la cárcel, se brindó a enseñar al capellán la manera de quitarse la barba de la cara y el pelo de la tonsura sin navaja. A cambio, Fausto le pidió vino. Cuando el capellán le entregó el vino, el doctor le proporcionó una pomada a base de arsénico, que no solo le quitó el pelo y la barba, sino que le quemó también una buena parte de la piel. El incidente demuestra su carácter antisocial, tanto por las tendencias sádicas y traicioneras que manifiesta como por el lugar mismo donde sucede la anécdota. Al parecer, muchos contemporáneos de Fausto lo consideraban un manipulador fraudulento que viajaba de un lugar a otro aprovechándose de la gente. Esta conducta es característica de las personas antisociales. Desde luego, no parece que Fausto fuera una persona llena de amor a los demás; por ello, su caso es ilustrativo de la regla de que la práctica de lo paranormal como juego debe regirse por un principio de amor espiritual. El caso de Fausto ilustra también el modo en que las personas de carácter antisocial pueden aprovecharse de lo paranormal para manipular a los demás.

Es curioso observar que, en general, la parapsicología moderna no habla del tema de los demonios; y es extraño que las causas de este silencio estén tan poco claras. Quizás se deba a la mala prensa que ha recibido el tema después de aquel pequeño incidente desgraciado que tuvo lugar en Europa entre los siglos XIV y XVII, cuando millares de personas fueron torturadas y quemadas vivas tras ser acusadas de tener tratos con Satanás. Es posible que, a partir de aquello, se entienda la poca distancia que hay, histórica y psicológicamente, entre creer en los demonios y salir a cazarlos; una caza que, normalmente, suele tener consecuencias desafortunadas para los seres humanos a los que se cree que engañan o poseen los demonios. O es posible que esta postura tan callada arranque de las prohibiciones promulgadas por las burocracias religiosas, que se reflejan lejanamente en el concepto que tiene el público del tema; o en las cuestiones de competencias, pues el mismo público teme invadir las atribuciones profesionales del clero, que se supone que se ocupa de los exorcismos, al fin y al cabo.

Este silencio por parte de los parapsicólogos es incomprensible. ¿Por qué puede creer la ciencia en los fantasmas, pero no en los demonios? ¿A qué se debe esta asimetría tan peculiar? Para dar respuesta a estas preguntas debemos estudiar, en primer lugar, las mentalidades de los que tanto desean demostrar que lo paranormal es lo mismo que lo demoniaco.

La clave para comprender a estos fundamentalistas que se dicen «cristianos», su predilección por las cuestiones ideológicas y su obsesión por los demonios es identificar un estilo psicológico subyacente, un esquema mental, que contrasta marcadamente con el complejo emocional que entra en juego en las reuniones visionarias complejas. Pues las apariciones de los difuntos están relacionadas con la esperanza y con el duelo, mientras que los demonios surgen del miedo y de la obsesión.

Los rasgos que atribuyen los fundamentalistas a los demonios coinciden exactamente con las preocupaciones de las personas que padecen obsesiones. Se dice que los demonios intentan engañar a sus víctimas, incluso apareciéndose ante ellas disfrazados: las dudas inquietantes y pertinaces son el sello de la obsesión como estado de ánimo. Se dice que los demonios son sucios, asquerosos, feos, que tienen un olor repugnante; es sabido que la limpieza y la pureza preocupan mucho a las personas obsesivas. La creencia en los demonios está acompañada de ciertos actos, en el sentido de que es preciso evitar a los demonios, expulsarlos o exorcizarlos, normalmente por medio de ritos: las obsesiones suelen adoptar la forma de compulsiones, de ritos realizados para evitar algo, para quitarse algo de encima o para limpiarse.

Las personas obsesivas tienden a centrarse en abstracciones para aislarse de los sentimientos y de las emociones. Así se explica que la ideología sea lo más importante de la religión para estos «cristianos». También se explica así su severa falta de sentido del humor y la actitud que han mantenido históricamente hacia la diversión. Es bien sabido que los compulsivos-obsesivos son relativamente inmunes a la risa. Si se les dice una broma o se les cuenta un chiste, tienden a interpretarlo como si fuera un comentario serio y a tomarse a pecho su significado literal. Lo que estas personas llaman humor suele adoptar la forma de un ingenio mordaz y hostil o de un sarcasmo amargo. Como la risa sana lleva aparejada una pérdida del control, les parece especialmente amenazadora a los personajes fundamentalistas, que se defienden con su propia rigidez.

Las tendencias obsesivas se han relacionado con la fijación anal. ¿No les parece, cuando observan sus gestos por televisión, que estos fundamentalistas «cristianos» están haciendo sus necesidades con esfuerzo cuando rezan? Con la cabeza baja, con los ojos fuertemente cerrados, un gesto de intensidad les hace fruncir el rostro, mientras tartamudean: «Jesús… oh… oh… Jesús… oh… oh…».

El estilo de vida preferido de los compulsivos-obsesivos se caracteriza por la regularidad monótona triste. Si estudiamos el contenido de los anuncios de televisión de la noche, descubrimos lo partidarios que son de la regularidad. La innovación es una plaga para la vida del fundamentalista, pues presenta continuos desafíos a la ideología. Por eso atribuyen ellos al demonio tantas ideas o inventos nuevos. Nos recuerdan a los antiguos cartógrafos, que dibujaban unos mapas en los que representaban las tierras que ellos conocían, y más allá añadían las palabras: «Aquí hay dragones». Incluso el tenedor fue despreciado por satánico cuando se inventó, y cuando Galileo vio por primera vez los planetas con su telescopio, los clérigos le dijeron que se estaba engañando con visiones demoniacas. Así, para los que practicamos lo paranormal como juego es positivo oír que unos viejos sin sentido del humor (ya saben por quién lo digo) se quejan de que lo que estamos observando es cosa del demonio; pues eso mismo es indicativo de que puede tener algo de divertido y de interesante.

Este análisis nos permite identificar con exactitud a aquellos que se anuncian como «cristianos», pero que en realidad se dedican a amenazar a los demás con los demonios. Dado que la demonología se define como la creencia en los demonios, estos «cristianos» fundamentalistas son, más concretamente, demonólogos. Y el relato de observación del espejo que más nos enseña acerca de la demonología no es la vida del doctor Fausto, sino la del sorprendente Alexis Vincent Charles Bergibuier, llamado *le Fleaudes Farfadets* (el Azote de los Demonios), cuya vida es un ejemplo trágico del modo en que esta doctrina de chiflados puede destrozar la simpatía humana de una persona.

Berviguier nació en Carpentrás, cerca de Aviñón, en Francia, en el año 1764, y se crió en un ambiente muy religioso. No se sabe gran cosa acerca de sus primeros años, salvo el dato de que, por algún motivo, su madre no lo crió personalmente, sino que lo puso en manos de una nodriza, lo cual afectó negativamente a su salud. Se dice que estuvo algo tullido en sus primeros nueve años de vida, y que su médico decía que el mal era incurable; en años posteriores de su vida, Berbiguier seguía resentido con los médicos por aquel diagnóstico. Su familia estuvo metida en pleitos en los años de infancia de él, y aquello, sumado a su frustración por la impotencia de los médicos, explica quizás la aparición de sus primeras ideas persecutorias. Aquellas ideas no tardaron en culminar en el convencimiento de que sus problemas se debían a la intervención de los demonios. Esta creencia marcaría su vida.

Hacia los últimos años del siglo XVIII, marchó a vivir a Aviñón, y allí consultó a una echadora de cartas vidente, una muchacha llamada Mansotte. Durante la sesión, a Berbiguier le pusieron, por algún motivo, una venda en los ojos. Parece que su visita a la vidente lo alteró, pues aquella noche lo despertaron unos ruidos que le parecieron rugidos de fieras salvajes. Vio que los ruidos no tenían causa aparente e intentó volver a dormirse, pero empezó a oír otros sonidos incomprensibles, entre ellos una serie de golpes en la cabecera de su cama. A la mañana siguiente se levantó dolorido, como si lo hubieran golpeado durante la noche. Le pareció que, sin duda, era cosa de los demonios. Cuando expuso a su casera estas dificultades, ella intentó tranquilizarlo proponiéndole una explicación más prosaica; en vista de lo cual, también empezó a sospechar inmediatamente de ella, pensando que quizás estaba intentando ocultar a los demonios.

Poco después, Charles empezó a tener también manifestaciones visuales: formas en la oscuridad, figuras de hombres y de animales, luces invisibles para todos los demás; por supuesto, él interpretaba que todos eran demonios disfrazados. Su alegría fue enorme cuando recibió por fin, en forma de visión, una visita del propio Jesucristo; Berbiguier interpretó este episodio considerando que Jesús le había encargado la misión concreta de destruir a los demonios. Pero Charles tardaría algún tiempo en llevar a cabo plenamente su vocación, y mientras tanto se ganó la vida en un oficio relacionado con lo periparanormal: durante algún tiempo fue escribiente en una oficina de loterías. En 1816 marchó a París, donde consultó a Philippe Pinel, el célebre psiquiatra que recomendó por primera vez la suavidad en el tratamiento de los enfermos mentales. Pinel le recetó baños calmantes, pero el paciente, como cabía esperar, recibió esta recomendación con sospecha. Desilusionado, recurrió a un sacerdote, que le recomendó que oyera cuatro misas al día; él también rechazó este consejo.

Berbiguier empezó a encerrarse en su habitación durante largas temporadas, que pasaba meditando y volviéndose cada vez más meditabundo. Empezó a percibir olores desagradables mientras rezaba sus oraciones; su mascota, la ardilla Coco, se lesionó; algunos objetos suyos aparecieron rotos inexplicablemente. El significado de todos estos sucesos estaba claro para Berbiguier: le presentaban batalla ejércitos de los *farfadets* (así llamaba él a los demonios), encabezados por el doctor Pinel, por Mansotte, la echadora de cartas, y por todos sus demás perseguidores.

Cierto día, mientras Berbiguier paseaba por la calle, la gente empezó a fijarse en una nube especialmente oscura. Berbiguier se puso a arengar a la multitud: la nube era obra de los hechiceros y de los demonios, aquellos «excrementos de la tierra», como él los llamaba. Pronto empezó a enviar cartas a sus perseguidores, acusándolos de ser *farfadises,* juguetes de los demonios. Afirmaba que los médicos y las mujeres eran especialmente proclives a someterse a la influencia demoniaca. Decía que los demonios entraban por la noche en los dormitorios de las jóvenes para violarlas.

Los bromistas se interesaron pronto por el estado mental de Berbiguier. Le enviaban cartas, supuestamente escritas por los demonios. Estas bromas dejaban su huella en su sistema de creencias y lo reforzaban.

Por entonces, había asumido plenamente, tanto en su mente como en su imagen pública, el papel con el que había soñado durante mucho tiempo: el de Azote de los Demonios. Cocinaba caldos antidemoniacos; tenía en su casa corazones de buey atravesados con agujas (uno de los símbolos de su oficio), y utilizaba azufre, hierbas y otras recetas tradicionales para ahuyentar a los demonios.

Tenía un recipiente de madera lleno de agua (él lo llamaba *Baquet Revelateur)* que utilizaba como si fuera una especie de aparato de televisión astral. Estaba puesto en la ventana de su habitación, y en las profundidades del agua observaba las idas y venidas de los *farfadets,* que se dedicaban a sus actividades siniestras.

El Azote practicó, incluso, el arriesgado arte de embotellar demonios, emulando a Salomón y a Chang Tao Ling. En cualquier momento y lugar donde llegara a la conclusión de que había un demonio, atravesaba el cuerpo de este con una aguja. En consecuencia, cada mañana su cama daba la impresión de que se había celebrado en ella por la noche una convención de acupuntores. Berbiguier recogía diligentemente las presas de la noche y las guardaba en botellas selladas. Algunas veces veía, en sus visiones, a los *farfadets* que lloriqueaban dentro de sus cárceles de vidrio.

Berbiguier decidió, magnánimamente, legar a la posteridad su sabiduría, y se puso a escribir una relación de sus experiencias. Esta obra, que es uno de los grandes tratados clásicos de demonología, se publicó en 1821 en tres tomos. En estos libros aparecen también algunos ejemplos maravillosos de las creaciones gráficas características de la enfermedad mental, pues contienen unas exóticas litografías que representan unas curiosas escenas: uno de los verdugos del Azote, antiguo amigo suyo, representado como un cerdo gordo, que es claramente un demonio disfrazado, vomitando a una víctima; el doctor Pinel en un rincón de la habitación de Berbiguier, con un tridente en la mano; una gran cantidad de botellas llenas de demonios burlones; un retrato del héroe en persona, en actitud bizarra.

La publicación del libro alarmó a los amigos que todavía le quedaban. Le sugirieron que quizás padeciera una paranoia. Él lo negó, por supuesto, y devolvió la acusación a sus amigos: los paranoicos eran ellos.

Por desgracia, no encontró nunca a su Pandora única y fiel, y, con el paso del tiempo, se volvió cada vez más excéntrico; vagaba por las calles y se quejaba interminablemente de los *farfadets* ante cualquiera que le dirigiera la palabra. Cuando se hizo viejo, se le fue acentuando una desviación del cuello, hasta que llegó a tener la barbilla apoyada permanentemente en el pecho. Aquella postura fija debió de provocarle unos dolores atroces; se fue debilitando cada vez más, hasta que tuvo que ingresar en un hospital de su ciudad natal. Murió allí en el mes de diciembre de 1851.

Naturalmente, no podemos emitir diagnósticos históricos con completa certeza; pero, a pesar de que ciertos detalles de la conducta del Azote (su preocupación por los rituales, las ceremonias y la suciedad, por ejemplo) son característicos de los trastornos compulsivos-obsesivos, el cuadro general es el de la esquizofrenia paranoide. Más concretamente, sus neologismos, su falta de comprensión de su propia enfermedad, sus aparentes alucinaciones auditivas y olfativas, la alternancia característica de ideas persecutorias y delirios de grandeza en el cuadro de sus fantasías, su actitud huraña, desconfiada y resentida y su deterioro gradual son características comunes de esa enfermedad.

Pero, con todo, podemos tomar su caso como ilustrativo de la psicología de los demonólogos. Lo que tienen en común los paranoicos y los compulsivos-obsesivos es su rigidez y su falta de sentido del humor, así como su tendencia pronunciada a atribuir las culpabilidades a causas externas. La vida del Azote, por trágica que fuese, no dejaba de parecer divertida a muchos de los que lo conocían. Algunos amigos suyos que escribieron poesías satíricas en las que se reían de sus manías quizás intentaban hacerle reaccionar por medio de la terapia del humor, como si se dieran cuenta de que una persona que se había dejado llevar por un sistema tan excéntrico y tan extremista tenía la franca obligación de salir de él. Si era así, la terapia estaba condenada al fracaso, pues los paranoicos no reaccionan ante el humor, como tampoco reaccionan los obsesivos, y por los mismos motivos. Una visión humorística de la vida nos permite ver nuestros propios defectos, e incluso reírnos de nosotros mismos. Pero los paranoicos y los obsesivos se toman demasiado en serio a sí mismos.

Por molestos que resulten los demonios para los parapsicólogos, y por confuso que pueda estar el tema en las mentes de los escépticos, los practicantes de lo paranormal como juego estamos dispuestos a plantar cara a los demonios (y, en consecuencia, a los demonólogos «cristianos»). Pues tenemos claras las razones por las cuales los demonios no pueden dominarnos: abordar a los demonios con un sentido del humor sano y lleno de amor es una manera infalible para obligarlos a marcharse.

Martín Lutero y Tomás Moro recomendaban reírse de los demonios y burlarse de ellos para quitárselos de encima; es posible que esta técnica fuera una variedad de la terapia del humor. Pero a los estudiosos de lo paranormal como juego nos queda la tarea de determinar cómo y por qué funciona esto. En concreto, para demostrar la vulnerabilidad de los demonios a nuestras operaciones, nos basta con describir el modo de diseñar un procedimiento adecuado para tratar con ellos, basado en los principios de lo paranormal como juego. Sería de la manera siguiente.

En primer lugar, elegimos un propósito noble e irreprochable para el cual vamos a conjurar a los demonios en una sala del espejo, en nuestra cámara de relaciones con el demonio. En concreto, decidimos charlar con los demonios con el propósito de hacerlos volver a Dios. Damos entrada a Dios en nuestros planes y le recordamos que dependemos de Él, como padre sabio, todopoderoso y amoroso que es, para asegurarnos nuestra seguridad completa durante nuestra misión. Adoptamos ciertas reglas: no debemos confiar en los demonios; no creeremos necesariamente nada de lo que nos digan, y no haremos el menor trato con ellos. Los abordaremos única y exclusivamente con el propósito de decirles que Dios tiene un mejor camino. Podremos leer textos de la Biblia a los demonios, pero no es imprescindible, y en cualquier caso el derecho de hacerlo está garantizado por el derecho constitucional a la libertad religiosa. Así, preparados y armados de la fe y de la protección de Dios y de la Constitución, nos disponemos a conjurar a los demonios.

Está claro que el carácter amenazador de los demonios ha desaparecido durante el transcurso de este ejercicio. Por el mero hecho de decir a los demonios cómo íbamos a tratar con ellos, los hemos visto disolverse y desaparecer. Como su poder se basa en nuestros miedos y en nuestros odios, no soportan el humor valiente y lleno de amor.

Resulta, pues, que la práctica de lo paranormal como juego es, esencialmente, una reducción al absurdo de la demonología. Ojalá fuera tan fácil quitarse de encima a las personas horribles, como Hitler y demás, como a los demonios. Pues, en vista de que existen condiciones en las que nosotros los practicantes de lo paranormal como juego llegaríamos a plantearnos incluso (tal como acabamos de hacer) la posibilidad de conjurar a los demonios, ¿habría algo que no fuéramos capaces de hacer? Existen límites, en efecto; y se da la circunstancia de que podemos aprender algo acerca de las diferencias entre lo paranormal como juego y los otros planteamientos analizando las causas por las que no serían aceptables determinados proyectos. También en este caso podemos ilustrar el principio con un relato que habla de la observación del espejo: se titula *El rabino Adán y el rey que miraba las estrellas,* un cuento popular judío que procede de la tradición oral de Grecia.

Hace mucho, mucho tiempo, había un rey al que le agradaba mucho contemplar el cielo cada noche con su magnífico telescopio. Había llegado a dominar muy bien el arte de la adivinación por las estrellas, y concibió el deseo ardiente de conocer a una persona que hubiera nacido al mismo tiempo que él. Por fin, oyó hablar de una persona en la que se daba esta circunstancia. Esta persona resultó ser el ilustre rabino Adán, que era un astrólogo maravilloso y un poderoso hechicero. El rey confió el gobierno de su reino a su visir y, vestido de mercader para que no lo reconocieran, se puso en camino para visitar al rabino Adán.

Muy lejos, en la ciudad donde vivía el rabino Adán, este, por medio del estudio de las estrellas, se enteró del viaje del rey, pero como entendía de astrología más aún que el rey, supo que detrás de su visita había un motivo oculto que no conocía ni siquiera el propio rey. Y el rabino Adán se preparó para la llegada del rey.

Cuando llegó el rey a la ciudad, preguntó por el rabino Adán y lo enviaron a una tosca cabaña en el bosque. Cuando el rey encontró la cabaña, se maravilló al ver la vida tan austera que llevaba el rabino. Llamó a la puerta y, viendo que el rabino no estaba en su casa, el rey entró para esperarlo. Observó la habitación y no vio más que libros, muebles sencillos y un pequeño espejo de plata colgado en la pared. Se acercó al espejo y lo miró. En lugar de su propio reflejo, vio con asombro en el espejo (y también oyó) una escena en forma de visión: en los propios aposentos reales, el visir y la esposa del rey tramaban alzarse con el poder. Comentaban juntos su plan, que consistía en hacer detener al rey cuando llegara al país y condenarlo a muerte antes de que pudiera hacer valer su verdadera identidad, y reinar juntos en su lugar.

El rey quedó aturdido ante la traición que acababa de presenciar. Temblando, se acercó a una silla y se dejó caer en ella. En ese momento entró por la puerta el rabino Adán. El rabino, después de saludar al rey, le reveló que había previsto su venida y que el verdadero motivo de esta era que el rey pudiera ver la visión que acababa de presenciar en el espejo. El rabino Adán explicó al rey que aquel espejo había estado hacía mucho tiempo en el jardín del Edén, donde el propio Adán lo había mirado y había visto en él las generaciones de la humanidad que vendrían después de él; el espejo había pasado también por las manos de Abraham, de David y de Salomón. El rabino Adán preguntó al rey qué pensaba hacer ahora que había descubierto la conspiración. El rey, reconociendo la sabiduría superior del rabino, le pidió consejo, y el rabino Adán le entregó una vela y le dijo que la sujetara ante el espejo y que esperara hasta que pudiera ver al visir cara a cara en el espejo y la reina estuviera mirando hacia otro lado. En ese mismo momento, el rey debía apagar la vela de un soplido.

El rey siguió las instrucciones y vio en el espejo que el visir caía al suelo al instante, muerto. Al verlo, la reina se aterrorizó; se asomó a la ventana y vio al sacerdote, que paseaba por el jardín. Le pidió ayuda a gritos. El sacerdote subió enseguida y, viendo el cuerpo del visir, se preguntó qué hacía este en el aposento de la reina y cómo había muerto. La reina confesó todo al sacerdote, y pudo convencerlo de que ella no tenía nada que ver con la muerte del visir.

El sacerdote dijo a la reina que haría desaparecer el cadáver con la condición de que ella dijera que los jefes de la comunidad judía habían secuestrado al visir y lo habían asesinado. La reina convino en el plan, y el sacerdote enterró el cuerpo en la bodega.

El rey se enfureció cuando vio todo aquello en el espejo mágico. Después de contar al rabino Adán todo lo que había visto, emprendió el camino de su palacio para proteger del sacerdote a los judíos. Cuando el rey llegó a su país, descubrió que los judíos ya corrían peligro por las mentiras que se habían difundido. Los ministros del rey le pedían que castigara a los judíos por la muerte del visir. El rey fingió acceder, pero sugirió que se reuniera una asamblea de representantes de todos los países para explicar ante ellos la medida, con el fin de que las demás naciones no tomaran medidas de represalia contra aquel país. Los ministros del rey acogieron favorablemente la sugerencia, y el rey se aseguró de que el rabino Adán asistiría a la asamblea.

El día designado, todos los representantes se reunieron en el palacio y se sentaron a la mesa. Se les sirvió vino, y cuando todos empezaban a beber, el rabino Adán se puso de pie y, pidiendo disculpas al rey, comentó que el vino no tenía sabor. Inmediatamente, todos los demás representantes advirtieron que así era, y se sorprendieron de no haberse dado cuenta antes.

El rey se irritó contra el sacerdote, que estaba encargado de la bodega; el sacerdote ordenó inmediatamente que se subieran más botellas de la bodega; pero, cuando se probaron estas, resultaron peores. El sacerdote, avergonzado y nervioso, bajó corriendo a la bodega y subió las mejores botellas, pero los representantes opinaron unánimemente que aquellas eran las peores de todas.

El rabino Adán pidió permiso al rey para bajar a elegir él mismo las botellas, y le pidió también que dejara bajar a todos los invitados para que pudieran admirar la bodega del palacio.

Cuando todos estuvieron reunidos allí, el rabino Adán comentó que en aquella bodega olía mal. Aunque nadie lo había advertido hasta entonces, de pronto (como por arte de magia) todos se dieron cuenta de ello. El rabino Adán reconoció el suelo de la bodega y se detuvo en un punto determinado. «El olor sale de aquí», anunció.

Llamaron a unos criados que se pusieron a cavar en aquel lugar y desenterraron el cuerpo del visir. El rey interrogó al sacerdote y a la reina: ambos confesaron. Los ministros del rey condenaron a muerte al sacerdote, que fue ahorcado aquel mismo día. El rey condenó a su esposa al exilio de por vida, y anunció que los judíos quedaban absueltos. A continuación, el rey manifestó al rabino Adán su agradecimiento y su alegría por la circunstancia de que ambos hubieran nacido bajo unas mismas estrellas.

En este relato de ficción, el rey y el rabino actuaban en virtud de sus cargos y con el propósito justificable y meritorio de salvar las vidas de muchos inocentes. Pero utilizaron una técnica que nunca, jamás, debemos intentar aplicar los practicantes de lo paranormal como juego: no, ni con ratas de laboratorio, ni con ratones, ni con conejitos, ni siquiera con «cristianos» fundamentalistas como sujetos del experimento. Pues los practicantes de lo paranormal como juego jamás deben quitar vidas, ni siquiera plantearse la posibilidad de hacerlo. Por lo tanto, aunque bajo determinadas condiciones podemos conjurar a algún que otro demonio, existen prohibiciones tajantes: la ciencia infalible de lo paranormal como juego demuestra de manera concluyente que, aunque neutralizásemos a los demonios, todavía tendríamos que enfrentarnos al mal humano.

Aunque los practicantes de lo paranormal como juego podamos expulsar a los demonios, los fundamentalistas, que son severos y no tienen sentido del humor, pueden aceptarlos fácilmente; lo que es más, no son capaces de arreglárselas sin ellos. Como cabría esperar en vista del carácter obsesivo de los intereses de los «cristianos», un análisis del lenguaje de la demonología demuestra que está erizado de términos jurídicos. La proposición «el demonio es malo» parece ser apodíctica (o analítica, o incluso apriorística); es decir, que el demonio es malo por definición. Su incorregibilidad forma parte del significado mismo de su nombre.

Pero ¿por qué debe estar «condenado eternamente» el demonio por su propia naturaleza? Parece que en los varios milenios que han transcurrido desde que Dios creó el mundo y terminó de escribir la

Biblia, podría haberse ocupado de que Satanás volviera a su lado, con Su omnipotencia y Su amor infinito.

Pero ¡no! Estas palabras son una herejía para los demonólogos, de lo cual se trasluce cómo se consideran a sí mismos los guardianes celosos, nombrados por sí mismos, del poder de Satanás. Pues si concedieran la posibilidad de que el propio Satanás pudiera volver a Dios, entonces ellos podrían tener que renunciar al papel, que a las personas autoritarias les gusta imaginarse que poseen, de porteros del cielo, siempre alertas para negar el paso a todos los musulmanes, judíos, homosexuales masculinos o femeninos, mormones, episcopalistas, o a los miembros de cualquier otro grupo que ellos decidan expulsar al reino de los réprobos.

Los demonios deben existir para que puedan cargar con las culpas, y también para que puedan atormentar a los que no se adhieren a las abstracciones y a las ideologías de la persona rígida, todo ello con el fin de que esta misma persona se libre de los sentimientos inquietantes de culpabilidad por la hostilidad intensa que sienten, evidentemente, hacia una buena parte de los demás seres humanos. Así, la otra cara de un demonio es una debilidad humana; postulamos la existencia de los demonios para evitar ver nuestros propios defectos. La fijación en lo demoniaco es, por lo tanto, una disfunción de la conciencia de sí mismo.

Pero, aunque lo lamento y me duele tener que decirlo, la práctica de lo paranormal como juego no puede ofrecer a estas personas grandes esperanzas de curación, pues nuestra ciencia no se ha desarrollado todavía hasta el punto de poder ser útil para la gente que no goza de un sentido del humor vivo y cargado de amor.

Las espadas, los espíritus y Paracelso

La experiencia directa y personal con las visiones especulares puede tener el efecto de disolver el complejo de la observación del espejo (como estructura intrapsíquica subconsciente o preconsciente) a base de hacer plenamente conscientes los elementos que lo componen. Dado que el Mito del Espejo mantiene su carácter extraño y de cosa sobrenatural debido, sobre todo, a que las vivencias humanas que lo componen suelen ser, para la mayoría de nosotros, ajenas al conocimiento consciente, el hecho de disipar el complejo de la observación del espejo tiene la consecuencia añadida de desmitologizar aquella pauta narrativa tan generalizada y antigua. Podemos aprovechar la información que hemos presentado hasta aquí, sobre todo cuando está enriquecida por esta familiaridad de primera mano con las visiones especulares, para comprender mejor ciertas tradiciones exóticas de otras culturas, para explicar determinadas prácticas o personajes históricos misteriosos y para facilitar la interpretación de algunas obras literarias poco comprensibles.

Por ejemplo, los habitantes de las sociedades industrializadas contemporáneas que conocen las prácticas de los chamanes de las culturas tribales tienden a suponer que estos operadores tradicionales deben ser o bien unos embaucadores, o unos enfermos mentales, o unas personas dotadas de cierta capacidad misteriosa y extraordinaria que nos falta a casi todos los demás. Pero las personas que llegan a dominar la observación del espejo, que es una práctica chamánica antigua y consagrada, llegan a comprender y a apreciar como testigos directos un aspecto importante de los mundos interiores de aquellos antiguos profesionales de la sanación.

A primera vista, puede parecer demasiado aventurada la afirmación de que este tipo de exploración directa de nuestra propia conciencia pueda revitalizar nuestra comprensión de la Historia, pero en las vidas de los historiadores más destacados se encuentra un número suficiente de precedentes que nos permiten establecer la importancia de los estados alterados de la conciencia en el proceso por el cual estos historiadores intentaron comprender el pasado. Algunas circunstancias de la juventud del eminente historiador británico Arnold Toynbee nos brindan un buen ejemplo.

Toynbee cuenta que tuvo una serie de visiones, de cuya realidad estaba completamente seguro, que lo inspiraron para escribir su monumental obra en doce tomos *A Study of History* («Estudio de la Historia»). Cuando tenía veintitrés años, en un viaje por Grecia, vivió en varias ocasiones la experiencia de caer por lo que él llamaba «un hueco del tiempo». En diversos lugares históricos contempló ciertos sucesos que habían tenido lugar siglos atrás en aquel punto. Aquellas visiones eran vívidas y parecían completamente reales. Era como si el pasado cobrara vida ante sus ojos. Cuenta que, estando entre las ruinas de un antiguo teatro en Éfeso, de pronto «el teatro vacío se llenó de una multitud tumultuosa; los muertos cobraron aliento y vida y se levantaron». Contemplando las ruinas de Mistra presenció la terrible matanza de los habitantes de esta ciudad que había tenido lugar un siglo antes a manos de sus invasores. El espectáculo lo horrorizó tanto que le hizo modificar su visión de la Historia.

Es probable que los fenómenos de este tipo no sean demasiado raros entre los historiadores. Toynbee cuenta que Gibbon, autor de *The Decline and Fall of the Roman Empire* («La decadencia y la caída del Imperio romano») también se inspiró para escribir su obra, en parte, en una visión en la que aparentemente transcendió el tiempo. Un amigo mío, historiador, me ha contado un hecho semejante.

La experiencia ocurrió en La Balme, en Francia, a unos 30 kilómetros al este de Lyon. Era el 28 de julio de 1990. Yo había ido a visitar una pequeña capilla del siglo XII que llevaba varios años cerrada al público. Los muros se hallaban recubiertos de frescos, que estaban desvaídos y en mal estado general. Representaban figuras humanas de tamaño natural, de personas relacionadas con la capilla y con la vida monástica de principios de la era cristiana.

Tomé algunas fotografías y ya iba a marcharme, cuando sentí una presencia muy fuerte en la capilla. Cuando me di la vuelta me encontré cara a cara con una de las figuras que había visto en los frescos. Nuestras miradas se cruzaron y fue como si se hubiera abierto un túnel del tiempo. El personaje del fresco estaba vivo, y me miraba con tanta sorpresa como yo a él. Era como si nuestras conciencias se hubieran dilatado y se hubieran unificado. Compartimos la misma comprensión de lo que pasaba, y ambos supimos que nos estábamos mirando el uno al otro desde puntos distintos de la Historia.

Yo tenía entonces 49 años y ya era historiador. Me quedé maravillado y asombrado. Era como si una extraña aparición me hubiera absorbido, y me puse a flotar por un túnel del tiempo. *Sé* que la persona que estaba delante de mí vivía lo mismo que yo. Desde que tuve aquella experiencia he cambiado como persona y me he vuelto más abierto de miras y menos rígido. Cuando el túnel del tiempo se cerró y la experiencia terminó, perdí el control de mis emociones y sentí un vivo deseo de llorar.

La conjunción de un planteamiento vivencial del modo de descifrar ciertas curiosidades de la literatura y de la Historia con un estilo de análisis basado en los principios de lo paranormal como juego nos proporciona una técnica poderosa para hacer cobrar nueva vida a la historia de lo paranormal, haciéndola accesible con una intimidad nueva. Ahora podemos combinar todo lo que hemos aprendido sobre la observación del espejo y sobre lo paranormal como juego para ilustrar estas hipótesis; más concretamente, nos apoyaremos en este conocimiento hasta encontrar algunas soluciones a viejos enigmas relacionados con uno de los personajes más pintorescos de la historia de la Medicina, de la ciencia y de lo paranormal.

En algunos momentos de la Historia se han utilizado las hojas bruñidas de las espadas a modo de espéculos para los diversos fines de la observación del espejo, entre ellos la catoptromancia; la adivinación por la observación de las espadas se llamaba macairomancia. Como cabía suponer, a raíz de tales prácticas se llegó a creer que determinadas armas tenían sus propios espíritus que residían en ellas. Algunos llegaban a albergar la creencia de que el espíritu que residía en la espada podía otorgar al arma un poder especial y mágico.

Una interesante leyenda japonesa, *El espíritu de la espada,* se basa en este tipo de tradiciones. Un capitán de navío llamado Tarada mandó echar el ancla de su junco en aguas del cabo Fudo para pasar la noche, y se echó a dormir en la cubierta con el resto de la tripulación. Hacia la media noche, el capitán Tarada se despertó al oír un terrible ruido sordo que surgía, al parecer, de las profundidades del mar. Cuando miró hacia la proa de su barco, vio a una hermosa muchacha vestida de blanco e iluminada por una luz brillante. Despertó a su tripulación y, cuando se acercó a la muchacha, esta dijo:

—Lo único que deseo es regresar al mundo.

Dicho esto, desapareció entre las olas.

Al día siguiente, el capitán bajó a tierra y preguntó a muchos habitantes de los pueblos cercanos si sabían algo de aquel maravilloso espectro de luz. Uno de ellos le dijo que no habían visto nunca la aparición, pero reconoció que hacía cierto tiempo que los inquietaba aquel ruido sordo que describía Tarada, y que el ruido había ahuyentado de la bahía a los peces. El pueblerino supuso que el capitán había visto quizás al fantasma de una joven que se había ahogado en el mar, y que los ruidos eran la manifestación de la ira del dios del mar por la presencia de sus restos.

Otro habitante del pueblo se embarcó en el junco de Tarada para bucear en el mar y recuperar el cadáver. Se tiró al agua y exploró cuidadosamente el fondo del mar, pero sin resultado. Por fin, vio algo que parecía una espada envuelta en seda; deshizo el envoltorio y vio que, en efecto, era una espada brillante y perfecta. El buzo nadó hasta la superficie, subió al junco y se desmayó en cubierta, agotado. Cuando volvió en sí contó lo que había encontrado y mostró la espada.

Un funcionario dictaminó que la espada era un objeto sagrado, y la depositaron en un santuario dedicado a Fudo; el buzo se quedó allí como custodio del tesoro. El cabo Fudo se llamó desde entonces el cabo de la Mujer de la Espada. El espíritu de la espada quedó satisfecho, y los peces volvieron a la bahía, con gran satisfacción por parte de los habitantes de los pueblos costeros.

Según otra tradición antigua, es posible hacer crecer seres humanos diminutos dentro de jarras o de botellas si se dan las circunstancias adecuadas. En Occidente, esta idea se conoce sobre todo por los escritos de los alquimistas, algunos de los cuales intentaron crear pequeños seres humanos llamados homúnculos. En la obra teatral de Goethe aparece el ayudante de Fausto, llamado Wagner, fabricando un homúnculo en una botella, y el hombrecito sale del recipiente y se pasea por el laboratorio. La misma idea se encuentra también en otras culturas, como en el relato titulado *La hermosa muchacha-ogresa del estanque,* un mito africano del espejo que pertenece a las tradiciones de los kamba.

Una partida de caza salió de camino y, al cabo de algún tiempo, los cazadores se encontraron con una hermosa joven que estaba junto a un estanque. Uno de los cazadores la saludó y le propuso, acto seguido, que se casara con él; le dijo que quería llevársela a su pueblo. La muchacha, al oír esto, llamó a gritos a su madre y dijo:

—Aquí hay un hombre que quiere que sea su mujer.

El hombre quedó paralizado de sorpresa cuando vio que el agua del estanque empezaba enseguida a agitarse violentamente y que aparecía una cabeza ardiente sobre la superficie del agua. El hombre y sus amigos huyeron llenos de terror, sin detenerse a tomar sus provisiones ni sus arcos; corrieron hasta su campamento y después emprendieron apresuradamente el camino de vuelta a su aldea.

Cuando llegaron a sus casas, contaron a todos sus vecinos que estando de caza habían visto a dos mujeres que vivían en el agua, una joven y su madre. Contaban que la hija era muy hermosa, pero que su madre era horrible, una ogresa.

Algunos valentones del pueblo aseguraron que a ellos no les daba el menor miedo las ogresas y organizaron enseguida una expedición para ir a buscar a la muchacha hermosa. Un niño llamado Syani se empeñó en acompañarlos, y ellos, a disgusto, le permitieron que los siguiera; y todo el grupo se adentró en la selva para encontrar a la doncella.

Después de un largo viaje, llegaron al estanque y vieron a la muchacha. La saludaron, y le propusieron que se volviera con ellos a su aldea. La muchacha convocó de nuevo a su madre de las profundidades del agua para que esta contemplase al hombre que la pedía por mujer, y el agua volvió a agitarse y a levantarse cada vez más, hasta que apareció una cabeza de llamas que se asomaba desde el agua del estanque. De nuevo, los hombres, asustados, huyeron llenos de terror, y solo el niño Syani se quedó atrás. La madre ogresa persiguió a los fugitivos durante un buen trecho, pero luego regresó al estanque y se encogió hasta quedar muy pequeña. Después, dirigió la palabra a Syani, y le dijo:

—Hola, yerno.

Dirigiéndose a su hija, la ogresa dijo:

—Creía que era un hombre el que te pedía en matrimonio, pero este es un niño.

—Soy un niño, suegra —respondió el pequeño—, pero ¡no te preocupes por eso!

Y la madre ogresa pidió a su nuevo yerno que se quedara un rato con su esposa y que aquella noche fueran a visitarla a ella a su choza. Cuando llegó la hora acordada, Syani estaba un poco asustado. Preguntó a su esposa si iban a dormir en el agua. Ella lo tranquilizó diciéndole que dormirían en una choza. La muchacha tomó a Syani del brazo y le dijo que cerrara los ojos y que volviera a abrirlos cuando estuvieran dentro de la choza.

El niño hizo lo que le habían indicado, y cuando abrió los ojos se encontró dentro de una choza completamente seca. Allí estaba sentada su suegra, pero ahora parecía una mujer kamba normal. Al cabo de un rato, el niño se acostó y se durmió. A la mañana siguiente, salió y labró un huerto nuevo para su suegra. Cuando regresó de hacer esta tarea, la mujer le preguntó si deseaba volver a su casa, y Syani respondió afirmativamente. En vista de lo cual, la mujer dijo a la pareja que recogieran sus cosas y se marcharan.

Después, se dirigió a su hija, y le dijo:

—Si, cuando lleguéis a vuestro nuevo hogar, sucediera que tu marido muriese, dirás a sus parientes que no lo entierren, sino que expongan su cadáver al aire libre. Y cuando el cadáver empiece a pudrirse, tomarás un gusano de entre los restos y lo pondrás en una jarra de miel. Unta el gusano con grasa todos los días, y al cabo de un tiempo crecerá y se convertirá en un niño. Deberás seguir untando al niño de grasa y dándole leche, y con el tiempo verás que es tu marido, que ha vuelto.

La muchacha prometió seguir las instrucciones de su madre, y al día siguiente la pareja volvió a la aldea de Syani. Cuando llegaron, muchos quedaron asombrados y molestos al ver que un simple niño había encontrado una esposa tan hermosa. Movidos por la envidia, empezaron a tramar asechanzas en su contra.

Un día salió una partida de caza a la selva, y Syani y su hermano ocuparon puestos de caza cercanos. El hermano mató a Syani de un flechazo, fingiendo que había sido un accidente. Los cazadores dejaron el cadáver de Syani en el suelo y volvieron a su aldea.

La esposa de Syani lloró amargamente por él, y su duelo duró dos meses. Declaró que ningún otro hombre le importaba y que no volvería a casarse.

Seguidamente, preguntó a los cazadores dónde habían dejado el cuerpo de su marido. Viajó hasta aquel lugar y recogió un gusano. Cuando regresó a su casa, lo puso en una jarra de miel y lo trató tal como le había dicho su madre.

El hermano de Syani y la joven vivían en una misma choza, aunque no dormían juntos. Cuando el gusano se fue convirtiendo rápidamente en niño, ya no cabía en la jarra, y la joven lo sacó y lo escondió bajo su cama. Cuando el hermano de Syani sospechó algo y le preguntó a quién daba de comer bajo su cama, ella le dijo que estaba dando de comer a unas ratas.

Por fin, el niño se atrevió a salir de la choza, y la joven advirtió que ya había llegado a ser un hombre. Le entregó un arco, flechas y una espada y le dijo que ya podía vengarse de su asesino. El hermano había ido a beber con sus amigos, y cuando regresó aquella noche, borracho, oyó que había alguien hablando con la joven dentro de la choza. El hermano tomó un palo y entró en la choza con la intención de atacar al visitante, pero cuando entró, el Syani que había vuelto a la vida disparó una flecha y lo mató. Así se reunieron Syani y su esposa, y se marcharon juntos y se asentaron en otra tierra.

Estos dos hilos de las leyendas y las creencias tradicionales, aparentemente dispares, relacionados, respectivamente, con las espadas y con los homúnculos, están entrelazados en la vida de un precientífico que fue el padre de la iatroquímica, o bioquímica, una de las piedras angulares de la medicina moderna. Felipe Aureolo Teofrasto Bombast von Hohenheim (1493-1541) realizó aportaciones de primer orden a la Química, a la Metalurgia y a la Medicina, y formuló una serie de nociones significativas sobre el modo en que se debían llevar las investigaciones sistemáticas. Pero los historiadores han valorado su figura con mucha ambigüedad, debido a que algunas de sus afirmaciones parecen absolutamente increíbles, y se interpretan como pruebas de que era un mentiroso, y debido también a que algunos rasgos de su conducta parecen tan especiales que se interpretan como pruebas de que era pura y simplemente un loco. Pero el practicante astuto de lo paranormal como juego, familiarizado con la observación del espejo y con los caprichos de la psicología humana, puede resolver los contrastes aparentes de la vida de este hombre asombroso, presentando un retrato suyo más fiel y contribuyendo mucho a la rehabilitación de su imagen.

Teofrasto nació en un pueblo próximo a Zurich. Era el único hijo de un médico, y su padre lo animó a que se dedicara a su misma profesión. Teofrasto se licenció en Medicina en Italia y consiguió un cargo de médico oficial en Basilea. Allí, sus métodos poco convencionales molestaron a las autoridades. De modo que se echó a los caminos, como tantos otros excéntricos vagabundos tan frecuentes en la historia de lo paranormal. Viajó por una buena parte de Europa, destrozada por las guerras; fue médico militar; se aventuró por Rusia y por Tartaria, donde, según algunos historiadores, aprendió de los chamanes; y llegó incluso a Egipto y al Nilo, donde vio unas criaturas, probablemente los cocodrilos, que, según él, «son tan terribles que a uno le dan ganas de volver a meterse en el vientre de su madre». Sus palabras son un credo adecuado para todos sus compañeros de aventuras por lo periparanormal: «Cada parte del mundo es una página del libro de la naturaleza, y todas las páginas forman, en su conjunto, el libro que contiene sus grandes revelaciones».

Cuando volvió a su casa en 1524 traía consigo una espada desmesuradamente grande, de la que no se apartó nunca desde entonces, ni siquiera en sueños, e incluso la dejaba en la cama a su lado... Perdón: empiezo a recibir otra llamada del doctor Freud procedente del más allá. Intenta llamarme la atención para que yo haga aquí un comentario, pero no entiendo lo que quiere decirme. Está tan emocionado y habla tan deprisa que casi balbucea... Lo siento, Sigmund, no sé lo que me dices... No; si gritas, es peor... Bueno, su mensaje exacto no se recibe, pero parece, desde luego, que el doctor Freud insiste; de manera que quizás nos hable de lo mismo más tarde, cuando se ordenen las vibraciones...

En todo caso, cuando Teofrasto volvió de sus viajes, fue de ciudad en ciudad intentando encontrar un trabajo fijo, pero su personalidad y sus doctrinas le causaban problemas en todas partes. Horror de horrores: osaba pronunciar conferencias y escribir en alemán, en lugar de hacerlo en latín, como mandaba Dios en aquellos tiempos; además, era partidario de «la demostración por el experimento y la observación razonada», en lugar de la demostración por la autoridad de los textos de los clásicos. Teofrasto llegaba, incluso, a valorar sus propios errores, y se retractaba de sus opiniones anteriores asegurando que había aprendido de sus errores, cosa inusitada por entonces. Quemó una bula papal antes, incluso, de que lo hiciera Lutero, y en una de las universidades donde impartió clases quemó en presencia de sus estudiantes los libros de medicina de Galeno y de otras autoridades oficiales.

Es fácil comprender por qué ofendía a muchos de sus contemporáneos y por qué encantaba a otros. Al poco tiempo, ya lo seguía en sus viajes un corrillo de admiradores, estudiantes y discípulos suyos; pues, como los buenos estudiantes, y a diferencia, por desgracia, de ciertos profesores, valoraba la búsqueda de la verdad, en lugar de interesarse, sobre todo, por su posesión.

Los alquimistas de la época aspiraban a fabricar oro a partir de los metales bajos; pero él les recomendaba que elaborasen, en lugar de oro, nuevas medicinas. Siempre recordaba a sus alumnos que tuvieran presente la muerte. Decía: «La muerte es siempre inminente», y: «Debemos meditar sobre la muerte».

Se decía de él que era capaz de evocar los espíritus de los muertos y de conversar con ellos, y dejó una fórmula escrita por medio de la cual, afirmaba, otras personas podían ponerse en contacto con los fallecidos. Este método es, claramente, un tipo de incubación de sueños.

Si queremos comunicarnos con el espíritu de una persona difunta, podemos preparar un retrato que represente a esa persona, y escribir sobre él su nombre y las preguntas que queremos hacerle, y poner ese retrato bajo nuestra cabeza después de retirarnos a descansar; y, cuando estemos dormidos, el difunto puede aparecérsenos en sueños y responder a nuestras preguntas. Pero la experiencia debe realizarse con fe firme, con confianza en que tendrá éxito; de lo contrario, puede fracasar, pues no es el retrato el que hace venir al espíritu, sino que es nuestra fe la que nos pone en contacto con ellos; y el retrato solo sirve para ayudar a la imaginación y para hacerla más potente.

Una buena parte de lo que conocemos acerca de la personalidad de Teofrasto concuerda con los síntomas del estrés postraumático. Presenció muchos sufrimientos en los años en que fue médico militar, y no hablaba demasiado de esa época de su vida después de volver a su casa. Se empeñaba en dormir con una espada, a pesar de lo mucho que le desagradaban las cuestiones militares. Se cuenta que muchos lo evitaban por su tendencia crónica a abusar del alcohol. Estaba considerado como una persona asocial, y le obsesionaba la muerte. Todos estos rasgos son secuelas conocidas de las experiencias traumáticas en combate.

Sería imposible comprender a Teofrasto sin entender primero la importancia de la observación del espejo en su obra. Creía que cada persona tiene sus ángeles custodios, y escribió que se puede hacer aparecer de manera visible a estos espíritus en un espejo de berilo o en un cristal de roca. Era un profeta practicante de la orina, según la costumbre médica aceptada en su época.

Uno de los pasajes enigmáticos de sus escritos que han movido a los estudiosos a denunciarlo como mentiroso es su pretensión de haber creado un homúnculo. Pero sus palabras se pueden entender, en parte, como consecuencia de visiones especulares.

Pueden cobrar vida seres humanos sin padres naturales. Es decir, que pueden crecer tales seres sin desarrollarse en un organismo femenino ni crecer en él; todo ello por el arte de un espagírico [alquimista] experto.

El secreto de la *generatio homunculi* se ha guardado celosamente hasta ahora, y era tan poco lo que se sabía públicamente de ella que los antiguos filósofos dudaron de que fuera posible. Pero ahora sé que estas cosas se pueden conseguir por el arte espagírico, ayudado por los procesos naturales. Si el *sperma,* guardado en una botella herméticamente cerrada, se entierra en estiércol de caballo durante unos cuarenta días, y se «magnetiza» debidamente, empieza a vivir y a moverse. Después de este tiempo, adopta la forma y la semejanza de un ser humano, pero será transparente y no tendrá corpus. Si entonces se alimenta artificialmente con el *arcanum sanguinis hominis* hasta que tenga unas cuarenta semanas de edad, y si se le permite estar durante ese tiempo en el estiércol de caballo con una temperatura regular y continua, crecerá hasta convertirse en un niño humano, con todos sus miembros desarrollados como cualquier otro niño que haya nacido de mujer; pero será mucho menor. Llamamos a tal ser homúnculo, y se puede criar y educar como cualquier otro niño, hasta que se hace mayor y adquiere uso de razón e intelecto y es capaz de cuidar de sí mismo. Este es uno de los secretos mayores, y deberá guardarse como secreto hasta que lleguen los días en que se desvelen todos los secretos.

Los alquimistas sabían bien que el estiércol de caballo en descomposición proporcionaba calor constante durante mucho tiempo, lo que es útil para algunos de sus procesos. Pero un practicante moderno de lo paranormal como juego que quisiera repetir el experimento de Teofrasto podría comprarse unos calentadores eléctricos modernos con los que conseguiría el mismo resultado. Pero la idea de utilizar la misma sustancia que recomendaba el propio Teofrasto haría parecer, sin duda, más interesante el proyecto a alguno de esos fundamentalistas retentivos anales. Si uno de estos tipos decide alguna vez recurrir a una demostración experimental de sus principios ideológicos, quizás podría producir un homúnculo aplicando esta técnica para demostrar, a continuación, que el personajillo es un demonio. Pero si Teofrasto volviera a la vida en nuestros tiempos, se pondría de nuestra parte y utilizaría aparatos modernos de laboratorio, pues está claro que el padre de la bioquímica era también uno de los pioneros de lo paranormal como juego, y que no era uno de aquellos «cristianos» cascarrabias. Pues reconocía la posibilidad de que sus opiniones estuvieran equivocadas, y tenía un sentido del humor caprichoso, capaz de reírse de sí mismo. «Yo me crié entre los pinos, y tengo muchos nudos», reflexionaba; y no era ajeno al espectáculo, ni siquiera en sus lecciones. Una vez, cuando anunció que pronunciaría parte de sus conferencias sobre Medicina en alemán, el claustro de profesores de la universidad se indignó tanto que se le prohibió impartir sus clases en la sede universitaria, y él tuvo que alquilar un auditorio privado, donde actuó ante una sala abarrotada de estudiantes entusiastas. Se presentó para impartir su primera clase con su túnica académica oficial; pero, al poco tiempo, como Elvis, se arrancó la túnica y la tiró al público, revelando que llevaba puesto debajo su delantal polvoriento de alquimista. Esta revelación repentina de la propia identidad, quitándose un disfraz, es uno de los recursos clásicos de la comedia, y Teofrasto era plenamente consciente de lo que hacía.

Este pedagogo, practicante precoz de lo paranormal como juego, parecía especial a los estudiantes, a sus colegas y a la posteridad, debido en parte a lo enigmático de una prodigiosa espada. Pretendía, en efecto, que en ella residía un espíritu. Y el valor humorístico de su enorme tamaño no podía pasar por alto a un hombre que, claramente, no siempre se tomaba en serio, y que era capaz de reírse de sí mismo. Pues Teofrasto escribió que la vara de Aarón era un símbolo fálico, y...

Mi colaborador, el doctor Freud, acaba de salir de mi espejo y está dando saltos, literalmente, ante mis ojos. Me grita que eso es, precisamente, lo que sospechaba. Y me dice que lo había entendido así desde siempre, y que podemos leerlo en muchos de sus libros... Ahora, Freud vuelve a meterse en el espejo. Dice que tiene que reflexionar y que escribir... Entonces, como iba diciendo antes de que saliera Freud a exponernos sus comentarios, el hecho de que un hombre del calibre de Teofrasto, con sentido del humor, advirtiera que la vara de Aarón era un símbolo fálico, da a entender que seguramente comprendía la función dramática de su propia espada enorme.

El humor de Teofrasto también salió a relucir en el nombre profesional con que quiso ser conocido. La autoridad médica establecida a la que recurrían los académicos de la época de Teofrasto era el antiguo médico romano Celso, cuyos textos se tenían por la verdad absoluta e inconmovible. Así, cuando decidió enfrentarse a la ciencia oficial, Teofrasto se hizo llamar Paracelso, como para exhibir su superioridad frente al médico más famoso de la Antigüedad. Al hacerlo, daba muestras de una audacia semejante a la que tendría un cantante moderno de rock and roll que adoptara el nombre artístico de «Elvis Divino», o la que tendría yo si quisiera que todos mis colegas y mis amigos me llamaran «doctor Mega-Freud»... Ahora me interrumpe mi psicoanalista, el doctor Freud, para proponerme una interpretación. Dice que el ejemplo que acabo de presentar demuestra que estoy desarrollando una transferencia con él... Ahora ha vuelto a quedarse callado en mi espejo...

Los antropólogos discuten la cuestión de si la participación en los rituales de las gentes de otras culturas puede mejorar o no, y en qué grado, la comprensión por parte de los sociólogos de los seres humanos que estudian; pero esta cuestión es meramente metodológica. A los demás nos parece perfectamente razonable suponer que podríamos comprender de manera un poco más íntima y personal a Paracelso adquiriendo una experiencia de primera mano de las visiones especulares. Pero, incluso después de todo lo que hemos aprendido, queda un detalle importante del experimento de Paracelso con el homúnculo que parece increíble. ¿Quién podría creer que el hombrecillo que hizo aparecer por la observación de la botella podría ponerse después un revestimiento de protoplasma real y vivir en el mundo exterior? Pero el gran alquimista no fue el único que hizo tal afirmación, como se aprecia en la crónica siguiente, tomada de una nota a pie de página de la biografía de Paracelso que escribió el doctor Hartmann. No obstante, a la luz de los descubrimientos del Proyecto Pandora, el estudio de lo paranormal como juego no puede pasar de estos límites a la hora de confirmar narraciones asombrosas de esta naturaleza.

En un libro titulado *La esfinge,* recopilado por el doctor Emil Besetzny y publicado en Viena en 1873 por L. Rostner, encontramos varias relaciones interesantes que tratan de una serie de «espíritus» que generó un tal Joh. Fer., conde de Kueffstein, en el Tirol en el año 1775. Estas relaciones están tomadas de manuscritos y obras impresas de origen masónico, pero sobre todo del diario de un tal Jas. Kammerer, que servía a dicho conde en calidad de mayordomo y de fámulo. Hubo diez homúnculos, o, como él los llama, «espíritus profetas», conservados en tarros gruesos como los que se utilizan para guardar conservas de frutas, llenos de agua; y estos espíritus eran fruto del trabajo del conde J. F. de Kueffstein (Kufstein) y de un místico y rosacruz italiano, el abate Geloni. Fueron elaborados en un plazo de cinco semanas, y eran un rey, una reina, un caballero, un monje, una monja, un arquitecto, un minero, un serafín, y, por último, un espíritu azul y otro rojo. «Los tarros se cerraron con vejigas de buey, y con un gran sello mágico (¿el sello de Salomón?). Los espíritus nadaban por el interior de las botellas y medían cerca de un palmo, y el conde tenía grandes deseos de que crecieran. Los enterraron, pues, bajo dos carretadas de estiércol de caballo, y el montón se regaba diariamente con un cierto líquido, que preparaban los dos adeptos con gran trabajo, y que estaba compuesto de "materiales muy repugnantes". Después de estos riegos, el montón de estiércol empezó a despedir vapor como si lo calentase un fuego subterráneo; y una vez cada tres días, al menos, cuando todo estaba tranquilo, a la llegada de la noche, los dos caballeros salían del convento e iban a rezar y a regar el montón de estiércol. Cuando se extrajeron los tarros, los "espíritus" habían crecido y cada uno medía cerca de un palmo y medio, de modo que casi no cabían en los tarros; y los homúnculos masculinos ya tenían barbas cerradas y les habían crecido mucho las uñas de los dedos de las manos y de los pies. El abate Sebiloni les proporcionó, por algún medio, ropas adecuadas, a cada uno las que correspondían a su rango y a su dignidad. Pero en el tarro del espíritu rojo y en el del azul no se veía nada más que "agua clara"; no obstante, cada vez que el abate golpeaba tres veces el sello de la boca de los tarros, pronunciando a la vez unas palabras hebreas, el agua del tarro se volvía azul (o roja, según el caso), y el espíritu azul y el rojo mostraban sus rostros, que al principio eran muy pequeños, pero que iban creciendo hasta que alcanzaban el tamaño de un rostro humano corriente. El rostro del espíritu azul era hermoso, como el de un ángel, pero el del espíritu rojo tenía un gesto horrible.

»El conde alimentaba a estos seres cada tres o cuatro días con una sustancia de color de rosa que guardaba en una caja de plata, de la cual entregaba a cada espíritu una píldora del tamaño aproximado de un guisante. Era preciso retirar el agua cada semana y volver a llenar los tarros con agua pura de lluvia. Este cambio se tenía que realizar con mucha rapidez, pues en los pocos momentos en que los espíritus quedaban expuestos al aire cerraban los ojos y parecía que quedaban debilitados e inconscientes, como si estuvieran en trance de muerte. Pero al espíritu azul no se le alimentaba nunca ni se le cambiaba el agua, mientras que al rojo se le daba cada semana un dedal de sangre fresca de algún animal (de gallina), y esta sangre se disolvía en el agua en cuanto se vertía en ella, sin teñirla ni agitarla. El agua que contenía al espíritu rojo tenía que cambiarse cada dos o tres días. En cuanto se abría el tarro, se volvía oscura y turbulenta y olía a huevos podridos.

»Con el tiempo, estos espíritus crecieron hasta que cada uno medía unos dos palmos, y ya casi no cabían de pie en sus tarros; por ello, el conde les proporcionó unos asientos adecuados. Los tarros se llevaban al lugar donde se reunía la logia masónica cuyo gran maestre era el conde, y después de cada reunión se guardaban de nuevo. En las reuniones, los espíritus pronunciaban profecías sobre los sucesos futuros, que, en general, se cumplían. Conocían las cosas más secretas, pero cada uno de ellos no entendía más que de lo propio de su oficio; por ejemplo, el rey hablaba de política; el monje, de religión; el minero, de minerales, etcétera. Pero, al parecer, el espíritu azul y el rojo sabían de todo. (En el original se añaden algunos datos que demuestran sus poderes de clarividencia.)

»Un día, el tarro que contenía al monje se cayó accidentalmente al suelo y se rompió. El pobre monje murió después de algunos estertores, a pesar de todo lo que hizo el conde por salvarle la vida; su cuerpo fue enterrado en el jardín. El conde intentó generar otro sin la ayuda del abate, que se había marchado, pero fracasó, pues solo produjo una cosa pequeña semejante a una sanguijuela, que tenía muy poca vitalidad y que murió al poco tiempo.

»Cierto día, el rey se escapó de su tarro, que no había quedado bien cerrado, y Kammerer se lo encontró sobre el tarro de la reina, intentando arrancar con las uñas el sello y liberarla. El conde, que oyó los gritos del criado, entró corriendo y, después de una larga persecución, atrapó al rey, que estaba debilitado por su larga exposición al aire y por la falta de su elemento natural. El rey fue introducido de nuevo en su tarro, pero antes consiguió arañar la nariz al conde». Parece que, en años posteriores, el conde de Kufstein temió por la salvación de su alma y consideró que no podía conservar aquellos espíritus sin detrimento de su conciencia; al parecer, se libró de ellos de alguna manera que no describe el cronista. No intentaremos hacer ningún comentario, pero recomendamos a los curiosos que lean el libro del que hemos extractado estos pasajes. Apenas puede caber duda de su veracidad, pues algunos personajes históricos bien conocidos, como el conde Max Lamberg, el conde Franz Josef von Thun y otros, los vieron, y tenían, indudablemente, cuerpos visibles y tangibles; aparentemente, eran espíritus elementales, o bien, lo que parece más posible, homúnculos.

Los reflejos

Cuando estudiemos las visiones en el espejo, debemos procurar no dejarnos engañar por los reflejos, lo cual es mucho más difícil de lo que se suele creer. En realidad, a muchos nos engañan todos los días. Pues nos equivocamos cuando suponemos que nuestros propios reflejos que vemos en el espejo representan con precisión el aspecto que tenemos a los ojos de los demás. La inversión de izquierda a derecha de la imagen que se aprecia en los espejos planos ordinarios cambia, en efecto, nuestro aspecto, a veces de manera espectacular, si lo comparamos con el modo en que nos vería otra persona que estuviera enfrente de nosotros, mirándonos. Además, los reflejos pueden generar una gran variedad de perplejidades, entre ellos las distorsiones grotescas de nuestros cuerpos y los desconcertantes laberintos de espejos que tanto nos divierten en las ferias.

Hemos comenzado definiendo las visiones en el espejo como algo diferente de los reflejos ordinarios. Pero si reflexionamos más sobre la cuestión, descubrimos que la cuestión no es tan sencilla, que existe toda una gradación entre ambos. En realidad, podemos encontrar todo un parque zoológico de fenómenos extraños que se encuentran a caballo entre los dos, entre ellos una curiosidad familiar que vemos en las peluquerías: esos fascinantes reflejos interminables en los que se alterna nuestra cara y nuestra espalda, que se van alejando hasta el infinito, cuando hay dos espejos montados frente a frente y paralelos entre sí. Un gran maestro chino aprovechó en cierta ocasión este efecto para demostrar uno de los principios básicos de su filosofía. Según la escuela Hua Yen del budismo, la unidad del cosmos está compuesta de su multiplicidad. Este concepto, que se desarrolló en el siglo VII, trasciende la dicotomía filosófica occidental entre el monismo y el pluralismo, pues considera que cada cosa particular del cosmos se manifiesta infinitamente en cada una de las demás cosas.

Este concepto tan abstruso resultaba difícil de comprender hasta que el maestro Fa Tsing (643-712) reveló su significado a sus discípulos con un sistema de diez espejos. Ocho espejos estaban dispuestos regularmente en círculo, mirando hacia el interior, y había otro espejo por encima y otro por debajo. Cada espejo estaba a unos tres metros del que tenía enfrente. Cuando se suspendía una figura budista iluminada en el centro de esta disposición, sus imágenes reflejadas se repetían hasta el infinito, pues en cada espejo se reflejaban todos los demás y todas las imágenes reflejadas en cada uno de los otros. Fa Tsing dio a entender así a sus discípulos la idea de que todo está en cada cosa y de que cada cosa está en todo.

Las disposiciones de espejos como la de Fa Tsing nos hacen perder nuestra anterior claridad de enfoque. Nos da la impresión de que las imágenes reflejadas van y vienen indefinidamente, rebotando hasta la eternidad. Pero ¿es así? ¿Es posible? ¿Se pueden contar? ¿Desaparecen? Estas preguntas no tienen respuestas intuitivas claras. En último extremo, los reflejos rebotados se vuelven indescifrables y se pierden a lo lejos, más allá de alguna frontera insondable de la conciencia. Al hacerlo, ponen en tela de juicio los conceptos ordinarios del espacio y del tiempo.

Y ¿qué decir de lo que cuentan algunas personas, que afirman que han visto que sus caras reflejadas en el espejo se vuelven fluidas y sufren metamorfosis sucesivas, en una serie continuada de caras que parecen ser de otras personas: caras de personas mayores o más jóvenes, o del otro sexo, o de otro color o raza, a veces con rasgos añadidos, tales como barbas, cicatrices o tocados exóticos? También aquí hay preguntas sin respuestas claras: ¿en qué momento de esta transformación que altera la mente pierde el observador su sentido de la identidad con la cara que está viendo en el espejo? También en este caso se confunden el reflejo y la visión especular y se combinan formando una gradación, y volvemos a perdernos entre distinciones que antes nos parecían claras.

Y aparte de los reflejos corrientes, también podemos intuir el tema de la duplicación misteriosa del yo, otra manera extraña de verse a uno mismo en el espejo a la que podíamos llamar autoscopia especular, fenómeno que podría estar relacionado con el del doble o el otro yo, como en el caso de la extraña visión doble que tuvo Lincoln de sí mismo. El psiquiatra Bennett Simon registró un ejemplo relevante, un caso clínico de locura especular.

> Un hombre de edad avanzada, que sufría un evidente deterioro mental y físico, estaba convencido de que vivía otro hombre detrás del espejo de su cuarto. El otro era exactamente igual a él, y tenía el mismo oficio: era fabricante de herramientas. Aquel otro hombre le había robado sus instrumentos para fabricar herramientas y los había empeñado, privándolo así de su última posibilidad de ganarse la vida, y había seducido a la esposa del paciente (que, en realidad, lo

había abandonado dos años antes) y se había escapado con ella. Así, el viejo, que se sentía impotente y vulnerable ante las fuerzas internas (la incapacidad y la desesperación) y ante las fuerzas externas a que están sometidos los ancianos solitarios, imaginó otro yo suyo. El doble le ayuda a explicar sus sentimientos y su mala situación, que serían insoportables de otro modo. No tiene que reconocer que él mismo puede haber obligado a su mujer a marcharse (o que ella había preferido a otro hombre), pues le parece que todo aquello se lo había hecho otro. Por otra parte, el doble le sirve para aliviar una soledad que sería insoportable de otro modo.

El psiquiatra limitaba su descripción clínica a las ideas del paciente (cabe suponer que alucinatorias), y no dice si existía un componente de visiones especulares. Pero este caso psiquiátrico se parece sorprendentemente a un cuento popular bengalí que habla de un impostor espectral.

Un brahmán pobre, incapaz de mantener a su madre y a su nueva esposa, emprendió un viaje al extranjero para hacer fortuna para su familia. Pero aquel mismo día se presentó en casa del viajero un fantasma que se había disfrazado adquiriendo exactamente el mismo aspecto del brahmán. Explicó a las dos mujeres que había decidido no marcharse de su casa, y se parecía tanto al brahmán que las engañó a ellas y a todos los demás vecinos del pueblo. El fantasma asumió enseguida la identidad del brahmán viajero y su puesto dentro de la familia.

Algunos años más tarde, cuando regresó el brahmán, descubrió con espanto que un sosias suyo había ocupado su lugar. El doble fantasmal se rió de las pretensiones del verdadero brahmán, que decía ser el verdadero propietario de la casa y el cabeza de familia, y el doble expulsó al brahmán a patadas de su propia casa.

Estos hechos dejaron confuso al brahmán, que pidió ayuda al rajá. Pero cuando se juzgó el caso en el tribunal, el rajá quedó perplejo al ver a dos hombres, aparentemente idénticos, cada uno de los cuales decía ser una misma persona. No tenía idea de cómo podía resolver el pleito, y aplazó su decisión una y otra vez.

Cuando el brahmán volvía cada día del palacio donde iba a preguntar por la marcha del pleito, pasaba junto a un prado donde unos vaqueros jóvenes jugaban mientras su ganado pastaba. A los vaqueros les gustaba jugar a que eran el rajá y sus cortesanos, y escogían casi siempre a uno de los muchachos, llamado Rakhal, para que hiciera de rajá.

Un día, cuando pasaba por allí el brahmán, uno de los vaqueros se acercó a él y le anunció que el rajá lo mandaba llamar. El brahmán, desconcertado, siguió el juego del muchacho, que lo condujo ante Rakhal, al que encontraron sentado bajo un árbol enorme.

Rakhal preguntó al brahmán por qué lloraba todos los días cuando pasaba junto al prado, y el brahmán contó su triste historia a los vaqueros, que la escucharon con gran interés. Cuando terminó, Rakhal aseguró al brahmán que él era capaz de resolver el problema. Pero, antes de nada (siguió diciendo el muchacho), el brahmán debía pedir al rajá que nombrase juez real a Rakhal, que, al fin y al cabo, solo era un monarca de niños. El brahmán estaba tan desesperado que no sabía qué otra cosa podía hacer, de modo que presentó al rajá la extraña petición del muchacho. El rajá estaba tan deseoso de quitarse de encima el problema que accedió de buena gana.

Rakhal hizo comparecer a los dos pleiteantes ante él, bajo el gran árbol, y pidió a cada uno que presentara sus pruebas. El impostor pudo presentar a muchos testigos a su favor, entre ellos a la propia esposa del brahmán y a su madre; pero el verdadero brahmán no tenía más que su palabra.

Después de haber escuchado cuidadosamente todas las discusiones, Rakhal declaró que iba a someter a los dos rivales a una prueba fundamental y definitiva. Enseñó una botella de vidrio pequeña, de cuello largo y estrecho. Rakhal dijo que si alguno de los dos pleiteantes era capaz de entrar en la botella, ese sería declarado el auténtico brahmán.

Estas palabras horrorizaron al brahmán verdadero. ¿Se había vuelto loco Rakhal? ¿Acaso era aquello justo? Protestó, diciendo que no podía esperarse de él que entrase en una botella de vidrio.

Pero las muestras de frustración del brahmán no hicieron vacilar a Rakhal, que dio a entender que aquel hombre no podía ser el legítimo brahmán. Después, el muchacho se dirigió al impostor fantasmal y le preguntó si era capaz de establecer su verdadera identidad de una vez para todas superando aquella prueba tan sencilla.

El fantasma no quiso dejar escapar aquella oportunidad de ganar el pleito. Se jactó de que la prueba era fácil para él. A continuación, se convirtió rápidamente en una nube de humo que entró limpiamente en la botella.

En aquel instante, Rakhal tapó el recipiente con un corcho y se lo presentó al verdadero brahmán, recomendándole que lo arrojara en lo más hondo del mar. Así, el brahmán pudo volver con su familia a su casa, donde vivió feliz el resto de sus días. El rajá nombró a Rakhal ministro, y el muchacho fue un juez sabio y justo cuya fama se extendió hasta tierras lejanas.

Esta narración tradicional coincide en su tema del doble con otras tradiciones relacionadas con el espejo, como la que habla de la buena suerte de Hidaro Jingoro, que pudo fotocopiar a la muchacha de sus sueños con una escultura y con el espejo que había sustraído a la joven, y también con otra cautivadora leyenda japonesa, la de *Benten del agua del nacimiento.* En un festival en que se celebraba la reconstrucción de un templo, un joven erudito y poeta llamado Hanagaki Baishu entró en el recinto del templo y se paseó por él; llegó por fin a un manantial donde se había parado a beber con frecuencia en otras ocasiones. Descubrió que el manantial se había convertido en un estanque y que en un extremo del estanque había un letrero con las palabras *Tanjo Sui* («agua del nacimiento») y un lindo templecillo dedicado a Benten, la diosa del mar, que también es diosa del amor, de la belleza y de la elocuencia.

Mientras Baishu observaba los cambios que se habían realizado en el recinto del templo, un soplo de viento le llevó a los pies un trozo de papel. Cuando lo recogió, vio que era un encantador poema de amor escrito con letra femenina, y con la tinta todavía fresca. Se llevó el poema a su casa, donde lo leyó y lo releyó una y otra vez, y pronto se enamoró de la escritora y decidió hacerla su esposa. Fue al templo de Benten del agua del nacimiento y pidió a la diosa que le ayudara a encontrar a la mujer que había escrito el poema, prometiendo realizar una vigilia religiosa de siete días y dedicar la séptima noche entera a la oración ante el santuario de Benten en el recinto del templo.

En la séptima noche de sus devociones, Baishu oyó ante la puerta principal del recinto del templo la voz de una persona que pedía entrar. Cuando abrieron la puerta, entró un anciano vestido con una túnica de ceremonias y una gorra negra y se arrodilló en silencio ante el templo de Benten. Como por arte de magia, se abrió la puerta exterior del templo y se levantó parcialmente una cortina de bambú, dejando a la vista a un bello muchacho que dijo al anciano:

—Aquí está un joven que quiere casarse con cierta mujer joven, y, como nos hemos apiadado de él, te hemos hecho venir por si puedes unirlos a los dos.

El anciano hizo una reverencia; se sacó un cordel de la manga, rodeó con él el cuerpo de Baishu y prendió fuego al extremo del cordel con la llama de un farolillo del templo, mientras hacía gestos con la mano como si estuviera llamando a un espíritu para que apareciera de entre la noche. Al poco tiempo, entró una mujer joven en el recinto del templo y se arrodilló junto a Baishu, ocultando parcialmente su hermoso rostro con su abanico.

Entonces, el bello muchacho dijo a Baishu:

—Sabemos que has sufrido mucho últimamente, y hemos escuchado tu oración. La mujer que está arrodillada a tu lado es aquella que tú amas.

Acto seguido, el bello muchacho y el anciano salieron del recinto del templo.

Baishu dirigió una oración de agradecimiento a Benten del agua del nacimiento, y después se dirigió a su casa. Cuando salió del recinto del templo y llegó a la calle, vio a una joven, y reconoció en ella inmediatamente a su amada. Cuando le habló y ella le respondió, él comprobó con alegría que su voz era dulce y delicada. Caminaron juntos hasta que llegaron a la casa de Baishu, donde, después de un breve silencio, la joven dijo: «Benten me ha entregado a ti como esposa». Y la pareja entró en la casa.

Baishu estaba encantado con su esposa, y descubrió que, además de ser una consumada poetisa, dominaba también las artes del bordado, la pintura y los arreglos florales. Como se la había entregado la diosa Benten, no le pareció necesario preguntarle por su familia. Pero a Baishu le intrigaba el hecho de que los vecinos, aparentemente, no conocían en absoluto la presencia de su esposa.

Cierto día en que Baishu caminaba por otro barrio de Kioto, vio que un criado le hacía señas desde la puerta de una casa. El hombre se acercó a Baishu, le hizo una reverencia respetuosa, y le dijo:

—¿Quiere hacer el favor de entrar? Mi amo desea tener el honor de hablar con usted.

A Baishu le sorprendió la extraña petición, pues no conocía ni al criado ni al amo; pero accedió, y siguió al criado hasta la sala de visitas, donde el dueño de la casa le saludó diciendo:

—Le ruego que disculpe la informalidad de mi invitación, pero estoy seguro de que obro de acuerdo con un mensaje que he recibido de la diosa Benten. Tengo una hija, y, como quiero encontrarle un buen marido, he enviado a todos los templos de Benten en Kioto las poesías que ha escrito ella. Benten se me apareció en un sueño y me dijo que había encontrado un buen marido para mi hija y que él me visitaría durante el próximo invierno. Al principio no di gran importancia al sueño, pero la noche pasada se me volvió a aparecer Benten en una visión y me dijo que hoy me visitaría el marido que ella había elegido para mi hija y que yo podría acordar con él el matrimonio. Usted se ciñe con tanta exactitud a las señas que me dio la diosa que estoy absolutamente seguro de que usted es el futuro marido de mi hija.

Baishu se entristeció mucho cuando oyó las extrañas palabras de aquel hombre, y cuando su anfitrión se brindó a presentarle a su hija,

Baishu no tuvo valor para decirle que ya estaba casado. Baishu siguió a su anfitrión, que lo condujo a otra parte de la casa, y descubrió con alegre sorpresa que la hija de la casa no era otra que su propia esposa. Pero había una sutil diferencia, pues la mujer que le sonreía entonces era el cuerpo de su esposa, y la mujer que se le había aparecido ante el templo de Benten del agua del nacimiento era su alma. Se dice que la diosa obró este milagro por el bien de sus fieles, y así fue cómo Baishu vivió un extraño matrimonio doble con la mujer que amaba.

Es verdaderamente curioso que los vecinos del poeta no pudieran ver a su esposa, pero este debe de ser un ejemplo de otro rasgo exótico del Mito del Espejo, el tema de la visibilidad o invisibilidad diferenciada en una superficie reflectante. En algunos relatos tradicionales o creencias populares se señala que un espectador puede, de alguna manera, no ver algo en un espejo, o no ser visto en el espejo, que puede ser un espejo corriente o especial. Así sucede en un cuento tradicional valaco que habla de una princesa que solo se casaría con el hombre que fuera capaz de llegar hasta ella sin que ella lo viera en su espejo mágico.

En la India de tiempos de los vedas, los soldados que iban a la guerra observaban un recipiente lleno de agua. Si el soldado se veía reflejado en el agua, marchaba con confianza al combate. Si no distinguía su imagen, lo consideraba como augurio de que moriría, y por ello quedaba exento de combatir.

Los expertos en vampiros nos dicen que estos espectros nocturnos, que carecen de alma, no tienen reflejo. Y se nos dice también que un ser humano que fuera atacado por un vampiro vería con horror cómo desaparecía gradualmente su propio reflejo durante su tormento.

En *El espíritu del agua,* relato tradicional de los tofalares de Siberia, se cita la visibilidad diferenciada como explicación de por qué es tan raro encontrarse con un ser de este tipo. Hace mucho tiempo, había un espíritu del agua que vivía en un lago profundo, protegiéndolo de las gentes que vivían en los bosques cercanos. Cierto día, un hombre tofalar llegó al lago y arrojó a él sus redes de pesca.

El espíritu del agua desafió inmediatamente al pescador y luchó con él, pero el ser humano era mucho más fuerte, y se impuso enseguida. El espíritu del agua advirtió al hombre que se desquitaría al día siguiente. El pescador respondió que estaba claro que el espíritu del agua no se hallaba a su altura, por lo cual enviaría al día siguiente a su hermano menor para que combatiera en su lugar.

Resultó que este hermano menor era, en realidad, un oso. Cuando, al día siguiente, el espíritu del agua se acercó en silencio al oso, que estaba comiendo bayas, y saltó sobre él, el oso derribó fácilmente al espíritu del agua. Pero al día siguiente el espíritu del agua, sin darse por vencido, desafió de nuevo al pescador. Para demostrar al hombre lo que era capaz de hacer, el espíritu del agua arrojó su látigo, tan alto que se perdió por encima de las nubes.

Pero el hombre tofalar no se dejó impresionar, y se jactó de que era capaz de hacerlo mejor. Tomó una vara de sauce y, fingiendo arrojarla al cielo, la dejó caer en silencio al suelo por detrás de su hombro.

Este juego de manos engañó al espíritu del agua, que creyó que la vara se había perdido verdaderamente en el cielo. Llegó a la conclusión de que los hombres tofalar eran mucho más fuertes y más ágiles que él, y dijo al pescador que ya no volvería a tener tratos con él. Y el espíritu del agua se retiró a lo más hondo del lago, jurando no volver a presentarse ante el hombre.

Los reflejos y las visiones especulares se confunden en la literatura y en la mitología, en el sentido de que algunos relatos tradicionales que, en su interpretación habitual, hablan de reflejos, se ciñen muy bien al esquema del Mito del Espejo, tal como lo hemos expuesto en relación con las visiones especulares. En uno de estos relatos, el conocido mito griego de Perseo, aparece también el tema de la visibilidad diferenciada.

El rey Acrisio, rey de Argos, no tenía un hijo al que dejar su reino. Solo tenía una hija joven y hermosa llamada Dánae. Acrisio visitó un oráculo donde le dijeron que, aunque no tendría ningún hijo varón, su propio nieto le quitaría la vida. El rey se asustó tanto de la profecía que mandó construir una cámara subterránea de bronce, donde encerró a Dánae.

Zeus vio a la hermosa mujer por el tragaluz de la cámara y la visitó. Más tarde, Dánae dio a luz a Perseo. El rey Acrisio no tuvo valor para matar a su hija y al hijo de ella, pero los hizo encerrar en un cofre que dejó a la deriva en el mar.

El cofre llegó a la playa de una isla, donde la encontró un pescador amable llamado Dictis, hermano del rey Polidectes, terrible tirano. Dictis y su mujer acogieron a la desgraciada pareja y criaron a Perseo como si fuera su único hijo. El rey Polidectes quiso casarse con Dánae, pero se sentía amenazado por Perseo, que ya era hombre. Polidectes anunció, pues, su intención de casarse con otra mujer, con lo que obligaba a cada uno de sus súbditos a entregarle un regalo. Sabía que Perseo no tenía nada que regalarle y que así lo humillaría. Perseo, turbado, prometió al rey Polidectes que mataría a la gorgona Medusa y traería su cabeza al rey como regalo. La promesa agradó a Polidectes, pues estaba seguro de que Perseo moriría en el intento.

Medusa era un monstruo cruel cuyos cabellos eran serpientes que se retorcían y silbaban. Su aspecto era tan horrible que todos los seres vivos que la miraban se convertían instantáneamente en piedra. Los alrededores de la cueva donde vivía estaban llenos de figuras de piedra de los hombres y de los animales que habían quedado petrificados cuando la habían visto por casualidad.

Cuando Perseo partió para cumplir su misión, recibió la ayuda de Atenea, la diosa de la sabiduría, que le entregó un escudo bruñido como un espejo. Pudo acercarse hasta Medusa sin sufrir daños observando su imagen reflejada en el espejo, y le cortó la cabeza de un solo tajo su espada.

Perseo llevó la cabeza a Polidectes, y cuando el rey y sus amigos la vieron se convirtieron en piedra. Perseo nombró rey a su padrastro Dictis y después volvió en barco a Argos, con la esperanza de reconciliarse con su abuelo el rey Acrisio. Cuando llegó Perseo, descubrió que Acrisio había huido por miedo a su nieto.

Al poco tiempo, Perseo se enteró de que se iba a celebrar en otro reino un certamen de atletismo. Se inscribió en el certamen y, en la prueba de lanzamiento de disco, una racha repentina de viento desvió su disco y lo arrojó entre los espectadores. Golpeó a un anciano que estaba allí y lo mató: era el rey Acrisio, el abuelo de Perseo. Así se cumplió la profecía del oráculo.

El hecho de que en este relato se represente a Medusa como a un ser preternatural, más que como a un ser corriente, es indicativo de que se trata de un mito de observación del espejo, y se ciñe a la estructura normal de las tradiciones relacionadas con la observación del espejo en casi todos los detalles, a pesar de que a primera vista parece que habla de un reflejo, más que de una visión especular. La misma dificultad surge en relación con el conocido mito de Narciso. Narciso era un joven de notable belleza, al que le gustaba cazar en el monte con sus alegres amigos. Despreciaba las proposiciones de las ninfas que se sentían atraídas por su belleza, y un día, una de las que habían intentado en vano seducirlo pidió que algún día el propio Narciso conociera el dolor del amor no correspondido. Una diosa escuchó su oración y le concedio su deseo.

Cierto día, Narciso encontró una fuente oculta y sombreada de agua clara como el cristal y superficie plateada. Acalorado, sediento y cansado de la caza, se inclinó para beber, y vio entonces una imagen en el agua. Creyó que era un espíritu del agua que vivía en la fuente, y, contemplando a aquel hermoso ser, se enamoró desesperadamente. Extendió los brazos para abrazar a su ser amado y los sumergió en el agua, pero la imagen se apartó; regresó al cabo de algunos momentos, y la fascinación de Narciso se renovó.

Narciso no era capaz de apartarse de la fuente; se quedó allí contemplando al delicioso ser y perdió todo interés por comer o por dormir. Suplicó al ser que le devolviera su afecto, pero no le sirvió de nada. El extraño problema de Narciso le hizo ir perdiendo el color, la fuerza y la belleza; se consumió y murió.

Pero la interpretación de este mito no ha quedado establecida, ni mucho menos. Por una parte, en el relato aparecen al menos siete de los diez rasgos que hemos identificado anteriormente como caracte-rísticos de las tradiciones sobre las visiones especulares. Un estanque límpido proporciona la superficie reflectante que nos es familiar, y existe una entidad asociada a ella. El propio Narciso creyó que se trataba de un ser separado, de un espíritu del agua, pero corre la opi-nión generalizada de que no era más que su propio reflejo. Aunque Narciso no llegó a atravesar el espejo, está claro que lo deseaba y que lo intentó para unirse al ser amado. La zona de contacto tiene peligro: se obsesionó tanto por el ser del espejo, o por su reflejo, que acabó por consumirse. Se presenta a Narciso como a un necio; existe un tema de fondo de separación doméstica de su ser amado, sea cual fuere su naturaleza; y la historia termina en la muerte.

Por otra parte, entender como visión especular lo que vio Narciso supone pasar por alto la interpretación habitual que se suele dar al mito: que Narciso confundió con otro ser su propio reflejo y se ena-moró de él. Por esta interpretación de la historia ha venido a llamarse «narcisismo» el amor patológico a uno mismo.

En la explicación de J. G. Frazier se combinaban temas relacio-nados con las visiones en el espejo con otros relacionados con los reflejos. Frazier supuso que los seres del espejo se apoderaron del reflejo de Narciso, lo concibieron como el alma de este y lo arrastra-ron a otro plano a través del espejo.

> Tanto en la antigua India como en la antigua Grecia se guar-daba el principio de no mirar el propio reflejo en el agua; y (…) los griegos consideraban que cuando un hombre soñaba que se veía reflejado de esa manera, el sueño era un presagio de su muerte. Temían que los espíritus del agua arrastraran bajo el agua el reflejo de la persona, o su alma, dejándolo perecer sin alma. Este fue, probablemente, el origen del cuento clásico del bello Narciso, que languideció y murió tras ver su reflejo en el agua.

O es posible que Narciso presenciara una transición de un reflejo corriente a una visión especular, como en un caso que tuvo lugar en

Venecia, según lo contó un exorcista franciscano llamado Cándido Brognolo. En 1664, una niña de catorce años que solía admirarse a sí misma en un gran espejo vio un día en sus profundidades a un hombre joven y atractivo que la besaba. Brognolo anunció que, en realidad, aquel amante del espejo era un demonio que había venido para convencer a la niña de que renunciara a su religión cristiana. El primer médico que consultaron atormentó a la niña más todavía de lo que la había atormentado el intruso. Por fin, recurrieron a Brognolo, que exorcizó a la niña y expulsó a su demonio.

Pero no es preciso llegar a resolver este dilema para dar una aplicación al mito de Narciso. En realidad, una de las características de los mitos es que pueden tener múltiples niveles de significado. El relato puede entenderse como un cuento aleccionador. Las bravatas de Cagliostro y su vanidad dan a entender que su narcisismo obstaculizó su carrera profesional como observador del espejo. Desde luego, los practicantes de lo paranormal como juego deben renunciar al amor patológico hacia sí mismos y, como todas las buenas personas, deben esforzarse por amar con sinceridad y sin excepciones a los demás tanto como a sí mismos.

Afortunadamente, existe otro relato que habla del amor, de la muerte y de un espejo y que estimula y consagra este mismo ideal. Aunque en su país de origen se suele interpretar que el tema del cuento es un error sobre la naturaleza de los reflejos, yo propongo humildemente que lo reevaluemos a la luz de lo que hemos aprendido sobre las visiones especulares de los difuntos. En esta leyenda sentimental del espejo, procedente del antiguo Japón, se recogen elegantemente casi todos los temas que hemos estudiado, de una manera que ilustra el poder transformador del amor. Es la historia de una mujer que, como Salmoxis y Aristeas, el Hombre Fantasma, evocó una autoaparición póstuma. Al hacerlo, ayudó a su familia desde más allá de la misma muerte. Su leyenda pone de manifiesto muy bien la esperanza de que la evocación de los difuntos por medio de la observación del espejo pueda producir la sanación.

En tiempos remotos, en una región apartada del Japón vivían un hombre y una mujer con su hijita, a la que adoraban. En cierta ocasión, el hombre tuvo que viajar a la lejana ciudad de Kioto por cuestiones de negocios. Antes de partir, prometió a su hija que le traería un regalo que ella guardaría como un tesoro, si era buena y obediente con su madre durante su ausencia. Después marchó a su viaje.

Cuando regresó a su casa, trajo a su hija una muñeca y una caja de laca llena de galletas, y a su esposa le regaló un espejo de metal. La mujer no había visto nunca un espejo, y cuando vio su propio reflejo quedó maravillada y tuvo la impresión de que la estaba mirando otra mujer. Su marido le explicó el misterio y le recomendó que cuidara bien del espejo.

Poco después, la mujer cayó gravemente enferma. Cuando se estaba muriendo, llamó a su hija y le dijo:

—Hija querida, cuida de tu padre cuando yo me muera. Vas a echarme de menos tras mi muerte. Pero toma este espejo, y, cuando te sientas muy sola, míralo, y me verás siempre.

Después de decir estas palabras falleció.

Algún tiempo más tarde, el hombre volvió a casarse, y su nueva esposa trataba mal a la hija de él. Pero la pequeña recordaba las últimas palabras de su madre. Se refugiaba en un rincón y observaba con pasión el espejo. Cuando lo hacía, le parecía que veía el rostro de su madre, no consumido por el dolor, como había estado en su lecho de muerte, sino joven y hermoso.

Cierto día la madrastra vio a la pequeña agachada en un rincón con un objeto en las manos que la mujer no pudo identificar, murmurando sola. La madrastra, que aborrecía a la niña, llegó a la conclusión de que la pequeña estaba practicando la magia: quizás estaba haciendo una imagen y clavándole alfileres. La mujer acudió al lado de su marido y le dijo que la pequeña intentaba matarla con brujerías.

Cuando el hombre oyó estas acusaciones se dirigió inmediatamente a la habitación de su hija. La sorprendió, y, en cuanto ella lo vio, se escondió el espejo en la manga. Su padre, que tanto la quería, se enfadó con ella por primera vez en su vida y temió que fuera verdad lo que le había dicho su esposa. Repitió a la hija lo que le había contado su madrastra.

Cuando la muchacha oyó estas acusaciones injustas, se sorprendió y le dijo que lo amaba tanto que no se le ocurriría ni intentaría nunca matar a su esposa, pues sabía que él la quería.

El hombre quedó perplejo, y solo estaba convencido a medias. Preguntó a la muchacha qué era lo que se había escondido en la manga.

—Es el espejo que diste a mi madre, y que ella me entregó en su lecho de muerte —dijo la pequeña—. Cada vez que miro su superficie brillante veo la cara de mi madre querida, joven y hermosa. Cuando me duele el corazón (y ¡ay!, ¡cuánto me ha dolido últimamente!), saco el espejo, y la cara de mi madre, con su sonrisa dulce y amable, me trae paz y me ayuda a soportar las palabras duras y las miradas de enfado.

Entonces el padre comprendió, y amó todavía más a su hija por su devoción a su madre. Hasta la madrastra de la niña se avergonzó y pidió perdón. También la niña perdonó, y la familia vivió feliz desde entonces.

Que este relato nos sirva de recordatorio de que la prueba última de todos los viajes y de todas las apariciones de este tipo debe tener como finalidad fomentar el amor en una u otra medida. Y entre los factores que nos predisponen para las reuniones visionarias, el más importante con diferencia es la fuerza del amor. Pues solo el amor es un vínculo tan fuerte y tan perdurable que salva de vez en cuando los nebulosos abismos que también atravesaron Salmoxis y Odiseo, y toca algo que nosotros no podemos comprender todavía.

El lado lejano del espejo

Una de las ventajas de la práctica de lo paranormal como juego, a diferencia de los tres planteamientos desacertados, estriba en la importancia que da a concebir técnicas seguras y legales para producir experiencias de primera mano con lo supuestamente paranormal. El Teatro de la Mente Memorial Doctor John Dee sigue prestando sus servicios a los que desean explorar las fronteras de la conciencia tanto por lo fascinante que es esta exploración como por razones de interés histórico, educativo e incluso espiritual.

Los descubrimientos y las preguntas sobre los espejos y sobre la mente que hemos sacado a relucir en el capítulo anterior no son meras curiosidades académicas. Florecen en todo un ramillete de Grandes Atracciones. Nos proponemos explorar la observación del espejo en una serie de ludoseminarios, de actividades que se practicarán por sistema con un espíritu lúdico por motivos serios dentro de la práctica de lo paranormal como juego, y que reflejarán nuestro compromiso con el principio de que aprender puede ser una actividad deliciosa por sí misma. Al revivir algunas de estas viejas prácticas chamánicas, tendremos la posibilidad de aprender mucho acerca de los mundos interiores de aquellos exóticos practicantes tribales y de las personas a las que prestaban servicios. Lo que es más: al realizar ejercicios novedosos, podemos ofrecer, incluso, nuevas aportaciones a la comprensión de la mente.

El hecho de que hoy día no se practique comúnmente ninguna técnica eficaz por medio de la cual el espejo conceda los deseos parecería una prueba concluyente de que no ha existido nunca tal técnica, pero eso cabría esperarlo también de la evocación de los difuntos. ¿Existe una experiencia real que explique el origen de creaciones literarias como la de *Aladino y la lámpara maravillosa* del mismo modo que los fenómenos que se presencian en el psicomanteo explican, al parecer, las crónicas históricas que hablan de los oráculos de los muertos y la tradición literaria de los espíritus y los espejos?

Si existe tal experiencia humana, entonces el hecho de conocerla tiene un valor intrínseco, y al reproducir este fenómeno se enriquecerá nuestra comprensión de un corpus considerable de cuentos populares. También tendríamos posibilidades de comprender mejor las vidas interiores de nuestros antepasados, así como algunas costumbres y creencias que se recuerdan vagamente. Dentro de un entorno de protecciones cuidadosamente preparadas, una valiente tertulia de paranormalistas reflexivos y juguetones intentará conjurar a un genio del espejo que otorgue deseos. Permanezcan en antena.

En un ludoseminario de reflejos proyectados utilizaremos los aparatos disponibles en el Teatro de la Mente, que permiten a los participantes ser conscientes de los caprichos de los reflejos y de vivir introspecciones y estados alterados de la conciencia asociados a las imágenes especulares reflejadas. Los espejos de feria aportan la experiencia de las distorsiones de la imagen del cuerpo: imágenes muy gordas o muy delgadas. Hay una cabina que contiene un espejo plano normal y, además, un dispositivo reflectante especial que consta de dos espejos planos unidos perpendicularmente entre sí. La persona que se sienta en esta cabina y compara las dos imágenes llega a apreciar la diferencia entre su imagen corriente en el espejo y la imagen real suya que ven los demás. Otra cámara, a la que se accede desde su parte inferior, contiene ocho espejos planos dispuestos en forma de círculo y orientados hacia dentro. Permite a las personas que se sitúan en su interior contemplar unas imágenes reflejadas hasta el infinito, de manera parecida a las de la demostración de Fa Tsing.

Los efectos que se consiguen y los estados de la conciencia que surgen a lo largo de estas actividades pueden ser muy sorprendentes. Los participantes en los ludoseminarios utilizarán todos los materiales e instalaciones, y los resultados se comentarán en grupo.

Es concebible que los descubrimientos del Proyecto Pandora se puedan aplicar para contribuir a aclarar el modo en que los historiadores estudian y escriben la Historia. De vez en cuando, algunos escritores que están redactando biografías de personajes históricos y que se encuentran estudiando muy a fondo los detalles de sus vidas cuentan que les invade lo que podría llamarse una sensación inexplicable de la presencia del personaje que estudian. Se dijo que Cagliostro y Agripa habían conjurado los espíritus de sabios y estadistas ilustres del pasado.

Es posible, por lo tanto, que los estudiosos de diversos personajes históricos los visiten bajo circunstancias controladas en un
psicomanteo. Los conocimientos y la habilidad que, suponemos, es
preciso tener para hacer funcionar los ludoseminarios de este tipo
están muy relacionados con aquellos de los que daban muestras
dos históricos y memorables recordadores profesionales del pasado:
Artepio y el conde de Saint Germain; y son también los que necesitan
los evocadores profesionales de personajes históricos memorables:
los recreadores de Mark Twain, y las legiones crecientes de imitadores de Elvis. Si este proyecto tuviera éxito, podría arrojar indicaciones
sobre el modo en que se comprenden las vidas de los personajes
históricos, revelando el juego mutuo de los factores conscientes e
inconscientes en la redacción de las biografías…

—¡Excelente! ¡Excelente! —exclama el doctor Freud; y añade que
se presenta como voluntario para participar personalmente en el
experimento. Freud añade que no me olvide decirles que se sienten en una silla o que se acuesten en un diván, sin mirar al espejo.
Dice que se aparecerá en el espejo detrás del sujeto. Me explica que
prefiere hacerlo así porque no soporta que lo miren. Y, dicho sea de
paso —dice Freud—, estas ideas suyas me están pareciendo muy
interesantes. Ojalá se me hubieran ocurrido a mí —dice—. Por favor,
por favor —me suplica Freud—, dígame algo.

Más sobre lo paranormal como juego

Los practicantes de lo paranormal como juego buscamos experiencias de primera mano con lo paranormal, pero esta no es toda la
historia: también queremos integrar en nuestras vidas estos modos
de la conciencia para comprendernos mejor a nosotros mismos y
para comprender a los demás seres humanos, los personajes, los
movimientos y las instituciones históricas y la vida espiritual de la
humanidad. Uno de los principios bien establecidos de lo paranormal como juego dice que podemos aprender más acerca de la natu-

raleza de lo paranormal a base de estudiarlo en sus relaciones con aquellos pasatiempos que pertenecen, aparentemente, a su misma familia, la de lo periparanormal. Cambiemos ahora de marcha para mostrar el modo en que una consideración de algunos de los resultados previsibles de los ludoseminarios que acabamos de esbozar plantea determinadas cuestiones sobre las relaciones de lo paranormal con un importante elemento constituyente de lo periparanormal.

Si evocásemos un genio del espejo que otorgase deseos, ¿acaso existiría algún principio lógico o moral que nos impidiese llegar a cosas todavía más extravagantes y desconcertantes? Y ¿en qué punto exacto de una escala de progresión o regresión caerían tales ejercicios en lo humorístico: un País de las Hadas del espejo, o incluso un Santamanteo?

Sí, como sugiere mi esposa, un Santamanteo navideño en unos grandes almacenes, donde los chicos que quieran intentar ver al verdadero Santa Claus tengan un lugar para esperarlo todos los días, de 9 a 9, todo el tiempo que quieran, gratis. Cerrado y decorado imitando un cuarto de estar acogedor, iluminado tenuemente por las luces de un árbol de Navidad lleno de adornos, con regalos bajo sus ramas.

Siempre hay café caliente en una cafetera, y se reparten por la habitación platitos con las ofrendas de pasteles que presentan los niños. Una chimenea de verdad sale al exterior (¡pero no está encendida!). Hay muchos libros ilustrados grandes que tratan de Santa Claus; y no se permite la entrada a los juguetes bélicos. Los niños, y algún que otro adulto, se sientan en cómodos sillones: todos observan el gran espejo que está colocado junto a la chimenea; todos esperan tener un atisbo de él, quizás para recitarle sus listas de deseos.

El Santamanteo parece absurdo, pero el estudio de los motivos por los que lo parece es esclarecedor. Por una parte, puede parecer que aquí, por fin, lo paranormal se ha confundido inextricablemente con lo humorístico y lo caprichoso. Por otra parte, a pesar de que el Santamanteo es humorístico en su intención y en su concepto, nos plantea algunas preguntas interesantes. ¿Por qué los fenómenos que se observan en un psicomanteo y, por extensión, los fenómenos idénticos que se observan espontáneamente fuera del psicomanteo, deben considerarse paranormales, pero no así los que se observarían en un Santamanteo?

El Santamanteo parece raro, en parte, porque Santa Claus es una entidad del desarrollo, como el conejito de Pascua o el ratón Pérez. En otras palabras, es una entidad en la que creen las personas en cierta etapa de su desarrollo, pero no en etapas posteriores. Pero ¿cuáles son los límites del concepto de las entidades del desarrollo? Aquí me interrumpe de nuevo mi escritor fantasmal, el doctor Freud, insistiéndome en que les recuerde que en una de sus primeras obras clasificó erróneamente al propio Dios entre las entidades del desarrollo, como una idea que debían dejar atrás los seres humanos cuando estuvieran bien psicoanalizados.

Un psicoterapeuta del Medio Oeste de los Estados Unidos ha dedicado su carrera profesional al estudio serio de Santa Claus, al que se parece mucho físicamente. Todas las Navidades se pone un traje rojo y unas botas negras y representa al alegre viejo. Hablando con los niños y con sus familias, hace observaciones detalladas, y ha realizado algunos descubrimientos notables. Ha descubierto, por ejemplo, que cuando a los niños se les dice «la verdad» acerca de Santa Claus, los niños mismos no se deprimen, pero sí sus padres.

Así, el estudio de Santa Claus puede proporcionar nociones serias sobre la naturaleza humana, y quizás también sobre la naturaleza de lo paranormal y de sus diversos planteamientos conflictivos. Por ejemplo, ¿por qué no se molestan más los «cristianos» con Santa Claus? Naturalmente, todos los años se oyen las quejas y gruñidos acostumbrados y rutinarios sobre el verdadero sentido de la Navidad, y lo de que estamos olvidando a Cristo, etcétera, pero no las fuertes protestas que cabría esperar. Pues, en cierto modo, Santa Claus se parece a los genios que otorgan deseos y que viven en los pozos, las lámparas y las botellas: unas entidades a las que los «cristianos» califican de demoniacas. Se prepara una lista de deseos que se quieren pedir a Santa Claus, y él acepta regalos de comida a modo de sobornos o de muestras de cariño. Y basta con reordenar un poco las letras de su nombre para que se lea el de otro personaje*. Normalmente, las coincidencias de este tipo suelen obsesionar mucho a los demonólogos, como sucedió, por ejemplo, a finales de los setenta, cuando se extendió la creencia imaginativa de que las letras del nombre del grupo de rock *Kiss* representaban las iniciales de las palabras «Kings in service of Satan» (Reyes al servicio de Satanás)**.

¿Es posible que las visiones de Satanás en la infancia sean «Santacláusicas»…? Perdón, quiero decir: ¿es posible que las visiones de Santa Claus sean satánicas? ¿Puede adoptar un demonio el disfraz del conejito de Pascua o del ratón Pérez? O ¿permitiría Dios a Satanás que se disfrazara de Jesucristo? Este demonismo «cristiano» vuelve a disolverse entre lo caprichoso.

Al delimitar las consecuencias que podrían tener en otros sentidos de nuestros ludoseminarios, podemos poner de manifiesto el modo en que, al realizar estas actividades, los practicantes de lo paranormal como juego nos acercamos paulatinamente a cuestiones ontológicas y relacionadas con las creencias. Los resultados del Proyecto Pandora suscitaron también cuestiones de este tipo, dado que los sujetos describían sus reuniones visionarias como sucesos reales; pero ahora disponemos de una perspectiva más amplia para abordar tales cuestiones. Pues ¿cómo debe reaccionar el practicante de lo paranormal como juego si, por ejemplo, algunos de los que participan en los ludo-seminarios dicen que han visto y han conversado verdaderamente con genios? ¿Y si a algunos de los participantes les parece, más tarde, que sus deseos se han cumplido? ¿O si un experto se reúne en el psicomanteo con un personaje histórico y dice después que está plenamente convencido de la realidad del encuentro?

---

* Al parecer, el autor da a entender que «Santa» es un anagrama de «Satán» (Satanás). *(N. del T.)*

** Como es sabido, «kiss» significa «beso» en inglés. *(N. del T.)*

Es en esta tesitura cuando más se distingue lo paranormal como juego de las tres teorías basadas en las ilusiones. Estas tres teorías abordan lo paranormal como una cuestión de fe, como si la psicología de la fe explicara por completo la psicología humana de lo paranormal. Los «cristianos» son los creyentes menos críticos en lo paranormal, aunque sus creencias se modifican por el hecho de que están sometidos al influjo de una cierta pseudoexplicación de lo paranormal, una explicación que concuerda con los rasgos de su carácter rencoroso y retentivo anal.

A los escépticos les gusta señalar que los propios parapsicólogos se dejan arrastrar por las creencias; pero los escépticos ignoran alegremente que también ellos sucumben a las creencias: a la creencia en el escepticismo. No se dan cuenta de que, al hacerlo, están intentando asimilar lo paranormal por medio de los mismos estados mentales y de las mismas capacidades cognitivas que los parapsicólogos.

Lo que es más: les preocupa tanto mantener y proclamar el escepticismo, que comprenden mal e interpretan mal toda la cuestión. Su nombre oficial, «Comité para la Investigación Científica de los Supuestos Fenómenos Paranormales», da a entender una intención científica y de investigación; pero a sus miembros les gusta darse a conocer por las iniciales CSICOPS, designación esta en la que se trasluce un designio siniestro y autoritario*. Aspiran a ser una Policía de la Realidad, capacitada para ordenar el nivel ontológico de las vivencias de los demás.

Y ¿qué pasa si nos detiene un «policía de los suspiros»? ¿Hay todo un sistema de justicia de los suspiros? ¿Hay también jueces y jurados de los suspiros, o nos llevan a juicio y nos sentencian los propios policías de los suspiros?

En último extremo, lo que temen verdaderamente los escépticos (y ellos mismos lo reconocen) es que, si a las gentes de la sociedad moderna se nos permite que nos tomemos en serio lo paranormal,

---

* Ver *N. del T.* en la página 45 del segundo capítulo.

volveremos a caer enseguida en las cazas y en las quemas de brujas. Si esto es así, entonces resulta muy paradójico que derrochen tantas municiones en batallas contra los parapsicólogos. Los «cristianos» parecen ser los sospechosos principales de ese tipo de delito. Así pues, aunque los escépticos digan que lo que hacen es una empresa científica, están haciendo en realidad una cruzada social. ¡El jefe de los CSICOPS no es siquiera un científico, sino un filósofo académico!

Uno de los rasgos más notables de la fe y de la falta de fe es el modo tan rápido y caprichoso en que la una se transforma en la otra por medio de un proceso inexplicable llamado «conversión». Y cuando los creyentes fundamentalistas nos abordan en el aeropuerto y, con su conocido tono farisaico, casi de acusación, nos preguntan: «¿Es usted cristiano?», entonces está claro como la luz del día que por debajo de la superficie bulle una inseguridad interior bajo la forma de una falta de fe preconsciente.

El teatro de la fe, de la falta de fe y de la posibilidad esencial de intercambiarlas forma parte del drama continuado de lo paranormal. A los creyentes les encanta que una persona antes escéptica vea la luz, y los reventadores dan la bienvenida a su redil a los parapsicólogos reformados. Los «cristianos» se regocijan cuando un creyente en «lo oculto» se da cuenta del carácter demoniaco de sus antiguos intereses y vuelve a Jesús. El converso recorre los programas de entrevistas fundamentalistas. Para el practicante de lo paranormal como juego, todos estos escenarios no son más que nuevas pruebas del carácter dramático, semejante a un juego, de todo este barullo; es un pasatiempo social basado en enfrentamientos repetitivos y formalizados, que recuerdan a los de los practicantes profesionales de lucha libre.

Solo a fuerza de mantener como centro de interés único e inflexible las cuestiones relacionadas con la fe y con la falta de fe han sido capaces los combatientes de pasar por alto una capacidad importante del psiquismo y del espíritu humano, una capacidad que debemos tener en cuenta si queremos comprender el atractivo perdurable de lo paranormal: se trata, precisamente, de ese mismo rasgo del alma que se quedó en la tinaja de Pandora después de que esta levantase la tapa. La polémica sobre lo paranormal está relacionada, en una medida mucho mayor de lo que se ha reconocido hasta ahora, con la gestión y la administración de la esperanza, sobre todo en sus relaciones con el conocimiento; y, en la medida en que el conocimiento debe estar relacionado con la fe y con la certeza, con estos dos estados mentales sucesivamente.

La esperanza es, en ciertos sentidos, un estado de ánimo positivo; pero también es un estado de ánimo que agota. Cognitivamente, es la determinación de mirar el lado bueno de las cosas; pero emocionalmente puede ser agotador. La doble naturaleza de la esperanza afecta de forma diferente a las personas en función de los estilos de su personalidad; por eso, no es de extrañar que las tres ideologías de lo paranormal varíen de manera muy drástica, aunque sistemática, en función del modo en que sus seguidores lleven este confuso estado de la conciencia.

Los parapsicólogos reconocen tácitamente la importancia de la esperanza, y, como buenos comediantes que son, incluso la fomentan: por eso dan la impresión de ser gente agradable. Intentan aliviar el dolor de la esperanza con una falsa orientación inconsciente, a base de presentar la perspectiva de que, en estas cuestiones, la esperanza se puede suplir con el conocimiento, por la aplicación de los métodos de la ciencia.

Los «policías de los suspiros», que se han apropiado indebidamente la etiqueta, muy amplia, de «escépticos», deberían reconocer, al menos, a qué rama del escepticismo representan. Son los cínicos, los escépticos que aspiran a no dejarse someter a ninguna influencia externa, creyendo que su dignidad humana no se lo permite. Por ello, la esperanza les resulta embarazosa, e intentan librarse del dolor que produce fingiendo que son inmunes a ella. En cambio, viven por delegación su propia esperanza negada, señalándola y ridiculizándola en las extravagancias de los parapsicólogos.

En cuanto a los creyentes fundamentalistas de mala digestión, la esperanza es un estado demasiado incierto para las personas excesi-

vamente rígidas. Intentan impedir que surja la esperanza manteniendo una fachada de conocimiento y de seguridad. Pues si levantara la
cabeza la mera esperanza, sería un recordatorio demasiado doloroso
de que ellos no tienen, en realidad, el conocimiento que pretenden
tener. Por ello, deben mantenerse siempre vigilantes, siempre alertas
para aplastar la esperanza incipiente intentando provocar el miedo y
exhibiendo cada vez con más pompa unos supuestos conocimientos:
dos técnicas que son soportes principales de las ideologías autoritarias, llámense como se llamen.

Nosotros, los practicantes de lo paranormal como juego, salimos
elegantemente de todo esto de una manera sencilla y maravillosamente razonable. Utilizamos el término «(falta de) fe» para resumir
con él todos los rasgos citados de la fe y de la falta de fe. Así evita-
mos la cuestión de la (falta de) fe, y decidimos aplicar lo paranormal
como juego como medida correctiva a cualquiera de nosotros que
parezca que está cayendo en sus garras. La sustituimos con una no-
fe comprometida y con la experiencia personal de lo supuestamente
paranormal, experiencia que podemos evocar con técnicas probadas
y seguras del paranormalismo lúdico. Afirmamos que todos los seres
humanos que han pasado por el Reino Medio o que se han encontrado con él tienen de algún modo el derecho a comprender por sí
mismos la realidad o irrealidad, el significado o la falta de significado,
de sus propias experiencias. Por nuestra parte, intentaremos man-
tenernos sensibles a las complejidades de la psicología humana de
estas experiencias. Así, reconocemos la esperanza y manifestamos
nuestro respeto hacia ella. Y, al dar todos estos pasos, declaramos
nuestra independencia con respecto a todas aquellas maneras anticuadas de tratar con lo paranormal.

Al realizar nuestro trabajo en este marco de ideales profesionales, los practicantes de lo paranormal como juego podemos crear
una forma nueva y refrescante de investigación y de discurso sobre
lo paranormal. Aunque nuestro trabajo no es científico, al menos
tampoco es anticientífico (como puede serlo el fundamentalismo), ni
seudocientífico (como se ha dicho de la parapsicología), ni siquiera

cientifista (como son los escépticos). No obstante, sería aceptable calificar este nuevo estilo de precientífico, por dos motivos: en primer lugar, porque sus resultados pueden ser reproducidos por otros, y, en segundo lugar, porque abre el camino a la investigación científica propiamente dicha de unas experiencias que se han llamado durante mucho tiempo «paranormales».

El Proyecto Pandora es un buen ejemplo de la investigación precientífica. Me alegro de poder anunciar que mis resultados ya han sido reproducidos por algunos otros investigadores; entre ellos, una conocida trabajadora en casas de acogida y experta en la terapia del dolor por la pérdida de seres queridos. Ella creó su propio psicomanteo, y hasta ahora ha hecho seguir el procedimiento a sesenta y dos sujetos, cuarenta y ocho de los cuales tuvieron apariciones de los difuntos. Y un especialista en electroencefalografía, con una carrera profesional larga y distinguida, trabaja ahora conmigo en un proyecto en el que confía poder recoger grabaciones de las ondas cerebrales de los sujetos que están presenciando apariciones de los difuntos.

Las investigaciones que presenté en *Vida después de la vida* eran precientíficas en este mismo sentido. Las observaciones recogidas en esta obra han sido corroboradas más tarde por muchos investigadores independientes, y han conducido a estudios científicos sistemáticos y bien llevados de la experiencia próxima a la muerte. Más aún: *Vida después de la vida* se basaba en el mismo planteamiento de lo paranormal que *Más sobre Vida después de la vida,* aunque por entonces yo no lo había sistematizado tan a fondo como lo he hecho ahora.

Y si los escépticos me preguntan al respecto, puedo demostrarles que desde el principio de mi carrera profesional he sido un practicante de lo paranormal como juego, y no un parapsicólogo. Freud sabe que yo aspiraba a ser humorista desde que tenía ocho años, y esto se refleja en la mayoría de mis primeras obras escritas. Cuando se publicó *Vida después de la vida,* algunos conocidos míos llegaron a la conclusión de que debía de tratarse de otra de mis bromas. Ya en 1977 escribí un libro que trataba del humor en sus relaciones con lo anormal, de manera muy semejante al libro que escribo ahora, que trata del humor en sus relaciones con lo paranormal. En aquel libro yo proponía la creación de un «centro del humor», precursor directo del Teatro de la Mente. Hay pruebas materiales de todo esto, y muchos amigos míos lo declararían bajo juramento ante un tribunal de los suspiros.

Vida después de la vida y *Más sobre Vida después de la vida,* forman parte, pues, de un mismo trabajo, que se puede aceptar y rechazar; y triunfarán o fracasarán juntas: de esto estoy completamente seguro. De modo que ahora volvemos al punto de partida de aquellas asombrosas experiencias próximas a la muerte. Pero en aquel punto primitivo la polémica había llegado a un punto muerto, consecuencia de la imposibilidad de reproducir el fenómeno y de las directrices trilladas y agobiantes que regían por costumbre el modo en que se conducía el debate sobre lo paranormal.

Hemos vuelto, pues, al punto de partida con una posición mucho más fuerte, pues hemos refutado aquellos tres planteamientos anquilosados y desgastados cuyas posturas dogmáticas habían paralizado prácticamente la discusión. Al hacerlo, ha quedado demostrado que somos nosotros, los practicantes de lo paranormal como juego, los verdaderos expertos en lo desconocido.

Ahora podemos aplicar todo lo que hemos aprendido para comprender las notables experiencias que cuentan los que han estado en el vestíbulo de la muerte. Esto nos conducirá de manera muy natural a un modo de reproducirlas sin peligro.

VII

Vuelta a la muerte

Las reuniones visionarias con los seres queridos fallecidos son un elemento integral de las experiencias próximas a la muerte. Es lícito reproducir un fenómeno complejo parte a parte, estudiando por separado sus elementos esenciales. Así, el propio Proyecto Pandora representa una realización parcial del objetivo de recrear la experiencia próxima a la muerte.

Pero las relaciones entre las visiones de los moribundos y las maravillas del psicomanteo son mucho más profundas que todo esto. Todos los estudios conocidos de la experiencia próxima a la muerte dependen de unas narraciones de ciertas experiencias humanas de base que se suponen similares o idénticas entre sí, y las narraciones son unos fenómenos lingüísticos que están conformados, en parte, por factores culturales. En consecuencia, se puede demostrar que las experiencias próximas a la muerte son, en último extremo y para todos los propósitos prácticos, indiferenciables de los fenómenos tales como los que se recreaban en los oráculos de los muertos. Aunque solo sea por ese motivo, a todos los investigadores serios de la experiencia próxima a la muerte les incumbe hojear las páginas del tiempo pasado para intentar reconstruir las funciones que desempeñaban aquellas instituciones exóticas en la gran civilización que los engendró.

Las tradiciones y las leyendas
de los oráculos de los muertos

Los estudiosos y los profanos de generaciones anteriores tenían a los antiguos griegos por prototipos de la racionalidad. Esta actitud tendía a pasar por alto el interés profundo y mantenido de los griegos por lo paranormal. Pero este aspecto de sus vidas se nos ocultaba de la vista en gran medida, porque a los griegos les parecía muy impío divulgar de palabra o por escrito ciertos detalles de sus prácticas espirituales y supernaturales. Esta convención la respetaban hasta los autores que hoy nos parecen muy escépticos y racionales según los criterios modernos.

En una época en que nuestra sociedad se está enfrentando de una manera muy abierta a las cuestiones que suscita lo paranormal, es adecuado que estudiemos desde un punto de vista nuevo las prácticas que resultaban familiares a los griegos. Pues una buena parte de su cultura resistió los embates del tiempo. La Academia misma, y la ciencia, así como un rico acervo de obras literarias y eruditas y de ideales de racionalismo, se han conservado en una tradición ininterrumpida desde sus tiempos hasta los nuestros. Sus intentos por dominar los secretos del autogobierno se reflejan hoy en las constituciones de diversas sociedades democráticas. Pero nos olvidamos del oráculo de los muertos del país de los cimerios.

Uno de los aspectos más emocionantes, para mí, del Proyecto Pandora es la repercusión que puede tener sobre nuestra manera de entender a las gentes de la antigua Grecia. Disfruto cuando me imagino que los relatos que han salido del psicomanteo me permiten visualizar de una manera más vívida cómo era una visita a un oráculo de los muertos.

Los enigmas y las dudas que han salido a relucir a lo largo del proyecto sugieren también otras curiosas especulaciones históricas. Sin duda, en la Antigüedad el psicomanteo era uno de los centros de trabajo más interesantes. Los profesionales modernos de la sanidad física y mental comentan sus casos con sus colegas, y a la mayoría de estos profesionales les agrada esta puesta en común. Antiguamente, esto no debía de ser muy diferente, y nos da vértigo intentar imaginarnos las conversaciones que debían tener entre sí los guías de Éfira cuando descansaban en sus habitaciones subterráneas tras un largo turno de guardia en la sala de las apariciones. ¿Cómo entendían ellos la naturaleza del fenómeno?

Muchos de los psicogogos debieron de trabajar a lo largo de varias décadas antes de transmitir su experiencia a los aprendices. Es fácil concebir que, con la experiencia acumulada a lo largo de los siglos, la tasa de éxitos debía de aproximarse al 100 %. Así, nos sentimos más frustrados todavía cuando nos damos cuenta de que, con toda probabilidad, los registros de varios siglos quedaron destruidos cuando los romanos quemaron el Oráculo de los Muertos. Aquella institución debió de desarrollarse de manera asombrosa a lo largo del tiempo en que funcionó, que fue casi un milenio. El complejo se amplió con varios anexos a lo largo de los siglos. ¿Qué cambios sufrió en su filosofía, en su técnica y en su administración, y en la actitud del público con respecto a la institución? ¿Cuál era la política del Reino Medio? ¿Tenía que mantener el personal relaciones diplomáticas con el más allá próximo? ¿O vamos a tener nosotros que ocuparnos de cosas así, aquí en el Oráculo de los Muertos de Alabama Oriental?

El término «psicomanteo» da a entender, literalmente, que se hace aparecer a los espíritus de los difuntos como medio de adivinación, para hacerles preguntas sobre el futuro o sobre otros conocimientos ocultos. En consecuencia, los puristas se quejarán de que estas instalaciones no son, en realidad, un psicomanteo, pues la gente no acude al Teatro de la Mente para convocar a los muertos para practicar la adivinación. Vienen, más bien, para explorar ciertos aspectos de sí mismos de los que no son plenamente conscientes, con la esperanza de satisfacer un anhelo de reunirse con aquellos a los que se ha llevado la muerte. Pero, sean cuales sean las diferencias de intención y de política que puedan existir entre aquellas instituciones antiguas y esta contemporánea, yo sospecho que estas diferencias son irrelevantes en lo que se refiere al funcionamiento día a día de un psicomanteo.

El antiguo historiador griego Plutarco (46-120 d. C.) describió dos incidentes que ilustran esto mismo. En ambos, la persona que consultaba un oráculo de los muertos lo hacía buscando la sanación.

El general espartano Pausanias (siglo v a. C.), estando en Bizancio, envió a un escuadrón de soldados para que se apoderaran de una joven bellísima de buena familia llamada Cleonice y se la llevaran. Pero cuando los soldados regresaron de su misión ya se había hecho de noche, y Pausanias había estado bebiendo y brindando por Cleonice con muchas copas de vino. Cuando entraron todos, él se despertó de pronto, y, mareado y cegado por el sueño y por el alcohol, creyó que la joven era un asesino que había irrumpido en su cuarto. Confuso y asustado, la atravesó con su espada, y ella murió en el acto.

Desde ese día, Pausanias estuvo atormentado por el fantasma de Cleonice, una presencia pálida y ensangrentada que cantaba, con una voz tan suave que solo él podía oírla:

> Manténte firme
> y vea la justicia tu miedo;
> pues el dolor y la vergüenza recaen
> sobre el que carga con la justicia.

Y, en vista de que ella lo visitaba todas las noches, Pausanias visitó finalmente el Oráculo de los Muertos de Heracleia. Después de hacer los sacrificios y las libaciones funerarias de rigor, Pausanias convocó a Cleonice de entre los muertos. Cuando se le apareció, ella le dijo que quedaría libre de sus problemas poco después de regresar a Esparta. Y sucedió que Pausanias murió a poco de regresar a su casa.

Elisio, hombre rico y eminente, de buena reputación, estaba obsesionado por la preocupación de que su amado hijo único, que había muerto, hubiera sido envenenado por alguien que pretendía quedarse con la fortuna que habría heredado. Elisio, atormentado, visitó un psicomanteo. Al parecer, en este oráculo se utilizaba la incubación de sueños, pues Elisio realizó los ritos prescritos y después se durmió y tuvo una visión. Se le apareció su padre, que se acercaba a él. Elisio contó a su padre todo lo que había pasado y le suplicó que le ayudase a descubrir la causa de la muerte del muchacho. Detrás del padre de Elisio venía un joven. Como pasa algunas veces a los testigos de apariciones en nuestros tiempos, Elisio no había reconocido al principio a aquella persona, que resultó ser su hijo. El joven aseguró a su padre que había muerto por causas naturales, que le había llegado la hora de morir.

Así, sean cuales sean las razones por las que los griegos decían que visitaban los oráculos de los muertos, en realidad no eran diferentes de nosotros. Entonces, como ahora, la mayoría de las personas no acudían al psicomanteo en busca de conocimiento, sino de aventura, de consuelo, de autorrealización e incluso de esparcimiento.

Los oráculos de los muertos eran una de las instituciones más notorias de la antigua Grecia. Por ello, eran un tema muy habitual no solo en las obras de los historiadores, sino también en las tradiciones, en las tragedias y comedias y en las disputas filosóficas. Los oráculos de los muertos figuran en los mitos de dos héroes importantes, Orfeo y Heracles.

Orfeo era un músico mágico, que encantaba con sus canciones incluso a los árboles y a las fieras. Orfeo deseaba reunirse con Eurídice, y, como nos recuerda Virgilio, «se le permitió convocar a la sombra de su esposa con el sonido de su lira tracia». En su versión del mito, Thomas Bulfinch cuenta que, tras la muerte de Eurídice:

> Orfeo cantaba su dolor a todos los que alentaban en las regiones superiores del aire, y, viendo que de nada le servía, decidió buscar a su esposa en las regiones de los muertos. Bajó por una cueva que estaba situada en la ladera del promontorio de Tainarón y llegó al reino de la Estigia. Atravesó

multitudes de espíritus y se presentó ante el trono de Plutón y Proserpina. Acompañándose con su lira, cantó:

—¡Oh, deidades del mundo inferior, a quienes debemos venir todos los que vivimos, escuchad mis palabras, pues son verdaderas! (…). Vengo a buscar a mi mujer, a cuya temprana edad ha puesto fin antes de tiempo el colmillo de la víbora venenosa. Amor me ha traído aquí; Amor, un dios que es todopoderoso sobre los que vivimos en la Tierra, y que también lo es aquí, si no mienten las antiguas tradiciones. Os imploro, por estas moradas llenas de terror, por estos reinos de silencio y de cosas no creadas, que atéis de nuevo el hilo de la vida de Eurídice. Todos estamos destinados a venir a vosotros, y más tarde o más temprano debemos pasar a vuestros dominios. También ella, cuando haya cumplido su plazo de vida, será vuestra por derecho propio. Pero concedédmela hasta entonces, os lo suplico. Si me la negáis, no podré regresar solo: triunfaréis de la muerte de los dos».

Mientras él cantaba esta tierna canción, los mismos espíritus derramaban lágrimas (…). Proserpina no pudo resistirse, y el propio Plutón cedió. Llamaron a Eurídice. Acudió de entre los espíritus recién llegados, y su pie herido la hacía cojear. Se permitió a Orfeo llevársela, con una condición: que no se volviera para mirarla hasta que hubieran llegado al aire de la región superior. Emprendieron su camino respetando esta condición; él iba delante y ella lo seguía. Recorrieron pasadizos oscuros y empinados, en absoluto silencio, hasta que casi habían llegado a la boca por la que se salía al alegre mundo superior. Entonces, Orfeo, en un momento de descuido, para asegurarse de que ella aún lo seguía, volvió la vista atrás; y, en ese instante, ella fue arrancada de su lado. Extendieron los brazos para abrazarse, pero ¡solo abrazaron el aire! Ella moría por segunda vez, pero no podía reprochárselo a su esposo, pues ¿cómo reprocharle su impaciencia por verla?

—¡Adiós! —dijo ella—. ¡Un último adiós! —y se la llevaron tan deprisa que su voz apenas llegó a los oídos de él.

Orfeo intentó seguirla y pidió permiso para regresar e intentar una vez más que la liberaran; pero el severo barquero lo rechazó y se negó a transportarlo. Pasó siete días junto a la orilla, sin comer ni dormir; después, acusando amargamente de crueles a los poderes del Erebo, cantó sus quejas a las peñas y a las montañas, derritiendo los corazones de los tigres y haciendo andar a los robles. No quiso volver a saber nada de las mujeres, y lo persiguió siempre el recuerdo de su desgracia.

Aparte del detalle de que el milagro tuvo lugar por medio de las dotes musicales sublimes de este antecesor de Elvis, no se nos proporciona una idea clara del procedimiento empleado. Podemos entenderlo por el secreto que estaban obligados a mantener los antiguos, por escrito y de palabra, en cuanto a las técnicas concretas; pero existe también otro misterio. Bulfinch sitúa el lugar de descenso de Orfeo en el Oráculo de los Muertos del cabo Tainarón o Matapán, pues sigue al poeta romano Ovidio. Pero Pausanias afirma que el lugar por donde el cantante entró en el más allá fue el Oráculo de los Muertos del Aqueronte.

La mujer de Orfeo murió antes que él, y por ella fue él a Aornos, en la Tesprotia, donde había antiguamente un oráculo de la muerte. Creía que el alma de Eurídice lo seguía, pero se volvió para verla y comprendió su pérdida, tras lo cual se quitó la vida movido por el dolor.

Estos dos oráculos de los muertos están a varios centenares de millas de distancia el uno del otro. Así pues, a los paranormalistas lúdicos nos hace bastante gracia que en una leyenda en la que se pretende seguir al protagonista en todo su camino de ida y vuelta hasta el más allá ni siquiera se aclara bien por dónde entró y salió.

Pero se han transmitido muchas versiones diferentes de los mitos y de las leyendas griegas, y el orgullo localista era un factor importante a la hora de crear nuevas versiones. La gente deseaba atribuir aquel honor a sus propias ciudades o comarcas. Este mismo factor influyó sobre los relatos que hablan de otro gran personaje mítico que visitó el mundo inferior.

Heracles, el héroe más afamado de los antiguos griegos, era un superhombre o semidiós de fuerza excepcional. Era hijo de Zeus y de Alcmene, una mujer a la que había elegido Zeus para que fuera madre del gran héroe por su buen sentido y por su virtud. Zeus se acostó con ella asumiendo el aspecto de su marido, que estaba en la guerra, y le contó relatos de batallas para dar color al engaño.

Nueve meses más tarde, en el día en que debía nacer Heracles, Zeus anunció que el descendiente de Perseo que nacería aquel día sería rey de toda Grecia. Hera, esposa de Zeus, en un ataque de celos, consiguió por arte de magia retrasar el parto de Alcmene y adelantar el de otra mujer, que aquel mismo día dio a luz un niño, Euristeo, que también era descendiente de Perseo. Así, Euristeo se quedó con los derechos que Zeus había querido otorgar a Heracles. Pero Zeus consiguió llegar con Hera a un acuerdo, en virtud del cual Heracles recibiría la inmortalidad si realizaba doce trabajos al servicio de Euristeo.

El niño Euristeo creció y se convirtió en un rey astuto y falso, y fue él quien le asignó los doce trabajos. Heracles superó hábilmente aquella carrera de obstáculos compuesta por doce duras pruebas; las once primeras sirvieron de preludio al aterrador desenlace de la última, un descenso al reino de los muertos para someter y llevar a Euristeo al horrible Cancerbero, un perro de tres cabezas que guardaba la puerta del mundo inferior.

Hades, rey del país de los muertos, concedió a Heracles permiso para que se llevara al monstruo al mundo superior, pero con la condición de que el héroe no utilizara armas. A pesar de la lucha feroz del Cancerbero, Heracles lo asió, lo sujetó con fuerza y se lo llevó al rey Euristeo, que se asustó tanto de la bestia que saltó a esconderse dentro de un *pithos*. Esta escena humorística aparece representada en un jarrón antiguo, del que todavía se pueden comprar reproducciones en las cacharrerías de Grecia.

Según la tradición, el último de los trabajos de Heracles tuvo lugar en el Oráculo de los Muertos del cabo Tainarón. En la escena del mundo inferior que describe Homero, Heracles dice a Odiseo que su viaje al mundo inferior había sido el más arduo de sus trabajos. Sin duda, a Odiseo le gustaría recordar este detalle cuando contase las aventuras que había tenido allí abajo.

Existe una diferencia llamativa entre los relatos acerca de los oráculos de los muertos que cuentan los historiadores y los que han llegado a nosotros por la tradición mitológica. Heródoto y Plutarco nos cuentan los casos de unas personas que solicitaban los consejos de los muertos, ya fuera para pedir información (como Periandro y Elisio) o para sanarse (como Elisio y el general Pausanias). También Orfeo acudió con la esperanza de aliviar su dolor por la pérdida de un ser querido; pero el rasgo más destacado de los dos relatos míticos es el tema de «ir a sacar algo«: tanto Orfeo como Heracles se dirigieron a un oráculo de los muertos con la intención de sacar de allí algo, o a alguien, y llevárselo.

Este motivo del «ir a sacar algo» vuelve a aparecer en relación con un oráculo de los muertos en la obra en que Eurípides llevó al teatro el relato de Alcestes y su marido Admeto, rey de Feras, una ciudad del sudeste de Tesalia. Cuando el médico Esculapio, hijo de Apolo, devolvió la vida a un mortal, Zeus se indignó por aquel quebrantamiento del orden de la naturaleza, y mató a Esculapio con un rayo. Como Apolo no podía vengarse directamente del que había matado a su hijo, mató en su lugar a los cíclopes, seres del Olimpo que habían forjado los rayos mortales de Zeus. Zeus, a su vez, castigó a Apolo por aquel atrevimiento condenándolo a pasar un año de exilio al servicio del benigno rey Admeto.

Apolo se encariñó tanto de Admeto que, cuando supo que al rey le quedaba poco tiempo de vida, intervino ante las Parcas en nombre de su señor. Las Parcas acordaron dejar vivir a Admeto, con la condición de que se encontrase a alguien dispuesto a morir en su lugar. Como no se presentó ningún voluntario, ni siquiera los ancianos padres de Admeto, su esposa Alcestes asumió la carga. Cuando llegó el momento, Alcestes cayó enferma y Tanatos (la personificación de la muerte) se apareció ante las puertas del palacio de Admeto, dispuesta

> Para arrastrarla velozmente hasta la casa de Hades (…).
> La arrastraré bajo tierra (…).
> Ahora debe bajar a vivir a la casa de Hades.

Alcestes, agonizante, tuvo una visión en el mismo sentido. Vio la figura oscura del Rey de los Muertos.

> ¡Me arrastra! ¿No lo veis?
> Alguien me arrastra hacia la Casa de los Muertos.
> ¡Un ser alado me mira con ceño oscuro! ¡Es el rey de los muertos!
> ¡Déjame! ¿Qué me haces? ¡Déjame!

Por entonces, Heracles viajaba para cumplir el octavo trabajo que le había encargado el rey Euristeo, y sucedió que, poco después de la muerte de Alcestes, llegó al palacio de Admeto, donde tenía intención de alojarse. El rey Admeto sabía que su huésped, que era bien educado, no querría molestar a la familia con su presencia en aquellas circunstancias dolorosas. Por ello, el siempre atento Admeto ocultó a su huésped la muerte reciente de su esposa.

Cuando Heracles descubrió la verdad, se puso inmediatamente a planificar una misión de rescate al otro lado de las fronteras del más allá para arrancar a la difunta Alcestes de las garras de la muerte. Cuando trazó su estrategia, se planteó dos posibilidades. La primera era la de un enfrentamiento físico, una pelea con «Tanatos, el señor de los muertos que lleva ropajes negros». Pero también tenía otro plan en reserva.

Pero si se me escapa la presa (…) bajaré a las casas envueltas en la oscuridad (…) para defender su causa, con la seguridad de traerme a Alcestes y devolverla así a los brazos de mi anfitrión. Pues él me ha acogido en su casa y no me ha cerrado la puerta, aunque sufría los dolores de una grave desgracia.

El plan «A» tuvo éxito. Heracles atacó a Tanatos por sorpresa y devolvió a Alcestes, viva, a su esposo. Así, el héroe no tuvo necesidad de bajar a «las casas envueltas en la oscuridad», a los oráculos de los muertos donde no brilla el sol.

Era una convención de la época, con valor axiomático, que era preferible que muriera la esposa de un hombre a que muriera su marido; pero, en su tragedia, Eurípides sacó a relucir dramáticamente esta convención ante su público, y no cabe duda de que hizo sentirse incómodos a muchos espectadores. La visión que tuvo Alcestes de la muerte en forma de un personaje negro que arrastra a los moribundos a la región de la otra vida puede parecer extraña a los estudiosos de las experiencias próximas a la muerte, si estos están familiarizados sobre todo con las descripciones procedentes de fuentes occidentales modernas. Pero, según Ian Stevenson, todavía siguen apareciendo estas figuras arrebatadoras en casos modernos recogidos en la India.

El mayor dramaturgo cómico de la Antigüedad encontró en los oráculos de los muertos un blanco fácil para sus dardos satíricos. En la comedia de Aristófanes *Las ranas,* Dionisos, dominado por un anhelo irresistible e incurable de reunirse con el difunto dramaturgo Eurípides, ha decidido bajar al mundo inferior para hacer una visita al espíritu del gran escritor. Dionisos consulta a Heracles, que ya ha hecho el viaje de ida y vuelta a aquel lugar, para pedirle consejos para el viaje. Heracles recomienda sucesivamente a Dionisos que se ahorque, que se envenene con cicuta o que se despeñe desde un lugar alto. Después de estudiar y rechazar estas tres soluciones menos drásticas, tienen que plantearse un plan que parece mucho más terrible: un viaje al Oráculo de los Muertos junto al Aqueronte.

Aristófanes satirizó a Sócrates en dos de sus comedias más notables; en una de ellas, Sócrates aparece evocando los espíritus de los difuntos junto al lago Aqueronte. La escena forma parte de una especie de relato satírico de viajes en la comedia *Las aves,* en la cual un coro de aves cuenta diversas maravillas y cosas dignas de verse, todas bien conocidas por los atenienses.

> Muchas cosas curiosas he visto,
> Maravillas por tierra y por mar (…).
>
> Y lejos (pero no tanto),
> vimos otra maravilla:
> un lugar de oscuridad triste y terrible
> cuando se pone el sol.
>
> Y allí llegan de día los héroes muertos
> y hablan con los hombre vivos.
> Y mientras hay luz, los fantasmas no hacen daño;
> pero, cuando vuelve la oscuridad,
>
> entonces los ladrones y los fantasmas adoptan forma común,
> y ¿quién sabe quién es quién?
> Por eso, los hombres prudentes rehúyen ese sitio de noche,
> sobre todo los que tienen dinero.
>
> Hay una marisma en la tierra de los Pies de Sombra,
> la marisma del Miedo Triste,
> y allí vimos al sucio Sócrates
> que había ido a evocar a los muertos.
>
> Y allí llegó ese infeliz de Pisandro
> para ver si podía encontrar

el alma que había perdido en vida
muriendo como un cobarde.

Llevaba un sacrificio especial:
un camellito joven.
Como Odiseo, le cortó el cuello;
¡le cortó el cuello y echó a correr!

Y entonces bajó volando una forma fantasmal,
un espectro frío y macilento,
y se arrojó sobre la sangre del camello:
¡era el vampiro Quirofonte!

Las palabras de Aristófanes subrayan la fama que tenía el oráculo de los muertos de ser un lugar oscuro bajo la superficie de la tierra, y se hacen eco de la escena del mundo inferior que describe Homero presentando el contraste de lo superior con lo inferior, de la luz con la oscuridad, de la visión con la imposibilidad de ver. Daba a entender que allí abajo, entre las tinieblas, lo que imperaba era la sed de riquezas: calificaba a los psicogogos de ladrones.

La tribu de los Pies de Sombra era un pueblo legendario que, según los estudiosos antiguos, vivía en Libia. Se decía que sus miembros tenían unos grandes pies con membrana interdigital, y que cuando se acostaban levantaban los pies a modo de sombrillas para protegerse de los rayos del sol. El dramaturgo compara humorísticamente en este pasaje a los cimerios con los Pies de Sombra; la broma se basa en el hecho de que todos ellos se esforzaban por huir de la luz del sol. La broma acerca de Quirofonte es una continuación del mismo tema: Quirofonte era un discípulo de Sócrates que era pálido y de aspecto anémico, y Aristófanes se reía de él y de otros alumnos de Sócrates porque pasaban demasiado tiempo encerrados en sus casas. Pisandro era conocido por todos los atenienses por su cobardía.

Platón trazó un retrato de Sócrates diametralmente opuesto al de Aristófanes. El Sócrates de Platón se dedicaba a la filosofía moral; era valiente, siempre estaba dispuesto a reconocer su propia ignorancia y era muy respetuoso con los dioses, mientras que el Sócrates de Aristófanes se interesaba por la filosofía natural, era un cobarde, estaba hinchado de orgullo por su sabiduría y era impío casi hasta la desfachatez. En los diálogos de Platón, Sócrates se pasea por Atenas y se reúne con sus interlocutores al aire libre; en las comedias de Aristófanes, Sócrates trabaja dentro de su casa, en su Pensaduría, una cómica combinación de escuela, laboratorio y centro de investigaciones. Aristófanes se burla repetidas veces de Sócrates tildándolo de sucio y de descuidado, mientras que en el Fedón, Platón escribió que una de las últimas cosas que hizo Sócrates fue bañarse para que los asistentes no tuvieran que lavar su cuerpo tras su muerte.

En vista de que Aristófanes, que evidentemente no era partidario del Oráculo de los Muertos, representó a Sócrates participando con pasión en las actividades del mismo, cabría suponer que Platón adoptaría un punto de vista diferente. Yo reconozco que una de las alegorías más inquietantes de Platón puede ser, en uno de sus muchos niveles, una parodia del Oráculo de los Muertos de Éfira, y que Sócrates formula una crítica devastadora de las actividades que allí se practicaban.

—Ahora, represéntate el estado de la naturaleza humana, con relación a la ciencia y a la ignorancia, según el cuadro que te voy a trazar. Imagínate un antro subterráneo que tenga en toda su longitud una abertura que dé libre paso a la luz, y en esta caverna hombres encadenados desde la infancia, de suerte que no puedan mudar de lugar ni volver la cabeza a causa de las cadenas que les sujetan las piernas y el cuello. Detrás de ellos, a cierta distancia, y a cierta altura, supóngase un fuego cuyo resplandor los alumbrara, y un camino escarpado entre este fuego y los cautivos. Supón a lo largo de este camino un muro, semejante a los tabiques que los titiriteros ponen entre ellos y los espectadores para mostrarles los muñecos.

—Ya me represento todo esto.

—Figúrate personas que pasan a lo largo del muro llevando objetos de toda clase, figuras de hombres, de animales, de madera o de piedra o de cualquier material. Entre los portadores de todas estas cosas, unos se detienen a conversar y otros pasan sin decir nada.

—¡Extraños prisioneros describes, y cuadro singular!

—Se parecen, sin embargo, a nosotros punto por punto. Por lo pronto, ¿crees que puedan ver otra cosa de sí mismos y de los que están a su lado que las sombras que van a producirse enfrente de ellos en el fondo de la caverna?

—¿Cómo habrían de poder ver más, si desde su nacimiento están precisados a tener la cabeza inmóvil?

—Y respecto de los objetos que pasan detrás de ellos, ¿pueden ver otra cosa que las sombras de los mismos?

—No.

—Si pudieran conversar unos con otros, ¿no convendrían en dar a las sombras que ven los nombres de las cosas mismas?

—Necesariamente.

—Y si en el fondo de su prisión hubiera un eco que repitiese las palabras de los transeúntes, ¿dudas acaso de que no se imaginarían que oyen hablar a las sombras mismas que pasan por delante de sus ojos?

—No lo dudo, por Zeus.

—En fin, aquellos prisioneros no creerían que pudiera existir otra realidad que estas mismas sombras de los objetos artificiales.

—Inevitablemente.

—Mira ahora lo que naturalmente debe suceder a estos hombres si se les libra de las cadenas y se les cura de su error. Que se desligue a uno de estos cautivos, que se le fuerce de repente a levantarse, a volver la cabeza, a marchar y mirar del lado de la luz; hará todas estas cosas con un trabajo increíble; la luz le ofenderá a los ojos, y el deslumbramiento que habrá de causarle le impedirá distinguir los objetos cuyas sombras veía antes. ¿Qué crees que respondería si se le dijese que hasta entonces solo había visto engaños e ilusiones y que ahora tenía a la vista objetos más reales y más aproximados a la verdad? Si enseguida se le muestran las cosas a medida que se vayan presentando, y a fuerza de preguntas se le obliga a decir lo que son, ¿no se le pondrá en el mayor conflicto, y no estará él mismo persuadido de que lo que veía antes era más real que lo que ahora se le muestra?

—Mucho más real.

—Y si se le obligase a mirar a la luz, ¿no sentiría molestia en los ojos? ¿No volvería la vista para mirar a las sombras, en las que se fija sin esfuerzo? ¿No creería hallar en estas más distinción y claridad que en todo lo que ahora se le muestra?

—Así sería.

—Y si después se le saca de la caverna y se le lleva por el sendero áspero y escarpado hasta encontrar la claridad del sol, ¿qué suplicio sería para él verse arrastrado de esa manera? ¡Cómo se enfurecería! Y cuando llegara a la luz del sol, deslumbrados sus ojos por tanta claridad, ¿podría ver alguno de estos numerosos objetos que llamamos seres reales?

—Al pronto no podría.

—Necesitaría, sin duda, algún tiempo para acostumbrarse a ello. Lo que distinguiría más fácilmente sería, primero, las sombras; después, las imágenes de los hombres y de los demás objetos reflejadas sobre la superficie de las aguas; y, por último, los objetos mismos. Luego dirigiría sus miradas al cielo, al cual podría mirar más fácilmente durante la noche a la luz de la Luna y de las estrellas que en pleno día a la luz del sol.

—Sin duda.

—Y al fin podría, supongo yo, no solo ver el reflejo del sol y su fantasma en las aguas y o en un ambiente extraño, sino fijarse en él y contemplarlo allí donde verdaderamente se encuentra.

—Necesariamente.

—Después de esto, comenzando a razonar, llegaría a concluir que el sol es el que crea las estaciones y los años, el que gobierna todo el mundo visible y el que es, en cierta manera, la causa de todo lo que se veía en la caverna.

—Es evidente que este sería el paso siguiente.

—Si entonces recordara su primera estancia, la idea que allí se tiene de la sabiduría, y a sus compañeros de esclavitud, ¿no se regocijaría de su cambio y no se compadecería de la desgracia de aquellos?

—Con seguridad.

—¿Crees que envidiaría aún los honores, las alabanzas y las recompensas que allí se daban al que más pronto observaba las sombras a su paso, al que con más seguridad recordaba el orden en que marchaban yendo unas delante y detrás de otras o juntas, y que en este concepto era el más hábil para adivinar su aparición; o que tendría envidia o emulación a los que en aquella prisión eran más poderosos y tenían más honores? ¿No preferiría, como dice Homero, pasar la vida al servicio de un labrador con pocas tierras y soportarlo todo antes que recobrar su primer estado y creer lo que creían ellos?

Y fija tu atención en lo que voy a decirte. Si este hombre volviera de nuevo a su prisión para ocupar su antiguo puesto, en este tránsito repentino de la luz a la oscuridad, ¿no se encontraría como ciego?

—Así se encontraría.

—Y si cuando no distingue aún nada, y antes de que sus ojos hayan recobrado su aptitud, lo que no podría suceder en poco tiempo, tuviese precisión de «evaluar» estas sombras con los otros prisioneros, ¿no daría lugar a que estos se rieran, diciendo que había regresado de su viaje a lo alto con los ojos estropeados, y que no valía la pena intentar siquiera aquel ascenso? ¿Y no añadirían, además, que si alguno intentara sacarlos de allí y llevarlos al exterior sería preciso cogerlo y matarlo?

—Eso dirían, sin duda.

En la alegoría de Platón se aprecia la estructura de «ir a sacar algo» de las leyendas que hablan del oráculo de los muertos, pues concibe la posibilidad de que un habitante del mundo inferior sea extraído de él, incluso arrastrado a la fuerza como hizo Heracles cuando bajó a sacar al Cancerbero del país de los muertos. También existe una correspondencia, punto por punto, entre los sucesos que describe Platón y la reconstrucción que hizo Dakaris del procedimiento que se seguía en el Oráculo de los Muertos de Éfira. En ambos casos, los extraños habitantes de un mundo subterráneo no ven nunca la luz del día. Unos ayudantes anónimos engañan a unos extraños prisioneros haciéndoles creer que las sombras que arrojan las llamas vacilantes sobre las paredes de una cueva son verdaderas. Por fin, se libera a los cautivos y se los saca a la superficie, a la luz del sol primero y después al agua.

Pero, además de estos paralelismos, existen indicaciones en el texto y en el contexto que dan a entender que Platón está satirizando, implícitamente, el Oráculo de los Muertos. En uno de los primeros capítulos de *La República* parece que Sócrates alude al incidente en que Periandro envió a una delegación a Éfira. Después de examinar la opinión de que la justicia consiste en devolver a los demás lo que se ha recibido de ellos, Sócrates expone enseguida los defectos de esta definición y termina por rechazarla, sugiriendo que seguramente la había propuesto Periandro o alguien como él. Es la característica ironía humorística de Sócrates: Periandro era un hombre evidentemente injusto, pero tomó la extraordinaria medida de hacer evocar a su esposa de entre los muertos para poder devolver una cosa al amigo que la había dejado a su cuidado.

La mayoría de los análisis de esta analogía se centran en la dura situación de los prisioneros, pero en realidad Sócrates también habla de otras personas que viven en la caverna: los ayudantes que producen las sombras para engañar a los prisioneros. Yo propongo que estos ayudantes se corresponden con los guías que dirigían a los consultantes del oráculo en su búsqueda visionaria, mientras que los prisioneros representan a los mismos consultantes que acudían en busca de reuniones. Es admisible suponer que, en este contexto literario, se suponía que los guías eran los cimerios, que acostumbraban a vivir en una oscuridad constante.

Sócrates dice que estos prisioneros perpetuos «evalúan» aquellas sombras. Esto bien puede ser un reflejo de la actividad profesional de los guías y de los comentarios que hacían estos entre sí y con los consultantes. Platón dice que lo que ven los prisioneros en la caverna son «engaños e ilusiones», que solo enseñan a la gente a discernir «las sombras, y las imágenes de los hombres y de los demás objetos reflejadas sobre la superficie de las aguas», y presenta el contraste de la realidad del sol en el mundo superior con el mero «reflejo del sol y su fantasma en las aguas y/o en un ambiente extraño», es decir, en el mundo subterráneo. Todos estos términos concuerdan con la posibilidad de que Sócrates se esté refiriendo al empleo de las paradolias y de la observación del espejo en el complejo subterráneo de Éfira.

El comentario de Sócrates de que, después de su liberación, el prisionero «preferiría, como dice Homero, pasar la vida al servicio de un labrador con pocas tierras (…) antes que recobrar su primer estado…» se refiere a las palabras que dice Aquiles al protagonista de la escena del mundo subterráneo en la *Odisea*. Este pasaje sitúa, pues, con precisión el reino subterráneo de Platón en el Oráculo de los Muertos.

Platón utiliza en su alegoría de la caverna la misma pauta de contrastes retóricos que usa Homero en su relación de la visita de Odiseo a «la caliginosa morada de Hades»; se presenta el contraste de lo superior con lo inferior, de la subida con la bajada, de la luz con la oscuridad. Los dos escritores subrayan también la importancia del sentido de la vista y de los defectos de la misma. Poco después del pasaje que acabamos de citar, Sócrates habla de dos alteraciones diferentes de la vista, en función de si los ojos salen de la oscuridad y se están acostumbrando a la luz, o de si salen de la luz y se están acostumbrando a la oscuridad. Homero hace viajar a Odiseo por una región oscura hasta que llega a un lugar lleno de niebla y de nubes y a una ciudad cuyos habitantes viven perpetuamente en la oscuridad. Va a consultar al profeta ciego Tiresias.

Más adelante, Sócrates vuelve a hablar de los prisioneros, diciendo: «Aquellos a los que se ha dejado que dedicaran toda su vida al estudio (...) no aceptarán voluntariamente las cargas de la vida pública, creyéndose ya en vida en las Islas Afortunadas (es decir, en el reino de la otra vida)». La suposición de que Platón se está burlando del Oráculo de los Muertos nos permite comprender por qué habrán llegado a tal conclusión: porque habrían visto a sus seres queridos fallecidos. Las palabras de Sócrates dan a entender que los consultantes eran personas decadentes y desocupadas, y que si se les permitiese dedicarse a placer a esta actividad quedarían inutilizadas para la vida práctica. Suele hacerse esta acusación a las personas que se interesan desmesuradamente por sus esperanzas de vivir otra vida: llegan así a olvidarse de los sufrimientos muy reales que hay en el mundo.

Platón dominaba el arte de la parodia, como se aprecia sobre todo en los diálogos de su época intermedia. Llegó a satirizar a otros filósofos, de algunos de los cuales solo conocemos hoy las caricaturas que de ellos hizo Platón. El Oráculo de los Muertos de Éfira funcionaba en tiempos de Platón, y, a pesar de que estaba situado en un paraje remoto, existen pruebas abundantes de que la gente acudía allí en multitud. No podemos dudar que un hombre tan bien informado como Platón supiera todo esto. No cabe duda de que había leído la relación que escribió Heródoto de la tiranía de Periandro. Tampoco podemos dudar de que la institución popular del Epiro echaría leña al fuego.

Así que, maldita sea, después de haber tenido que defender la evocación de los difuntos por medio de la observación del espejo de la acusación de que equivale a abrir la caja de Pandora, este practicante de lo paranormal como juego va a tener que dar media vuelta y liberar al Oráculo de los Muertos de la malintencionada condena que hizo recaer Platón sobre él con su alegoría de la triste caverna de *La República*. Pero esto es más fácil de lo que parece, porque ningún practicante de lo paranormal como juego que haya estudiado a Platón, aunque sea de pasada, se sorprendería en absoluto del mal concepto que tendría este de las actividades que tenían lugar en el Oráculo de los Muertos.

Encontramos una buena indicación que nos facilita la resolución de este misterio en otro diálogo de Platón, *El Banquete*. En un pasaje de este diálogo, da muestras reveladoras de su actitud hacia dos personajes célebres que visitaron el mundo inferior y regresaron de él. Dijo:

> Solo los amantes están dispuestos a sacrificar sus vidas por otro (…). Como estoy hablando con griegos, me basta como ejemplo de este supuesto el de Alcestes, hija de Péleas. Fue la única persona que estuvo dispuesta a morir por su marido, a pesar de que el padre y la madre de él vivían; y el afecto que inspiraba en ella el amor era tan superior que el hijo de los dos pareció a su lado un simple extraño, y que los parientes de él lo eran solo de nombre. Su heroísmo al hacer este sacrificio pareció muy noble no solo ante los ojos de los hombres, sino ante los de los dioses; tanto fue así, que le otorgaron un privilegio que se ha concedido a muy pocas personas de entre las muchas que han realizado nobles acciones. Admirados por su conducta, liberaron su alma del Hades: tan bien recompensan los mismos dioses el valor activo propio del amor. Pero a Orfeo, hijo de Eagro, lo hicieron salir del Hades desilusionado cuando bajó a recoger a su esposa: lo que le mostraron fue un simple fantasma, y no le entregaron a la persona verdadera, pues les pareció que él no tenía ánimo, cosa natural en un músico; carecía del valor necesario para morir por amor, como Alcestes, pero se las arregló para entrar vivo en el Hades. Por eso lo castigaron y lo hicieron morir a manos de mujeres.

En *La República,* Platón dice que el prisionero que está siendo arrancado del mundo inferior grita y se resiste: una reacción ante su liberación que, desde luego, tiene poco de valerosa. Por otra parte, en *El Banquete,* Platón presenta en términos muy favorables a Alcestes, que se resistió cuando Tanatos intentó arrastrarla a las profundidades: la alaba por su valor al decidirse a ocupar el puesto de su marido.

Presenta a Orfeo como un cobarde por el simple hecho de haber bajado al Oráculo de los Muertos. Y cuando Platón sugiere que lo que vio allí abajo el cantante carismático no era en realidad su esposa Eurídice sino, más bien, un fantasma de ella, el filósofo repite lo que había dicho en *La República* cuando afirmó que los prisioneros de la cueva no veían más que «las sombras, y las imágenes de los hombres y de los demás objetos reflejadas sobre la superficie de las aguas», o «el reflejo del sol y su fantasma en las aguas y o en un ambiente extraño».

Se nos dice que los dioses no muestran a Orfeo a Eurídice porque les pareció que el trovador mágico «no tenía ánimo, cosa natural en un músico». Así, dado que lo paranormal está relacionado íntimamente con el espectáculo, este duro desprecio a Orfeo y a los demás cantantes profesionales muestra exactamente por qué a Platón le parecería tan repugnante el Oráculo de los Muertos: desdeñaba el espectáculo y a los profesionales del espectáculo. Pero ¿por qué?

Platón culpaba a los ataques satíricos de Aristófanes del proceso de Sócrates y de su condena a muerte final. Platón había llegado a la conclusión de que el hecho de ver actos terribles en el escenario podría incitar a los espectadores a imitarlos en la vida real, y condenó una y otra vez el teatro como semillero de conducta inmoral. Así, cuando comparaba los medios con que se creaban ilusiones en la cueva con los métodos que utilizaban «los titiriteros» para presentar sus espectáculos, no pretendía recurrir a una metáfora alegre. Por tanto, mientras que Aristófanes había desacreditado a los psicogogos comparándolos con ladrones, Platón los desacreditó presentándolos como profesionales del espectáculo: ¡una réplica muy intencionada!

Un pasaje de los escritos de un antiguo sabio que vivió varios siglos después de Platón refuerza mi hipótesis. Amiano Marcelino (siglo IV d. C.) fue el último gran historiador romano. En sus tiempos presenció una oleada de histeria que tenía un parecido sorprendente con la que fomentó el senador Joe McCarthy a principios de los años 50 del siglo XX. El principal instigador fue un hombre llamado Paladio, que acusó de hechicería a muchos inocentes.

Paladio (…), cuyo carácter maligno lo hacía carecer de escrúpulos, amontonó un desastre sobre otro y provocó dolor y lágrimas universales. En cuanto tuvo la posibilidad de designar a quien quisiera, de cualquier posición social, como practicante de las artes prohibidas, atrapó a muchas personas con sus lazos fatales (…). A algunos los acusó de haberse deshonrado con la práctica de la magia (…). Ni siquiera se concedía tiempo a las esposas para llorar la desgracia de sus maridos; se enviaba inmediatamente a unos hombres que sellaban la casa y que, so pretexto de examinar las posesiones del *pater familias* condenado, deslizaban entre ellas hechizos de comadres y absurdos amuletos de amor pensados para poner en peligro a los inocentes. Cuando se leían estas pruebas en el tribunal, donde no prevalecía la ley, ni los escrúpulos, ni el sentido de la justicia para distinguir la verdad de la mentira, se despojaba indiscriminadamente a los jóvenes y a los viejos de sus propiedades sin concederles ninguna oportunidad para defenderse, aunque eran completamente inocentes; y, después de sufrir duros tormentos se les llevaba en sillas de manos para ejecutarlos. El resultado fue que en todas las provincias orientales se quemaron bibliotecas enteras por el miedo de sus propietarios a sufrir una suerte semejante: tal era el terror que se había apoderado de todos los corazones. En una palabra, todos nos arrastrábamos por entonces en una oscuridad cimeria.

Vemos, pues, que incluso en aquella época tardía el reino de los cimerios era proverbial como símbolo de la ignorancia y de los prejuicios. Yo sospecho que Platón pensaba en el Oráculo de los Muertos de Éfira cuando escribió su famosa alegoría. Y ningún estudiante serio de Platón que sospechara tal cosa podría resistirse a la tentación de visitar aquel lugar.

Actualmente, como en la Antigüedad, el oráculo se encuentra en una región apartada de las carreteras principales. A mi esposa y a mí nos costó mucho encontrarlo siquiera cuando visitamos Grecia en el mes de marzo de 1993. En el aeropuerto de Atenas, la joven que vendía los billetes se sorprendió cuando supo que queríamos volar al aeropuerto de Ioánnina, una ciudad situada a unos trescientos kilómetros al noroeste de Atenas. Nos explicó que los turistas rara vez solían aventurarse por aquella región, pero le encantó que nosotros fuéramos allí, porque, según decía, es un lugar de belleza espectacular.

Desde Ioánnina hicimos un viaje en autobús de dos horas hasta la ciudad de Préveza, y allí tomamos otro autobús que, en 50 minutos, nos llevó hasta el pueblo de Kanaliki. Una buena parte del recorrido de estos dos tramos del viaje transcurrió por carreteras de montaña con fuertes subidas y bajadas. En algunos lugares, el autobús trazaba curvas cerradas al borde del precipicio. A veces no se veía siquiera el fondo del abismo.

En Kanaliki tomamos un taxi que nos llevó hasta el mismo psicomanteo, que estaba a pocos kilómetos de distancia. Cuando nos aproximamos, el chófer nos lo señaló: estaba colgado sobre una enorme roca, tal como lo había descrito Homero. El chófer nos dejó a las once de la mañana a pocos metros de la puerta de la verja de acero que rodea el lugar, y entramos. Nos recibió Sócrates, que es el simpático caballero que lleva casi un cuarto de siglo como guarda del oráculo. Él nos enseñó aquel lugar impresionante. Mientras recorríamos los pasillos, mientras vagábamos por los restos de los dormitorios de los psicogogos y mientras dábamos vueltas por los recodos y los rincones del laberinto, aquello me recordaba a la vez a un templo, a un hospital y a un teatro.

El oráculo ha sido excavado, y la mayor parte de las ruinas están ahora al aire libre, rodeadas de montañas imponentes. El lago Aqueronte se secó hace mucho tiempo, pero se aprecia fácilmente su antiguo lecho desde las ruinas del psicomanteo. Es fácil comprender por qué dijo Homero que Éfira estaba «envuelta en nieblas y nubes», pues los picos de las montañas están cubiertos de niebla.

Con el permiso de Sócrates, pasamos una deliciosa tarde de sol entre las ruinas de uno de los dormitorios donde se alojaban antiguamente los consultantes de apariciones mientras esperaban a que les llegase su turno, preparándose para sus viajes por el Reino Medio. Mientras descansábamos entre flores silvestres de vivos colores, yo sentía la admiración y la alegría de pensar que aquí había venido Odiseo, y los enviados de Periandro, y quizás también Orfeo. Y no podía dejar de reflexionar que el transcurso de la historia occidental habría sido, probablemente, muy diferente si los romanos no hubieran clausurado aquella puerta de entrada al Reino Medio.

El éxito del Proyecto Pandora nos incita a estudiar con creatividad lo que se sabe de otros oráculos antiguos de los muertos con la esperanza de comprender cómo podían funcionar. Y ¿quién sino un practicante de lo paranormal como juego tendría la menor posibilidad de imaginarse lo que pasaba en un lugar como el Oráculo de los Muertos de Cumas?

Cumas, situada en la costa suroccidental de Italia, cerca de la actual Nápoles, fue la primera ciudad griega que se fundó en la Italia continental. Allí estuvo un oráculo fabuloso, la cueva donde residía la Sibila cumea, una de las profetisas más veneradas de la Antigüedad.

Las excavaciones arqueológicas realizadas entre 1925 y 1932 condujeron al redescubrimiento de aquel lugar, y demostraron la veracidad de las afirmaciones de los escritores antiguos que describieron lo que sucedía allí. La cueva de la sibila estaba tallada en la toba volcánica de la roca Eubea, una montaña que se levanta junto al mar. Hay un largo dromos o pasadizo, tallado en la roca con forma de trapezoide perfecto, de dos metros y medio de ancho, de cinco a 18 metros de alto y de 130 metros de largo. Al nivel del suelo, seis pasillos menores de esta misma configuración se cruzan, a distancias iguales, con el dromos principal; todos conducen al oeste, hacia el mar. Al lado opuesto del pasillo principal, hacia el este, hay unas escaleras que descienden hasta tres enormes cisternas subterráneas.

En todos los pasillos del complejo hay muchos conductos tallados en la roca a diversas alturas que llegan hasta el exterior para dar entrada a la luz y para regular el flujo del aire. Las señales y los agujeros que se aprecian en la roca y algunos restos de madera y de lona que se encontraron en las excavaciones demuestran que todas las aberturas podían cerrarse con puertas y telones.

El poeta romano Virgilio (70-19 a. C.) escribió la *Eneida* imitando conscientemente la *Odisea*, que por entonces se había convertido en el modelo aceptado de lo que debía ser un poema épico. Así, los precedentes literarios dictaban que también Eneas debía aventurarse por el Reino Medio. Virgilio, que vivió muchos años cerca de Cumas, describió una visita de Eneas a ese lugar con el propósito de consultar a la Sibila y de reunirse con su padre difunto.

El mito de Orfeo, el relato de la mujer de Endor y las descripciones de las prácticas de los chamanes australianos que hacen girar las bramaderas pueden interpretarse como indicaciones de que el sonido desempeñaba a veces un papel en las ceremonias de evocación de los espíritus. ¿Era el oráculo de Cumas un enorme instrumento de viento, de función equivalente a la de una bramadera? ¿Estaba pensado este vasto complejo de pasadizos, conductos y aberturas graduables para alterar las mentes de los consultantes del oráculo con el estruendo ultraterreno de la corriente de aire que rugía, bramaba y chillaba, y de las puertas de madera y los telones de lona que se abrían y se cerraban, que se sacudían y se ondulaban? Después de una preparación y de unas indicaciones adecuadas por parte de la Sibila, era fácil que los visitantes estuvieran preparados para oír las voces de los dioses o de los espíritus entre el estruendo, por un proceso de percepción que es el equivalente auditivo de las paradolias. Desde luego, la descripción que hace Virgilio de aquel lugar parece acorde con esta interpretación.

En el costado de la roca Eubea que da al acantilado está excavada una amplia caverna a la que llegan cien conductos, cien bocas, de las que salen otras tantas voces, dando las respuestas de la Sibila (…). Y ahora se han abierto por sí mismas las cien bocas poderosas del oráculo, trayendo por el aire las profecías.

Este pasaje nos presenta la impresión visual de una ocarina gigantesca dispuesta sobre el paisaje rocoso, construida de la sustancia misma de la piedra. Y las cisternas podrían servir para practicar la observación del espejo.

El complejo oracular de Cumas fue construido por colonos griegos en el segundo o tercer milenio a. C.; en todo caso, es muy anterior al año 1000 a. C. En vista de que funcionó durante tanto tiempo, podemos suponer que las técnicas que se aplicaron en él sufrieron una evolución gradual a lo largo de ese periodo. E incluso de la descripción de Virgilio parece desprenderse que la Sibila utilizó en un principio este oboe de tamaño desmesurado para producir las profecías y que después se reunió con Eneas en una cueva próxima con el propósito independiente de aventurarse con él por la región de la otra vida. Lo que yo supongo es que, en cuanto a los detalles, mis suposiciones seguramente están equivocadas. Lo único que pretendo ahora es ilustrar el modo en que el estudio imaginativo de los antiguos oráculos puede proporcionar unos planteamientos practicables para resolver el problema de recrear los fenómenos que se consideran paranormales.

Pero ¿qué demonios (o qué ángeles) pasaba en el curioso Oráculo del Mundo Inferior de Trofonio? Pausanias describe, como testigo de vista y de manera apasionante, lo que pasaba antes y después de descender a aquel lugar extraño y aterrador. Al mismo tiempo, se ciñó escrupulosamente al código de silencio de los autores clásicos sobre el método exacto que se aplicaba para la consulta.

He aquí lo que sucede en el oráculo. Cuando un hombre decide bajar a Trofonio, pasa antes un cierto número de días en un edificio que está consagrado a la Buena Suerte y al Buen Espíritu. Mientras vive allí, se purifica y no usa agua caliente; su baño es el río Herkina. Dispone de carne en abundancia, procedente de los sacrificios, pues los que bajan ofrecen sacrificios al propio Trofonio y a sus hijos, y a Apolo, a Cronos, a Zeus Rey, a Hera, la que conduce los carros, y a la Deméter que llaman Europa, nodriza de Trofonio. A cada uno de estos sacrificios asiste un arúspice que observa las entrañas de la víctima; una vez hecha su observación, predice al hombre que baja si Trofonio lo recibirá con amabilidad y con generosidad. En general, las entrañas de las víctimas no revelan con gran claridad las intenciones de Trofonio. Pero la misma noche en que baja un hombre sacrifican un carnero en un pozo, invocando a Agamedes. Aunque todos los sacrificios anteriores hayan producido augurios positivos, no sirven de nada si las entrañas de este carnero no arrojan el mismo significado. Pero, si concuerdan, el hombre baja con verdadera esperanza. Así es como baja: en primer lugar, lo llevan de noche al río Herkina, y allí lo ungen con aceite de oliva y lo lavan dos muchachos de unos trece años de edad, que tienen que ser hijos de lebadianos de pura raza. Llaman a estos muchachos «hermai»: lavan al hombre que baja y hacen de criados suyos, como esclavos jóvenes. De allí lo llevan a los sacerdotes; no directamente al oráculo, sino a las fuentes, que están muy cerca. Allí debe beber el agua del Olvido, para olvidar todo lo que tenía hasta entonces en la mente, y el agua del Recuerdo, por medio de la cual recuerda lo que ve en su bajada. Contempla la estatua que dicen que fue esculpida por Dédalo, y que los sacerdotes solo enseñan a los que están a punto de bajar a Trofonio; la ve, la adora y hace oración, y después baja al oráculo, vestido con una túnica de lino, que se ciñe con cintas, y unas botas pesadas como las que se usan en esa región. El oráculo está en la ladera de la montaña, sobre el bosque sagrado. Está rodeado por una plataforma circular de piedra blanca, de la misma circunferencia que una era muy pequeña, y de algo menos de cinco pies de alta. En la plataforma hay unos postes de bronce unidos entre sí con cadenas de bronce; hay puertas por las que se entra. Dentro del círculo hay una sima en la tierra, que no es natural, sino que se ha construido con pericia y con buen gusto arquitectónico. Tiene la forma de un horno de cerámica, de unos diez pies de diámetro, diría yo, y de poco más de veinte pies de profundidad. No hay camino para bajar, pero cuando baja un hombre a Trofonio le proporcionan una escalera de mano ligera y estrecha. Cuando se baja, se ve una abertura entre la pared y el suelo, de unos dos pies de ancho y un pie de alto. El hombre que baja se tiende en el suelo con bollos de miel en las manos, mete los pies en la abertura e intenta después meterse hasta las rodillas. Inmediatamente, el resto de su cuerpo es arrastrado tras las rodillas como si hubiera un río de corriente extraordinariamente profunda y violenta que lo atrajera. Desde allí, dentro del segundo lugar, la gente no siempre conoce el futuro de una misma manera: unos oyen; otros también ven. Los que bajan vuelven a salir por la misma boca con los pies por delante (...). Este fue el relato más interesante que oí contar sobre lo que sucede al hombre que baja. Cuando vuelve el hombre de Trofonio, los sacerdotes se vuelven a hacer cargo de él y lo sientan en el trono del Recuerdo, que no está lejos del lugar sagrado, para interrogarle acerca de lo que ha visto y de lo que ha descubierto. Cuando se enteran de ello, lo devuelven a sus amigos, que lo recogen y lo llevan al edificio donde se alojó antes, con el Buen Espíritu y con la Buena Suerte. Todavía está poseído de terror y apenas sabe quién és ni reconoce a nadie. Después, recupera el sentido sin haber sufrido ningún daño y puede volver a reír. No escribo de oídas, pues he consultado en persona a Trofonio y he visto a otros que lo han hecho. Todos los que bajan a Trofonio están obligados a presentar la relación de lo que han visto u oído, escrita en una tablilla de madera.

Es una desgracia que las experiencias de los consultantes del oráculo no se escribieran sobre una superficie más perdurable, como se hacía en el templo de Esculapio de Epidauro. Pero las pocas relaciones del oráculo de Trofonio que se han conservado describen unos viajes por el otro mundo que parecen semejantes a las experiencias próximas a la muerte.

Esta institución exótica era tan bien conocida entre los griegos que su nombre era proverbial. Cuando decían que parecía que una persona venía del Oráculo de Trofonio, querían decir humorísticamente que aquella persona tenía un aspecto triste y alterado; que estaba deprimida, en suma.

El Oráculo también aparece con frecuencia en la tradición literaria griega. Según la caricatura que hace Aristófanes de los métodos educativos de Sócrates, el taimado filósofo encerraba a sus alumnos en las profundidades de una estructura semejante a una cueva, en los locales de su Pensaduría. Un personaje de la comedia compara expresamente aquella mazmorra oscura y temible con el Oráculo de Trofonio.

No sería extraño encontrarnos con prácticas semejantes en otras partes del mundo; y, en efecto, en muchos entornos culturales aparecen relatos que hablan de regresos de entre los muertos y en los que se repite el tema de «ir a sacar algo» de las leyendas sobre los oráculos de los muertos. Cuando los episodios que tenían lugar en los oráculos de los muertos se estudian en este contexto más amplio, resultan, en definitiva, imposibles de distinguir de las experiencias próximas a la muerte.

Las aguas del más allá

Platón concluyó *La República* de manera conmovedora, con el relato del viaje por el otro mundo de un valiente guerrero. Este hombre, llamado Er, había muerto aparentemente en combate, pero «cuando ya estaba puesto sobre la pira funeraria, volvió a la vida y relató a los circunstantes lo que había visto en el otro mundo». En *Vida después de la vida* cité este relato como ejemplo histórico antiguo de una experiencia próxima a la muerte, y muchos otros expertos en lo desconocido han seguido mi ejemplo.

Antes de empezar a relatar la experiencia de Er, Platón advierte a sus lectores que no va a contar «el cuento que contaron a Alcínoo». En la *Odisea,* la escena del oráculo de los muertos está puesta en boca de Odiseo, que se la está contando a su anfitrión, el rey Alcínoo. Así pues, dado que la alegoría de la caverna es el pasaje de *La República* que representa «el cuento que contaron a Alcínoo», puede deducirse que Platón pretendía contrastar las experiencias que tenían lugar en el Oráculo de los Muertos con las que conocían las personas que volvían a la vida después de haber muerto aparentemente. Platón habla en términos muy favorables de Er y de su aventura, a pesar de que, como ya hemos visto, despreciaba la evocación de los difuntos.

Parece que muchas personas de nuestros tiempos están de acuerdo con la valoración de Platón. Incluso unas pocas personas que me pusieron por las nubes por mi supuesto valor por haber sacado a la luz experiencias próximas a la muerte han manifestado públicamente su desilusión por mis nuevas empresas. Se han quejado y han suspirado, lamentándose de que, al final, haya perdido los estribos. Por desgracia para ellos, su postura de que existe una desconexión esencial entre las reuniones visionarias evocadas y las visiones de los moribundos no es defendible de manera razonada.

En la medida en que la evocación de los difuntos y la experiencia próxima a la muerte coinciden y tienen como contenido común las reuniones visionarias con los seres queridos fallecidos, sería muy raro que alguien condenara la una, pero no la otra. Para ello, la condena debería estar basada en la intencionalidad. Tanto los que se recuperan después de haber estado a punto de morir como los que evocan a los difuntos entran en el Reino Medio como intrusos; pero los primeros no lo hacen intencionadamente. Normalmente, vulneran esta frontera sin saberlo, incluso en contra de sus máximos esfuerzos. Son transeúntes por definición, aunque muchas veces regresan a disgusto, después de haber descubierto un reino mucho mejor y más hermoso.

Pero los que evocan a los difuntos cargan con la responsabilidad de sus aventuras. En el pasado habrían sido señalados con un estigma social, como si la sociedad estuviera obligada a castigar una desviación tan notable de las normas profundamente arraigadas.

Pero ¿cómo se puede justificar esta discriminación? ¿Podemos atribuir a los que ven visiones inesperadas un privilegio de santidad, una superioridad espiritual con respecto a los consultantes de un psicomanteo, que pueden estar igualmente conmovidos y cuyas reacciones pueden salirles igualmente del corazón?

La equivalencia entre las reuniones visionarias evocadas y las experiencias próximas a la muerte y otras aventuras en las que se regresa de entre los muertos se confirma también en las narraciones tradicionales de todo el mundo. Un relato popular iroqués cuenta la aventura de un joven llamado Sayadio que lloraba desconsoladamente a su hermana menor muerta y que se comprometió a encontrarla en el mundo de los espíritus y a volverla a traer a la tierra de los vivos. Después de estudiar durante varios años el modo de hacerlo, y cuando estaba a punto de renunciar a su empresa, conoció a un anciano que entendía los misterios del mundo de los espíritus. El anciano entregó a Sayadio una cantimplora mágica en la que podría encerrar el espíritu de su hermana, y enseñó a su discípulo el camino que conducía al mundo de los espíritus.

Cuando Sayadio llegó a la tierra de los muertos, los espíritus se asustaron tanto de él que salieron huyendo. Pero al poco tiempo se encontró con Tarenyawagon, héroe espiritual de los iroqueses (Hiawatha*), que le hizo saber que su hermana figuraba entre los bailarines que se iban a reunir poco después para celebrar una fiesta.

---

* Este héroe legendario recibe el nombre de Hiawatha en el poema épico del poeta estadounidense Henry W. Longfellow (1807-1882). *(N. del T.)*

Sayadio asistió a la ceremonia, y cuando los espíritus se reunían para la danza vio entre ellos a su hermana. Pero cuando se acercó a ella e intentó abrazarla, desapareció.

Sayadio pidió ayuda otra vez a Tarenyawagon, que le entregó una sonaja mágica. Sayadio pudo encantar a su hermana con el sonido de la sonaja y encerró con facilidad su espíritu en la cantimplora mágica. Cuando regresó a su casa, se organizó una ceremonia para devolver la vida a la hermana; pero, cuando estaba a punto de comenzar el acto, una joven imprudente, dominada por la curiosidad, abrió prematuramente la cantimplora de Sayadio, y el espíritu de su hermana desapareció.

En este relato se aprecian paralelismos evidentes con el mito de Orfeo: un joven, lleno de dolor por la pérdida de su amada, viaja al mundo inferior para recuperarla. Utiliza con este fin un sonido mágico, pero, al final, un error en el procedimiento hace baldío su trabajo.

En el relato no aparece la información suficiente para determinar si Sayadio viajó al mundo de los espíritus a través de un espejo, pero sí aparecen una serie de detalles notables que ya nos resultan familiares por habérnoslos encontrado en otros relatos tradicionales sobre la evocación de los espíritus por medio de la observación del espejo. Al principio, Sayadio es incapaz de asir a su hermana; ella se zafa de su abrazo. Está presente el tema acostumbrado del espíritu atrapado por un varón en un recipiente cerrado, y el error de procedimiento relevante en este caso es la liberación inintencionada del espíritu encerrado por la necia curiosidad de una figura semejante a la de Pandora.

La cantimplora especial y mágica podía haber estado llena de agua; y, en efecto, en muchas culturas se situaba tradicionalmente el reino de ultratumba más allá o debajo o al otro lado de una superficie de agua: un concepto que Mircea Eliade llama «el más allá submarino». Existen abundantes relaciones de viajes al país de los muertos realizados junto a un lago o junto a un río. Es el caso de una saga algonquina que habla de un amor aquí y en el más allá próximo, y de una promesa de amor en el otro mundo.

Un joven, estimado entre su pueblo por su valor y por su bondad, estaba comprometido para casarse, pero su futura esposa falleció en el día anterior a la boda. El joven estaba inconsolable. En su dolor, no quería dormir ni comer, y se quedaba junto a la tumba de su novia, mirando al vacío.

Un día oyó por casualidad a unos ancianos que hablaban del modo de viajar al reino de los espíritus; escuchó con atención todas sus palabras y las grabó en su memoria. Les había oído decir que el reino de los espíritus estaba muy lejos, al sur; en vista de ello, sin dudarlo un momento, se puso en camino por el bosque en esa dirección. Después de dos semanas de viaje, salió por fin del bosque y llegó a una llanura fértil. Se dirigió a una cabaña pequeña y sencilla que vio a lo lejos, y cuando llegó allí descubrió que en ella vivía un sabio anciano.

El sabio ya sabía quién era su visitante, y cuando el joven le preguntó cómo podía llegar al reino de los espíritus, el viejo le dijo que su novia había pasado por aquel mismo lugar el día anterior. Pero ahora el joven tenía que salir de su cuerpo para seguirla, y tenía que atravesar en canoa un ancho lago, pues el mundo de los espíritus estaba en una isla en el centro de ese lago. El sabio advirtió al joven de que no debía hablar a su novia hasta que ambos hubieran alcanzado a salvo la otra orilla.

El sabio se puso a entonar cánticos, y al poco rato el joven abandonó su cuerpo y se encontró, en forma de espíritu, caminando por la orilla de un lago, donde encontró una canoa de corteza de abedul. Vio que su novia estaba en la misma orilla, a pocos pasos de distancia, y que ella se estaba embarcando a su vez en otra canoa.

Los dos se embarcaron, pues, por separado y se adentraron remando en el lago; y cuando el joven miraba a su novia veía que cada uno de sus golpes de remo era reproducido y reflejado exactamente por ella. Cuando estaban a la mitad del camino hacia la isla, se levantó una tormenta terrible. Vieron que la tormenta arrastraba y hundía otras barcas en las que viajaban otros espíritus por el lago: eran los espíritus de los que habían hecho el mal en vida.

Pero el joven y su novia habían sido buenas personas, la tormenta amainó en poco tiempo y pronto se encontraron remando por aguas tranquilas bajo un cielo despejado.

Cuando la pareja llegó a la orilla del mundo de los espíritus, encontraron un lugar hermoso lleno de flores de vivos colores. El joven tomó a su novia de la mano y los dos se adentraron algunos pasos por aquella tierra.

Entonces oyeron una voz dulce, suave y delicada que les hablaba. La voz dijo que no había llegado al joven el momento de morir. Debía regresar a su cuerpo y a su hogar.

El joven hizo lo que le decían. Llegó a ser un gran jefe y vivió feliz toda su vida, con la seguridad de que cuando le llegase la muerte se reuniría con su novia.

Esta narración tradicional trata, claramente, de la aparición de una persona fallecida, y también incluye algunos de los elementos esenciales de la experiencia próxima a la muerte: un viaje extracorpóreo; el paso, a través de una frontera o de un límite (aquí, la superficie de un lago), a un paraíso luminoso y hermoso; una reunión con un ser querido difunto; una voz llena de amor que indica a la persona que debe regresar a la vida; y unos efectos espirituales posteriores profundos y positivos: la certidumbre feliz de que existe una vida posterior.

El relato contiene, además, al menos siete de los elementos familiares del mito del espejo. Existe una superficie reflectante, un lago, aunque parece ser que el lago no forma parte del paisaje, sino que aparece gracias a los ritos mágicos de un hombre santo, de manera parecida al pozo encantado que hizo aparecer el hechicero de El Cairo para su joven aprendiz. El espíritu de la novia del joven algonquino se aparece en el lago, y los dos atraviesan el lago y llegan a otro reino. El peligro en la zona de contacto adopta la forma de una tormenta terrible. Y el relato trata de la separación conyugal y de la tristeza por la muerte y por el duelo.

El relato coincide también en algunos puntos esenciales con ciertas tradiciones antiguas relacionadas con los lugares donde se podía evocar a los espíritus de los muertos. Los algonquinos situaban esta actividad en una tierra lejana hacia el sur, es decir, en un punto geográfico extremo, como los oráculos griegos de los muertos. Existen, incluso, un par de ecos sorprendentes del mito de Orfeo: en los dos casos el protagonista cae presa de un dolor inconsolable por la muerte temprana de su esposa y va a visitarla al mundo de los espíritus. A los dos protagonistas se les hace una advertencia especial: a Orfeo se le advierte que no vuelva la vista atrás para mirar a Eurídice hasta que ambos hubieran vuelto sanos y salvos a la tierra de los vivos, mientras que al otro joven se le dice que no hable a su novia hasta que ambos hubieran llegado sanos y salvos al reino de los espíritus.

Todos estos temas salen a relucir también en un relato tradicional haitiano que cuenta la espectacular odisea de un chamán entre los muertos. Había una vez un hombre próspero y trabajador llamado Bordeau que cayó en la tristeza y en el desaliento cuando murió su esposa. Se quedaba sentado en su casa sin hablar y dejó de trabajar sus campos. Dejó de comer, y parecía que no sabía siquiera qué hora del día era.

Cuando llegó el momento de rezar las últimas oraciones por la esposa de Bordeau, llegó a la casa el houngan (el chamán del culto vudú) con todos los amigos y parientes de la pareja. Bordeau salió al patio y anunció en presencia de todos que su dolor era tan abrumador que no soportaba los cantos y las danzas, y que todavía era incapaz de comer.

Sus amigos intentaron consolarlo sin éxito; y, por fin, tomó la palabra el houngan, que recordó a Bordeau que su esposa vivía ahora bajo las aguas, con los antepasados. Añadió que no era adecuado entregarse a un dolor interminable por la pérdida de los seres queridos. Pero estas palabras no conmovieron a Bordeau; de modo que el houngan se prestó, finalmente, a hacer un viaje al reino de la otra vida para hablar con la mujer difunta. Bordeau se avino a ello, pero volvió a advertir que, a menos que su mujer regresara con el houngan, él no volvería a hablar, ni a trabajar ni a comer.

El houngan, empuñando su sonaja sagrada, se acercó a la orilla del río, donde entonó cánticos y realizó sacrificios, acompañado de los demás. A medianoche, el houngan se puso a caminar lentamente y con decisión, adentrándose cada vez más en las aguas, hasta que lo perdieron de vista.

Los demás montaron guardia en la orilla, esperándolo, hasta que, a la medianoche del tercer día después de su desaparición, el houngan salió de las aguas sacudiendo la sonaja sagrada. La multitud, emocionada, acompañó al houngan a la casa de Bordeau, y anunciaron al hombre que lloraba a su esposa que el chamán había regresado del fondo de las aguas.

Bordeau preguntó inmediatamente por su esposa. El houngan le explicó que cuando se había sumergido bajo las aguas había llegado al país de los muertos, donde había visto a sus propios padres y abuelos difuntos, y a los de Bordeau, y a otras muchas personas que habían muerto. Por fin, había encontrado a la esposa de Bordeau y le había dicho lo mucho que sufría su marido. El houngan le dijo que había venido para llevársela de nuevo a Bordeau.

La esposa de Bordeau respondió que le agradaba saber que su marido lloraba su ausencia, pero que ahora ella vivía bajo el agua y que los muertos no regresan. Encargó al houngan que dijera a Bordeau que los vivos deben vivir, que debía liberarse de su dolor. Después se quitó uno de sus pendientes de oro y se lo entregó al houngan para que este se lo diera, a su vez, a Bordeau.

Cuando el houngan mostró a Bordeau el pendiente, el viudo reconoció en él inmediatamente uno de los pendientes de su mujer. Se quedó largo rato contemplando el pendiente en silencio. Luego anunció que su esposa le había enviado un mensaje de consuelo desde el país de los muertos que estaba bajo el agua. Dijo que la vida era para los vivos; que ya podía comer y bailar con los demás, y que todos podían pronunciar las últimas oraciones por su mujer.

Este relato, una verdadera relación de los viajes de un chamán por el reino inferior, nos recuerda también el relato algonquino y el iroqués, con sus repeticiones del tema de Orfeo. Pero la versión del houngan es la de un Orfeo por delegación, en el sentido de que el houngan viajó al mundo de los espíritus en nombre del hombre que sufría, practicando una especie de terapia del dolor por la pérdida de un ser querido.

Los médicos de hoy utilizan técnicas electrónicas, químicas y físicas de resucitación para devolver la vida a los muertos procurando, en la práctica, que no se marchen de aquí. El relato del houngan nos presenta la extraña imagen de un médico que devuelve la vida al muerto yendo en persona a traerlo.

Los chamanes de la nación cheroqui, así como los del Tíbet, practicaban la adivinación observando los lagos de aguas claras: es seguro, pues, que en aquellos lugares también tendrían lugar excursiones por el más allá. A lo largo del tiempo, no cabe duda de que surgieron todo tipo de variaciones en las que se combinaban de distintos modos las visiones verdaderas en el espejo, los engaños, el teatro, la prestidigitación, las escapatorias con truco a la manera de Houdini, las ilusiones por reflejos, la música, la danza y la terapia.

El chamán observador del lago o del río podía organizar todo un espectáculo, y es probable que detrás del cuento haitiano existan actuaciones de este tipo. Podían crearse variantes de los mitos del espejo cuando los narradores que no estaban familiarizados con las visiones especulares introducían racionalizaciones literalistas para explicar unos detalles que a ellos les parecían incomprensibles; por eso, el acto de la madre de Aladino cuando bruñe la lámpara se convierte en un rito mágico en versiones posteriores abreviadas del relato. El viaje del houngan al mundo de los espíritus se describe como si fuera un paso físico de su cuerpo hasta el fondo del agua: también podría entenderse como una reformulación del paso original de su conciencia a través de la superficie reflectante del agua. La narración contiene una corroboración interna en el rastro físico residual de la visión, el pendiente de la mujer difunta.

También figura de manera destacada un lago en otro antiguo mito griego importante que trata, igualmente, de una misión de rescate al mundo inferior. Zeus se prendó de Semele, joven y hermosa princesa de Tebas, y acudió a visitarla una noche ocultándose en la oscuridad. Aunque ella no lo veía, advirtió que se encontraba en presencia de un ser divino, y se acostó con él.

Quiso el destino que ella quedara embarazada aquella noche, y cuando descubrió su estado empezó a jactarse de que el padre del hijo que llevaba en su vientre era Zeus. El rumor de lo que decía Semele llegó pronto a oídos de Hera, la esposa de Zeus, quien, asumiendo la figura de la doncella de la princesa, visitó a la joven para que esta le contara el caso.

Semele no pudo presentar a Hera ninguna prueba de sus afirmaciones, pues en realidad no había visto bien a su amante, con el que se había reunido a oscuras. De modo que la diosa recomendó a la princesa que la próxima vez le pidiera que se le manifestara en toda su gloria.

Pero el consejo de Hera era una trampa cruel. Cuando Zeus se presentó de nuevo en la alcoba de Semele para hacerle otra visita nocturna, estaba tan entusiasmado con ella que se comprometió a concederle el don que ella quisiera. Ella le pidió que se dejara ver en su verdadera esencia.

Zeus solía cumplir siempre su palabra, fueran cuales fuesen las consecuencias, pero en aquella ocasión le entristeció hacer lo que había jurado. Se manifestó como un rayo de esplendor divino. La pobre Semele quedó abrasada, pero Zeus pudo rescatar a su hijo no nacido y se lo introdujo enseguida en una incisión que se hizo en el muslo y que luego cosió; allí prosiguió la gestación.

Al fin, el hijo salió del muslo de su padre; y, por ello, nació dotado de la inmortalidad: era Dioniso, el dios del éxtasis. Después de muchas aventuras emocionantes, Dioniso, movido por su lealtad a su madre, a la que no había conocido, se decidió a sacarla del mundo inferior. Bajó al Hades; venció a la Muerte en un combate cuerpo a cuerpo y consiguió traer de nuevo a Semele a la tierra de los vivos. Cuenta Pausanias:

Vi la laguna Alconia, por la cual, según los argivos, Dioniso bajó al Hades para traerse a Semele, y Polimnos le enseñó el camino de bajada. La laguna Alconia es insondable, y yo no sé de nadie que haya sido capaz de medir su profundidad por ningún medio. Nerón hizo una sonda uniendo muchísimas brazas de soga, con un peso de plomo y con todo tipo de instrumentos útiles para la experiencia, pero fue incapaz de establecer el límite de su profundidad. También me han dicho que, a pesar del aspecto tranquilo y calmado de las aguas de esta laguna, esta arrastra a cualquiera que ose atravesarla a nado y lo absorbe hasta sus profundidades. Su circunferencia no es grande, pues no llega a las cien varas, y en sus orillas hay hierba y juncos. Todos los años se celebra una fiesta nocturna en honor de Dioniso, pero sería sacrílego por mi parte describirla públicamente.

El argumento de este relato sigue el modelo del «ir a sacar algo» característico de las leyendas sobre los oráculos de los muertos. En la versión de Pausanias, el tema de la misión de rescate en el otro mundo se combina con otros elementos esenciales del mito del espejo. Hay un lago especular, con la característica especial de ser insondable. Hay un conflicto doméstico (los celos de Hera) y una separación trágica de la madre y su hijo por la muerte. Dioniso se aventura a través del espejo del lago en la zona inferior, de la que vuelve a salir más tarde llevando consigo a su madre. Pausanias alude a ciertas ceremonias que nos dan a entender la presencia de un aspecto ritual, aunque afirma que sería impío por su parte divulgar la naturaleza exacta de estas ceremonias. En la zona de contacto líquida existe el peligro de ser arrastrado por una fuerza amenazadora y sin nombre, circunstancia que nos recuerda la explicación que da Frazier al destino de Narciso.

En otro capítulo anterior de su libro de viajes, Pausanias ya había mencionado otro lugar alternativo, la ciudad de Troizen, cuyos habitantes también se atribuían el honor de aquella espectacular visita divina: he aquí otro ejemplo del modo en que el orgullo local daba forma a la literatura de este tipo.

Las orillas de los lagos y de los ríos también son lugares donde es posible llegar a estar a punto de ahogarse; por ello, cabría esperar que los mitos del espejo relacionados con estos lugares se complicarían de vez en cuando con relaciones de experiencias próximas a la muerte. Puede ser ejemplo de ello un cuento tradicional de Kenia.

Un día, una niña keniata llamada Marwe y su hermano, que se ocupaban de espantar a los monos de los campos de judías de su familia, sintieron tanta sed que se acercaron a beber a una charca. Cuando regresaron, los monos se habían comido todas las judías, y Marwe tuvo tanto miedo a la ira de sus padres que se arrojó a la charca y se ahogó.

Cuando llegó al fondo, entró en el reino de la otra vida. Allí encontró enseguida la casa de una mujer anciana que vivía con sus hijos. Aquella mujer, que tenía el poder de leer los corazones y las mentes de los demás, sería la guía de Marwe en el mundo inferior. Marwe, obediente, trabajó varios años a su servicio ocupándose de las tareas domésticas, hasta que al fin sintió nostalgia por su hermano y por sus padres.

La anciana, que advirtió que Marwe quería regresar a la tierra de los vivos, mandó a la muchacha que metiera las manos en una vasija de barro llena de agua fría; y cuando Marwe sacó las manos, las tenía cubiertas de joyas. A continuación, la anciana vistió a la muchacha con ropas hermosas y profetizó que Marwe conocería pronto al mejor de los hombres del mundo, llamado Sawoye, y que se casaría con él.

La familia de Marwe había aceptado la muerte de ella hacía mucho tiempo; por ello, se regocijaron cuando regresó, y se asombraron al contemplar las riquezas que traía. No tardó en difundirse por toda la región la noticia de que allí vivía una joven rica y casadera, y pronto se reunió un enjambre de pretendientes. Pero el único que interesaba a Marwe era Sawoye, que padecía una grave enfermedad de la piel que lo desfiguraba. Pero como Marwe había adquirido en su estancia en el más allá la capacidad de leer los corazones y las mentes de los demás, sabía que Sawoye era superior a todos los demás.

Los dos se casaron al cabo de poco tiempo, y, cuando consumaron su matrimonio, Sawoye se curó milagrosamente de su enfermedad y quedó hermosísimo. La pareja prosperó, y pronto se convirtieron en la familia más rica de la región.

Mientras tanto, los pretendientes rechazados se consumían de resentimiento y de hostilidad, y un día una turba de vecinos rencorosos asesinó a Sawoye. Pero como Marwe ya había visitado en persona el más allá, sabía algunas cosas acerca de la muerte. En su estancia en el mundo inferior había aprendido a resucitar a los muertos.

Llevó el cadáver de su marido al interior de su casa, y allí repitió unas palabras mágicas que había aprendido de su anciana guía del otro mundo. Sawoye volvió a la vida convertido en un hombre todavía más fuerte que antes. Cuando los asesinos acudieron a llevarse los tesoros de la pareja, Sawoye los mató a todos. Marwe y Sawoye vivieron felices desde entonces y durante el resto de sus vidas, y, como ambos habían muerto y vuelto a la vida, a ninguno de los dos les inquietó el miedo a la muerte.

Este relato bien podría ser una relación algo adornada de una experiencia próxima a la muerte por inmersión, pero también contiene algunos elementos que lo caracterizan como un mito del espejo. Las aventuras de Marwe son muy semejantes a las de la princesa sueca protagonista de *Los dos cofres,* que también pasó una temporada larga en una dimensión alternativa después de que la dieran por muerta en el fondo de un pozo. Tanto en la narración africana como en la escandinava sale a relucir notablemente el tema central de los deseos cumplidos, como los de Aladino.

Todo esto se complica más todavía por la circunstancia de que el cruce de un lago o de un río es una metáfora repetida y generalizada de la muerte. Ya sea como causa o como consecuencia de ello, los supervivientes de roces próximos con la muerte describen a veces una masa de agua entre el paisaje que atisban al otro lado. En *Vida después de la vida* clasifiqué este fenómeno dentro de los encuentros con una frontera o con un límite de algún tipo, y presenté el ejemplo siguiente:

Tuve esta experiencia cuando nació mi primer hijo. Hacia el octavo mes de embarazo el médico me diagnosticó «una intoxicación», y me recomendó que ingresara en el hospital para provocar el parto. Inmediatamente después del parto sufrí una grave hemorragia, y al médico le costó mucho controlarla. Yo sabía lo que me pasaba, pues, como he sido enfermera, me daba cuenta del peligro. Por entonces, perdí la conciencia y oí un ruido molesto, como un timbre o un zumbido. De pronto me pareció que estaba a bordo de un barco o de una barca, navegando hacia la orilla opuesta de una superficie de agua grande. Vi en la orilla opuesta a todos mis seres queridos que habían muerto: mi madre, mi padre, mi hermana y otros. Los veía; les veía las caras, tales como eran cuando yo los había conocido en la Tierra. Parecía que me hacían señas para que me acercase, y mientras tanto yo decía: «No, no, no estoy preparada para unirme a vosotros. No quiero morir. No estoy preparada para marcharme».

Y bien, esta experiencia era muy extraña, porque yo veía mientras tanto a todos los médicos y a las enfermeras que trabajaban alrededor de mi cuerpo; pero me parecía que yo era una espectadora, más que aquella persona, aquel cuerpo con el que trabajaban. Intentaba con todas mis fuerzas comunicarme con mi médico, decirle: «No voy a morirme»; pero nadie me oía. Todo (los médicos, las enfermeras, la sala de partos, el barco, el agua y la orilla opuesta) era una especie de conglomerado. Todo estaba junto, como si una de las escenas estuviera superpuesta a la otra.

Por fin, el barco llegó cerca de la orilla opuesta; pero, cuando estaba a punto de llegar, viró en redondo y emprendió el viaje de vuelta. Por fin, me comuniqué con mi médico y le dije: «No voy a morirme». Supongo que fue en ese momento cuando volví en mí, y el médico me explicó que había sufrido una hemorragia tras el parto, que habían estado a punto de perderme, pero que me iba a recuperar.

Los antiguos griegos también habían adoptado esta metáfora. El barquero Caronte pasaba a los moribundos al otro lado. En la tragedia de Eurípides, cuando Alcestes está a punto de morir, describe su visión con unas palabras de notable semejanza con las de la estadounidense de nuestra época que acabamos de citar.

> Veo la barca de dos remos, la veo sobre la laguna. El barquero de los muertos tiene la mano en el timón: ya me llama Caronte: «¿Por qué te quedas atrás? ¡Date prisa! Nos estás retrasando». Así me da prisa, con brusquedad.

El Oráculo de los Muertos de Éfira estaba rodeado por un lado. Si en algunas épocas los consultantes del oráculo tenían que llegar al mismo en barca, comprenderían el simbolismo de la situación. Los Oráculos de los Muertos del cabo Tainarón y de Cumas también estaban situados junto al agua.

La idea de la presencia de un río en la zona de contacto entre los dos planos parece eminentemente universal. Un caballero de edad avanzada me contó lo siguiente, que cité en *Reflexiones sobre Vida después de la vida*:

> Yo estaba sentado en una silla. Quise levantarme y algo me golpeó en el pecho (…). Me apoyé en la pared. Volví a sentarme, y aquello volvió a golpearme, me pegó en el pecho como un martillo pilón (…). Yo estaba en el hospital (…) y me dijeron que había tenido un paro cardiaco. El médico estaba a mi lado (…).
>
> Bueno; es un lugar… Es verdaderamente hermoso, pero no se puede describir. Pero está allí de verdad. No se puede imaginar. Cuando se llega al otro lado, hay un río. Tal como dice la Biblia: «Hay un río…». Tenía la superficie tranquila, como el cristal (…). Sí, se atraviesa un río. Yo lo atravesé…
>
> Caminé. No hice más que caminar. Pero era muy lindo. Es hermoso. No hay manera de describirlo. Aquí tenemos la

belleza, no cabe duda: las flores y todo lo demás. Pero no se puede comparar. Allí todo es muy silencioso y muy pacífico. Dan ganas de descansar. No había oscuridad.

En algunas ocasiones, todos estos elementos dispares pueden aparecer tan entremezclados en un relato dado que resulta casi imposible separarlos entre sí. He aquí un relato polinesio que habla de un regreso de entre los muertos, recogido por un antropólogo británico del siglo XIX. En *Reflexiones sobre la vida después de la vida* lo cité como ejemplo histórico de experiencia próxima a la muerte.

Este relato (…) se lo contó al señor Shortland un criado suyo llamado Te Wharewera. Una tía de este hombre se murió en una cabaña solitaria próxima a la orilla del lago Rotorua. Como era una señora de alto rango social, la dejaron en su cabaña; cerraron la puerta y las ventanas y la cabaña quedó abandonada, pues se había convertido en *tapu* por la muerte de la mujer. Pero uno o dos días más tarde, de madrugada, Te Wharewera pasó cerca de aquel lugar en una canoa con otros y vieron una figura humana que les hacía señas desde la playa. Era la tía, que había vuelto a la vida, pero que estaba débil y muerta de frío y de hambre. Cuando se recuperó gracias a la oportuna ayuda de los otros, les contó su historia. Su espíritu había abandonado su cuerpo; había emprendido el vuelo hacia el cabo norte y había llegado hasta la boca de Reina. Allí, agarrándose al tallo de un akeake, una planta trepadora, bajó el precipicio y se encontró en la orilla arenosa de un río. Miró a su alrededor y vio a lo lejos un ave enorme, más alta que un hombre, que se acercaba a ella dando rápidas zancadas. Aquel ser terrible la asustó tanto que lo primero que pensó fue en intentar volver atrás escalando el acantilado empinado; pero vio entonces que venía hacia ella un viejo que remaba en una pequeña canoa, y ella corrió a su encuentro y se escapó así del ave. Cuando estuvo a salvo en la otra orilla, preguntó al viejo Caronte dónde vivían los espíritus de su familia, cuyos nombres le dijo. Siguió el camino que le indicó el viejo y descubrió con sorpresa que era un camino igual a los que ella había conocido en la Tierra: el aspecto del país, los árboles, los arbustos y las plantas, todo le resultaba familiar. Llegó al pueblo, y, entre la multitud que estaba allí reunida, encontró a su padre y a muchos parientes próximos suyos; la saludaron y le dieron la bienvenida con el cántico quejumbroso con que siempre reciben los maoríes a las personas que han estado ausentes mucho tiempo. Pero su padre le preguntó por sus parientes vivos, y sobre todo por el hijo de ella, y le dijo acto seguido que debía volver a la Tierra, pues no había quedado nadie para cuidar de su nieto. Por orden del padre, ella se negó a probar la comida que le ofrecieron los muertos. Su padre la acompañó hasta la canoa, atravesó el río con ella y, al despedirse, le entregó dos enormes boniatos que se sacó de debajo de la túnica y le dijo que los plantara en su casa para que comiera bien su nieto. Pero cuando ella empezó a escalar de nuevo el precipicio, dos espíritus de niños que la perseguían la atraparon y le hicieron volver atrás, y ella solo pudo librarse de ellos arrojándoles los boniatos: ellos se pusieron a comer, mientras ella escalaba la roca agarrándose al tallo de akeake; después regresó volando hasta el lugar donde había abandonado su cuerpo. Al volver a la vida se encontró sumida en la oscuridad, y lo que había pasado le pareció un sueño, hasta que se dio cuenta de que la habían abandonado y de que la puerta estaba cerrada, y llegó a la conclusión de que había muerto y había vuelto a la vida de verdad. Cuando se hizo de día, entró una tenue luz por las ranuras de la cabaña cerrada, y ella vio en el suelo, cerca de ella, una calabaza que contenía algo de tinte rojo con agua; lo apuró con ansia y, sintiéndose un poco más fuerte, consiguió abrir la puerta y arrastrarse hasta la playa, donde sus amigos la encontraron poco más tarde. Los que oyeron contar el relato creyeron firmemente en la realidad de sus aventuras, pero todos lamentaron mucho que no hubiera traído al menos uno de los boniatos enormes como prueba de su visita a la tierra de los espíritus.

Las orillas de los lagos y de los ríos son también un lugar donde se suelen presenciar apariciones. Aquiles vio a su madre cobrar forma de entre las profundidades del mar. Hincmaro habló de los hidrománticos que veían espíritus en la superficie de los estanques. Una joven profetisa africana vio visiones de los muertos en una charca junto al río, y otros xhosas también las vieron en el mismo lugar.

El resultado de todos estos factores diversos es un tejido inconsútil de elementos propios de las experiencias próximas a la muerte con las visiones especulares de más allá de la muerte: por ejemplo, los viajes chamánicos al mundo de los espíritus a través de un espejo natural de agua y las reuniones visionarias especulares que tienen lugar junto a las aguas de un río o de un lago, ya sean espontáneas o evocadas. Así pues, el Proyecto Pandora, el Mito del Espejo, la experiencia próxima a la muerte, las apariciones espontáneas de los difuntos y las tradiciones de los antiguos oráculos de los muertos se entremezclan y se iluminan entre sí.

Parece que cuando los seres humanos hablamos del encuentro con la muerte como frontera o como límite tendemos de manera natural a recurrir a las metáforas inspiradas en el espejo. Los espejos que se encuentran en la zona de contacto entre los dos mundos son tanto de tipo reflectante (en el sentido de que la revisión panorámica de la vida tiene en cierto modo un carácter de reflejo, como en la figura de Yama Raja y su espejo del karma) como de tipo visionario (en el sentido de que los ríos y otras masas de agua son unos elementos establecidos de los paisajes del otro mundo que describen los que han estado a punto de morir).

En consecuencia, al estudiar los relatos que describen un regreso de entre los muertos, estamos tratando simultáneamente, por necesidad, con unas modalidades de la experiencia humana y con unas pautas de la expresión narrativa. ¿Qué es lo que aporta su interés eterno a esta configuración dinámica del lenguaje y de la experiencia humana? Ahora podemos recurrir a lo paranormal como juego para explicar el atractivo, profundamente arraigado, de la experiencia próxima a la muerte y de otros tipos de aventuras en las que se regresa de entre los muertos.

El humor y el más allá: cómo nos divierten las experiencias próximas a la muerte

En la historia escrita de la humanidad se aprecia que la experiencia próxima a la muerte es un fenómeno de enorme antigüedad; pero ha adquirido una relevancia inusitada en nuestra época como consecuencia de una complicada combinación de factores, entre los cuales es digna de citarse la tecnología. En las últimas décadas, las técnicas de reanimación cardiopulmonar han avanzado hasta unos niveles que nadie podía soñar hace un siglo. Se han desarrollado unos equipos y unas técnicas que permiten a los médicos, como cosa corriente, hacer volver a los pacientes de un estado que hace pocas décadas se habría calificado de «muerte», con la consecuencia sorprendente de que los viajes al otro mundo se han vuelto casi una cosa de todos los días.

Y ahora, un acertijo: podrían hacerse consideraciones paralelas, *mutatis mutandis,* sobre otros adelantos modernos y apasionantes, como por ejemplo los viajes a la Luna. Pero mientras que estos últimos han llegado a aburrirnos, las experiencias próximas a la muerte, que ya son del dominio público desde hace dos décadas, siguen fascinándonos. Parece que aumenta, incluso, el nivel de interés por el fenómeno. ¿Por qué? Es aquí donde podemos aplicar de manera efectiva los principios de lo paranormal como juego; pues, para nosotros, la pregunta: «¿Cuál es la base del atractivo constante de la experiencia próxima a la muerte?» significa, en parte: «¿Por qué nos divierten los relatos de las experiencias próximas a la muerte?».

La televisión ha permitido a centenares de millones de espectadores ver y oír los relatos de primera mano de personas corrientes que han pasado por esta aventura increíble. Lo que es más: gracias a que la ciencia médica moderna ha creado una población de decenas de millones de personas, dispersas por todo el planeta, que han vuelto del más allá, muchos de nosotros, por no decir la mayoría, tenemos algún amigo íntimo, algún pariente o por lo menos un conocido que nos puede contar los detalles en una conversación cara a cara.

En consecuencia, ha aparecido un vocabulario aceptado públicamente de términos que hacen referencia al más allá próximo. Todos conocen el significado de las expresiones corrientes, cuyo empleo se ha vuelto, incluso, convencional: «salir del cuerpo», «el túnel», «la luz», «la revisión de la vida», «la experiencia próxima a la muerte», etcétera. Es como si se abriera una nueva visión dentro de nuestra conciencia colectiva, como si estuviéramos buscando palabras nuevas para describir la situación, a la vez que intentamos trazar una nueva geografía del otro lado.

Nuestras dificultades son análogas a las que tenían las gentes de las civilizaciones antiguas cuando intentaban interpretar los relatos de viajes escritos por aventureros viajeros como Aristeas, que habían llegado en sus exploraciones hasta mucho más allá de los límites del mundo conocido. Fue una suerte que Aristeas fuera poeta, pues en su época no dispondrían de palabras literales para describir los espectáculos exóticos que contempló en el transcurso de sus viajes. Heródoto dijo que Aristeas había realizado su viaje en una especie de éxtasis religioso, como bien pudo ser, pues, en aquella época y en aquellas circunstancias, la experiencia de conocer a los exóticos habitantes de tierras desconocidas, sus costumbres incomprensibles y sus tecnologías extrañas, debía de resultar indistinguible de los viajes visionarios a través de los límites conocidos de la conciencia. Después, cuando se fueron acumulando a lo largo de los siglos las relaciones y estas se compararon y se relacionaron entre sí, surgió gradualmente una imagen general coherente de las regiones que estaban más allá de los confines del mundo.

En nuestros tiempos, ahora que ya disponemos de un lenguaje común para hablar del reino de lo próximo a la muerte, hemos franqueado una frontera de otro tipo dando un salto comparable al anterior. Puesto que las personas que tienen experiencias próximas a la muerte pueden comunicarse entre sí de manera inteligible acerca de sus encuentros y pueden trasmitirnos a los demás una cierta idea de los mismos, está surgiendo una realidad consensuada; aunque quizás no se trate de una realidad objetiva, pues no es posible hacer fotografías.

Las experiencias próximas a la muerte nos encantan porque alimentan el placer que nos provoca lo paradójico; explotan una particularidad de las relaciones entre el significado de la palabra «muerte» y los criterios con los que se puede aplicar correctamente la palabra en cualquier situación dada. En los casos de muchas palabras comunes, no parece que haya ninguna diferencia entre el significado de la palabra y los criterios por los que se aplican; por ejemplo, no parece que exista ninguna diferencia significativa entre el significado de la palabra «rojo» y los criterios por los que determinamos si la afirmación de que un coche de bomberos determinado es rojo son verdaderos. Pero en el caso de la palabra «muerto», la diferencia es abismal. Por definición, la muerte es un estado del que no se regresa. Si a una persona se la da por muerta, por muy seguros que estén los médicos de que lo está en efecto, por muchas docenas o centenares de personas que hayan sido dadas por muertas en la misma situación sin que hayan vuelto a la vida, por grande que sea el rigor con que se han aplicado los criterios médicos habituales, si esa persona ha reanudado después su actividad vital y ha recuperado la conciencia, la lógica del lenguaje nos obliga a decir que aquella persona no estaba muerta.

Por otra parte, existe una tendencia comprensible a tomar en serio lo que dicen las personas que sobreviven a una prueba de este tipo, aunque en algunos sentidos no están en mejores condiciones que ninguna otra persona para hablar de ello, pues en realidad no estuvieron muertas. Así pues, las experiencias próximas a la muerte despiertan nuestro interés al desvelar la lógica de la muerte, semejante a la de Zenón: existe un punto que ahora llamamos muerte, pero si llegamos a él y somos conscientes de que hemos llegado, nunca lo hemos alcanzado siquiera, al menos si nos volvemos atrás y regresamos de él; pues, por el hecho mismo de haberlo alcanzado, se habría alejado hasta una distancia incomprensible y en una dirección inimaginable.

Al presentarlo así, ponemos de manifiesto una cierta injusticia de la situación. Es como si estuviera estipulado que, en el caso de que el atleta alcanzase la meta, habría que retrasar esta. Esto resulta especialmente paradójico en los casos de las personas que han sido dadas por muertas y que han regresado contando relatos maravillosos sobre el más allá; pues si ya no podemos llamar «muerte» a lo que ellos pasaron es, en gran medida, gracias a su labor.

Se ha producido una circunstancia curiosa y que ha pasado desapercibida; a saber, que millones de personas que ahora viven han regresado de una situación que hace un siglo se llamaba simplemente «muerte» y nos han informado que, incluso después de ese punto, estaban muy vivas, que eran vivamente conscientes. Lo que es más: dicen que incluso desde dentro de la experiencia se daban cuenta de que iba a producirse una continuación de su existencia consciente, de que, de hecho, ya habían entrado en su flujo, pues eran recibidos y reunidos con sus seres amados queridos, que los consolaban. Así, la vida después de la muerte ya se ha demostrado, en efecto, si se define la muerte tal como se definía en 1890, o incluso en 1930.

Las experiencias próximas a la muerte no solo desafían las leyes del lenguaje. La idea de que no se regresa de la muerte es también uno de los preceptos de la vida intrapsíquica. En consecuencia, los viajes de ida y vuelta al otro lado no solo plantean un desafío a las convenciones lingüísticas, sino también a unos preceptos psicológicos muy profundamente arraigados. Dado que las experiencias próximas a la muerte nos atraen porque nos hacen prestar atención a una frontera infranqueable que está dentro de nosotros mismos, estas experiencias nos divierten (y esto sorprenderá a muchos) de una manera semejante a los antiguos espectáculos de fenómenos humanos. La desazón extraña que sentimos al contemplar a los hermanos siameses, a los hermafroditas, a las mujeres barbudas, a los contorsionistas (cuya piel y cuyas articulaciones se estiran y se doblan mucho más allá de los límites establecidos), a los hombres-elefante o a las mujeres-rana, a los gigantes y a los enanos, procede en gran medida de las angustias infantiles que nos parecía que habíamos llegado a dominar a lo largo de nuestro desarrollo normal. Ya nos resultó bastante incómodo llegar a comprender la distinción entre nosotros y nuestra madre, entre el yo y el no yo, entre lo masculino y lo femenino, entre lo humano y lo animal, entre el adulto y el niño, aunque la mayoría de nosotros creemos que habíamos llegado a dominar estas distinciones en una época tan temprana de nuestra vida que ya no la recordamos. Cuando nos encontramos en presencia de unas personas cuya fisionomía misma tira por tierra unas convenciones que llevamos en el corazón, sentimos que vuelve a surgir la antigua tensión. La más poderosa de estas distinciones, y que es probablemente la última que se cristaliza, es la línea interior que separa a los vivos de los muertos. Las experiencias próximas a la muerte nos hacen sentirnos inseguros acerca de esta distinción, y por ello nos cautivan con un hechizo irresistible, nos tejen una red mágica de la que es imposible escapar.

Muchas personas que han sobrevivido tras rozarse de cerca con la muerte comentan que el ser de luz lleno de amor con quien se encontraron tenía un sentido del humor cálido y vibrante. Otros recuerdan que hicieron observaciones divertidas y originales incluso cuando los médicos los habían dado por muertos. Estos detalles muestran que el sentido del humor humano se mantiene intacto y activo incluso en las etapas más avanzadas del proceso de la muerte. Parece indudable que los seres humanos han suavizado y dulcificado sus meditaciones sobre la muerte con dosis generosas de humor desde una época muy anterior a los primeros registros históricos. Las experiencias próximas a la muerte son una rica fuente de temas cómicos, y al poner esto de manifiesto explicamos también una cierta proporción de su atractivo total como diversión. El estudio de lo paranormal como juego propone que para comprender la experiencia próxima a la muerte (o cualquier otro fenómeno supuestamente paranormal) en su significado humano pleno es requisito previo captar sus muchas y variadas relaciones con el humor. Y, aunque quizás no sea un requisito previo teórico para lo dicho, yo apostaría que, al menos, es requisito práctico tener personalmente un sentido del humor vivo y amable.

Los practicantes de lo paranormal como juego hemos nombrado Humorista Oficial del Reino Medio al gracioso escritor helenístico Luciano de Samosata (125-192 d. C.). Este genio creador fue, probablemente, el más grande de los antecesores antiguos de lo paranormal como juego, y veía en las extravagancias de los que estamos apasionados por lo paranormal unas posibilidades artísticas, en lugar de pasto para secos ejercicios académicos. A Luciano le encantaba poner en ridículo a los estafadores que se aprovechaban de los crédulos pretendiendo falsamente tener capacidades o experiencias paranormales, y escribió unos análisis penetrantes, aunque quizás algo parciales, de las motivaciones de las personas que promovían lo paranormal.

Se burlaba de los falsos libros de viajes de la Antigüedad en los que se describían las extrañas maravillas de regiones situadas más allá del mundo conocido. Hizo una elegante caricatura de ese género en su *Historia verdadera,* en cuyo prólogo exponía las falacias de las obras de este tipo.

> Cresias de Cnido escribió acerca de la tierra de los indos y de las regiones próximas, recogiendo cosas que ni había visto él ni había oído contar a nadie. Y también Yámbulo recogió muchas maravillas sobre lugares del Océano; todos lo reconocen como inventor de mentiras, pero el tejido de sus composiciones no desagrada (…). Pero el capitán de estos hombres y el maestro principal de estas tonterías sin sentido fue el Odiseo de Homero, que relató a las gentes de Alcínoo los episodios del encierro de los vientos, y de los hombres monóculos, y de los salvajes, y de diversas gentes

bestiales (…). Aquel héroe encantó con muchas cosas semejantes a los rústicos feocios.

En el texto central de la *Historia verdadera,* Luciano cuenta con
toda seriedad su supuesto viaje hasta más allá de los confines del mar
y hasta la misma Luna. Después de describir las muchas maravillas
que vio allí, añade: «Si alguien duda de lo que digo, que suba allí en
persona y verá que digo la verdad».

El humor de Luciano es igualmente eficaz para refutar una falacia
paralela en la que caen a veces los tanatonautas demasiado apasionados. Los entusiastas de la experiencia próxima a la muerte que se
dejan llevar por la emoción de relatar sus viajes más allá de las puertas de la muerte pueden intentar rebatir a los escépticos anuncián-
doles: «¡Cuando ustedes se mueran, verán que tengo razón!» Pero
la seudológica de este tipo es claramente injusta, y todos los buenos
practicantes de lo paranormal como juego debemos renunciar a ella.

Luciano tenía un agudo sentido del carácter intrínsecamente
cómico del más allá próximo. En uno de sus relatos, un hombre que
acababa de morir llegó a la orilla del río e intentó subirse a la barca
de Caronte. Pero el barquero no quiso admitirlo a bordo, porque
el muerto no tenía dinero para pagarle el pasaje. Decidió cruzar el
río nadando, y aquello no lo inquietaba en absoluto, pues pensaba:
«Aunque me hunda a la mitad del camino, no me importará. Al fin
y al cabo, ya estoy muerto…».

Como ya habían hecho Aristófanes y Platón, Luciano se burló
del Oráculo de los Muertos. Situó su parodia de la evocación de los
muertos junto a un lago pantanoso que estaba en Persia, pero está
claro que le servían de modelo las actividades que tenían lugar en
Tesprotia.

En el relato de Luciano, el filósofo cínico Menipo convence a un
psicogogo para que lo lleve de viaje por el reino de los muertos para
descubrir cuál es la mejor filosofía y cuál es el modelo de vida mejor.
El psicogogo preparó al filósofo durante veintinueve días a base de
baños rituales, de fórmulas mágicas y de un régimen alimenticio

especial. Después, según cuenta Menipo, el psicogogo le puso una gorra como la de Odiseo, le entregó una lira como la que llevaba Orfeo y lo vistió con una piel de león como la de Heracles.

—Y me dijo —sigue contando Menipo que si alguien me preguntaba mi nombre, no respondiera «Menipo», sino «Heracles», u «Odiseo», u «Orfeo» (…). Como estos habían bajado al Hades en vida antes que yo, él creía que si me hacía parecerme a ellos podría engañar fácilmente al guardián de la frontera (…) y entrar sin dificultad, como un viejo conocido; pues, gracias a mi disfraz, me harían pasar enseguida, como pasa en las obras de teatro.

A lo largo de su viaje, Menipo descubre que la buena vida no es la de los poderosos ni la de los ricos, sino la de la persona que vive en el presente y que se ríe mucho. En vista de lo cual, fue una desgracia para Menipo que cuando preguntó cuál era el camino más corto para volver a su casa, le hicieron volver a través del oráculo de Trofonio. Saldría de aquel lugar en estado delirante y sin ser capaz de sonreír siquiera.

Pero todo esto nos está poniendo nerviosos a Freud y a mí. A ninguno de los dos nos interesa participar en un análisis demasiado exhaustivo del humor de la proximidad a la muerte. Nos reservamos todo comentario ulterior en este sentido para un suplemento especial que se titulará *Más sobre Vida después de la vida. El cómic,* ahora en preparación.

Pero actualmente estamos en condiciones de mostrar el modo en que se pueden recrear las experiencias próximas a la muerte. Vamos, pues.

IR AL MÁS ALLÁ,
Y MÁS ALLÁ
Y VOLVER

Las experiencias próximas a la muerte nos divierten del mismo modo que nos divierten otros fenómenos supuestamente paranormales, y yo he empezado a concebir las visiones de los moribundos como miembros de una familia de anomalías de la conciencia humana que giran alrededor de la muerte y de los moribundos: el síndrome paranormal de la muerte. A las personas que atienden con regularidad a moribundos les resultan familiares las visiones en el lecho de la muerte: en las horas o en los momentos inmediatamente anteriores a la muerte de una persona, esta puede saludar a parientes o amigos suyos que han muerto hace mucho tiempo, o hablan de una luz, o describen visiones celestiales que contemplan como el alba que aparece sobre el horizonte. En algunas ocasiones, un médico o una enfermera o alguna otra persona presente puede decir que, en el momento en que una persona moría, parecía que algo salía de su cuerpo: suele tratarse de una niebla, de una espiral de humo transparente e indescriptible. A veces se producen, incluso, experiencias próximas a la muerte empáticas: una médica me contó que en cierta ocasión en que intentaba reanimar a su propia madre (mucho antes de que se hubiera hablado tanto de las experiencias próximas a la muerte) ella empezó a percibir un pasillo y la luz, y lo relacionó intuitivamente con la experiencia de su madre, que estaba falleciendo. Más tarde, otros profesionales de la sanidad me han descrito casos de participación íntima de este tipo en la muerte de otra persona.

Las visiones en el lecho de muerte, las experiencias próximas a la muerte, las apariciones espontáneas de los difuntos, las experiencias próximas a la muerte por empatía, las reuniones visionarias evocadas: todos estos fenómenos y muchos más sugieren, o incluso constituyen, una gradación de experiencias, una familia de fenómenos humanos relacionados de alguna manera indescifrable con el proceso del morir, o quizás, incluso, con la muerte misma.

¡He aquí una gradación ininterrumpida! Las apariciones de los difuntos que se ven en una profundidad clara en un psicomanteo; la notable proporción de apariciones espontáneas de los difuntos que se ven en las profundidades claras de los espejos o de otras superficies reflectantes; un grupo más amplio que abarca todas las apariciones espontáneas de los difuntos; la proporción notable de apariciones espontáneas de los difuntos que ven en su lecho de muerte las personas moribundas; las apariciones de los difuntos que se producen dentro de las experiencias próximas a la muerte de las personas que se recuperan después de estar cerca de la muerte.

¿En qué lugar de esta gradación de experiencias, sin aparente solución de continuidad, afirmaría un escéptico hipotético que existe un abismo insalvable? Y ¿en qué se basaría? Y ¿con qué autoridad? Así pues, ningún consultante de un psicomanteo debe tolerar que lo consideren ciudadano de segunda clase del Reino Medio.

Dado que los practicantes de lo paranormal como juego aspiramos a complementar el análisis fenomenológico con la experiencia de primera mano, tendemos de manera natural a considerar la posibilidad de aprovechar esta gradación de las experiencias y, aplicando técnicas como las que se han desarrollado en el Teatro de la Mente, aventurarnos por las dimensiones por las que pasan los moribundos y los que han muerto temporalmente.

La Historia nos puede dar algunas indicaciones sobre el modo en que la gente recreaba en el pasado la experiencia de regresar de entre los muertos. Descubrimos nuevamente que en la historia de estos métodos aparecen ejemplos descarnados de procedimientos y de actitudes que debemos evitar; leemos, por ejemplo, la apasionante relación que hizo Marco Polo de un feroz jefe guerrero que simulaba experiencias próximas a la muerte para asegurarse la fidelidad de sus guerreros, para que obedecieran todas sus órdenes como esclavos.

Mulehet, que significa «herejes» según la ley de los sarracenos, es el país donde vivía en tiempos pasados el Jeque de la Montaña. Os contaré su historia tal como yo, Messer Marco, la he oído contar a muchos.

El Jeque se llamaba en su lengua Alaodín. Había creado en un valle, entre dos montañas, el jardín más grande y más hermoso que se había visto jamás; en él había plantado todas las mejores frutas del mundo y había construido las mansiones y los palacios más espléndidos que se habían visto jamás, adornados con oro y con las figuras de todo lo que hay de hermoso en el mundo. Puso también cuatro acequias: por una corría vino, por otra leche, por otra miel y por otra agua. Había allí damas y doncellas hermosas, las más encantadoras del mundo, sin rival en las artes de tocar instrumentos y de danzar. Y dio a entender a sus hombres que aquel jardín era el paraíso. Por eso lo había construido así, pues Mahoma había asegurado a los sarracenos que los que fueran al paraíso tendrían mujeres hermosas a voluntad para que los sirvieran, y encontrarían allí ríos de vino, de leche, de miel y de agua. Así pues, hizo construir ese jardín como el paraíso que había prometido Mahoma a los sarracenos, y los sarracenos de este país creían que era verdaderamente el paraíso. Nadie entraba nunca en el jardín sino aquellos a los que quería hacer «asesinos»*. En la entrada había un castillo tan fuerte que no debía temer a nadie del mundo, y solo se podía entrar a través de aquel castillo. El Jeque tenía consigo en su corte a todos los jóvenes del país que tenían de doce a veinte años de edad; esto es, a todos los sanos y capacitados para tomar las armas. Estos jóvenes ya habían oído decir que su profeta Mahoma había anunciado que el paraíso estaba hecho así, y por ello lo aceptaban como una verdad. Fijaos ahora en lo que voy a contar. Solía llevar a algunos de aquellos jóvenes a aquel paraíso, de cuatro en cuatro, o de diez en diez, o de veinte en veinte, según su voluntad. Y he aquí cómo lo hacía. Les administraba unas pociones que los hacían dormir en el acto. Después, los hacía llevar al jardín, donde los despertaban. Cuando se despertaban allí y veían todas las cosas que os he contado, creían que estaban verdaderamente en el paraíso. Y las damas y doncellas les hacían compañía todo el

---

* La palabra española «asesino» procede del nombre de los miembros de esta secta, los asesinos («tomadores de hachís»). *(N. del T.)*

tiempo, cantando y tocando música y sirviéndolos en todos sus deseos. Así, aquellos jóvenes tenían todo lo que podían desear, y no pedían más que quedarse allí.

Pues bien, el Jeque mantenía su corte con gran esplendor y boato, y se comportaba con mucha nobleza, y convencía a las gentes montañesas sencillas que lo rodeaban de que era un profeta; y creían que aquella era la verdad. Y cuando quería enviar a algunos a cualquier misión homicida, administraba la droga a tantos como quería; y los hacía llevar a su palacio mientras dormían. Cuando los jóvenes se despertaban y se encontraban en el castillo, dentro del palacio, se maravillaban y no se alegraban, ni mucho menos, pues el paraíso del que habían venido era un lugar que no querían abandonar de buena gana. Se dirigían de inmediato al Jeque y se humillaban ante él, como hombres que lo creían un gran profeta. Cuando él les preguntaba de dónde venían, ellos le respondían que venían del paraíso, y que aquél era en verdad el paraíso del que había hablado Mahoma a sus antepasados; y contaban a sus oyentes todo lo que habían encontrado allí. Y los demás, que lo oían y que no habían estado allí, se llenaban de un gran deseo de ir a aquel paraíso; anhelaban la muerte para poder ir allí, y esperaban con impaciencia el día de su marcha.

Cuando el Jeque deseaba la muerte de algún gran señor, hacía primero una prueba para descubrir cuáles eran los mejores entre sus asesinos. Enviaba a algunos a ejecutar una misión en las proximidades, no muy lejos, con órdenes de matar a un hombre determinado. Ellos marchaban sin protestar y hacían lo que les mandaba su señor. Después, cuando habían matado a aquel hombre, regresaban a la corte (los que salían vivos, pues algunos caían prisioneros y eran condenados a muerte). Cuando regresaban ante su señor y le decían que habían cumplido fielmente su misión, el Jeque los agasajaba con un gran banquete. Y sabía muy bien cuál de ellos había obrado con mayor celo, pues había enviado tras ellos a otros hombres suyos para que los espiaran y le informaran de cuál era el más atrevido y el mejor homicida. Después, para conseguir la muerte del señor o del hombre particular al que quería hacer morir, tomaba a algunos de sus asesinos y los enviaba donde quisiera, diciéndoles que tenía intención de enviarlos al paraíso, para lo cual debían ir a tal sitio y matar a tal hombre; si morían en el desempeño de su misión, llegarían antes al paraíso. Los que recibían esa orden la obedecían de muy buena gana, con mejor disposición que cualquier otra cosa que les hubieran podido mandar. Se ponían en camino y hacían todo lo que se les había mandado. Sucedía así que cuando el Jeque de la Montaña quería hacer morir a alguien, nunca se le escapaba.

Pero también algunos héroes espirituales han realizado incursiones temporales por el Reino Medio, y con fines nobles. Uno de los papeles acostumbrados del chamán en ciertas culturas tribales era el de psicopompo o persona que guía a los espíritus de los muertos o de los moribundos en su viaje al más allá. Mircea Eliade describe algunas de estas tradiciones en su obra clásica *El chamanismo*.

El chamán se vuelve indispensable cuando la persona muerta tarda en renunciar al mundo de los vivos. En tal caso, solo el chamán tiene el poder del psicopompo. Para empezar, conoce a fondo el camino que lleva al otro mundo, pues él mismo lo ha recorrido muchas veces; por otra parte, solo él es capaz de apoderarse del alma intangible y de llevarla a su nuevo lugar de residencia. El hecho de que el viaje psicopómpico tenga lugar en la ocasión del banquete funerario y de la ceremonia de «purificación», y no inmediatamente después de la muerte, parece indicar que el alma vive en el cementerio durante tres días, o siete, o cuarenta, y que se cree que solo después de ese periodo parte para el otro mundo. En todo caso, entre ciertos pueblos (como los altaios, los goldis y los yurakos), el chamán escolta al difunto hasta el más allá tras el banquete funerario, mientras que entre otros pueblos (como los tungús) solo se le llama para que desempeñe este papel de psicopompo si el muerto sigue vagando por la tierra de los vivos durante un plazo superior al habitual. Si consideramos que entre otros pueblos que practican un tipo de chamanismo (como, por ejemplo, entre los lolos) el chamán está obligado a conducir a todos los muertos, sin excepción, hasta su morada final, podemos llegar a la conclusión de que, en un principio, esta era la situación general en todo el norte de Asia.

Los psicopompos también forman parte del legado cultural de la civilización occidental. Era una de las misiones importantes de Hermes. Según Homero, después de que Odiseo, tras volver a Ítaca, matara a los aprovechados que habían invadido su casa:

> El cilenio Hermes llamaba a las almas de los pretendientes teniendo en su mano la hermosa vara áurea con la cual adormece los ojos de cuantos quiere o despierta a los que duermen. Empleábala entonces para mover y guiar las almas, y estas lo seguían, profiriendo estridentes gritos. Así como los murciélagos revolotean, chillando en lo más hondo de una vasta gruta si alguno de ellos se separa del racimo colgado de la peña, del mismo modo andaban las almas chillando, y el benéfico Hermes, que las precedía, las llevaba por lóbregos senderos. Traspusieron en primer lugar las corrientes del Océano y la roca de Léucade, después las puertas del Sol y el país de los Sueños, y pronto llegaron a la pradera de asfódelos, donde residen las almas, que son imágenes de los difuntos.

En un antiguo *lékithos* griego (un recipiente de cerámica de boca ancha que servía para guardar aceite o perfumes) aparece una pintura en la que se representa a Hermes ejerciendo sus funciones de psicopompo, y, casualmente, esta pintura también nos aporta un sugerente vínculo con la evocación de los espíritus por la observación del espejo. Pues en la figura aparece Hermes, que porta su vara de oro además de una especie de varilla, junto a un gran *pithos*, ni más ni menos que como el que abrió Pandora. El *pithos* está hundido profundamente en la tierra, casi hasta la boca, lo que indica que se utilizaba para hacer enterramientos. Siguiendo la mirada de Hermes, se advierte que sus ojos se dirigen precisamente hacia la boca del *pithos;* podemos suponer que está lleno de líquido, de manera que está observando una profundidad óptica clara. Dos *keres,* o fantasmas alados, han salido del *pithos* y se elevan; un tercero está saliendo de la vasija, y un cuarto se está arrojando de nuevo a ella de cabeza.

De modo que yo propongo ahora el Proyecto Hermes, a lo largo del cual intentaremos reproducir las antiguas hazañas chamánicas de los psicopompos. Ampliando las técnicas desarrolladas en el psico-manteo, y por medio de una estructura especial, nos dispondremos a acompañar a los moribundos en una parte de su camino hacia el otro lado del velo, y a regresar después.

En el Proyecto Pandora se utilizaba una zona de contacto bidimensional, un espejo de pared plano. El proyecto Hermes requerirá de una zona de contacto tridimensional, una cúpula translúcida y profunda en cuyo interior se puedan acomodar cinco o seis personas. Dentro de la cúpula habrá una cámara, cuya parte inferior será un dormitorio decorado de manera agradable, con una cama cómoda y varios divanes.

El dormitorio de la cúpula estará en el centro de un patio, alrededor del cual estarán dispuestas diversas instalaciones de servicio, tales como una cocina y las viviendas del personal. Todo el complejo estará ubicado en una zona de gran belleza natural; será, en la práctica, un Lugar de Salida.

Estamos buscando voluntarios entre mis conocidos; personas que, en primer lugar, hayan tenido una experiencia próxima a la muerte; que, en segundo lugar, padezcan una enfermedad en fase terminal; que, en tercer lugar, estén interesados profundamente por la conciencia humana y deseen realizar una aportación a la comprensión de la experiencia próxima a la muerte y de otros fenómenos relacionados con ella; y que, en cuarto lugar, estén dispuestos a acudir al Lugar de Salida en la fase final de su enfermedad. La explicación de que elijamos como sujetos a personas que hayan tenido anteriormente experiencias próximas a la muerte es que cabe suponer que su familiaridad anterior con esta experiencia les permita mantener la presencia de ánimo suficiente durante el episodio para ayudar a los investigadores a entrar al plano de la conciencia de la proximidad a la muerte.

Cuando se aproxime el momento de la muerte del voluntario, este entrará en la zona de contacto tridimensional con el resto del personal que participe en el proyecto. Todos juntos, practicaremos la observación profunda de las profundidades translúcidas de la cúpula. Cuando muera el sujeto voluntario, los demás participantes intentaremos ir con él o con ella a través del espejo por participación empática en la experiencia próxima a la muerte.

Cuando, como esperamos, algunos investigadores nos hayamos familiarizado con estos viajes, podemos optar por ampliar el programa para incluir en él a sujetos enfermos terminales que cumplan todos los criterios, con la salvedad de que no hayan tenido experiencias próximas a la muerte.

Las experiencias próximas a la muerte por empatía, las visiones y las apariciones en el lecho de muerte y las percepciones por parte del personal médico de presencias que abandonan los cuerpos de los moribundos nos indican, todas ellas, aunque lo expresemos de manera vaga y metafórica, que en el proceso del morir se abre una puerta de acceso al plano de la conciencia de la proximidad a la muerte. Según las creencias tradicionales, los moribundos pueden llevarse a los espíritus de los vivos a través de los espejos, y se ha demostrado que es posible usar la observación del espejo para recrear las reuniones visionarias. Existen buenos motivos para esperar que el Proyecto Hermes produzca experiencias espirituales profundas entre los sujetos voluntarios y entre los investigadores que participemos en el proyecto.

Todo esto nos ha de permitir, con el tiempo, formar a un grupo de psicopompos cualificados que serán capaces de acompañar a los moribundos que tengan miedo al proceso durante una parte del camino de entrada al Reino Medio y de prestarles apoyo y consuelo.

No cabe duda de que este proyecto es factible. Casi todo el mundo acepta, sobre la base de las informaciones y de las relaciones con las que nos hemos familiarizado todos en los veinte últimos años, que existe el fenómeno que llamamos experiencia próxima a la muerte. De modo que, por la misma regla, debemos aceptar, sobre la base de las observaciones y de las relaciones del mismo tipo que nos comunican los médicos, las enfermeras y enfermeros, los amigos y los parientes que asisten a las personas moribundas, que existe también el fenómeno que llamamos «experiencia próxima a la muerte por empatía».

Cuando los planes del Proyecto Hermes estaban muy avanzados, y muchos meses después de que yo hubiera escrito los párrafos anteriores, mi madre, Josie Moody, cayó enferma de pronto. Hasta entonces había gozado de buena salud y se sentía bien; por eso, todos nos quedamos impresionados cuando su médico le diagnosticó un linfoma no de Hodgkin y nos dijo que solo le quedaban entre dos días y dos semanas de vida.

En los diez días siguientes su estado se deterioró rápidamente, y empeoró gradualmente mientras toda la familia la velaba junto a su cama. Una semana y media después de haber recibido el diagnóstico del médico, mi madre quedó inconsciente. Durante los dos días siguientes estuvo en estado comatoso, y respiraba cada vez con mayor dificultad.

Mis dos hermanas, sus maridos, mi esposa y yo estábamos reunidos a su alrededor mientras ella se estaba muriendo. En el momento mismo de su fallecimiento, abrió los ojos y nos miró a todos. «Os quiero», dijo; y, después, mientras todos pronunciábamos exclamaciones de alegría, volvió a decir: «Os quiero».

En aquel instante nos invadió a todos una especie de oleada magnética y dinámica de energía. Yo sentí que me arrastraba un torbellino cuya forma era parecida a la de un reloj de arena: era claramente más estrecho por la parte media y se ensanchaba hacia fuera por arriba y por abajo. Sentí que se agrupaba a nuestro alrededor una multitud de presencias invisibles y amistosas.

Una de mis hermanas dijo que había visto a los ángeles y que había advertido la presencia de mi padre, que había muerto hacía un año y medio, y sintió que también él estaba allí con nosotros. Y mi cuñado, con lágrimas de alegría en los ojos, me preguntó si yo había visto también lo que había visto él.

Mi madre murió el 3 de junio de 1994, el día en que se cumplían veinticuatro años de la muerte de mi primer hijo, que murió en su primera infancia, y cuya muerte había afectado profundamente a mi madre. Las circunstancias del fallecimiento de mi madre nos unieron mucho más a todos como familia. Su muerte fue una profunda transformación espiritual en la que participamos todos directamente.

Hasta el momento, he hablado de las experiencias próximas a la muerte por empatía con dos de mis colegas, profesionales que llevan mucho tiempo estudiando las visiones de los moribundos. Los dos conocían desde hace mucho tiempo las relaciones de experiencias próximas a la muerte compartidas, y ambos reconocieron, sin dudarlo, que estos fenómenos se producen.

El mundo entero lleva ya dos décadas escuchando con entusiasmo las palabras de las personas que han pasado durante cierto tiempo a un plano luminoso de paz, del que han regresado para traernos mensajes de esperanza y de inspiración. Ya ha llegado el momento de que empecemos a seguir sus pasos y a darnos cuenta de que no nos hace falta morir para ver fugazmente el amor que nos espera en la luz que está más allá.